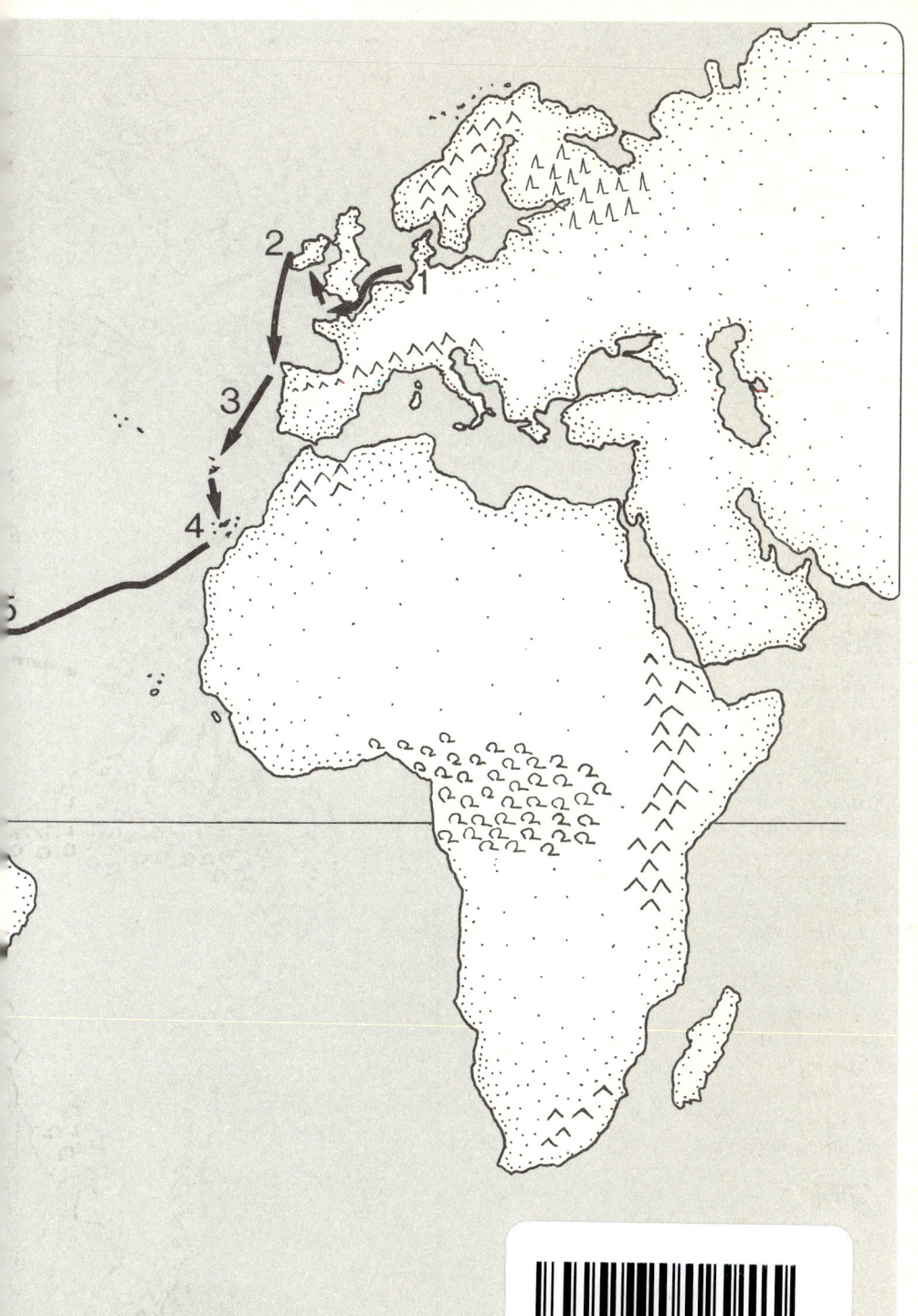

*Ernst-Jürgen Koch*

# Verdammt, glücklich zu sein

Ernst-Jürgen Koch

# Verdammt, glücklich zu sein

Mit der **KAIROS** unterwegs

Delius Klasing Verlag

Bei ausländischen Namen habe ich mich nach
der Schreibweise der betreffenden Länder gerichtet,
bei geographischen und historischen Namen und
Begriffen nach der Schreibweise der jüngstdatierten
Quelle. E.-J. K.

3. Auflage

ISBN 3-7688-0481-X

Zeichnungen: E.-J. Koch
Fotos: Elga Koch
Titelfoto: Martinique − Fort de France

© Copyright by Delius Klasing & Co Bielefeld
Printed in Germany 1986
Gesamtherstellung: Mohndruck, Gütersloh

*Für Elga*

# INHALT

| | | |
|---|---|---|
| **Hamburg** | Wie wir die Ketsch K<small>AIROS</small> bauen lassen<br>Schlaglichter auf Gewesenes | 9 |
| **Irland** | Wie schwer die Freiheit wiegt<br>Armut und Reichtum | 33 |
| **Spanien und Madeira** | Wie unhandiges Wetter sich auswirkt<br>Freude und Ankermanöver | 63 |
| **Kanarische Inseln** | Wie lange eine Genesung dauert<br>Bilder aus dem Paradies | 97 |
| **Atlantik** | Wie unbeständig der Passat weht<br>Schmetterling und Legende | 137 |
| **Karibisches Meer** | Wie unzerstörbar seine Inseln bleiben<br>Überfüllung und Einsamkeit | 165 |
| **Venezuela** | Wie Pläne sich ändern<br>Traum und Wirklichkeit | 241 |
| **USA und Canada** | Wie wir aus Seemeilen Kilometer machen<br>Unverwüstlichkeit und Hoffnung | 313 |

# HAMBURG
## Wie wir die Ketsch KAIROS bauen lassen
## Schlaglichter auf Gewesenes

An einem Dezemberabend des Jahres 1972 zeichnete ich in einer ersten Skizze die Ketsch KAIROS. Das Schiff sollte aus Stahl gebaut werden. Das war das stärkste und billigste Baumaterial. Das Schiff sollte ein Poopdeck haben. Das ergab eine geräumige Achterkajüte und ein großes Achterdeck. Das Schiff sollte ein offenes Deckshaus über dem selbstlenzenden Cockpit haben. Das gab Schutz gegen Gischt, Regen und Sonne.

Elga und ich hatten oft über das neue Schiff gesprochen. Wir wollten auf ihm mehr Lebensraum haben als auf der Sloop KAIROS. Zur Ketsch-Takelung führte uns die Überlegung, daß eine große Segelfläche leichter zu bearbeiten ist, je mehr sie unterteilt wird. Der Großmast sollte aus gleichem Grund kuttergetakelt sein – mit Baumfock und Klüver als Vorsegel. Der Besan sollte nicht zu klein in die Gesamtsegelfläche passen – kein Spielzeug.

Ich bin weder Bootsbauer noch Yachtkonstrukteur. Was ich zeichnete, war die Idee aus unseren Erfahrungen.

Folgendes ergab sich (die späteren Konstruktions-Abmessungen sind hinzugefügt, um zu zeigen, wie Idee und Wirklichkeit zueinander stehen):

|  | Planung | Ausführung |
|---|---|---|
| Länge über alles | 16,10 m | 15,90 m |
| Länge Rumpf | 14,80 m | 14,70 m |
| Länge Wasserlinie | 11,70 m | 11,40 m |
| Breite | 4,00 m | 4,15 m |
| Tiefgang | 1,70 m | 1,80 m (tatsächlich 1,90 m) |
| Verdrängung | ? | 19,00 t |
| Ballast (Eisen) | ? | 7,00 t |
| Maschine (Diesel) | 80 PS | 115 PS |

| | | |
|---|---|---|
| Großsegel | 32 m² | 38 m² |
| Besan | 15 m² | 19 m² |
| Baumfock | 17 m² | 21 m² |
| Klüver 1 | ? | 63 m² |
| Klüver 2 | 24 m² | 36 m² |
| Besanstagsegel | ? | 36 m² |
| 2 Passatsegel | je 30 m² | je 26 m² |
| Sturmklüver | ? | 14 m² |

Ich setzte in der Planung die Segelfläche bewußt klein an, auf See mußte ich sie allein handhaben. Ich wurde älter. Ursprünglich wollte ich kein Segel von mehr als 30 m². Aber da lachte der Konstrukteur mich aus.

Elga betrachtete meine Skizze. „Das Schiff wird riesenhaft!" war ihr erster Kommentar.

„Es muß alles tragen, was wir besitzen und mitnehmen wollen."

„Wir können es mit wasserdichten Schotts sehr sicher machen."

Ich zeigte auf die Skizze. „Wir haben vier wasserdichte Schotts."

„Mit einem Schiff aus einer erprobten Serie kommen wir bestimmt billiger weg."

„Dies wird ein Schiff für uns, für unsere Art zu segeln und zu leben."

Die finanzielle Möglichkeit für einen Neubau hatte sich im Laufe des Jahres abgezeichnet. Die Gehälter als Geschäftsführer in einer Hamburger Importfirma waren bis zu meinem Vertragsende 1978 in unseren Finanzplan eingerechnet.

Elga trug zu unserem Lebensunterhalt auf ihre Art bei. Sie erteilte einem Kreis von Schülern und Erwachsenen Sprachunterricht. Sie arbeitete so, daß sie sich ihre Tage in Ruhe zwischen Schülern und Haushalt einteilen konnte. Sie liebte beide Tätigkeiten.

Ich liebte meine Tätigkeit in der Firma nicht. Manager sind zum Schweigen verpflichtet. Es fällt mir schwer, aber ich schweige. Zum Verständnis sei gesagt, daß mich die sachlichen und menschlichen Spannungen maßlos belasteten. Nach Ablauf meines Vertrages wollte ich mich von der Firma und ihrem Wachstum trennen. Im Augenblick, da die Zinsen unserer Ersparnisse zu einem Lebensabend in Bescheidenheit ausreichen würden, wollten wir den Aufbruch wagen.

Planung 1972

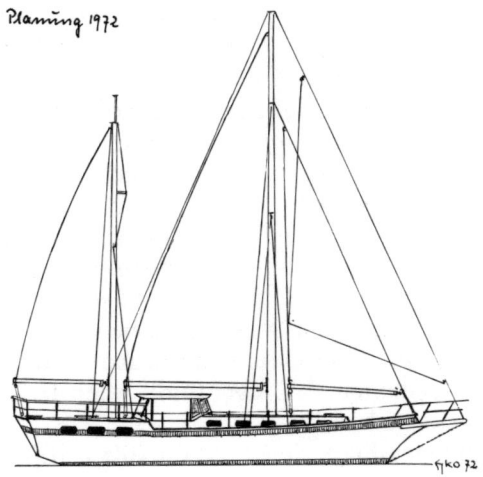

Ausführung 1975

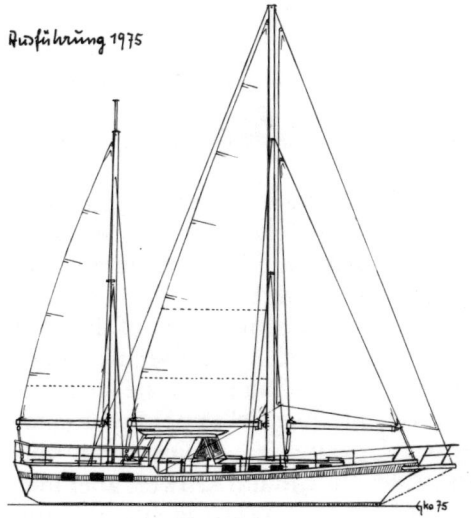

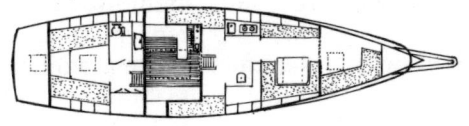

Warum sollten wir bleiben? Es ist erschreckend, was alles um der Macht willen getan wird – in Firmen, in Parteien, in Staaten, nach außen und innen. Statt Kraft für allgemeingültige Aufgaben einzusetzen, wird sie um der Macht willen verschwendet. Mit Wettbewerb und Leistung hat das nichts zu tun. Es geht um Verdrängung und Vernichtung. Ich mag in solchen Ländern nicht leben, in solchen Firmen nicht arbeiten.

Was zählt für uns? Die Menschen zählen; das sind in der Firma die Mitarbeiter und draußen unsere Freunde. Die Stunden in der Natur zählen, wenn wir ihre Harmonie und ihren Sinn spüren. Das intensive Erleben zählt, wenn wir tun, was uns dem Verständnis des Daseins näherbringt. Die innere Ruhe zählt, wenn wir den Sinn gefunden zu haben meinen. Jeglicher Aufbruch zählt, wenn wir den Sinn wieder verloren haben.

Weder Firma noch Stadt, noch Staat in jenen Tagen konnten uns Sinn geben, so schien es uns. Wir mußten uns aus aller Gewohnheit lösen. Das war nicht leicht.

Ich begann, an der Baubeschreibung der Ketsch KAIROS zu arbeiten. Wir wollten sie Konstrukteur und Werften vorlegen.

„Größe und Aufteilung der Yacht sollen gewährleisten, daß bei allen Wetterlagen optimaler Arbeits- und Lebensraum an Bord erhalten bleiben. Andererseits soll die Yacht für die Bearbeitung durch ein Ehepaar nicht zu groß sein – auf See wegen der Manöver, im Hafen wegen der Instandhaltung."

„Die Ketsch soll nicht langsam sein, obwohl keine Regatten mit ihr gesegelt werden. Es sollen große Distanzen über See zurückgelegt werden. Es sollen mögliche Risiken gemindert werden. Geschwindigkeit trägt dazu bei, wenn sie sinnvoll eingesetzt wird."

„Die Linien dieser Yacht sollen zugunsten einer großen Anfangsstabilität gezeichnet werden. Das Schiff muß weich in der See liegen."

„Der gut gesicherte Eisenballast hat dem Schiff nach einem Kentern Aufrichtevermögen zu geben. Die Materialstärken besonders

von Luken und Bulleyes müssen die Schwimmfähigkeit des Rumpfes nach einem solchen Vorfall gewährleisten."
„Die Yacht soll sich auf allen Kursen bei festgesetztem Ruder mit den Segeln steuern lassen. Der Konstrukteur möge dies von vornherein bedenken. Ketsch-Takelung, kuttergetakeltes Vorsegeldreieck und ein langgezogener Lateralplan kommen dieser Forderung entgegen. Unsere Trimmarbeit wird letzte Ausgeglichenheit bringen. Die geplante elektrische Steuerautomatik kann bei bestimmten Wind- und Wetterverhältnissen eingesetzt werden. Eine Windfahnen-Steuerung ist vorläufig nicht vorgesehen. Sie kann später eingebaut werden – vorausgesetzt, sie ist für die Größe des Schiffes stark genug. Wir steuern lieber ein gefügiges Schiff, als eine unzulängliche Anlage zu trimmen und zu reparieren, wie es viele Langstreckensegler vorziehen zu tun."

Ich schrieb und schrieb. Einzelheiten folgten: von Rumpf und Aufbauten, Vorschiff, Mittelschiff, Cockpit, Maschinenraum, Achterschiff, Deckshaus. Abende und Wochenenden waren voll ausgefüllt.

Weil wir es leid waren, in Wind und Gischt, in Sonne und Regen zu sitzen, heißt es in meinen Aufzeichnungen zum Deckshaus: „Der vordere dreigeteilte Windschutz mit großen Fenstern ist auf das Waschbord des Kajütaufbaus montiert. Die offenen Seiten und der Achterteil werden durch Persenninge geschlossen. Das Dach ruht auf den Be- und Entlüftungsschächten für den Maschinenraum. Es wird durch kräftige Bolzen gehalten. Durch Lösen der Bolzenmuttern kann das Dach abgenommen werden, wenn dies für den Ausbau der Maschine erforderlich werden sollte. Das Dach hat eine Ringsumleiste, die das Ableiten von Regenwasser durch Schläuche in Kanister möglich macht. Das gesamte Deckshaus ist leicht zu bauen. Es steht über einem selbstlenzenden Cockpit mit starken Kajütluken. Außergewöhnlich schlagende See oder Kenterung werden es wegbrechen können. Soll gehen, was mag. Das wird gegenüber der Überlebensmöglichkeit im starken Rumpf gering zu veranschlagen sein. Wir werden jedoch weder im Winter über den Nordatlantik noch zu irgendeiner Jahreszeit um Kap Hoorn segeln."

Und weiter: Masten und Takelage, Segel, Inneneinrichtung, hydraulische Ruderanlage, Instrumente am Ruderstand, Hauptmaschine, Strom-Aggregat, elektrische Anlage, Heizung, Antenne, Kosten.

Zu diesen: „Die Ketsch KAIROS braucht einen Konstrukteur, der mit seemännischer Kenntnis ihre Stärke und Fähigkeiten berechnet und ihre Linien zeichnet. Sie braucht Handwerker, die mit ihrem Können diese Stärke und diese Linien in Material formen. Konstrukteur und Handwerker sollen verdienen. Ich werde, soweit es Können und Zeit zulassen, Eigenarbeit leisten. Von heutigen Modevorstellungen im Yachtbau soll Abstand genommen werden. Sie sind meist teuer und zählen nicht dort, wo über See gesegelt wird. Die Höhe der Konstruktions- und Baukosten soll 250 000 DM nicht übersteigen. Ist diese Summe unrealistisch, so muß einfacher oder ein kleineres Schiff gebaut werden."

Elga und ich saßen stundenlang über unserer Finanzplanung. Schließlich starrten wir auf die Summe unterm Strich. Die Zinsen aus diesem Betrag, abzüglich Schiffbau- und Lebenshaltungskosten, mußten ab 1978 alles decken: Leben, Freude, Krankheit, Alter, Einsamkeit, Tod.

Wir setzten uns mit Konstrukteuren und Werften in Verbindung. Alle sandten die Unterlagen ablehnend zurück. Baubeschreibung, Kostenlimit, beabsichtigte Eigenarbeit schienen nicht in ihre Vorstellungen zu passen. Sie sagten das nicht. Wir fühlten es.

„Also, so kommen wir nicht weiter!" sagte Elga eines Tages. „Es muß einen Weg geben! Wo gibt es Bootsbauer, die noch nicht Serienbau betreiben, wo Handwerker, die noch an Einzelarbeit interessiert sind?"

Vor den Fenstern jagte ein Aprilschauer Regenflagen über das Alte Tal von Blankenese. Von der Elbe herauf tönte ein Schiffssignal.

„Vielleicht Finkenwerder?" fragte Elga.
„Wir werden nächsten Sonnabend hinfahren."

Im Nebel standen wir frühmorgens auf dem Fährponton von Teufelsbrück. Die Sonne über der Elbe war eine weißliche Scheibe im grauen Himmel.

Wir besuchten die Bootswerft Feltz in Finkenwerder. Die beiden Brüder Feltz waren junge Männer aktiven, handwerklichen Typs. Sie verstanden sofort, in welcher Art wir unser Schiff gebaut haben wollten. Sie verarbeiteten Schiffbaustahl, der bereits korrosionsgeschützt geliefert wurde. Doch ließen wir uns nicht von der Überzeugung abbringen, daß Sandstrahlen und sofortiges Spritzverzinken der wirksamste Rostschutz sind.

Peter Feltz sagte:

„Es gibt eine Firma in Harburg, die strahlt und spritzt Container für Großreedereien. Vielleicht kann der Rumpf dort bearbeitet werden."

Karl Feltz junior fügte hinzu:

„Wir können den Rumpf, wenn er fertig ist, dorthin schleppen. Machen wir!"

Wegen der Konstruktion sprachen wir mit ihrem Vater. Karl Feltz senior sah sich meine Baubeschreibung mit Zeichnungen lange an. Dann blickte er uns über seine arbeitsgeschädigte Stahlbrille mit hellen, lustigen Augen an und sagte: „Ich hab's ja nur überflogen. Lassen Sie's mir da. Aber ja – ich denke, ich kann das Schiff nach Ihren Vorstellungen konstruieren. Wird mir Freude machen. Wenn Sie den Rumpf von meinen Jungs bauen lassen, werde ich für die Konstruktion nichts berechnen. Ich mache einen Kostenvoranschlag. Für den Innenausbau werden wir nicht mehr zuständig sein."

„Wer kann das machen?" Wir erzählten ihm von unseren vergeblichen Versuchen.

Er nickte und lächelte wissend, nahm seine Brille ab und sah sinnend aus dem Fenster über die Werft. „Ja, wer macht heute noch Einzelbau! Es gibt in Finkenwerder viele gute Handwerker. Sie brauchen einen Tischler, Maschinenbauer, Klempner und Elektriker – ja. Suchen Sie!"

Während der Rückfahrt mit dem Fährschiff sagte Elga: „Ich denke, sie sind unsere Männer! Sie haben sofort verstanden und sind bereit, danach zu tun."

„Hast du die Rümpfe in der Halle gesehen? Alle hatten sehr saubere Schweißnähte."

Wir blickten die Elbe nach West hinunter. Der Nebel war verflogen. In einem fernen Punkt zwischen den Ufern berührten sich Wasser und Himmel.

Übers Wochenende fuhren wir nach Aurich zur Bootswerft Voss. Sie baute Stahlyachten – im Gegensatz zu Feltz mit gesamtem Ausbau.

Die Fahrt über die ostfriesischen Marschen war schön. Wind wehte, Wolken trieben über das flache, grüne Land.

Herr Voss zeigte uns seine Werft. Unter anderen stand eine Trewes-Yacht im Ausbau. Sehr schön, sehr teuer – genau das, was wir uns nicht leisten konnten, in mancher Hinsicht auch gar nicht haben wollten. Trotzdem baten wir um ein Angebot gemäß unserer Baubeschreibung. Hinsichtlich der Konstruktionszeichnung zuckte Herr Voss mit den Schultern. Er war ein schweigsamer Mann. Er meinte zögernd, daß sie wohl zusätzlich zehn bis fünfzehn Prozent der Bausumme ausmachen würde.

Am Abend zeichnete ich zu Hause unsere Ketsch KAIROS als Ansichtsskizze. Da segelte sie in schwerer See mit Wind über die Backstagen! Ich merkte schließlich, daß sie durch meine Begeisterung angesichts von Wind und Seegang zuviel Segel trug. Mit einigen Federstrichen reffte ich die Segelfläche. Dabei wurde mir klar, daß ich dieses Schiff nur selten würde zu reffen haben. Nimm den Klüver weg, Junge! Ich tat's mit einer neuen Skizze. Jetzt wird sie luvgierig. Nimm den Besan weg. Jetzt liegt sie gut unter Großsegel und Baumfock. Ich zeichnete andere Segelkombinationen: Fock und Besan, Großsegel und Klüver, Großsegel allein. Beigedreht? Ich ließ Wind und Seegang um die Kompaßrose kreisen. Dann wußte ich genug. Schließlich zeichnete ich das Schiff noch einmal mit weniger Wind und Seegang unter Vollzeug. Ein gutes Schiff!

Die Zeichnung hängt heute mit denen der Sloop KAIROS und des Jollenkreuzers SINDBAD in unserer Kajüte. Es sind die drei Yachten, die Elga und ich gesegelt haben.

Als ich ins Schlafzimmer ging, fiel graue Morgendämmerung durchs Balkonfenster. Elga schlief. Ihr Gesicht war gelöst in jener ernsten Freundlichkeit, die ihr Leben ausmacht und zwanzig Jahre unserer Ehe. Es gab wie in jeder Ehe Schwierigkeiten. Unsere Kinderlosigkeit durch meine Unfruchtbarkeit wurde zu einer unerwarteten Aufgabe. Wir haben sie gelöst, ebenso wie Meinungsverschiedenheiten, die nicht ausblieben. Den Sinn unserer Gemeinsamkeit haben wir erhalten. Wir blieben ehrlich, aufgeschlossen und tolerant. Wir sind jetzt der Erfüllung und der Stille des Alters nahe. Gemütsbewegungen sollen sich vergeistigen. Sie machen einer ausgewogenen Gewohnheit Platz, einer Art Bordroutine vielleicht, die uns zu neuem Erleben führen wird. Ich strich Elga übers Haar. „Ich liebe dich."

Wir hatten unsere alte Sloop KAIROS verkauft. Sie lag im Hamburger Yachthafen bei Wedel.
Wir räumten das Schiff aus.
„Na?" fragte ich, als wir unsere Sachen ins Auto getragen hatten. Wir standen auf dem Steg und blickten über das Schiff. Wie klein es war!
„Gar nichts!" sagte Elga etwas zu forsch und zu sicher. „Ich empfinde gar nichts. Dies ist ein verkauftes Schiff. Das nächste Mal werden wir mit fünfzehn Metern über den Atlantik segeln."
Ich wandte mich ab und ging. In mir riß etwas, wie eine Leine unter starkem Zug bricht.
Die Kardeele sprangen nacheinander auf. Dann war es überstanden.
Wir hatten dem Käufer versprochen, am nächsten Wochenende mit ihm zu segeln. Er hatte darum gebeten. Mit einem fremden Mann würden wir auf einem fremden Schiff segeln.
Am Abend verglichen wir die Angebote Feltz und Voss. Wir hatten Feltz gebeten, uns aus seiner handwerklichen Kenntnis die Kosten eines Ausbaus aufzugeben – auch wenn er den nicht ausführen würde. Er hatte das sehr gewissenhaft getan.

„Feltz baut den Rumpf!" sagte ich. „Voss fällt aus. Wir müssen nun Angebote von Handwerkern für den Ausbau einholen."
„Ja. Ich werde dich überhaupt nicht mehr zu Hause sehen. Geschäft und Schiffbau!"

Ein paar Wochen später hatte Feltz den Linienriß gezeichnet. Wir saßen einen ganzen Vormittag in seinem Büro. Er hatte sich sehr genau an meinen Entwurf gehalten, aber die laienhaften Vorstellungen ausgemerzt. Mit dem Linienriß für die neue KAIROS gab er uns den Plan einer Zwölf-Meter-Ketsch.

Er sagte: „Das würde billiger für Sie werden, weil wir den Aufriß schon gemacht haben. Einen Rumpf hiernach haben wir gebaut. Versuchen Sie doch mal, Ihre Vorstellungen einer Inneneinrichtung in diesen Plan einzuzeichnen."

Ich versuchte es während eines ganzen Wochenendes. Ergebnis: zweieinhalb Meter zu kurz, kein Achterdeck, in der Achterkajüte winkelige Enge.

„Aber wir sparen eine Menge Geld", sagte Elga. „Du bist durch deine Vorstellungen voreingenommen!"

„Nein. Das heißt: natürlich doch. Aber ich scheue mich, die einmalige Möglichkeit dahinzugeben, ein Schiff ganz nach unserem Maß zu bekommen! Ich kenne es, als wäre es bereits fertig. Nie wird bei ihm der Gedanke an Änderungen kommen. Nie werden wir sagen müssen, dies ist schlecht oder jenes hätten wir anders machen müssen. Wir brauchen ein großes Schiff. Versteh mich bitte, für uns ist es das einzig Richtige!"

Wir machten unseren abendlichen Spaziergang im Forst Klövensteen. Im Moor stand Wollgras weißgetupft. Über brauner Heide und grünen Kornfeldern lag Abenddunst. Das Vieh ruhte träge unter den Baumhecken, die das Weideland bis hin zu den Kiefernwäldern durchzogen. In der Abendkühle wehte der Duft sommerwarmen Grases über sandige Wege. Ein Raubvogel schrie. Wir setzten uns auf einen Grashügel.

„Ich frage mich manchmal –" sagte Elga und verstummte.

„Warum wir dies alles verlassen wollen?" ergänzte ich.

Es gab eine Menge dazu zu sagen – zum Geld und zu seiner Verwendung, zur Gesellschaft und ihrer Maßlosigkeit, zum Reisen und der Freude an fremden Ländern, zum Alter und seiner Ruhe, zur Freiheit und ihrer Einmaligkeit. Aber wir schwiegen. Die Begeisterung unserer Jugend war uns nicht geblieben. Die Rückschau des Alters wollten wir nicht an ihre Stelle setzen. Ging es uns nicht gut hier? Da draußen war vieles ungewiß. Hier wollten wir alles aufgeben und verdammten uns dort – wozu? Zum erstenmal spürten wir den Aufbruch. „Komm!" sagte ich. „Die Ketsch heißt KAIROS, der rechte Augenblick."

Ich zeichnete die Inneneinrichtung des Schiffes endgültig in den Linienriß von Feltz ein. Dabei dachte ich an die Firma. Würde ihr Wachstum immerfort meine Gehälter und Tantiemen garantieren? Wo lag die Grenze? Wann würde sie überschritten? Was dann mit dem großen Schiff? Wir gaben Feltz den Auftrag zum Bau des Rumpfes. Zögern konnte nur Unsicherheit bringen. Wir führten ein letztes Gespräch über die Einzelheiten. Ich gab Feltz meine endgültigen Zeichnungen vom Deckshaus, das ich in eine gefällige Form gebracht hatte. Das Bild einer Motoryacht stand Pate. Außerdem hatte ich den schräg durch die Achterpiek führenden Ruderschaft geändert. Meine neue Zeichnung brachte ihn senkrecht am Achterpiekschott hoch. Dort konnte der Hydraulikzylinder auf einem starken Sockel montiert werden. Das Ruderblatt hing nun senkrecht in seinen Halterungen, was seine Wirkung erhöhte.

„Wir können im Juli nächsten Jahres anfangen", sagte Feltz. „Dann haben Sie den Rumpf zum Winter für den Innenausbau."

Später gingen wir am Ufer bei Fährmanns-Sand spazieren. Die Sonne versank als wabernder Glutball hinter dem fernen Betonklotz des Atomkraftwerkes bei Stade. Wasservögel umflogen uns. Wo werden sie bleiben, wenn weitere Industrien an den Flußufern entstehen? Schon jetzt war die Elbe fast zu einem Industriekanal geworden. Wo einst grün-gelbes Schilf über blauem Schlick stand, starren Schornsteine, drücken Betonwände. Es gibt für uns nur eines – ich spürte es in schmerzhafter Ungeduld und Angst: mit der Natur, in der Natur harmonisch leben, weit weg von menschlich-fortschrittlichem Ungewicht. „Wo werden wir eines Tages landen – vielleicht alt, krank und einsam?"

Elga hob und senkte die Schultern, blieb stehen. Sie sah in das rote Licht des Abends und lächelte meine Angst weg. „Ich sehe uns einen stillen Fluß hinaufsegeln – oder eine Insel ansteuern. Du willst noch ein Haus für uns bauen. Den Platz dafür müssen wir uns suchen, nachdem Neuseeland abgelehnt hat."

Wir hatten an die neuseeländische Botschaft in Bonn geschrieben. Unserem Einwanderungsgesuch war nicht entsprochen worden. Dem offiziellen Schreiben hatte der Beamte privat hinzugefügt: „Ich kann die Stellungnahme der Botschaft nicht ändern und Sie können sie nicht umgehen. Eine Möglichkeit ist, Ihr Antragsformular nach Wellington zu schicken. Dann haben Sie eine Akte bei der zuständigen Behörde. Segeln Sie nach Neuseeland. Und wann immer Sie da ankommen, verweisen Sie auf Ihren Antrag. Er kann ein Schlüssel sein. Vielleicht haben Sie Glück." Neonlicht flimmerte über dem fernen Kraftwerk auf. Ein hochfliegendes Flugzeug zog seinen Kondensstreifen in den Abendhimmel. Atomwerk hier unten. Atombombe da oben? Die Vögel waren verschwunden. Da standen wir in Einsamkeit und hatten eine Akte in Neuseeland. „Wollen wir denn noch nach Neuseeland?" fragte Elga.

„Weltweit wird die Wirtschaft Schwierigkeiten bekommen. Ein so kleines Land wird besonders unter einer Krise leiden. Wenn wir dort nicht gern gesehen sind, was soll die Reise dorthin? Von dort müssen wir westwärts zurück in den Atlantik."

„Einmal über den Indischen Ozean ist mir genug!" sagte Elga mit Nachdruck.

Die Suche nach Handwerkern für den Schiffsausbau zog sich dahin. Ein paar Urlaubstage benutzten wir, bei Werften an der Schlei vorzusprechen. Die Verhandlungen scheiterten, weil die Werften unseren Preisvorstellungen nicht folgen konnten oder wollten. Die Handwerker in Finkenwerder zeigten mehr Verständnis. Noch scheute ich den Zuschlag, weil der Ausbau durch sie Erfahrungen und Zeit von mir verlangte, die ich nicht hatte. Ihre Arbeiten mußten koordiniert werden.

Der Herbst zog ins Land. Wochenlang keine Sonne. In der Wohnung hingen die Linienrisse und Einrichtungspläne des Schiffes an der Wand. Ich stand jeden Abend vor ihnen.

Möbeltischler Lüdders. Er wohnte in Altenwerder, die Werkstatt hinterm Haus. Er arbeitete mit zwei Söhnen zusammen. Wir überließen ihm die Baubeschreibung mit entsprechenden Zeichnungen.

„Ich kann Ihnen kein Festangebot machen", sagte er. Wir saßen in der guten Stube, deren Möbel er getischlert hatte – beste Arbeit. „Materialkosten und Löhne steigen ständig. Wir arbeiten schon lange nicht mehr im Möbelgeschäft, seitdem Fließbänder Möbel für den Zehn-Jahres-Verbrauch herstellen. Wir arbeiten im Hausbau. Aber auch da verdrängt uns die Fertigproduktion. Ich will Ihnen nicht die Hucke vollklagen. Ich mache Ihnen ein unverbindliches Angebot."

„Sollten wir zusammenarbeiten – wir können jeweils abstimmen, was teurer wird", schlug ich vor, „und dann entscheiden."

Er sah mich an. „Ich hab' bereits zwei Yachten ausgebaut. Bei jeder hatte ich Schwierigkeiten, die Restsumme einzukassieren. Wie finden Sie das?"

Wir schwiegen und sahen durch das Fenster auf den winterlichen Garten hinaus – zusammengeharktes Laub auf dem Kompost, umgegrabene Beete, die bunten Flecken einiger letzter Herbstblumen.

Lüdders sagte schließlich: „Gut. Was teurer wird, wird besprochen. Ich brauche den Auftrag. Wir leben mit drei Familien von unserem Geschäft. Auch reizt mich die Arbeit. Da können wir mal wieder ordentliches Handwerk tun." Frau Lüdders kam in die gute Stube, rundlich und adrett. Sie trug ein Tablett mit Kaffeekanne, Tassen und Gebäck. „Langen Sie zu!" sagte sie, nachdem sie alles auf den Tisch gestellt und eingeschenkt hatte.

Wir hatten uns für eine Dieselmaschine von Perkins entschieden. Dieser englische Hersteller verfügt in vielen Ländern über Niederlassungen. Wir sprachen mit dem Hamburger Vertreter. Seine Firma übernahm den Einbau der gelieferten Motoren und die Installation von elektrischen Anlagen. Der Maschinenschlosser, der den Einbau der Maschine übernehmen sollte, war ein Zwei-Meter-Mann ruhigen Charakters, der Elektriker ein Einsfünfundsechzig-Meter-Mann mit quirliger Aufgeschlossenheit. Rüger und Tessling wurden meine Freunde während langer Einbauarbeiten. Ich lernte viel von ihnen.

Zunächst gaben wir einen Perkins-Diesel in Auftrag, 6 Zylinder, 115 PS, ferner Kontrollinstrumente, Zubehör und eine Reihe von Ersatzteilen. Die Preise konnten nur steigen. Ich brachte die Motor-Zeichnung zu Feltz, der im Rumpf ein entsprechendes Fundament vormerkte.

Dieser Einkauf brachte uns auf den Gedanken, die gesamte Ausrüstung anzuschaffen.

Wir saßen über langen Listen. Daß wir in der Vergangenheit so ausführlich Listen und Staupläne geführt und aufbewahrt hatten, kam uns sehr zugute. Mit der Firma Niemeyer in Hamburg vereinbarte ich eine Lagermöglichkeit und bestellte.

Für die hydraulische und automatische Steuerung fanden wir die Firma Ferropilot. Auch sie übernahm die Installation der gelieferten Anlage. Wir wurden gut beraten, bestellten und lagerten. Soweit erforderlich, wurden Feltz die Abmessungen der Geräte für Fundamente und Bohrungen aufgegeben. Beides sollte in die Konservierung des Rumpfes eingeschlossen werden.

Hier und da hatte ich die Baubeschreibung zu ändern und zu ergänzen. Das brachte mich ganz selbstverständlich zu einem Zeitplan für die Handwerker. Zunächst nicht nach Daten, die noch unbekannt waren, sondern nach dem logischen Ablauf:

Tischler: Tothölzer, Isolation, Wegerung.

Klempner: Rohrleitungen, Wasser- und Schmutzwassertanks.

Elektriker: Leitungen vom Platz der Batterien zu Schalt- und Sicherungstafel, Zugänglichkeit beachten.

Tischler: Verschalung, Bau der Quer- und Längsschotts, Abstimmung mit Klempner und Elektriker.

Klempner: Rohrleitungen Waschraum und Pantry.

Mechaniker: Leitungen für Hydraulik, Zugänglichkeit beachten.

Und so weiter. Ich mußte viel ändern, kam aber langsam zu einem Koordinationsplan für die Handwerker.

Mit der Firma Reckmann in Hamburg-Schnelsen verhandelten wir wegen Mastbau und Anfertigung der Segel. Wir wollten die Vorsegel hoch angesetzt haben, wegen der freien Sicht für den Rudergänger.

„Aber –" wollte der Fachmann einwenden. Er dachte an seine Regattaschiffe.

„Wir segeln keine Regatten", sagte ich, „wir wollen sehen, wohin wir steuern."

Ich setzte mich mit dem Schneckenreffer durch, trotz aller Demonstrationen, wie einfach das Bindereff zu handhaben wäre. Der Gedanke an den wehenden Segelbeutel jagte mir ein Gruseln über den Rücken. Bei uns weht nichts durch die Gegend!

„Aber –" sagte der Fachmann und dachte an seine Regatta-Besatzung.

Reckmann berechnete ein sehr starkes Rigg aus Nirosta und enorm starke Masten und Bäume aus Aluminium. Sein Kostenvoranschlag war auch enorm. Wir mußten unsere Kostenplanung zum erstenmal aus der Reserve aufstocken. Das sollte noch des öfteren geschehen, aber mein Gehalt stieg später auch.

„Hier, schau mal!" sagte Elga, als ich eines Abends nach Hause kam. „Ist das nicht traumhaft?"

Es war die Farbfotografie von Rio de Janeiro in einem Heft der National Geographic Society.

„Wir segeln hin!"

Nach dem Abendessen planten wir Kurse. Eine erste Reise führte uns über den Atlantik ins Karibische Meer, dann zurück über Bermuda und die Azoren ins Mittelmeer.

„Dreckig und überfüllt", sagte Elga.

„Nicht der Ostteil, die griechischen Inseln und die Türkei."

Im Mittelmeer wollten wir prüfen, ob das Leben an Bord uns weiterhin gefallen würde.

„Wir sind dort für einen Schiffsverkauf nicht allzu weit von Hamburg weg", sagte ich.

„Verkauf! Du?" Elga lachte. „Und wenn *wir* nicht verkaufen wollen?"

„Dann segeln wir zu deiner Fotografie – Rio de Janeiro. Dann wieder ins Karibische Meer, Panama, Westküste von Mexico. Dann im Großen Ozean nach Norden: Hawaii, Vancouver in Canada während des Sommers. In Canada kaufen wir ein altes Auto und fahren nach Norden, immer weiter nach Norden! Hei, Schatz, da gibt's Teddybären!"

Wir saßen über meinem alten Schulatlas, sprachen, verwarfen, setzten neue Kurse ab und kamen nie an. Wenn diese Kurse so auch niemals gesegelt werden würden: der Atlantik lag vor uns, Amerika mit all seinen Ländern und Menschen dahinter!

Im Sommer 1974 begann Feltz mit dem Bau des Rumpfes. Als wir die Werft besuchten, stand KAIROS bereits in den Spanten aufgerichtet. Der Klipperbug zeigte die Eleganz, die ich erhofft hatte. Das Heck wirkte nicht plump, wie ich gefürchtet hatte.

Elga sagte atemlos: „Du, sie sieht schnell aus!"

Feltz sagte: „Ja, sie wird ein elegantes Schiff."

Ich sagte nichts. Sprachlos faßte ich die Spanten und die ersten Planken an, als wären sie nicht wirklich – nun, da sie wirklich wurden! Wie bei den Landfällen unserer Segelreisen über große Meere begriff ich das Wunder des Selbstverständlichen.

Wie versprochen, schleppten die Brüder Feltz den fertiggestellten Rumpf nach Harburg zur Firma Knief. Dort wurden das Sandstrahlen und die Spritzverzinkung vorgenommen, innen und außen. Knief brachte den Eisenballast ein: vier Tonnen maßgeschnittene Wellenstücke.

Drei Tonnen Wellenstücke und Eisenketten blieben zunächst lose geschüttet liegen.

Bei der Bootswerft Behrens neben Feltz wurde KAIROS aufgeslippt, nachdem ich die drei Tonnen losen Ballast auf ihren Platz gewuchtet hatte – knochenbrechend! Immer wieder lief ich zum gegenüberliegenden Ufer des Finkenwerder Kanals, um die Trimmlage zu prüfen. Endlich schien sie zu stimmen. Die Brüder Feltz schweißten ein Stahlgitter über den Ballast. Behrens vergoß alles mit Zement.

Der Winter kam. Der Ausbau durch die Handwerker begann. Es gab Verzögerungen. Lüdders mit seinen Söhnen hatte beim Hausbau zu tun.

Der Klempner war unzuverlässig: ein junger Mann und immer woanders.

„Damit werden Sie also morgen fertig?" fragte ich, als ich ihn endlich an Bord traf.

„Ja, Herr Koch."

„Gut. Dann können wir übermorgen die Verlegung der Rohrleitungen zu den Lenzpumpen besprechen? Sie haben das in der Baubeschreibung."

„Ja, Herr Koch."

Am nächsten Tag war nichts getan. Ich fand ihn in seiner Wohnung – nicht allein.

„Na? Nichts ist fertig!"

„Ja, Herr Koch."

Sein Freund sagte: „Huch, nu' werd'n Se man nich' gleich ungemütlich!"

„Laß doch, Fritzchen", sagte der Klempner.

„Los, kommen Sie mit! Wir müssen weiterkommen!"

„Sie! Lassen Se ihn bloß hier, is' Feierabend, woll'n's so'n büschen gemütlich haben."

„Laß doch, Fritzchen."

Ich fand keinen anderen Klempner. Außerdem: wenn er arbeitete, machte er es gut. Er mußte ständig dazu überredet werden.

Es wurde Frühjahr. Rüger der Große und Tessling der Kleine erschienen. Die Maschine wurde eingebaut, die Welle eingesetzt. Elektrische Leitungen begannen, ihren Verlauf zu nehmen. Strom-Aggregat und Dieselheizung wurden auf ihre Sockel montiert. Behrens und sein Gehilfe Alfred setzten das Auspuffrohr ein. Ich war jeden Morgen auf der Werft, bevor ich in die Firma fuhr. Ich kam jeden Abend auf die Werft und arbeitete auf, was die Handwerker mir gesagt hatten, Bauherr und Lehrling zugleich. Es sparte Lohnstunden.

Es wurde Sommer. Ich nutzte meinen Urlaub dazu, die Schweißnähte des Rumpfes zu spachteln. Sie brauchten wenig Spachtelmasse. Dann versah ich alles mit den erforderlichen Grundanstrichen.

Der Klempner beendete seine Arbeiten – tatsächlich – mit seinem Freund als Helfer in der Not. „Huch, mir is' schon wieder 'n Dichtungsring runtergefallen!"

Die Mechaniker und Elektroniker von Ferropilot bauten nach Verlegen der Ölleitungen zur Ruderhydraulik die Geräte der automatischen Steuerung ein. Lüdders mit Söhnen holte derweil in Überstunden auf.

„Schlimm!" sagte Lüdders. „Aber ich berechne Ihnen diese Überstunden nicht. Sollen wir die Scheiben für Bulleyes und Deckshausfenster gleich mit einsetzen? Geben Sie mir die Stärken des Sicherheitsglases."

Dann war der Bau abgeschlossen. Kein Schmutz mehr, kein Lärm. Aber auch keine Arbeitskameradschaft mehr. Im stillen Schiff lackierte ich während der Wochenenden die Hölzer der Inneneinrichtung. Mit jedem Pinselstrich fuhr ich kontrollierend über geleistete Arbeit. Ich rechnete zurück. Mehr als dreitausend Arbeitsstunden hatte ich investiert, Planungszeit und Besprechungen nicht einbezogen.

Natürlich waren mir Fehler unterlaufen: solche, die bald festgestellt wurden, solche, die ich noch nicht kannte. Sie mußten sich nach dem Stapellauf und während der Trimmfahrten zeigen. Dafür blieben uns zwei Sommer und zwei Winter.

Herbst und Winter brachten Sturmfluten. Ich saß auf dem Schiff, Ankergeschirr klar, und fror. Das Wasser tobte unterm Kiel. Aber das Wasser stieg in Finkenwerder nicht bis zur Katastrophe. Elbdeiche brachen woanders.

Zu Beginn des Frühjahrs 1976 stand KAIROS fertig. Wie jeder Segler machte ich die Frühjahrsarbeiten: malen von Deck und Aufbauten, Bordwänden und Unterwasserschiff.

Der Stapellauf kam. Wir hatten niemanden eingeladen, aber unsere Freunde Inge und Nixi Knüpffer besuchten uns. Sanft rutschte KAIROS ins Wasser. Feltz senior am Ufer schlug die Hände vors Gesicht und ward nicht mehr gesehen. KAIROS lag zehn Zentimeter tiefer als die Konstruktionswasserlinie im Wasser. Auch schien das Schiff buglastig.

Hamburg 1976
"Schiff, nun bist du Wirklichkeit."

Am Nachmittag gab es Kaffee, Kuchen und Bier für die am Bau Beteiligten. Elga und ich dankten jedem einzelnen für Hilfe und Mitarbeit. Als alle fort waren, gingen wir zur anderen Seite des Kanals. Es stimmte, KAIROS war buglastig.

„Und nun?" fragte Elga.

„Ich schlage vorne Ballast raus."

„Und der Tiefgang?"

„Sie wird damit weich in der See liegen. Denke an die Sloop. Mit der war's auch so. Wir haben nun von vornherein Geschwindigkeit verloren."

„Und werden nie wissen wieviel – Geschenk ans Schicksal!" meinte Elga.

Während der folgenden Wochenenden stemmte ich eine viertel Tonne Zement und Eisen aus dem vorderen Ballast heraus. Es war eine Arbeit mit blutigen Fingerknöcheln und verrenkten Gliedern. Ich baute die Eisentür des Vorderschotts aus und brachte sie zu Feltz mit der Bitte, aus Aluminium eine neue anzufertigen. Mühe und Kosten schienen mir nicht zu groß. Wie sonst hätte der Ballast gesichert und zementiert werden sollen? Bei fertiggestelltem Innenausbau wäre es nicht mehr möglich gewesen. Und einen Prototyp des Schiffes gab es nicht.

Die Firma Reckmann setzte Masten und Rigg.

Als KAIROS auf ebenem Kiel schwamm, slippte Behrens sie auf. Ich setzte die Wasserlinie neu ab. Nach der Malarbeit saß ich auf der Slipböschung und betrachtete das Schiff. Die Werft lag verlassen. Ein wolkenloser, leuchtender Abendhimmel spannte sich über Finkenwerder, die Elbe und ihre Ufer. Eine Brise kam aus Ost. KAIROS ruhte weiß im dunklen Gestänge des Slipwagens.

So hatte ich sie zuerst als Idee gesehen, dann als Zeichnung auf einem Stück Papier.

Wieviel Planung, wieviel handwerkliches Können, wieviel menschliche Hilfe waren gefolgt! Ich ging hin und klopfte auf die Bordwand: Schiff, nun bist du Wirklichkeit, ich kenne deine Stärke und weiß um deine Schwächen wie um mich selbst, jetzt werden wir segeln, ich und du und Elga.

Die Brise aus Ost ließ das Großfall am Mast schlagen.

Elga kam, um mich abzuholen.

„Zufrieden?" fragte sie.

„Wie noch nie in meinem Leben."

„Schiffsmeßbrief und Schiffszertifikat sind heute vom Schiffsregister gekommen", berichtete sie. „Alles klar. Wir sind beide mit je der Hälfte des Wertes als Eigner eingetragen."

„So war's besprochen." Ich küßte sie.

Die erste Trimmfahrt führte uns über die Ostsee zur Insel Bornholm. Es wehte bei sonnigem Wetter aus Nordost mit Stärke 6 bis 7. KAIROS trug Großsegel, Baumfock und Besan. Sie lag weich auf dem Ruder. Östlich von Fehmarn ließ der Wind nach. Ich setzte unter nördlichen Winden zusätzlich den Klüver 2. Am nächsten Nachmittag waren wir in Rønne fest und klarierten ein. Dann verholten wir nach Hasle. Mit unseren Klappfahrrädern radelten wir jeden Tag zu einem anderen Teil der Insel. Trimmarbeit war schön, Urlaub besser.

Auf dem Rückweg ließ uns der Wind im Stich. Wir überprüften die Fahrgeschwindigkeit unter Maschine bei bestimmten Wellenumdrehungen. Es war nicht so wichtig bei einem Segelschiff.

Weitere Fahrten machten wir auf der Elbe. Wir warteten auf Wochenenden mit viel Wind. Sie kamen. Wir hatten gemeint, unsere vier Arbeitssegel durch Schwerwettersegel ergänzen zu müssen. Das schwere Schiff brauchte sie nicht. Im Herbst bestellten wir zusätzliche Schönwettersegel. Segelmacher Hinsch in Glückstadt fertigte darüber hinaus ein Reserve-Großsegel und die vielen Persenninge an.

Die zweite Trimmfahrt im folgenden Sommer brachte uns zum Hardangerfjord in Norwegen. Von Helgoland liefen wir bei frischen Westwinden in einem Törn durch. KAIROS konnte sehr viel Segelfläche tragen, ohne bockig zu werden. Der Wind drehte auf Nord und nahm zu. Schlag um Schlag arbeiteten wir uns hoch am Wind die norwegische Küste hinauf. KAIROS brauchte Gewicht im Heck, sie war luvgierig. Ich staute fast alle Wasserkanister vom Kiel mittschiffs in die Achterpiek um. Jetzt lag sie ohne Ruderhilfe ausgeglichen am Wind. Nach drei Tagen ab Helgoland machten wir in einem kleinen Fischerhafen am Karmsund fest. Dann nahm uns der

Hardangerfjord mit seinen Bergkulissen für zwei Wochen auf.
Was wir nicht lieben, aber brauchten, geschah auf der Rückfahrt. Bei Helgoland liefen wir in stürmisches Wetter. Es wehte aus Südwest mit Stärke 7 und zusätzlichen Sturmböen. Ich kam um 04.00 Uhr nach schlechtem Schlaf zur Ablösung ins Cockpit. KAIROS donnerte unter Großsegel, Besan und Baumfock auf Backbordbug durch die See.
Elga lehnte sich seitlich des Ruderstandes mit verschränkten Armen leewärts gegen die Deckshausstrebe. „Helgoland bald querab", sagte sie mit einer Kopfbewegung.
Ich hatte eine erschöpfte Elga erwartet. Da stand sie und ließ das Schiff segeln. Es war, als ob um uns herum überhaupt nichts geschah. Ein grauer Heuler zog durch das fahle Morgenlicht. Regen und Gischt löschten alle Sicht.
„Ich setze –" schrie ich. Das Gischttrommeln an Deckshausscheiben und Persenningen war stärker als meine Stimme.
„Du!" schrie Elga. „Du, weißt du noch? Solch Wetter auf der Sloop! Hier hab' ich noch nicht mal Ölzeug an!"
„Ich setze Kurs auf den Helgoländer Hafen ab. Wie peilt das Leuchtfeuer?"
„Helgoländer Hafen? Wir sind heute nachmittag im Hamburger Yachthafen! Wie voll, meinst du, ist der Helgoländer Hafen bei solchem Wetter? So!" Elga preßte die Handflächen zusammen.
Ich kletterte zum Kartentisch und setzte den Kurs auf die Elbmündung ab. Dabei betrachtete ich mit gemischten Gefühlen den Vogelsand und andere Sände auf der Karte. Elga war sicher, ich war verschlafen. Aus diesem Grund – so ist es Brauch bei uns an Bord – trifft der jeweilige Rudergänger die Entscheidungen. Er weiß, was geschieht, hat es vier Stunden lang beobachtet. Diese Regelung empfehle ich aber keiner Yacht mit mehrköpfiger Besatzung. Ich stieg ins Cockpit zurück. „Werde reffen!"
Elga stand unverändert. Der Heuler war abgezogen. Der nächste kam zu Luv über die Kimm. „Warum?"
„Ausprobieren!" schrie ich.
„Paß auf!"
Ich holte die Reffkurbel für den Großbaum, zog mein Ölzeug an und reffte das Großsegel. Elga luvte etwas an. Das Segel ließ sich leicht reffen, blieb immer unter Kontrolle. Ich dachte an die modi-

sche Tütelei mit den Reffbändseln, zu der mich der Segelmacher hatte verdammen wollen. Reffbändsel hatten wir auch – in Reserve, wenn die Schneckenrolle streiken sollte.

Ich kam ins Cockpit zurück. „Wie liegt sie?"

Elga spielte mit dem Ruderrad zentimeterweise. Dann ließ sie es los. Das Sperrventil in der Hydraulik hielt das Ruder fest. KAIROS segelte unter Gischtwolken durch die grobe See. Die Segel steuerten.

Während meiner Wache lief KAIROS verschiedentlich aus dem Ruder. Es geschah langsam. Ich korrigierte ihr Verhalten durch Fieren oder Dichtholen von Baumfock und Besan, bis sie Kurs hielt. Ich wußte bald, was ich wissen wollte.

Hinter Feuerschiff ELBE 1 mußten wir abfallen. KAIROS wurde hart auf dem Ruder. Ich nahm den Besan weg.

„Gut so!" rief Elga. „Liegt und läuft!"

Zu Mittag, querab Brunsbüttel, ließ der Wind nach. Vollzeug. Am Nachmittag machten wir im Hamburger Yachthafen fest. Wir waren zufrieden. Was KAIROS bis jetzt für uns tat, genügte schon fast für lange Distanzen über See. Die Arbeit an einem Schiff hört niemals auf.

Es kam der letzte Winter in Hamburg. KAIROS lag in Finkenwerder am Steg der Werft Behrens. Nur bei Eisgang wollten wir sie aufslippen. Wir ließen Halterungen für einen Teil der Wasserkanister in die Achterpiek einsetzen. Dort waren sie viel besser zu erreichen als auf dem ursprünglichen Platz in der Bilge. Wir fahren vierzig Zehn-Liter-Kanister, aus denen ein Wochentank von 160 Litern für die Versorgung von Küche und Waschraum aufgefüllt wird. Die Kanister lassen sich auf Ankerplätzen mit dem Dingi zum Füllen leicht an Land rudern. Sie sind gut sauberzuhalten. Wir können sie mit zwei Schlauchleitungen vom Deckshausdach her bei Regen füllen. Und sie tun gute Trimmarbeit.

Was uns als Folge des Fehlers beim Ballaststauen blieb, war die Gewichtsempfindlichkeit des Vorschiffes. Es mußte leicht gehalten werden. Elgas Frischverpflegung dort, die wenigen leichten Zusatzsegel, die großen Fender und einige Leinen waren alles, was es trug.

In der Firma bat ich kurz vor Weihnachten um Beurlaubung für die letzten drei Monate meiner Vertragszeit. Für meine Nachfolge war Fürsorge getragen worden. Meiner Bitte wurde bei voller Gehaltszahlung entsprochen. Das war sehr großzügig.

Als ich mich von den Mitarbeitern verabschiedete, hatte ich einen Kloß im Hals. Der Augenblick, auf den ich zehn Jahre sehnlich gewartet hatte – er machte mich nicht froh. Diese Menschen blieben zurück, ihnen blieb die Firma als Aufgabe, Einkommen, Sicherheit, Vertrautheit, in gewisser Weise als Heimat. Ich hatte versucht, ihr Freund zu sein und sie untereinander zu Freunden zu machen. Jetzt verließ ich sie. Ließ ich sie im Stich?

Später stand ich in der Straßenschlucht und blickte zu dem grauen Gebäude hoch. In einigen Fenstern brannte noch Licht. Der Hausmeister kam und schloß den Haupteingang. Die Tür fiel zu.

Hier stand ich: verdammt, glücklich zu sein.

# IRLAND
*Wie schwer die Freiheit wiegt*
*Armut und Reichtum*

Welch Majestät liegt in solchem Morgen auf dem Nordatlantik: heulendes Grau und noch mehr Grau und immer noch mehr Grau. Weiße Wasserkämme brechen über schwarzen Wellentälern – einförmig in wilder Beweglichkeit, als sei das Geschehen in die Ewigkeit gesetzt.

Die Brecher rollten heran, griffen nach dem Schiff, ließen es überholen, schwemmten über Deck, trommelten Fächer von Gischt übers Deckshaus. Unter der Windsee zog eine alte Dünung aus Südwest. Sie steilte die Brecher auf, so daß sie zuschlugen. Der Wind kam aus West in Böen. Sie erreichten Stärke 7. Sie rippelten das Wasser, wo keine Brecher schäumten. Hinter den Brechern legte sich der Schaum zu Streifen auf die See – noch nicht sehr ausgeprägt. Etwas Gischt wurde in den Böen aufgeweht. Sie trieb als feiner Schleier mit dem Wind, machte die Kimm unscharf.

KAIROS segelte durch diesen Morgen unter Vollzeug. Auch in ihr lag Majestät. Sie hob den Bug über die anrollenden Seen, er stieg triefend auf. Sie überlief die rauschenden Wassermassen, als wollte sie den Himmel stürmen, stürzte gischtend in das schaumgemusterte Wellental. Sie lief sieben Knoten Fahrt. Die nächste See kam. KAIROS hatte sich längst aufgerichtet und nahm die Herausforderung an. Mit ihrer winzigen Kraft schlug sie zurück, ließ den Atlantik in die Wolken stieben. Es geschah ohne Hast.

Elga und ich zeigten an diesem Morgen alles andere als Majestät. Mühsam war das Anziehen. Pulloverärmel und Hosenröhren schwangen in Richtungen, die meiner Anatomie widersprachen. Ich löste Elga am Ruder ab. Elga machte Kaffee – mühsam, so ein wenig Wasser zum Kochen zu bringen. Sie schnitt das Brot – mühsam, die Marmelade auf die Scheibe zu bekommen. Kaffee und Brot dufteten und schmeckten. Dann gingen wir unseren Beschäftigungen nach – mühsam, meine Koje zu bauen, die Eintragung ins Logbuch

Fahrt nach Irland 1978
„der Atlantik brummte: kommt nur!"

zu machen. Mühsam für Elga, das Geschirr zu waschen und wegzustauen, in die Koje zu kriechen. Mühsam stemmte ich mich in die Ruderbank.

Aber die Freiheit in der Wahl unseres Kurses wog alle Mühe auf.

Er zeigte 351 Grad am Kompaß – 341 Grad rechtweisend auf der Seekarte unten auf dem Kartentisch: von den Scilly Islands zum Hafen Cork in Irland. KAIROS segelte voll und bei ohne Ruderhilfe, seit sie westlich der Scillies auf diesen Kurs gelegt worden war.

Der Atlantik heulte und brummte: kommt nur! Er griff nach dem Schiff, und das Schiff ließ sich nicht greifen. Das Wetter wurde zunehmend unsichtig. Kommt und macht daraus, was ihr wollt. Wir wollten am Nachmittag unseren Landfall machen. Und wir wollten vergessen, was hinter uns lag.

Meine Schwester hatte sehr geweint, als wir Abschied nahmen. Meine Eltern konnten nicht mehr weinen. Sie waren es gewesen, die uns vor Jahren zurückgelassen hatten. So auch Elgas Vater. Elgas Mutter blieb zurück. Am Abend nach dem letzten Besuch saß Elga neben mir in der Achterkajüte und schluchzte aus tiefstem Herzen. Sie hörte nicht auf. Ihr Körper bebte.

Wiegt unsere Freiheit so schwer? Ich dachte an meine Benommenheit, als ich von der Straße zum Firmengebäude hochgeblickt hatte. Nun Elga neben mir auch: verdammt, glücklich zu sein.

Ich wußte nicht, was ich sagen sollte. „Elga, hör' bitte zu – Elga, das geht vorbei – wir wollen reisen – ich werde darüber schreiben – jedes Wort soll für dich sein – ich will Sterne vom Himmel holen – bitte, hör' auf – jedes Wort soll dir gewidmet sein – wir werden auch Häßliches erleben – aber die Sterne sollen es überstrahlen – Elga –."

Ich konnte sie nicht trösten. Schließlich weinte ich auch. Unser Aufbruch war in diesem Augenblick vollkommen. Wir hatten ihn gewollt. Da war er: verdammt, glücklich zu sein. Elga ging weinend zur Koje. Ich saß da – leer, so leer. Ich dachte an eine Buchwidmung: Für Elga, ohne die mein Leben und unsere Reisen ein Irrweg wären.

Während unserer letzten Vorbereitungen im Hamburger Yachthafen kamen wir nicht zur Ruhe. „Hallo, die Kochs, wann geht's denn los?" – „Hallo, die Kochs, warum denn immer noch da?" – „Hallo, die Kochs, eine neue Weltumseglung?" Wir konnten uns nicht abschirmen wie eine Fußballelf, die vorm großen Spiel Ruhe erhält. Freunde machten letzte Besuche, sagten letzte Worte, brachten letzte Geschenke. Alles geschah zum letzten Mal.

Wir liefen aus. Jemand rief uns nach: „Sie können doch nicht einfach so auslaufen! Ich hab' meine Kamera nicht bei mir!" Es wehte kein Wind. Es war uns egal. Die Maschine lief. Wir saßen schweigsam. Dieser Abschied fiel uns schwerer als der von 1964 zur Segelreise um die Erde. Damals wollten wir zurückkommen. Der Kurs war ein Kreis. Diesmal nicht. Er war ein Strich, wir wußten nicht wohin. Damals standen ein paar abgenutzte Möbel im Keller meiner Schwiegereltern, ein paar Bücher im Schrank meiner Eltern. Diesmal nicht.

Nebel über der Deutschen Bucht. Wir liefen Cuxhaven an. Dort wiederholte es sich. „Hallo, die Kochs, wo geht's denn hin?" – „Hallo, die Kochs, und noch nicht ausgelaufen wegen so'n büschen Nebel?" – „Hallo, nach Irland, wann kommen Sie denn da an?" Alle hatten Fragen zum neuen Schiff und wollten es sehen. Die Besucher machten uns nervös. Ich wurde unhöflich.

So gut sie es meinen mochten – sie waren so abseits unserer Ziele und Vorstellungen, daß wir sie wie durch einen Vorhang erlebten. Wir wußten nicht, wann wir auslaufen würden. Wir wußten noch viel weniger, wann wir ankommen würden. Nebel und Wind kennen keine Termine. Und Zeit auf See ist ein Positionskreuz auf der Seekarte.

Der Nebel hob sich. Der Wetterbericht war gut. Am 30. Mai 1978 verließen wir Cuxhaven. Es wehte aus Nordnordost mit Stärke 3. Die Sonne schien. Querab Feuerschiff ELBE 1 setzten wir Segel. Großsegel hoch, Besan hoch, Baumfock hoch, Klüver 2 hoch!

„Kurs, Elga!"

„Liegt an – raumschots!"

Besanstagsegel hoch! Unter 150 Quadratmeter Segelfläche – es waren kaum noch Masten vor lauter Segeln zu sehen – kam KAIROS zum Laufen. Sechs Knoten bei leichter Brise. Endlich freies Wasser. Laß KAIROS laufen! Weil wir nun nirgends zu Hause waren, konnten wir es überall sein.

Nebel und kein Wind im Englischen Kanal. Wir liefen unter Maschine. Vor Dover machten wir einen erneuten Segelversuch. Der sterbende Wind brachte uns gerade noch in den Vorhafen, wo wir ankerten. Das von Flutlicht angestrahlte Castle setzte eine romantische Note über unseren Ankerplatz, wenn der Abend kam.

Wir liefen Yarmouth an. Charly, der Hafenmeister, erkannte uns nach elf Jahren wieder. Am Vormittag trank er immer noch gern ein großes Glas Sherry und erzählte dabei seine sea-stories. Wir blieben für ein paar Tage. Wir gingen über die Wiesen der Isle of Wight. Ich warf mich in das kniehohe Gras und kugelte, kugelte mich hindurch.

Wir segelten nach Weymouth. Dann liefen wir Torquay an. Das überfüllte Dartmouth ließen wir aus. Dort war gerade eine Weltumseglerin angekommen. Wir ankerten im Fluß unter Fowey.

Ich stellte die Nachrichten aus Dartmouth ab. Die Zeit eines stillen Segelsports ist vorbei. Einst machten sich wenige auf, um weite Kurse zu segeln. Sie zeigten, wie seetüchtig kleine Yachten sein können, wenn sie seemännisch geführt werden. Sie segelten um die Erde und in entlegene Seegebiete. Sie schrieben ihre Erfahrungen nieder. Sie wurden bekannt.

Es folgten Segler, die der Ehrgeiz trieb. Sie meinten, wer lange Kurse segelt, muß auch lange Seiten vollschreiben können. Sie wurden bekannt. Sie legten Wert darauf.

Die Presse kam ins Spiel. Sie erfand das große Abenteuer. Das war gut, wenn die Segler Seeleute waren. Es wurde haarsträubend, wenn Abenteurer Segel setzten. Aber die Presse machte etwas daraus: die Sensation. Von Presse und werbetüchtigen Konzernen wurden Regatten und Preise für Rennen durch die Roaring Forties ausgeschrieben. Moitessier schied aus, um bessere Kurse für seine Seelenruhe zu finden.

Millionäre und Firmen finanzierten den Bau von Yachten, die sie den Superseglern zur Verfügung stellten. Die See nahm an Leben, was ihr zu fürwitzig in die Zähne segelte. Das änderte wenig. Segeln ist ein harter Sport. Ein völlig neuer Typ von Yachtsegler bestimmt die Szene. Er beginnt die Planung einer großen Reise mit der Suche nach einem Sponsor. Er schließt sie ab mit dem Flugplan für Ersatzteile, die ihn hinter jedem Ozean erwarten sollen. Er hat die Beurteilung von Mensch und Yacht der See gegenüber völlig geändert: *Ich segele dem Teufel das Ohr ab, wenn die Unterstützung stimmt!* Er ist nicht frei wie so viele der Alten, die ihre Reisen in alleiniger Kraft vollbrachten.

So wandelt sich alles. Das letzte Wort bleibt der See. Sie wandelt sich nicht. Das verstehen diejenigen, die sie nach wie vor in stiller Aufmerksamkeit befahren.

In Fowey hatten wir unsere Ruhe und ein Bild ganz anderer Art vor Augen. Auf einem alten Schoner versuchte eine jugendliche Gemeinschaft unter flatternder Wäsche ihre Lebensüberzeugung zu verwirklichen. Bei Ankunft hatten sie ihren Anker mühevoll und in hoffender Zuversicht über Bord geworfen, daß er wohl schon halten würde. Das tat er – nur so dicht neben KAIROS, daß jedes Schwoien die Gefahr der Kollision brachte. Das nahm man holzschnitzend, kindersäugend, diskutierend, singend, mit Katzen, Hunden, Kindern spielend und immer freundlich winkend gern in Kauf. Wir verholten KAIROS – nicht weit. Wir wollten das Bild nicht missen, das in seiner farbigen Vielfalt an die Arche Noah erinnerte. Die da drüben versuchten auf ihre Art, die Sündflut unserer Zivilisation zu überleben.

351 Grad am Kompaß. Ich übergab Elga die Wache und peilte zwei Funkfeuer an der irischen Küste. Die Auswertung bestätigte unseren Koppelort. Wir standen 15 Seemeilen vorm River Lee, an dem Cork liegt. Ich kroch in die Koje, Elga rief: „Nebel!" Er lag dicht über der See, rollte in Schwaden.

„Wenn wir mit den Funkpeilungen einlaufen?" schlug Elga vor.

„Das ist", aus der wehenden Nebelsuppe kam ein Brecher spülend und trommelnd wie aus dem Nichts, „ist mir nicht genau genug. Außerdem wird es Schiffsverkehr in der Mündung geben. Je eher wir beidrehen, desto besser."

Eine halbe Stunde später lagen wir unter dichtgeholtem Großsegel treibend auf Backbordbug. Der Wind kam unverändert aus West. Nach Ost hatten wir ausreichend Seeraum. Elga blieb auf Wache. Ich versuchte zu schlafen. Es ging nicht. Ich kletterte zu ihr ins Cockpit. Wir bemühten uns, mit unserer Enttäuschung fertig zu werden: ohne Sicht so nahe vorm Ziel! Wir fühlten uns betrogen. Von wem? Die See ist eine Fläche Wasser, bewegt oder still, mit guter Sicht oder schlechter Sicht. Zum Teufel mit aller Majestät und sonstigem Firlefanz! Wir mußten beidrehen.

Ich dachte an unsere Bemühungen, das Schiff mit Radar auszurüsten. Der Fachmann hatte auf unsere Fragen gute Antworten gewußt. Nur zwei konnten uns nicht zufriedenstellen. Was sehen wir, wenn das Gerät bei geneigtem, stark stampfendem Schiff seine Strahlen über den Seegang torkeln läßt? „Nicht viel." Wie ist die Orientierung, wenn wir beide oftmals für Segelmanöver abgerufen werden? „Für die zuverlässige Auswertung ist eine ständige Radarwache erforderlich."

Nun lagen wir beigedreht. Wir hatten Zeit. Und außerdem begann es aufzuklaren. Ein Sonnenschimmer hing messingfarben über uns. Entfernter Seegang wurde wieder sichtbar. Schließlich kam eine verschwommene Kimm in Sicht.

Ich setzte Baumfock und Besan. Elga ging auf Kurs. Wir steuerten jetzt mit der Funkpeilung des Leuchtturms Old Head of Kinsale recht voraus auf die Küste zu. Der Turm stand auf felsiger Landzunge über tiefem Wasser. Die Sicht verbesserte sich.

„Da ist er!"

Ein Schemen stand etwa zwei Seemeilen voraus – graublau in gelbem Lichtdunst. Es war das Felsenkap, und es war der Leuchtturm darauf. Wir fielen vom Wind ab mit Kurs zur Flußmündung – acht Seemeilen im Nordosten. Mündung und Fluß kamen schließlich klar in Sicht. Die Ufer nahmen uns auf. Wind und Seegang blieben zurück. Grün lagen Wiesen und Wälder rundum auf langgezogenen Hügeln. Frieden.

Am Abend ankerten wir östlich unter Spike Island. Ein letzter Sonnenstrahl ließ das jenseitige Flußufer mit einem Tanker an der Ölpier aufglühen. Draußen über See lag die Nebelbank. Ihr aufgewehter Oberrand färbte sich rosa im Abendlicht – ein schönes Bild, weil so weit entfernt. Es gab einen drink, dann Abendbrot. Eine Bauernnacht mit langem Schlaf lag vor uns.

Am nächsten Tag liefen wir unter Maschine den Fluß hinauf. Der Hafen von Cork ist klein – Verladekais an beiden Ufern des Flusses. Vor einer flachen Brücke machten wir an der Pier zu Steuerbord fest. Ein Schuppen ohne Tor und Tür stand so dicht an der Kaimauer, daß Lade- oder Löscharbeiten nicht möglich waren. Hinter dem Schuppenende wurde der Kai breit. Ein Fischkutter lag dort. Gegenüber an grünbewachsenen Pfählen hatte ein Taucherfahrzeug festgemacht. Schön war der Liegeplatz nicht – über uns die Schuppenwand, drüben verstaubte Bürohäuser mit blinden Fenstern. Der Verkehr auf der Brücke dröhnte.

Wir kletterten die Kaimauer hinauf und gingen zum Zollgebäude. Es lag an dem breiten Teil des Kais, der mit Kopfsteinen gepflastert war. Ich öffnete die klemmende Tür des Windfangs. Da lag ein zerschlissener Kokosteppich unter Schichten abgetretenen Sandes. Aus zwei Eisentonnen quoll Müll. Im Windzug meines Türöffnens flogen alte Zeitungen auf und sanken wie erschossene Gespenster nieder. Ein uniformierter Mann kam uns entgegen, ein Hüne.

„Wir wollen einklarieren", sagte ich. „Yacht. Sind wir hier richtig?"

Über sein rotes Gesicht mit blondem Schnauzbart ging ein Lächeln. „Sicher, sicher! Gehen Sie – ach, ich zeig's Ihnen."

Er führte uns einen Gang entlang. Rechts und links standen Regale mit Akten in schiefen Stapeln. Zwischen den Stapelreihen gab es Türlücken.

„Hier!" sagte er. „Ich hoffe, daß Sie 'n gute Zeit bei uns haben werden!" Sein Englisch war schwer zu verstehen. Ins Büro rief er hinein: „Mac! Leute für dich!"

Das Büro war himmelhoch mit grau verstaubten Gipswänden. Das hochkante Fenster hatte eine zersprungene Scheibe, die mit Klebestreifen zusammengehalten wurde. Mac saß hinter seinem Schreibtisch und schrieb. Er nickte uns zu. Er war ein dunkelhaariger Mann mit einem vergrämten Gesicht. „Bitte, einen Moment. Nehmen Sie Platz!"

Da es keine Stühle gab, blieben wir stehen.

„So", sagte Mac, „jetzt zu Ihnen." Er sah, daß wir keine Stühle hatten. „Entschuldigen Sie! Der Chef hat 'ne Besprechung, da haben die mir meine Stühle geklaut. Hatte das vergessen."

Er sprang auf, brachte mit Schwung seinen Drehstuhl zu Elga und bot ihr den Platz an. Unsere Einklarierung vollzog er stehend hinter seinem Schreibtisch – fragend, gestikulierend, schreibend, stempelnd.

Dann trennte Mac die Kopien vom Formular, das er uns überreichte. „Wenn Sie Irland verlassen, geben Sie es bei der nächsten Zollstelle ab. Ich wünsche Ihnen einen guten Aufenthalt! Warum sind Sie gekommen?"

„Wir wollten es immer schon", antwortete Elga und stand von ihrem Drehstuhl auf. „Aber bislang hat Irland abseits unserer Kurse gelegen."

„Ja", sagte Mac traurig, „etwas abseits liegen wir – o ja. Meine Kinder sind ausgewandert. Amerika ist ihre große Hoffnung. Das war es immer für uns Iren – seit es entdeckt wurde." Er zuckte mit den Schultern. „Na ja."

Wir gingen durch die Aktengänge zum Kai. Neben KAIROS stand der uniformierte Hüne. Er lachte und sein Schnauzbart zuckte. „Tut mir leid – aber Sie müss'n hier weg."

„Weg? Wir sind doch gerade angekommen."

„Sie müss'n verhol'n. Dieser Platz ist vorbelegt."

„Kein Schiff kann hier löschen oder laden." Ich zeigte auf die Schuppenwand.

„Es kommt 'n Taucherboot."

„Das ist schon da. Oder kommen zwei?"

„Mach keine Witze, Mann!"

Ich zeigte zum Taucherfahrzeug hinüber.

„Sieh mal an!" sagte er. Er nickte befriedigt und ging langsam davon.

Später am Abend sahen wir ihn mit der Besatzung auf dem Achterdeck des Taucherschiffes sitzen. Die Flasche kreiste. Ein Arbeitslicht am Kajütschott warf die verzerrten Schatten der Männer auf die Kaimauer mit den grünen Pfählen.

Nordweststurm wehte. Wir wollten nicht in Cork bleiben. Unter Maschine liefen wir flußab. Der Sturm riß den Himmel für eine kalte Sonne auf. Der Fluß leuchtete blau, die Ufer hell- und dunkelgrün. Südöstlich der Stadt weitete sich der Fluß. Aber wir konnten die Fahrrinne nicht verlassen. Verlockende Ankerplätze lagen hinter Flachwasser.

„Hinter der Biegung liegt tiefes Wasser bis ans Ufer heran", sagte Elga vom Kartentisch herauf. „Die Waldufer werden Windschutz geben."

Das taten sie. Trotzdem fuhren wir vier vergebliche Ankermanöver. Ich konnte nicht ausreichend Kette stecken, weil wir bei Tidenwechsel nicht durch das betonnte Fahrwasser schwoien wollten.

„Es gibt einen Segelclub in einem Flußarm nahe der Münung", sagte ich. „Laß uns dorthin!"

Elga schüttelte den Kopf. „Cork! Während wir besseres Wetter abwarten, sehen wir uns die Stadt an und ergänzen Proviant."

Mit „voll voraus" brachte uns die Maschine in den Schutz und Schmutz von Cork zurück. Am Nachmittag gingen wir durch die Stadt zu einem Supermarkt. Das Angebot war reichhaltig. Schilder mit Sonderangeboten grellten über die Regale. Die Schrift auf den Schildern war krickelig mit Schreibfehlern. Die Verkäuferinnen trugen Kittel mit dem leuchtenden Wappen der Firma. Die Kittel waren abgetragen und ungewaschen.

Wenn wir sie fragten, antworteten die Menschen freundlich. Doch dann brachen sie das Gespräch plötzlich ab, wurden zurückhaltend – mißtrauisch? Vielleicht lag es daran, daß wir den keltischen Akzent schlecht verstanden und häufig nachfragen mußten.

Auf der Straße neben dem Supermarkt gähnten zwei leere Schaufenster. Die Tür dazwischen war unordentlich vernagelt. Der Neubau einer Versicherungsgesellschaft sah aus, als ob seit einem Jahrhundert daran gebaut worden war. Die Büros des Altbaus daneben waren mit arbeitenden Menschen überfüllt. Einige Scheibenlöcher hatte man mit Pappe vernagelt.

Die treibenden Gespenster alter Zeitungen wehten auch hier. Sie kamen in Staubwirbeln nie zur Ruhe.

Smart war der Geschäftsmann, der uns begegnete, tadellos der Anzug, ich kenne die Art. An der Straßenecke stand Paddy, schwankend im zerfransten Mantel, alt, strähnig das Haar und der Bart. Er wühlte in ungeleerten Mülltonnen. Er schien betrunken. Oder schwankte er vor Hunger?

Der englische Hafenmeister war sehr erstaunt gewesen, daß wir nach Irland segeln wollten. „For heaven's sake! Was wollen Sie denn da? Die Iren sind sture Querschädel, dumme Träumer!" Doch mag diese Meinung auf eine alte Erbfeindschaft zurückzuführen sein.

Wir setzten uns auf eine Bank am River Lee. Die Menschen gingen mit ausdruckslosen Gesichtern vorbei. Ja, sie schienen sich wie in einem Traum zu bewegen, einem freudlosen: kein Baum, kein Strauch, keine Blume war an den Ufern angepflanzt. Der Himmel strahlte im Nachmittagslicht wolkenlos. Das machte alles noch schlimmer hier unten.

Bekannte, die Irland im Urlaub besucht hatten, waren begeistert nach Hamburg zurückgekommen. Doch mag Urlaub auf dem Lande eine besondere Sache sein.

Träge strömte der Fluß zwischen den Ufermauern. Einige Boote zerrten an ihren geknoteten Mooringleinen. Die Häuser an den Ufern stammten aus der zweiten Hälfte des vorigen Jahrhunderts. Sie sahen viel älter aus – abgenutzt wie die Menschen unter einer ständigen Bedrückung.

Ein Mitarbeiter aus der Firma, mit dem ich geschäftlich in Dublin gewesen war, hatte gesagt: „Solche Häuser sollten sie abreißen und neue wie bei uns hinsetzen. Es fehlt an Schwung hier!" Doch mochte diese Überheblichkeit auf die Denkweise des deutschen Wirtschaftswunders zurückzuführen sein.

Wir gingen zum Schiff zurück. Nachdenklich trottete ich mit den Einkaufstüten neben Elga her.

Dem Sturm folgte Kälte. Dann wurde das Wetter freundlich. Wir liefen aus. Bei Nordwestwind Stärke 6–7 segelten wir südwestwärts an der Küste entlang. Sie war reich gegliedert. Helle Wiesen lagen über dunklen Felsen. Weiße Wolken zogen hochgetürmt mit auswehenden Eisschleiern in der Höhe.

Mit der Flut liefen wir in den River Bandon ein. An Steuerbord lag Fort Charles und streckte seine Bastion wie eine Löwenpranke zum Flußufer. An Backbord kauerte die Ruine von James Fort wie ein zerzaustes Untier. Das waren englische Festungen gewesen. Die Engländer hatten sie auf die Hügel gesetzt, nachdem sie die Iren 1601 bei Kinsale geschlagen hatten.

Wir ankerten nahe der Holzpier östlich des Dorfes Kinsale auf sechs Meter Wassertiefe, Tidenhub zweieinhalb Meter. Wir landeten mit dem Dingi bei der Pier an. Oben befand sich eine Bunkerstation. Hinter der Pier führte eine Straße hügelauf. Zwei kleine Hotels gab es da, ein Lebensmittelgeschäft und ein paar Schuppen mit Fischereigerät. Vom höchsten Punkt der Straße hatten wir einen weiten Blick landein.

Überall ist das Land von Steinwällen durchzogen. Der Mensch hat Felder für Ernten, hat Weideland für sein Vieh von Steinen befreit. Er hat die Steine zu Wällen gehäuft. In Jahrhunderten haben Sonne und Regen den Staub auf den Steinen gebacken. Pflanzen und Büsche haben Halt gefunden. Das Auge folgt den Linien und Rechtecken von Hügel zu Hügel bis zu fernen Bergen. Sie liegen steinern-violett im Abendlicht, stählern-grau im Anprall eines Regenschauers.

Etwa im 7. Jahrhundert vor unserer Zeitrechnung besiedeln Kelten dieses Land. Sie kommen von Frankreich und Südengland. Sie entwickeln eine ländliche Kultur. Sie leben in Einzelgehöften und verstreuten Dörfern. Ihre Priester, die Druiden, beschwören das Wohlwollen der Götter und Geister. Sie sprechen Recht. Sie versorgen die Opferaltäre und weissagen die Zukunft. Kleinkönigreiche entstehen. Sie sind kaum mehr als Dorf- und Familiengemeinschaften, die sich aus Geländeart und gemeinsamen Interessen ergeben. Könige schließen Verträge und halten Frieden, brechen Verträge und führen Krieg.

Neben den Druiden gewinnt ein anderer Stand Einfluß: die Barden. Sie sind Dichter und Sänger. Ihre Balladen berichten vom täglichen Geschehen ebenso wie von der Folge der Sippen und den Taten der alten Helden.

Die Iren lieben ihre Balladen. „Heute abend Balladengesang", lasen wir an fast jeder Kneipentür. Mit Tabakrauch und Biergeruch wehte die Stimme eines jungen Barden auf die Straße – Gitarrenklang: dumm-dila-dumm-kling-kling.

Im 5. Jahrhundert bringt St. Patrick das Christentum nach Irland. Bereitwillig nehmen die Iren den neuen Glauben an. Mönche gründen unzählige Klöster. Diese werden zu geistlichen und geistigen Mittelpunkten in einem Land, das keine Städte kennt.

Im 8. Jahrhundert kommen die Wikinger in ihren Langbooten. Sie landen, morden, plündern, gründen befestigte Plätze: Dublin, Waterford, Cork, Limerick. Sie beginnen, Handel zu treiben. Die Wikingerfestungen werden Städte, in denen die irische Bevölkerung langsam Überzahl gewinnt.

Dreihundert Jahre später kommen die Normannen. Ein irischer

Adliger ist in Königs- und Familienzwist besiegt worden. Er flieht nach England, von wo er mit normannischen Truppen zurückkehrt. Weitere normannische Heerhaufen folgen. Sie landen bei Baginbun an der Südostküste, wo sie Wikinger und Kelten vernichtend schlagen. Die Gefangenen stürzen sie die Felsen hinab, nachdem sie ihnen die Glieder gebrochen haben.

So beginnt die englisch-normannische Eroberung Irlands. Hütten brennen und Felder werden verwüstet. Nur der Norden Irlands bleibt frei. Ständiger Grenzkrieg blüht wie eine blutige Blume auf. Der freie Norden unterstützt die Iren im Süden, die sich der englisch-normannischen Feudalherrschaft ständig widersetzen. Die irischen Aufstände zeichnen verzweifelte Zeichen in die Geschichte des Landes, schlimmer: in die Seelen seiner Menschen, die sich an lauernden Guerillakrieg und seine ständige Bedrückung gewöhnen.

Nach der Eroberung passen sich viele englische Adelsfamilien der neuen Heimat an. Sie lernen die keltische Sprache. Sie fördern ihre irischen Bauern. Sie verhindern Aufstände und mildern Gesetze. Sie sind nicht immer bereit zu tun, was der englische Vizekönig in Dublin befiehlt. Das führt zu Spannungen. Als ein englischer Baron seine irischen Bauern gegen eine Garnison des englischen Königs führt, brennt es bald im ganzen Land.

Heinrich der Achte von England läßt den Aufstand niederschlagen. Er läßt den uneroberten Norden besetzen. Nur bedingungslose Unterwerfung rettet das Leben. Dann gewährt er den irischen Feinden und den englischen Rebellen Gnade vor Recht. Er gibt die von ihm beschlagnahmten Ländereien als königlich-englisches Lehen zurück. „Die Lehnsherren und Bauern haben sich bedingungslos Unseren Gesetzen zu unterwerfen, Unsere Sprache und Gewohnheiten anzunehmen und nur Uns, Heinrich, König von England etc., als das rechtmäßige Oberhaupt der Kirche von Irland anzuerkennen –"

Das keltisch sprechende Irland muß nun Englisch lernen. Das katholische Irland muß nun nach dem Dogma der Kirche von Irland –

und das ist Heinrichs Kirche von England – glauben, beten, heiraten, leben und sterben. Für die Iren ist das Ketzerei. Nun werden Rebellionen wie Kreuzzüge geführt.

An einem Nachmittag ruderten wir zum Ufer unter Charles Fort. Wir kletterten zum Vorfeld der Festung hinauf und gingen auf die Mauern zu. In einer Wiesensenkung stießen wir auf einen alten Friedhof. Ich stieg über eingesunkene Gräber, ging um die schiefen, verwitterten Kreuze. Ihre Inschriften waren nicht lesbar. Tastend fuhren meine Finger über die verlorenen Einkerbungen in Stein und Holz: „Gestorben im Alter von zwei Jahren – im Alter von acht Monaten – im Alter von siebzehn Monaten." Kinder!

Ich sah über das Land, das weit zwischen den Linien seiner Steinwälle im Sonnenschein lag. Es erschien mir plötzlich wie ein Irrgarten.

„Was hast du entdeckt?" fragte Elga, die zurückgeblieben war.

„Es mußten viele Kinder in Irland sterben. Warum?"

Wir gingen zurück zum Dingi, das wir an einen blühenden Busch gebunden hatten. Ich ruderte schnell, stieg an Bord und setzte mich hinter meine Bücher. Elga legte mir Zigaretten hin, stellte ein Getränk auf den Tisch, bereitete das Abendessen. Ich schlang es hinunter, las weiter. Elga blieb geduldig. Unser ganzes Leben ist ihre Geduld. Schließlich ging sie zur Koje.

Spät in der Nacht saß ich und starrte auf die Zeilen, die ich in meiner Müdigkeit kaum noch sah. Warum las ich das alles wie im Zwang? Welche Verbindung besteht zwischen dem vergangenen Geschehen der Geschichte und dem derzeitigen Leben eines Menschen? Gibt es eine geistige Einheit über die Zeiten hinweg? Wenn ja – was bedeutet das für mich?

Ich ging an Deck. Über uns stand ein riesiger Sternenhimmel. Friedlich schwoite KAIROS auf dem dunklen Wasser, das mit dem Ebbstrom dahinzog. Das Ankerlicht brannte klar. Die Ankerkette ruhte sicher in ihrer Halterung. Kein Wind. Ich legte mich in der Achterkajüte auf meine Koje. Elgas Atemzüge gingen gleichmäßig. Schlafen konnte ich nicht. Ich schloß die Augen. Irische Bilder zogen vorbei.

Englische Herrscher fördern die Ansiedlung von Engländern in Irland. Es wird wie eine Kolonie behandelt. Im bisher freien Nordirland bringt die englische Besetzung Verzweiflung. Die irischen Adligen und Grundbesitzer sehen keine Hoffnung für ihr Land unter fremder Herrschaft und fremder Kirche. Sie wandern aus – neunzig Familien. Die irischen Bauern bleiben ohne Führung zurück. Die meisten überleben das Folgende nicht.

Die herrenlosen Ländereien werden von der englischen Krone beschlagnahmt und an englische und schottische Protestanten gegeben. Diese bauen befestigte Siedlungen, gründen Städte. Als nicht ausreichend Ansiedler verfügbar sind, wird einer Minderheit von Iren Land gelassen, wenn sie Ergebenheit schwören. Sie tun es – im Herzen katholisch für immerdar. Die englisch-protestantische Mehrheit kann ihre Absichten gegenüber der irisch-katholischen Minderheit stets durchsetzen. Sie tut es oft rücksichtslos. Da beginnt eine Zeitbombe zu ticken. Sie tickt durch die Jahrhunderte bei allem, was in Irland geschieht.

Das sind Krieg, Verschwörungen und Aufstände gegen die Engländer, ohne Zahl und ohne Erfolg. Dann wird Irland von 1845 bis 1849 von einer furchtbaren Hungersnot heimgesucht. Mehr Leid kann einem Volk nicht geschehen, um es verbittert zu sturen Querschädeln und dummen Träumern zu machen, nachdem Fremde und immer wieder Fremde ihm Krieg, Eroberung, Unterdrückung, Sprache, Religion, Siedlungsart und Gesellschaftsform aufgezwungen haben – friß oder stirb!

Die Ursache der Großen Hungersnot ist eine Kartoffelseuche. Die Frucht fault in der Erde. Es gibt Getreide in Irland. Es wachsen Gemüse und Obst in Irland. Vieh gedeiht auf den Weiden. Aber in einer Feudalherrschaft, wie sie seit der Zeit der normannischen Barone unverändert besteht, bleibt dem Bauern nur das, was er dem

Herrn nicht abzuliefern hat: Kartoffeln. Jetzt sterben die Kinder – gerade alt genug, um leiden zu können.

Die englische Regierung versucht zu helfen. Die Hilfsmaßnahmen werden nur langsam eingeleitet. Ein Regierungswechsel verzögert sie zusätzlich. Die Bevölkerungszahl der Iren – etwa acht Millionen – sinkt in diesen Jahren um zwei Millionen. Die Hälfte stirbt. Die andere Hälfte wandert aus. Amerika ist ihre große Hoffnung. Nun werden in Irland Fensterscheiben blind, Türen unordentlich vernagelt. Die Straßen bleiben ungefegt, die Mülltonnen ungeleert. Die Zurückbleibenden sind ohne Hoffnung. Die Iren trinken, um zu vergessen. Sie lauschen Balladen aus vergangenen Zeiten, die besser waren – immer besser, je weiter zurück.

Tiefstpunkt. Wie durch ein Wunder wird er kein Untergang. Endlich kommen die Hilfsmaßnahmen fast ausreichend.

In mühevollen Bestrebungen und stets gegen den Widerstand der Engländer versuchen die Iren, politische Parteien zu bilden, eine Selbstverwaltung durchzusetzen, Fuß im englischen Parlament zu fassen, ihre Glaubensfreiheit zu gewinnen. Sie geben nicht auf. Wenn es friedlich nicht geht, dann legen die Querschädel Bomben. Armes Irland. Da lebt ein Volk, dem keine Zeit gegönnt wird, die Trümmer seiner Geschichte von den Straßen und aus seiner Seele fortzuräumen. O nein, diesem Volk fehlt es nicht an Schwung. Es weiß, wie schwer die Freiheit wiegt.

1949 endlich – nach einer Zeit als unwilliger Freistaat im British Commonwealth – wird die unabhängige Republic of Ireland ausgerufen. Die Engländer zeigen Einsicht. Viele Iren haben gejubelt, sehr viele haben geweint.

In Nordirland dagegen verhindern die Protestanten aufgrund ihrer Mehrheit die Aufnahme des Gebietes in den Freistaat ebenso wie in die Republik. Die katholische Minderheit bekämpft die „amoralische und unnatürliche" Teilung Irlands, will sich der Republik anschließen. Die Zeitbombe explodiert, uralte Gegensätze brechen auf. Die Irish Republican Army – in der Republik verabschiedet und für illegal erklärt – legt ihre Bomben. Das nordirische Parlament wird nach Tumulten aufgelöst. Die britische Armee erscheint. Die IRA bombt. Die Armee schießt. Die Protestanten paradieren unter ihren Fahnen. Die Katholiken versammeln sich unter ihren Bannern. Die verängstigten Frauen gründen eine Menschenrechtsbewegung. Und alle beten. Warum machen sie nicht Frieden?

Es geht nicht, wenn sie um Sieg beten – um ihren heißersehnten Sieg.

Ich hatte mich ins Cockpit gesetzt. Die Sterne verblaßten. Die Sonne ging auf. Die Flußufer traten durch dunstiges Licht zutage. Ich schlief endlich ein. Etwas unbequem auf der Cockpitbank hingestreckt – so fand Elga mich.

Von Kinsale liefen wir westwärts nach Glandore. Es wehte kein Wind. Die Maschine brummte. Wie ein Aquarell zog die Küste an Steuerbord vorbei.

Zuerst ein Schleier im Westen, dann ein weißer Schimmer im Sonnenlicht, der den Horizont auffraß – dann überrollte er uns: Nebel. Die Sicht betrug keine hundert Meter. Hob er sich hin und wieder, so hielten wir auf die unsichtbare Küste zu. Wir mußten bald vor Glandore stehen. Fiel er wieder, so liefen wir langsam parallel zur Küste weiter. Auf der Seekarte ergab das eine Kurslinie voller Ungewißheit. Westlich Glandore lag ein Küstengebiet mit vorgelagerten Inseln und Riffen.

Wir wollten gerade unseren Leichtsinn aufgeben und mit Südkurs in freien Seeraum ablaufen, da verzog sich der Nebel. Der Abzug geschah so schnell wie der Aufzug, beides ohne Wind. Vor unserem Bug: Felsen. An Backbord: ein Gewirr von Inselchen. An Steuerbord: eine kleine Insel. Die Erscheinungen waren von Nebelfetzen überdeckt, nichts war deutlich zu erkennen.

„Wir sind zu weit westwärts!" Ich stoppte die Maschine. „Bloß raus hier!"

„Wir haben genau gekoppelt!" Elgas Stimme war richtig vorwurfsvoll.

„Strom. Das Handbuch bezeichnet ihn als unbedeutend."

Wir liefen nach Südost ab. Es dauerte eine ganze Weile, bis wir anhand der Seekarte die Inselchen, Riffe und schließlich die Küstenlinie identifizieren konnten. Wir waren vier Seemeilen über die Einfahrt nach Glandore hinausgelaufen. Der mitsetzende Strom war recht bedeutend gewesen.

Wir fanden die Einfahrt bei guter Sicht. Die Bucht öffnete sich vor uns in verzauberter Ruhe. Bewaldete Höhen umgaben sie. In parkähnlichen Gärten lagen Landhäuser. Die Häuser des Dorfes Glandore reihten sich im Nordosten an einem Hügel hinauf. Wo Sonnenlicht die Ufer traf, leuchteten sie über farbigen Spiegelbildern. Wir liefen langsam zu unserem Ankerplatz. Ich lotete. Unser Anker fiel. Der Lärm der Kette weckte ein Echo, das von Hang zu Hang lief. Möwen flogen auf. Ein Kormoran auf einem Uferfels reckte den Hals. Zwei Lummen, die sich unsere Ankunft schwimmend angesehen hatten, tauchten weg.

Wir setzten uns aufs Achterdeck. Nach Westen, dann nach Norden biegend, lag das flache Wasser eines Flusses in Sonnenglast. Bild für Bild betrachteten wir unsere Umgebung – dankbar: vor einer Stunde waren wir Blinde in einem Alptraum gewesen.

Am nächsten Morgen ruderten wir an Land. Unterhalb des Dorfes lag ein kleiner Bootshafen. Auf der Ufermauer saß der Pfarrer unter einem bunten Sonnenschirm. Er las in einem dicken Buch. Auf dem Tisch neben ihm standen eine Sammelbüchse und ein Pappschild. Es verkündete: „Wir erbitten Ihre Hilfe! Unsere Kirche braucht ein neues Dach!"

Wir spendeten nicht, worüber ich mich heute noch ärgere. Wir fragten nach dem Postamt.

„Das sechste Haus links", sagte er freundlich. „Im Lebensmittelgeschäft."

Der Kramladen war klein. Er führte alles, was im Dorf gebraucht wurde. Die alte Frau, die Elga bediente, hatte einen stark ausgeprägten Schnurrbart. Sie war wortkarg. Elga fragte nach Brot: sie legte es hin. Milch: sie hatte nur die Hälfte vorrätig. Eier: sie schlurfte in den Hinterraum, kam zurück, Eier waren nicht mehr da. Sie nahm unsere Briefe an, suchte lange in einer Liste nach Germany. Dann gab sie uns die Briefmarken. Als wir uns verabschiedeten, kam die Erleuchtung zukünftiger Verkäufe über sie. „Sie sin' vonner Yacht da draußen? Ahja, ahja! Wie lang' bleib'n Sie?"

„Ein paar Tage."

„Wirklich? Dann bestell' ich Eier. Hol'n Sie die morg'n bestimmt ab? Und Milch? Brauchen Sie Marmelade? Sagen Sie's! Wissen Sie, die Leute hier kauf'n sowas nich'. Hab'n Hühner, Kühe, Schafe und dergleich'n. Hab'n Gemüsegärten. Die komm'n wegen sowas." Sie zeigte zur anderen Seite, wo Hemden und Stacheldraht, Unterwäsche und Werkzeug, Hüte und Kinderspielzeug, Fliegengitter und dergleichen in trauter Harmonie plaziert waren.

„Wir kommen bestimmt wieder!" sagte ich mit Nachdruck.

Wir folgten einem schmalen Weg, der durch Buschwerk zu einer kleinen Bucht führte. Ihr Strand war steinig. Ich ließ einige flache Kiesel übers Wasser springen. Eine Schule Fische geriet darüber in Aufregung, schwamm aber nicht weg. Wir setzten uns auf die sonnenwarmen Felsen und sahen über Waldkulissen und Wiesenhänge. Reiches Irland. Wir blieben sitzen. Wir hatten nichts anderes zu tun.

Wir besuchten die Alte im Kramladen täglich. Ich versuchte, sie nach dem Leben im Dorf auszufragen. Wir erfuhren nicht viel. Es war ihr anzumerken, daß Fremde ihr nicht geheuer waren. Auch der Herr Pfarrer unter seinem Sonnenschirm war nicht sehr gesprächig. Immerhin erlebten wir den Erfolg seiner stummen Sammelaktion, wenn Autos hielten und ihre Insassen Münzen in die Büchse klötern ließen. Über Stock und Stein wanderten wir auf den höchsten Hügel über der Bucht. Es ging teilweise über Wiesen mit hohem Gras. Von oben hatten wir einen Rundblick über Land und Meer, den wir schweigend genossen.

„Du", sagte Elga plötzlich, „das Gras hat ganz schön gefusselt." Sie klopfte sich lässig die Hosen ab.

„Du! Das kriecht! Keine Grasfusseln, das sind Zecken!"

Elga sah mich entgeistert an – wie immer, wenn wir es mit Grashüpfern, Wespen, Kakerlaken, Spinnen oder anderem niederen Getier zu tun haben. „Schrei doch nicht so."

Ich sprang auf. „Das sind Zecken! Zääcken!"

„Wenn das so ist", sagte Elga ungerührt, „dann hast du die Hosen auch davon voll." Immerhin erhob sie sich.

Ich sammelte bereits heftig, weitete die Sammelaktion aus zu gegenseitiger Hilfe wie bei Schimpansen.

„Jetzt juckt's mich überall!" stöhnte Elga. „Wie klein die sind!"

„Ja, noch sind sie klein. Warte, bis sie sich voll Blut gesogen haben – dick werden sie!"

Die Zecken krochen längst auf unseren Beinen und Schenkeln, um bequeme und weiche Saugeplätze zu finden. Wir liefen zur Landstraße. Asphalt schloß neuen Befall aus.

„Hosen runter!" schrie ich. „Und sammeln, sammeln!" Wir taten es mit zunehmender Fingerfertigkeit.

Trapp-trapp-trapp. Mit fröhlichem Pfeifen nach der Melodie „It's a long way to Tipperary" nahte ein Wandersmann. Unsere Hosen flogen hoch. Er kam um die Wegbiegung: freier Oberkörper, braungebrannt, Schlotterhose, derbe Stiefel, das Bündel auf dem Rücken, den Knotenstock in der Hand. Strahlend blaue Augen unter Haarmähnen lachten uns an. Er hatte zwei Hunde mit sich. Sie waren ebenso fröhlich wie er.

„Halloh! Schöner Tag das heute, was? Hab' schon 'nen langen Weg hinter mich gebracht, glaubt das nur! Will runter nach Glandore. Nettes Kaff das, freundliche Leute da, nette Kneipe un' gutes Bier!" Er rief seine Hunde: „Come olongh, Japp – hoyhoy, Jeffy! Macht's gut, ihr zwei! Sollt' mich freu'n, euch wiederzutreffen!" Pfeifend setzte er seinen Weg fort. Der Knotenstock klopfte den Takt – trapp-trapp.

Als er hinter den blühenden Fuchsien der Wegmauer verschwunden war, faßte ich mich. „Come olongh, Elga! Hoyhoy, denkste, der hat keine Zecken?"

Wir marschierten talwärts. Um nicht an die Zecken zu denken, pfiff ich laut und unverdrossen nach der Melodie „Wem Gott will rechte Gunst erweisen".

Ringsum, so weit das Auge reichen konnte: Hügelwiesen und Felder, hineingesetzt die ärmlichen Häuser aus grauem Stein unter uralten Bäumen. Vor uns trieb ein Bauer seine fünf Kühe von der Weide. Er grüßte uns ernst. Ruhig war sein Schritt. Sein langer Stock berührte das trottende Vieh sanft. Bellend sprang sein Hund herum. Staub wirbelte lila im Abendlicht. Ein Bild ohne Zeit – schönes, reiches Irland.

An Bord wurde für jeden eine ganze Pütz Frischwasser freigegeben. Wir seiften und schrubbten und spülten. Wir blieben ohne Befall.

Wir segelten weiter nach Südwest an der Küste entlang. Wir rundeten Cape Clear, die Südwestspitze Irlands, bei handigem Wetter. In der Long Island Bay ankerten wir vor Crookhaven. Schmal war die

Bucht, kahl waren ihre Felsenufer. Viele Yachten lagen vor Anker. Zehn Häuser standen hinter dem eingebrochenen Kai, zwei davon Kneipen, drei verlassen mit vernagelten Türen und Fenstern.

Der Wind wehte nordwestlich und steif, als wir nach Norden in die Bantry Bay segelten. Hoch am Wind liefen wir einen langen Schlag in den sonnenglänzenden Atlantik hinaus. Als wir genügend Höhe für Castletown an der Nordwestseite der Bay hatten, nahmen wir KAIROS über Stag. Sie war schneller als eine andere Ketsch etwa gleicher Größe, hielt aber nicht deren Höhe. Ich steuerte KAIROS höher an den Wind. Ließ ich das Ruder, so fiel sie immer wieder ab. Gut, Schiff, wie du willst. Wir haben alle unsere Schwächen und Stärken. Als unser Anker in der Bucht von Castletown fiel, lag die andere Ketsch bereits da. Der Skipper grinste herüber.

Das Wetter wurde regnerisch. Tiefdruckfronten brachten Regen und Kälte. Wir maßen tagelang 13 bis 15 Grad im Cockpit. Von Castletown wanderten wir in die Hügel westlich des Städtchens. Waagerecht trieb Nieselregen. Die Bergkuppen waren in blaugraue Wolken gehüllt. Wir fanden einen Pfad, der uns durch Felder hügelauf führte. Der Bewuchs auf den beidseitigen Steinwällen schützte uns vor dem Wind, weniger vor dem Regen. Hoher Stechginster wuchs dort. Efeu rankte. Mannshohe Fuchsiensträucher blühten in roter Fülle. Brombeergestrüpp wucherte in Blüte. Farnbüschel standen meterhoch. Felder und Heckenpfad endeten. Wir liefen über Gras und Heide bis zur niedrigen Wolkengrenze hinauf. Keuchend blieben wir stehen. Regen aus grauem Nichts knallte silbern spritzend auf blaues Gestein.

Zurück in Castletown fanden wir nasse, leere Straßen. Zeitungspapier klebte in den Rinnsteinen. In einem Schaufenster fehlte der Kleiderpuppe die rechte Hand, die einmal elegant auf dem Gelenkgewinde gesessen haben mochte – dem zur Schau gestellten Sommerkleid entsprechend. Gelangweilt schaute der Schlachter in blutiger Schürze aus seiner Ladentür. Einige Kinder hockten in Häuserecken. Sie sahen uns aus dumpfen Augen in vierkantigen Gesichtern nach. Aus der Kneipe an der Ecke klangen Stimmen. „Heute abend Balladengesang", verkündete ausgeflossene Schrift auf einem regenfeuchten Plakat. Ich blieb stehen.

„Nein!" sagte Elga. „Nicht da rein! Zu laut, zu rauchig."

Aus der Regenrinne pladderte Wasser. Der Wind preßte uns die nassen Kleider gegen den Körper, fegte die feucht-spiegelnde

Straße mit den schäbigen Häusern hinauf zu den Bergen. Da oben hatten wir gestanden – in den Wolken wie zu Urzeiten, da ein erster Sonnenstrahl auf dieses Land fallen sollte, das noch auf alles wartete. Hier unten klang Gitarrengeklimper über das Stimmengewirr aus der Kneipentür: dumb-dila-dumb. Eine Männerstimme begann zu singen:
„At the creeke of Baginbunne –"
dumb-dila-dumb-dila-dumb,
„Ireland was lost and wonne –"
Es klang unendlich traurig und banal zugleich. Der Wind fegte es über Häuser, Felder, Mauerhecken und Heide zu den wolkenverhangenen Bergen hinauf.

An Bord meldete der Seewetterbericht ein Sturmtief westlich der Hebriden mit weit südwärts reichenden Fronten. Bei grauer Flaute verließen wir am nächsten Morgen unseren Ankerplatz. Er bot nach Süden keinen Schutz. Unter Maschine liefen wir in die Bantry Bay hinein. Hinter zwei kleinen Inseln fanden wir einen guten Ankerplatz vor Glengariff.

Südwind begann im Rigg zu heulen. Nebelwolken verhüllten die bergigen Ufer. Es regnete ununterbrochen. Die Böen erreichten Sturmstärke. KAIROS lag sicher hinter 40 Meter Ankerkette auf elf Meter Wassertiefe. Wir kamen tagelang nicht an Land. Elga saß im Cockpit, vom Deckshaus geschützt wie in einer Veranda, und nähte oder las. Ich schrieb unten am Kartentisch Briefe und Berichte. War uns danach zumute, suchten wir uns im Radio Musik. Die Tage wurden uns nicht lang.

Eine der kleinen Inseln vor Glengariff Harbour heißt Garinish Island. Zu Beginn des Jahrhunderts hatte ein wohlhabender Idealist damit begonnen, ihr karges Felsendasein in einen blühenden Garten italienischen Stils zu verwandeln. Der Sohn führte das Werk seines Vaters fort. Er vermachte Insel und Park schließlich dem irischen Staat. Dieser unterhielt die Anlage. Seltene Bäume, Sträucher, Pflanzen und Blumen gediehen unter der Obhut erfahrener

Gärtner. Die Öffentlichkeit wurde zugelassen, um dieses Kunstwerk in seiner Harmonie zu bewundern.

Wir sahen die Boote mit Besuchern von einem Landesteg auf dem Festland in steter Folge zur Insel fahren und beschlossen, dieser Zauberinsel ebenfalls einen Besuch abzustatten. An einem Abend mit aufklarendem Wetter ruderten wir hinüber. Der Strom der Besucher war versiegt. Die Bootssteuerer hatten ihre Boote am Festland vertäut. Golden war die Sonne hinter schwerem Gewölk hervorgekommen. Schimmernd lag die Bucht. Wasservögel ließen sich auf dem ruhigen Gewässer nieder, putzten ihr Gefieder. Zwei Seehunde tauchten auf. Mit großen Augen sahen sie zu, wie wir in unserem Dingi dahinruderten.

Welch Frieden war um uns! Ein längst verschollen gemeintes Empfinden erfüllte unsere Seelen. Wir hatten tagelang im Sturm vor Anker gelegen – unsere Umgebung ein regendurchpeitschtes Nebelnichts. Nun fühlten wir uns wie Kinder gedankenlos glücklich. Wir waren bereit, ein Märchen zu erleben.

Verlassen lag der Landeplatz im abendlichen Schatten hoher Bäume.

Wir stiegen die steinernen Stufen hinauf, nachdem wir das Dingi festgemacht hatten. Das Eichenholztor mit schweren Eisenbeschlägen war verschlossen. Der Riegel einer kleinen Nebentür ließ sich nicht öffnen. Wir klopften.

„Hallo! Ist jemand da?" riefen wir. Schweigen.

„Es müssen Leute da sein", sagte ich. „Sieh hier das Langboot mit Riemen und Außenborder."

Wir riefen wiederum. Ich prüfte das hohe Holzgatter auf seine Eignung zum Hinübersteigen.

Bag-hink. War das ein Schritt gewesen – ein Hinkeschritt?

„Hallo?"

Schweigen.

„Nein!" sagte Elga. „Über das Gatter steigen wir nicht!"

Plötzlich stand eine Frau in der geöffneten Nebentür. Ich hatte keinen Laut gehört. Sie kam auf uns zu. Sie hinkte nicht. Sie trug ein braunes Kleid mit einer schwarzen Schürze darüber. Ihr Gesicht war angespannt, faltig. Ihre schwarzen Augen blickten unruhig. Das dunkle Haar mit einigen grauen Strähnen war zu einem Knoten nach hinten gebunden.

Auf unsere Erklärung, wer wir wären und was wir wollten, sagte sie mürrisch, der Garten wäre jetzt geschlossen. „Außerdem", fügte sie hinzu, „kostet der Besuch Eintritt."

Elga zückte das Portemonnaie aus ihrem Handbeutelchen. Der Blick aus den schwarzen Augen der Frau wurde gierig. Ihr Mund öffnete sich und zeigte schlechte Zähne. Eine Dohle flatterte über den Landeplatz und setzte sich auf dem Holzgatter nieder.

Die Frau nahm Elgas Geldschein mit einer hastigen Bewegung. „Hier rein jetzt!" sagte sie. „Kommen Sie in genau einer Stunde zurück!"

Wir traten durch die Nebentür. Der Weg dahinter führte linker Hand zu einem kleinen Schuppen. Dahinter lagen drei große Gewächshäuser. Rechts führte eine Treppe zum italienischen Garten hinauf.

„Kommen Sie in genau einer Stunde zurück!" rief die Frau hinter uns her.

Wir gingen – nein, wir schritten auf den geharkten Wegen, wandelten durch Pergolen zu kleinen Teichen, über denen Springbrunnen plätscherten, erfreuten uns an den symmetrischen Rasenflächen wie an dem Schnitt der Hecken, an deren Enden steinerne Vasen Wolken von Blumen hielten. Gemessenen Schrittes stiegen wir die flachen Treppen hinauf und hinunter. Wir setzten uns auf ein Mäuerchen, um den ganzen Zauber des Parks zu überblicken. Die Sonnenuhr an der Südmauer des Renaissance-Turmes lag im Schatten. Sie zeigte keine Stunde an. Den Hinkeschritt hatte ich vergessen.

„Schau", sagte Elga, „Blumen aus China." Sie ging zum nächsten Beet – ganz begeistert: „Hier! Japanische Zwergbäume!" Sie kniete nieder und bewunderte die zierlichen Gewächse.

Die Marmorbüste eines Mannes mit Lorbeerkranz auf der Stirn sahen wir, als wir um die nächste Hecke bogen.

„Torquato Tasso", sagte ich, „wer sonst."

Elga betrachtete die edlen Züge eine Weile. „Als Goethes Prinzessin muß ich nun sagen, daß jener Pfad uns dort, mein Freund, durch stille Täler leiten wird zu jener goldnen Zeit, die uns von außen mangelt –"

Begeistert setzte ich ein:

„– wo jeder Vogel in der freien Luft
und jedes Tier, durch Berg und Täler schweifend,
zum Menschen sprach: erlaubt ist, was gefällt!"

Elga zitierte nach einem Augenblick des Nachdenkens weiter:
„‒ noch treffen sich verwandte Herzen an
und teilen den Genuß der schönen Welt;
nur in dem Wahlspruch ändert sich, mein Freund,
ein einzig Wort: erlaubt ist, was sich ziemt!"
Da standen wir. Ich legte Torquato Tasso die Hand auf die marmorne Schulter und deklamierte, was mir gerade in den Sinn kam: „Hier stehen wir – beschämt ganz plötzlich. Und beschämt warum? – Bedenkt die Zeit, in der wir leben, die ohne Glanz und Glauben ist. Begeisterung bleibt unbekannt. Die Sprache wird zur merkantilen Meldung, zum Ausdruck armer Heiden, die auf Godot und anderes warten. Wir sind beschämt. Wir wollen so nicht warten. Und wenn Begeisterung nicht mehr die Mode ist – trotzdem: wir nehmen sie als unsere Freiheit!"

Wir gingen Arm in Arm zum Pavillon hoch auf den Klippen. Dort setzten wir uns auf eine steinerne Bank. Jetzt versank die Sonne. Die Wolken waren abgezogen. Ein strahlender Himmel wölbte sich über der Bucht und den blauschwarzen Bergen im Hintergrund. Licht flammte in ständiger Veränderung. Blau wurde Grün, Gelb dunkelte zu Rot, Türkis vertiefte sich, Schatten wuchsen und schmolzen zusammen. Unvergänglich in all dieser Vergänglichkeit blieb nur der ständige Wandel.

Hinter uns im verlassenen Märchengarten raschelte ein erstes Nachttier. Es wurde kühl in einem Abendhauch. Wir fröstelten. Ich legte Elga den Arm um die Schulter. Einsam im Zwielicht der Bucht lag KAIROS. Klein und verloren erschien sie uns plötzlich. Es gibt solche Augenblicke ohne Mut. Auch sie sind Wandel. In ihrer Überwindung liegt Trost.

Ich sagte: „Schau diese Farben! Die Astronomen wissen, daß die Sonne in zehn Milliarden Jahren in Dunkelheit und Kälte sinken wird. Ich glaube, daß die Sonne mit allem, was ihr Licht jemals beschienen hat, trotzdem ein Teil des Ganzen bleibt – im Wandel ohne Ende: jenseits unserer Vorstellung, diesseits unseres Glaubens. Nichts ist verloren. Wir sind in jedem Sonnenuntergang unsterblich, wenn wir den Mut nicht verlieren."

Wir gingen unter den verblassenden Farben zum Landeplatz. Unser Dingi lag ruhig an seiner Leine. Die Riemen fehlten. Elga quiekte schrill auf. Sie war einer Panik nahe. Ich fühlte Kribbeln in der Wirbelsäule. Die Angst brachte mich in Zorn. Komm her! Aber

niemand war da. Schweigen. Das Langboot mit Riemen und Außenbordmotor lag nicht mehr an seinem Platz. Wir liefen zur Nebentür, öffneten sie, riefen in den Garten zurück.
Schweigen.
Elga wollte losrennen, um die Riemen irgendwo zu suchen. Nur mit Mühe konnte ich sie zurückhalten. Der Hinkeschritt – war er Einbildung gewesen? Ich nahm einen Stock. Wir gingen zum ersten Gewächshaus. Die Tür stand offen. Wir traten ein. Blumentöpfe reihten sich auf langen Tischen. Schwarze Erde lag in Haufen. Gärtnereigerät sahen wir überall – keine Riemen. Zurück ins Freie. „Hallo! Ist jemand da?"
Schweigen.
Wir gingen zum zweiten Gewächshaus. Wir öffneten die Tür. Es war schwül unter dem Glasdach. Es roch nach feuchter Erde. Blumen standen in Töpfen, große, kleine, winzige. Vorhänge von Rankpflanzen wucherten und schwangen im Luftzug. Sie nahmen uns die Sicht. „Hallo?"
Bag-klick.
Ich wußte, daß meine Angst mich zum Totschläger machen konnte – das steigerte sie noch. Wir standen bewegungslos. Komm her! Nein – bleib weg. Dann hörten wir es genau: ein Wasserhahn tropfte. Ich ging weiter und zog Elga mit. Die Riemen fanden wir nicht. Zurück ins Freie. Es wurde dämmerig. Wir riefen.
Schweigen.
Der Gang ins dritte Gewächshaus bedurfte erheblicher Überwindung. Wir fanden auch dort unsere Riemen nicht. War dies ein böser Streich oder eine fatale Falle? Rufen war sinnlos. Wir traten den Rückzug zum Landeplatz an. Am kleinen Schuppen standen einige Bretter passender Größe.
„Wir paddeln damit zum Schiff und kommen morgen wieder her", sagte ich. „Und jetzt geh vor mir den Weg zurück. Wenn was kommt, kommt's von hinten."
Elga versuchte, die Schuppentür zu öffnen. Jetzt war auch sie zornig. Sie rüttelte am Türgriff.
„Laß mich!" Ich trat voller Wut gegen das Türschloß. Es gab nach, die Tür flog auf.
Schweigen drinnen und draußen.
In mir sträubte sich alles gegen die Demütigung, mit zwei Brettern, sehr wahrscheinlich aus dem Verborgenen beobachtet, hilflos

und lächerlich zu unserem Schiff paddeln zu müssen. Ich lief in den Schuppen. Letztes Licht fiel durch Dachfenster in eine sehr ordentliche Werkstatt.

Ich drehte mich schnell um. Niemand war da. Aber in einer Ecke standen fein säuberlich unsere Riemen.

„Hier, Elga, hier nimm einen! Und jetzt zum Boot!"

Sie hatte im Eingang wie auf Wache gestanden. Wir liefen los.

Bag-hink – bag-hink – bag-hink kam es hinter uns her. Wir stiegen ins Dingi. Ich löste die Leine.

Bag-hink – bag-hink – bag-hink! Ein alter Mann hinkte zur Landestelle. Und wie behende! Wir saßen gerade im Dingi, als er über uns stand. In der rechten Hand trug er halb erhoben einen schweren Stock. Am Ende des Stockes saß ein Eisenbeschlag – mehr als handtellergroß, weder Spaten noch Beil, noch Spieß. Ich hatte so etwas noch nie gesehen. Aber es sah gefährlich aus.

„Leg ab! Leg doch ab!" schrie Elga.

Ich hielt den Backbordriemen bereit, um den Schlag des Dings abwehren zu können. Die Chance war gering. Aber nun, da das Geheimnis des Zaubergartens über uns stand, konnte ich nicht ablegen. War ich gelähmt?

Der Alte trug verbeulte Hosen, darunter Stiefel ohne Schnürsenkel. Seine Jacke war zerrissen und erdbeschmutzt. Seine hellblauen Augen rollten unter weißen Haarsträhnen auf einer schweißnassen Stirn. Er starrte verstört auf unsere Riemen. Er zitterte am ganzen Körper. „Nichts bezahlt!" krächzte er. „Eintrittsgeld!" Er hob das Ding mit beiden Händen.

Ich konnte in dem ranken Dingi nicht aufstehen, ohne meinen Riemen als Schutz zu senken.

Elga sagte:

„Wir haben bezahlt. Da war eine Frau. Wir haben den Eintritt an sie bezahlt. Hören Sie: bezahlt!" Ihre Stimme klang beschwörend und sagte wohl das lösende Wort.

Der Alte glotzte Elga an. Das wilde Rollen seiner Augen hörte auf. Seine Arme mit dem Ding sackten langsam nieder. Er hinkte murmelnd davon. Lautlos schloß sich die Nebentür. Die Dämmerung fiel nun schnell.

Auf dem Rückweg begegneten wir dem Langboot. Die mürrische Frau saß im Heck. Der Außenbordmotor schnurrte. Die Frau betrachtete uns ausdruckslos. Dann ging ein Erinnern über ihre Züge.

Sie winkte heftig – erleichtert, so schien es. Gestalt und Boot zogen auf silberner Fläche der Insel zu. Unter den schwarzen Bäumen dort verschwammen Landeplatz und Treppe, eisenbeschlagene Tür und Holzgatter in einem feinen Dunst, der vom Wasser aufstieg. Der Turm mit der Sonnenuhr stand scharf über den Wipfeln, bis das Bild in der Nacht versank.

„Kommen Sie in genau einer Stunde zurück!" sagte ich zu Elga.

„Wir haben's vergessen wie die Kinder im Märchen."

„Gruselmärchen!" Elga holte tief Luft. „Was ich jetzt brauche, ist ein starker drink!"

Den tranken wir.

Wir begannen, KAIROS seeklar zu machen. Die US-Pilot Chart zeigte im Seegebiet zwischen Irland und Spanien für den Monat Juli ein Prozent Sturmhäufigkeit. Für August wurden bereits drei Prozent angegeben – nach Süden abnehmend auf zwei Prozent. Im Bootsmannsstuhl sah ich das Rigg durch, prüfte das laufende Gut. Lampen und Kocher wurden mit Petroleum aufgefüllt, unsere Siebensachen seefest verstaut. Ich fettete Wantenspanner und Beschläge ein, kontrollierte den Ölstand von Ruderhydraulik und Maschine. Elga kaufte ergänzenden Proviant. Trinkwasser hatten wir während der anhaltenden Regenfälle ausreichend aufgefangen.

In der Umgebung von Glengariff unternahmen wir lange Wanderungen in einem Waldgebiet, das in seiner Vielfalt unbegrenzt war: Tannenwald, Laubwald, Schluchten, Felsen, Bäche, Wiesen. Wir kletterten auf die Berge, so hoch wir kamen. Es war nicht sehr hoch, aber wir hatten weite Ausblicke. Reiches Irland!

Dann saßen wir ein letztes Mal da oben, blickten nach Süden übers Meer.

„Morgen?" fragte Elga. „Das Wetter wird gut."

Ich fühlte Unruhe wie sie. „Laß uns an Bord gehen. Ich will sehen, was das Barometer zeigt, und hören, was der Wetterbericht sagt."

Der Wetterbericht sagte nördliche Winde zwischen einem Hoch im Westen und einem Tief im Osten voraus. Das Barometer stieg langsam. Der Himmel war leicht bewölkt. Das war die Wetterlage für die Biscaya bei Südkurs.

# SPANIEN UND MADEIRA

## Wie unhandiges Wetter sich auswirkt
## Freude und Ankermanöver

Am Mittag des 31. Juli 1978 standen wir querab von Mizzen Head am Südwestausgang der Bantry Bay. Wir setzten Kurs Süd nach Spanien auf Kap Finisterre ab. Die irische Küste blieb wie ein Gemälde achteraus: Berge, Buchten, Kaps, Täler, Wiesen, Wälder. Noch nie hatten wir sie so klar gesehen. Langsam fiel die Sonne in den Nachmittag. Auf der Kimm an Backbord stand Fastnet Rock mit seinem berühmten Leuchtturm. Der Wind aus Nordnordwest nahm zu. KAIROS trug Großsegel, Klüver 2 und Besan.

Am Abend wehte es unter klarem Himmel aus Nordzuwest mit Stärke 6 bis 7. Ich nahm den Besan weg. Wir verloren dadurch keine Fahrt.

Das Schiff wurde ruhiger auf dem Ruder. Mit dem Steuerbord-Passatsegelbaum stützte ich den Klüver aus. Nun ließ KAIROS sich im zunehmenden Seegang leicht steuern.

Während meiner ersten Nachtwache nahm der Wind weiterhin zu. Er wehte in langen Böen. Sie kamen ziemlich gleichmäßig, steigerten sich, um langsam nachzulassen, wiederzukommen.

Kurs Süd. Das Heck steigt. Nun der Bug. Gegenruder. Das Heck sinkt ins Wellental. Der Bug folgt. Zurück das Ruder. Nicht übersteuern, Junge, gut so. KAIROS macht's ja fast allein. Sie sagt, was sie will. Stör' sie nicht.

Wolken zogen von Norden her. Noch waren Sterne im Zenit zu sehen. Die Wolken kamen mittelhoch. Eine Schauerwand war nicht in Sicht.

Gegenruder jetzt. Wir haben schlimmere Nächte erlebt. Ob Elga schläft? Dies ist ja fast friedlich hier – fast. Angst? Ja. Andere haben keine Angst. Sagen sie. Nimm die Angst als nützlich zum Überleben. Jedes Tier hat Angst. Sie ist eine ganz natürliche Sache. Wieviel Uhr? Erst eine Stunde um.

Die Wolken von Norden her verdichteten sich. Die Dunkelheit

wurde sternenlos vollkommen. Nur die Gischt leuchtete. Die Seen rauschten. Der Wind heulte.

Reffen? Nein. Bleib ruhig. Wir laufen mit dem Wind und mit der See. Acht Knoten. Alles klar. Wir erzwingen nichts. Wir können uns nach dem Augenblick richten – einfach tun, was er erforderlich macht. Kein Zuviel. Kein Käfig.

Der Wind machte eine Pause. KAIROS richtete sich rollend auf, warf mit Wasser. Ich saß gut verklemmt zwischen den Lehnen der Ruderbank.

Zuviele Aufgaben daheim sind mir immer so erschienen. Goldene, silberne, eiserne, rostige Käfige. Entweder von uns selbst gebastelt – oder schlimm: von anderen gebaut. Mit dem Gitter einer unüberwindbaren Begründung rundherum. Man möcht' da immer raus.

Ein nächster Brecher folgte schnell dem Vorläufer. Der Bug sackte unerwartet weg, das Heck wurde leewärts hochgehoben. Gleichzeitig steigerte der Wind sich zur Bö.

Gegenruder jetzt. Noch mehr. Gut so. – Gitter der Begründung: Staatsräson, Parteidogma (golden) – Firmenziel, Arbeitsmoral (silbern) – Gesellschaft, Familie, Schule als Formen einer höheren Ordnung (eisern und oft rostig). Wer lebt für Bildung an Geist und Seele? Kaum einer. Materialismus beherrscht alles Denken. Lebensstandard, Statussymbole, Mode. Käfige. Kommt man denn nie heraus? Scheinbar nicht. Zu viele müssen darin zuviel tun, darin zuviel verbrauchen.

KAIROS gierte. In der Höhe der Luvwanten sprang erste Gischt weiß in die Nacht, klatschte übers Vorschiff.

Zuviel. Eine graue Masse. Unorganisierbar zu dicht aufeinander. In Straßenschluchten, Büros, Wohnblocks, Vororten, zersiedelter Landschaft, im Urlaub. Enttäuscht, unzufrieden, gleichgültig. Warum beneiden uns so viele? Wohl kaum wegen der Tränen des Aufbruchs achteraus. Wohl kaum wegen der Ruderwache hier. Wohl kaum wegen Angst und Ungewißheit voraus. Aber weil wir alles in eigener Entscheidung tun.

Wieder heulte eine lange Bö aus der Dunkelheit heran. Das Schiff neigte sich und rollte, rollte. Der Seegang lief höher.

Ruder. Stütz. Gegenruder. Kurs Süd. – Elga und ich sind freiwillig hier. Müde bin ich, oha. Wieviel Uhr? Nicht mehr lange bis zur Wachablösung. Elga schläft. Gut so. Wann macht man etwas

d Südküste – Glandore Harbour *(oben)*

d Südwestküste – Bucht von Glengariff *(unten)*

Fahrt nach Madeira –
Seegang über der Josephine Bank *(oben links)*

Spanien Nordwestküste –
Yachtreede vor Bayona *(oben rechts)*

Gran Canaria Südküste –
der Hafen von Pasito Blanco *(unten links)*

Pasito Blanco –
Zerstörung der Hafenmole *(unten rechts)*

Gran Canaria – Insellandschaft

freiwillig? Einsicht geben und annehmen. Verständnis wecken und üben. Leicht gesagt. Warum lernen Kinder darüber nichts in der Schule? Einsicht. Damit sie's mit sich wachsen lassen können? Verständnis. Damit sie einen Schlüssel haben?

KAIROS preschte hoch, fiel in ein Wellenloch, richtete sich auf. Zum erstenmal stürzte Gischt aufs Achterdeck.

Wir alle sind Menschen: gemacht für Frieden, Hilfsbereitschaft, Ehrlichkeit, Mäßigkeit, Liebe, Treue, Glück und Freude (schöner Götterfunken). Alle verstehen das. Gut. Da lassen sich Käfige öffnen und Aufgaben ganz menschlich gestalten. Aber tun? Freiwillig. Wer denn zuerst? Politiker: blablabla, Parteiprogramm vor Volkswohlfahrt. Intellektuelle: Problemkreis hinundherundherundhin, Idol vor Erfahrung. Funktionäre: Eigenbrot macht nirgends Not, Verhandlung vor Entscheidung. Jugendliche: unheimlich fernsehgestört und voller Frust in der Mühe, Mühe, Mühe um eine Wahrheit in der Leerheit.

KAIROS lief und rollte und lief, und immer mehr Gischt wehte über sie hinweg. Ja, hinweg: ab in die Freiwilligkeit. Elga und ich sind weggesegelt. Bin ich müde, Mensch, war ich müde dort. Arme Jugend vor allem, die's nicht kann: weg von so oft falsch gesetzter Arbeit (wenn's noch welche gibt), weg von meist eigennütziger Hilfe (die alles schlimmer macht), weg von so viel etabliertem Seelengeiz (der die Revolte schließlich auslöst). Was red' ich hier, geändert hab' ich kaum etwas. Vergiß es. In meinem Alter ist Demonstration leicht: abhauen – ist Revolution sanft: endlich bei sich selbst anfangen. Gegenruder.

KAIROS schüttelte das Wasser ab, gierte und luvte an.

Wenn Elga mich abgelöst hat, setz' ich den Klüver durch. Muß mehr gestützt werden. Müde. Noch dreißig Minuten. Ich lass' Elga 'ne halbe Stunde länger schlafen. Sieben weht's jetzt, in Böen acht. Kriegt 'ne miese Wache, das Mädchen. Müde bin ich, aber ich tu's. Sie hat's auch schon für mich getan.

Bei acht Glasen der Kajütsuhr erschien Elgas Gesicht im Niedergang. „Anfangs konnte ich nicht schlafen. Dann hab' ich gut geschlafen, ganz tief. Das ist ja ein wilder Seegang! Ich zieh' mich schnell an. Ist es kalt?"

„Es geht. Zieh einen Pullover über. Du kannst meine Jacke haben, da sitzen vier Stunden Wärme drin."

Sie kam und übernahm das Ruder. Ich zog mir Ölzeug über und

setzte mit der Winsch auf dem Achterdeck den Achterholer des Klüvers durch. Ich stand noch einen Augenblick an der Reling. Aus der Dunkelheit lief eine sehr hohe See heran. Nach der Logbucheintragung ging ich zur Koje. Anfangs konnte ich nicht schlafen. Die Gedanken ließen mich nicht. Meine Morgenwache ging ich müde. Dann war Elga wieder beschäftigt, zu steuern und dabei die zufallenden Augenlider aufzuhalten.

Mit dem Tageslicht kam Regen. Die Böen aus dem grauen Himmel ließen nach. Der Wind drehte auf Westnordwest, wehte gleichmäßig mit Stärke 6 bis 7. Der Seegang blieb grob. Unser Kurs folgte dem Rande des kontinentalen Küstenschelfs mit seinen großen Tiefenunterschieden. Das machte die See so unruhig. Zeitweise kam die Sonne durch. Ich erhielt brauchbare Sonnenhöhen im Sextanten. Elga berechnete das Mittagsbesteck. Etmal 184 Seemeilen.

Wir waren zufrieden. Das Schiff zeigte bei unhandigem achterlichem Wind ausgewogene Steuereigenschaften, das scharf geschnittene Vorschiff bei schwerer achterlicher See sicheren Auftrieb. Um den hatte ich mich gesorgt und Karl Feltz gebeten, die Linien des Vorschiffs fülliger zu zeichnen, als er es ursprünglich vorgesehen hatte. Am Abend drehte der Wind mit Stärke 5 bis 6 auf Nordzuwest, in der Nacht auf Nordwest. So stand er durch. Etmal 162 Seemeilen. Zur Mitte der dritten Nacht wurde es flau. Zunehmend still wurde die See, um so lauter das Schiff. Segel schlugen, Blöcke knallten, Schoten trommelten. Zu Beginn ihrer Wache startete Elga die Maschine. Nichts. Sie versuchte es nochmals. Nichts. Dreimal, viermal, fünfmal – nichts.

„Schluß jetzt! Batterien schonen."

„Ja, aber –" sagte Elga.

War Wasser über den Sicherheitsbogen des Auspuffrohres in die Maschine gedrückt worden? Alle Fachleute hatten mir versichert, er wäre hoch genug. Trotzdem hatte ich an das Ende des Auspuffs ein Seeventil setzen lassen. Wir hatten es bisher nicht gebraucht und vergessen.

Elga sah mich im Schein des Kompaßlichtes erwartungsvoll an.

„Also, da kann Luft in der Treibstoffleitung sein und – na ja, Wasser kann durch den Auspuff –"

„Das bitte nicht!"

„Wir legen uns erst mal schlafen. Segeln können wir sowieso nicht bei der Flaute."

Elga nickte ergeben. „Ich werd' halbstündigen Ausguck halten."
Aus Dunstschleiern hob sich die Sonne über den Horizont. Kein Wind. Unendlich weit schien die See in gläserner Ruhe. Die Dünungsrücken spiegelten sanft die Himmelsfarben. Wir frühstückten ausgiebig. Dann legte ich mein Werkzeug bereit. Ich hatte nur eine geringe Vorstellung von dem, was an der Maschine zu tun war.
Elga auf der Ruderbank blickte mich hoffnungsfroh an.
Ich las zunächst einmal heftig in der Reparaturanweisung. Dann begann ich, alle Treibstoffleitungen zu entlüften. Ich stieg ins Cockpit und startete die Maschine – nichts. Zum zweiten – nichts. Aber es klang anders. Zum dritten – sie kam stotternd in Gang. Dann heulte sie im Vollgas auf. Ich ließ sie eine Weile im Leerlauf drehen, kuppelte ein und ging mit geringer Drehzahl auf Kurs.
„Was war's?" fragte Elga und übernahm das Ruder.
Ich zuckte stolz mit den Schultern. „Nun, man muß mit den Folgen etwas unhandigen Wetters eben fertig werden!" Im Maschinenraum packte ich das Werkzeug zusammen.
Von oben kam Elgas Ruf: „Der Öldruck läßt nach!"
„Stell ab!" Ich prüfte den Ölstand. Der Peilstock war bis oben mit einer grau-seifigen Masse verschmiert. Wasser in der Maschine – also doch. In die Altölkanister pumpte ich 22 Liter dieser Flüssigkeit ab, zehn Liter sind die Ölmenge der Maschine. Ich wechselte den Ölfilter, ließ die Maschine mit zehn Litern Petroleum zwei Minuten durchspülend laufen. Dann pumpte ich das hellgrau gewordene Petroleum aus, wechselte wiederum den Ölfilter und füllte neues Motoröl ein. Nach etwa zwei Stunden entstieg ich schwitzend dem Maschinenraum. Ich blieb in der Niedergangsluke hängen, um frische Luft zu schöpfen.
Elga lachte lauthals.
„Das ist kein Spaß!" Ich fühlte mich elend. „Es ist keineswegs klar, daß nun alles in Ordnung ist. Wenn da noch Rückstände von Seewasser –"
„Du!" sagte Elga. „Du sahst genauso aus wie der auf Peytons Cartoon! Er hängt in der Luke, sein Gesicht zeigt Ölverschmierungen. Um ihn herum liegen die Teile seiner Maschine in krausem Gewirr – so: drrrrhh! Seine Augen sind flehend zum Himmel gerichtet. Unter der Zeichnung steht: Yachting is fun!"
„Weißt du – ich mag ja aussehen wie der von Peyton. Aber so: drrrrhh! Das stimmt nicht. Hier liegen keine Maschinenteile herum.

Ich hoffe, das bleibt mir erspart! Und jetzt – drrrrhh! – startest du mal die Maschine!"

Sie lief mit einwandfreiem Öldruck. Nach einer halben Stunde stellte Elga sie ab. Ich prüfte das Öl auf seinen Zustand. Er war in Ordnung. Also weiter Kurs Süd.

Der Tag verging in Blau und Silber, die See schimmerte. Die Maschine brummte. Die Nacht wurde zum Universum. Alle Sterne spiegelten sich im Meer. Die Maschine brummte. Dunst wischte den Horizont aus. Die Lichter einiger Motorschiffe zogen vorbei.

In der Morgendämmerung lag die spanische Küste voraus an Backbord. Viele Fischerboote waren in Sicht. Kein Hauch. Dann kam die Sonne. Ein Feuerball hob sich aus dem Frühdunst, warf Strahlen empor – hoch und immer höher. Das Meer glühte auf. Das ferne Land erhielt Gestalt.

Elga bereitete in der Kajüte das Frühstück.

„Komm raus, Elga! Komm schnell!"

„Geht nicht, der Toast –"

„Laß ihn, komm!"

Wir saßen und betrachteten die Pracht gemeinsam, bis der Toast qualmte.

Zu Mittag kam Wind aus Nordwest. Die Segel begannen zu ziehen. An Backbord öffnete die spanische Küste ihre Bergkulissen. Als die Dämmerung sank, fiel unser Anker in Puerto de Bayona auf neun Meter Wassertiefe hinter dem Wellenbrecher des Monte Real. Fast einhundert Yachten, Motorboote und Jollen lagen auf der Reede und an den Stegen des Clubs. Es gab ihn noch nicht, als wir vor vierzehn Jahren hier einsam geankert hatten.

Musik klang vom Ufer herüber. Licht strahlte aus neuen Appartementhäusern an der Uferstraße. Lange Ketten von Straßenlaternen und Bündel erleuchteter Fenster spiegelten sich auf dem stillen Wasser der Bucht. Bayona, das Fischerdorf, war ein Badeort geworden.

Sterne begannen ihre Wanderung über die umliegenden Berge.

Beim Rasieren im sonnendurchfluteten Waschraum summte ich das Lied. Beim Klarieren des Dingis auf dem sonnenhellen Achterdeck summte ich es auch. Beim Frühstück – es ging gar nicht, aber ich summte. „Wie ißt du komisch", sagte Elga.
„Hm-hhmm – ich bin froh! Du auch?"
„Ja!"
Wir ruderten an Land. Unterhalb der Bastion des Monte Real lag das Grundstück des Club Internacional de Yates. Vor dem Clubhaus mit Terrasse breitete sich unter Bäumen ein Rasen, den Gärtner schnitten und sprengten. Wir gingen zum Büro. Der Señor secretario wäre nicht da, sagte eine Bürohilfe uns, aber er würde am Nachmittag kommen, der Club übernähme die Einklarierung. Wir füllten ein Formular aus.

Draußen die Uferstraße war ausgebaut, moderne Häuser standen an der Wasserfront. Der Autoverkehr erforderte einen Fußgängerstreifen mit Ampelanlage. Restaurants, Hotels, Geschäfte, Banken – wir staunten. Buntes Leben überall, englische, französische, portugiesische, deutsche Laute schwirrten.

In die alten Gassen des Dorfes hatte nichts hineingebaut werden können. Sie waren mit großen, glattgetretenen Steinen gepflastert. Die Balkongitter der engen Häuser waren sauber gemalt – rot, grün, schwarz und auch silbern. Blumenkästen hingen überall. Kanarienvögel sangen in ihren Käfigen. Wäscheleinen spannten sich kreuz und quer. Die alte Bäckerei lag da. Der Geruch warmer Hefe zog durch die blauen Schatten der Gasse. Über rotbraune Giebel fiel Sonnenschein herab.

„Hm-hhmm –"

Fischer standen vor der Bodega und tranken ihren Muskateller. Sie erwiderten unseren Gruß ernst und stolz. Frauen in schwarzen Kleidern trugen die Körbe mit ihren Einkäufen auf dem Kopf. Ein Junge, dessen Esel mit Lasten seitwärts beladen war, lenkte das Tier um uns herum und lachte. Wir erklommen den Hang hinter dem Dorf. Bauernhäuser duckten sich hinter ihre weißen Mauern. Heiß strahlte der Berg die Sonne zurück. Eukalyptusbäume, die alte Rinde strähnig zerfleddert, standen in Gruppen bis zu den Pinien der Bergkuppe hinauf. Aus dem Schlagschatten einer finca schlug uns über Geruch entgegen. Ein Hund hinter der Lattenpforte begann wild zu kläffen.

„Komm!" sagte Elga. „Riechst du das?"

„Hm-hhmm – ja, alter Fisch, warme Mäusepisse, ranziges Öl. Spanien! Aber sieh die Bucht, die Berge!"

Wir gingen ins Dorf zurück und kauften ein, was wir brauchten.

Am Nachmittag stellten wir uns dem Clubsekretär vor. Er überreichte uns unsere Post. Mit den Bündeln zogen wir zum Monte Real hinauf. Der Hügel formt eine schützende Halbinsel vor der Bucht. Er ist von einer drei Kilometer langen Zinnenmauer umgeben. Ihr Ursprung verliert sich in dunkler Vorgeschichte. Hier hielten keltische Bauern und römische Legionäre ebenso Wacht wie galizische Seefahrer und spanische Söldner. Die Bevölkerung suchte Schutz hinter der Mauer zu Kriegszeiten oder wenn Seeräuber die Küste brandschatzten.

„Hm-hhmm –" Wir setzten uns ins hohe Gras.

Wir lieben Bayona, diesen Platz zwischen dem Meer und den Bergen. Hier finden wir nach dem Biscayatörn südliche Wärme. Sie durchströmt uns wie ein Lebenselixier. Hier empfängt uns die Landschaft südlicher Breiten mit Eukalyptushainen, Pinienwäldern, dunkel-ragenden Lebensbäumen und mit heiteren Farben der Freude. „Hm-hhmm. Hier –"

„Was brummelst du ständig vor dich hin?" fragte Elga, die Briefe öffnete und las.

„Weiß nicht – nur so. Ich summe ein Lied."

„Sing es doch mal richtig!"

„Kann ich nicht."

„Geht es so?" Elga sang das Lied.

„Ja, genau!"

„Es ist das Lied ‚An die Freude'."

Des Textes konnten wir uns nur bruchstückhaft erinnern.

Am Abend las Elga den Text des Liedes vor. „Freude, schöner Götterfunken –" Still lag KAIROS auf dem Ankerplatz. Die Sonne ging hinter dem Monte Real unter. Die Berge im Osten leuchteten blau und rosa, dunkelten zu Violett. Der Stein ihrer Gipfel schimmerte marmorn durch Staub und Dunst. Wieder ein Sonnenuntergang. „Freude, Freude treibt die Räder in der großen Weltenuhr!"

Einige Abende sahen uns in langem Kleid und Clubjackett an Land rudern: Junge, zieh die Riemen langsam durch. Der Saal im Parador auf dem Monte Real strahlte in festlichem Licht. Wir hatten Einladungen erhalten zu Empfängen und Preisverteilungen anläßlich der ersten Regatta von England nach Bayona. Damen im großen Abendkleid, spanisch: mit Fächer; Herren im Smoking, spanisch: mit Schärpe; Offiziere mit leuchtenden Ordensbändern, spanisch: mit Degen – die Gruppen standen plaudernd, hörten den Ansprachen zu, gaben den Preisträgern Beifall, versammelten sich vor dem kalten Buffet.

Wir trafen viele Segler aus Hamburg, sprachen mit alten Freunden, die von Lissabon gekommen waren.

Hell glänzte Licht, Gläser klangen, Gespräche sprangen hin und her, Lachen tönte. Durch die Fenstertüren des Saales zog warm die Nachtluft herein.

Geselligkeit bekam eine beschwingte Note, Freude eine vollkommene Form.

Wenn wir schließlich durch die Nacht zum Ankerplatz ruderten, leuchteten die alten Mauern und hohen Zinnen des Monte Real im Schein aufgestrahlten Lichtes wie eine Königsburg.

Damals, als wir hier allein vor Anker lagen, war die Bucht dunkel gewesen, der Monte Real eine Ruine ohne festlich gestimmte Menschen darin.

Im Club lernten wir Helga und Wilhelm Keilholz kennen. Sie lebten in Bayona. Er war Ingenieur, so erzählte ich ihm unsere wässerige Maschinengeschichte.

„Wechseln Sie das Öl in den nächsten Monaten öfters", sagte er. „Diese modernen Schiffsdiesel können eigentlich nur unter einem Dampfhammer zum Stillstand gebracht werden."

Wir kamen oft mit ihnen zusammen, saßen auf ihrer UNDINE oder auf unserer KAIROS und erzählten. Unsere Freundschaft wuchs. Sie nahmen uns zu Autofahrten über Land mit: Berge und Täler, Weinberge und Maisfelder – Küstenlandschaft in ziehenden Nebelschwaden, Berglandschaften unter heißer Sonne – Klöster, Burgen, Dörfer, Städte.

Die Bilder reihten sich und wurden unzählig, unsere Gespräche auch.

Aber wir mußten ans Auslaufen denken. Es war Anfang September geworden. Der Herbst brachte ungewöhnlich viele Nebeltage.

Der sommerliche Nordwind begann, schwächer und lückenhaft zu wehen. Wir warteten eine günstige Wetterlage ab. Wir nahmen Abschied – es ist der schwerste Teil des Reisens. Wir gingen ankerauf.

Klickklickklick, tönt die Ankerwinsch. „Nach Steuerbord", winke ich Elga durch die Deckshausscheiben zu. Sie kuppelt ein und legt das Ruder. „Stop", winke ich.

Klickklick – klick – klick – da ist Widerstand. „Voraus", winke ich. Elga tut's. „Stop." Klickklickklick kommt die Kette hoch. Sie kann unter einem Felsbrocken gelegen haben, unter einer alten Mooring. Klick – klick – klick – kli – die Winsch ächzt.

Verstohlen blicke ich zu den anderen Yachten. Die Zuschauer dort betrachten gelassen den Vorgang. Es gibt nichts Hilfloseres als eine Yacht mit einem unklaren Anker im Grund. Ich reiße am Winschhebel – klick – aus. Und es gibt nichts Bequemeres, als dem zuzuschauen. Bremsbügel auf die Winsch, Elga „voll voraus". Hinter dem Heck fliegt eine Auspuffwolke hoch. Die Maschine röhrt. Das Schiff stemmt sich in die Ankerkette, neigt sich, zittert. Für Sekunden scheint die Welt stillzustehen. Dann springt KAIROS hoch und nimmt Fahrt auf.

Klickklickklick! Der CQR-Anker kommt aus dem Wasser. Nichts Außergewöhnliches ist an ihm zu sehen. Ich reinige ihn, schlage ihn ab und verstaue ihn seefest in der Achterpiek.

„Glück gehabt!" sagt Elga, als ich ins Cockpit komme.

Wir fahren noch eine Runde über die Reede und winken unseren Freunden Abschiedsgrüße. Je nach Ziel rufen sie: „See you in Madeira!" „See you in Barbados!" Es ist noch einiges zu tun bis dahin. Bald liegt der Monte Real Backbord achteraus. An Steuerbord schäumt die Atlantikdünung die Felsen der Islas Cies hinauf. Wir passieren in gutem Abstand die Estrellas, über deren Untiefen schwere Brandung steht.

Elga steht am Ruder. Ich bin zum Segelsetzen schon fast an Deck, als ich umkehre und ihr einen Kuß gebe. „Wir werden eine gute Reise haben!"

„Ja – eine gute Reise!"

Das ist Hoffnung, Versicherung. Wir kennen uns zu gut, um nicht zu wissen, wie uns bei jedem Auslaufen zumute ist. Aber wir wissen keineswegs, ob dies eine gute Reise wird. Wir sagen es in der Absicht, sie zu einer solchen zu machen. Über Angst und Ungewißheit brauchen wir nicht zu sprechen.

Ich setze Großsegel und Klüver 2. Nordwest Stärke 4 bis 5. KAIROS neigt sich unter dem Druck der Segel. Zurück im Cockpit, hole ich die Schoten durch. Der Bug hebt sich zu einem Dünungsrücken. Das Schiff schwebt darüber hinweg und gleitet ins Wellental.

„Wie weich ihre Bewegungen sind!" Elga lächelt. „Wir haben ein herrliches Schiff!"

„Ja. Ich setze den Besan."

Als er steht, stellt Elga die Maschine ab und bringt das Schiff auf Kurs nach Madeira: 213 Grad rechtweisend. Die Bugwelle rauscht. Knisternd zieht ihre Schaumbahn am Schiff vorbei. Wir sind unterwegs. Diesmal vergesse ich nicht, die Maschine für den Seetörn zu klarieren.

Langsam versinkt die spanische Küste an Backbord. Einige Fischerboote sind noch zu sehen. KAIROS läuft fünf Knoten Fahrt.

„Wollen wir Klüver 1 setzen?" fragt Elga.

„Laß uns warten. Ich hab' noch kein Gefühl fürs Wetter."

Nachdem sie mich mit Kaffee, Keksen und ein paar Zigaretten versorgt hat, verschwindet sie in der Hauptkajüte. Auf See schlafen wir dort in den Hundekojen. Ich höre sie noch eine Weile in der Pantry hantieren, dann wird es still. Elga versucht, „auf Vorrat" zu schlafen.

Die Linien der Küste verschwimmen, ihre Farben verblassen. Schön war's dort – aber was geht mich die Küste noch an? Hier kommt der Wind. Feine Cirruswolken zeigen sich im Westen. Von dorther rollt eine alte Dünung unter der Windsee. Außerdem läuft eine kurze aus Nord. Ich fühle sie in den Schiffsbewegungen – jetzt wieder diese Rolle nach Backbord vorn. Wir werden Wind aus dieser Richtung bekommen.

Nach meiner Freiwache machen wir die Eintragung in unsere Tagebücher. Dann beginnt Elga, das Abendessen zu kochen. Ich steuere. Der Wind läßt nach, kommt aus Nordnordwest. Die Sonne geht unter. Ihr Schein verblaßt schnell. Die Cirruswolken glühen für eine Weile wie Feuerfinger.

Nach dem Essen zünde ich die Petroleum-Positionslampen an und trimme ihre Leuchtstärke, bevor ich sie setze. Ich schließe die Luken und prüfe den Stand der Segel. Hier und da muß ich am laufenden Gut eine Schamfiling anbringen.

„Alles klar!" Ich übernehme das Ruder. „Törn ein und schlaf gut!"

Von Spanien glimmern noch ein paar Lichter herüber. Schiffslichter tauchen auf. Ich peile sie sorgfältig, verfolge ihre Veränderung. Die Sichel des zunehmenden Mondes steht im Westen über dem Horizont. Die Cirruswolken sind nicht mehr zu sehen.

Mitternacht. „Elga, es ist soweit!"

Der Wind ist schwach. Unsere Fahrt ist auf drei Knoten gesunken. Die Segel schlagen. Das Schiff rollt heftig. Elga übernimmt keine schöne Wache.

Ich verkeile mich in der Koje und versuche zu schlafen. Oft schrecke ich aus Traumbildern auf. „Wie geht's da oben?"

„Ganz gut! Sie reagiert langsam aufs Ruder – wenig Wind."

„Was macht dein Rücken?"

„Geht so. Schlaf jetzt! Du hast noch zwei Stunden Zeit."

Ich schlafe ein. Zum Wachwechsel springe ich aus der Koje – nicht in reiner Begeisterung. Der Sprung ist die einzige Möglichkeit, den Wunsch nach weiterem Schlaf zu überwinden.

Die Nacht vergeht in Frieden – Wache – Freiwache.

Nordwestwind mit Stärke 2 bis 3. Nach dem Frühstück setze ich den Klüver 1. Der Himmel sieht gut aus. Leichte Sommerwolken ziehen. Etmal 83 Seemeilen. Wir schleichen über die See und schleichen weiter. Nächstes Etmal 85 Seemeilen.

Am Vormittag des dritten Tages kommt Nordwind Stärke 6. Besan weg, Klüver 1 weg, Klüver 2 setzen und ausbaumen. Navigation. Etmal 135 Seemeilen. Na also!

Wir versuchen, es der Harmonie des Schiffes in Wind und See gleichzutun. Es gelingt nicht immer. Über der Josephine Bank läuft ein wilder Seegang. Gischtwerfend überläuft KAIROS die See leicht – torkelnd fällt uns jede Beschäftigung schwer.

Das Wetter wird wolkig während der Nacht und des folgenden Tages. Bordroutine. Etmal wieder 135 Seemeilen. Beim Mittagsbrot unterhalten wir uns über das Glück. Elga sitzt unten neben der Pantry, ich oben hinter dem Ruderrad. Sind wir glücklich? Elgas Rücken schmerzt in wechselnder Heftigkeit, ich habe oft Kopfschmerzen, müde sind wir beide; nichts darf geschehen, was unsere Kräfte übersteigt. Wir haben kein Glück – aber verdammt: wir machen es. Das Schiff segelt, der Kurs liegt an, wir haben Arbeit und Essen und Schlaf, das Meer ist groß und die Erde schön, wir haben ein Ziel und Freude daran, keiner kann uns das nehmen. Wir werden eine gute Reise machen. Wir werden uns wieder an lange Seetörns gewöhnen.

Der Wind schüttelt sich im Laufe des Nachmittags, der Nacht und des Vormittags springend nach Nordost. Die Wolken ziehen ab. Ich schifte Großsegel und den ausgebaumten Klüver 2. Etmal 144 Seemeilen. Wir haben Stromversetzung nach West gehabt und ändern den Kurs auf 197 Grad rechtweisend. Die See entspricht nun dem wehenden Wind aus Nordost Stärke 5. Wenn er durchsteht, können wir morgen unseren Landfall machen.

„Wir werden im Laufe der ersten Nachthälfte das Feuer von Porto Santo in Sicht bekommen", meint Elga.

„Hoffentlich. Es ist sehr diesig."

Die Nacht kommt. Der halbe Mond steht im Süden und wirft milchiges Licht auf das dunkel wogende Wasser. Wolken ziehen auf und verdecken den Mond geisterhaft wie schnell wehende Gespensterhemden.

Ich starre in die Nacht. 21.00 Uhr – das Feuer kann bald durchkommen. KAIROS schäumt über die See. Da? Kein Feuer. Mondscheinblitzen.

Ich starre immer noch in die Nacht. 22.00 Uhr – das Feuer muß jetzt durchkommen. KAIROS schlingert und wirft Gischt. Ich rede mir ein, daß ich ganz ruhig bin. Der Mond zieht nach Westen. Er ist jetzt frei von Gespensterwolken. Ich rechne die Entfernung des Feuers gegen unsere Fahrt auf. Das Feuer muß längst in Sicht sein!

Ich starre. 23.00 Uhr – kein Feuer. „Elga!"

„Hast du das Feuer?"

„Nein."

„Ich komme."

Als sie übernommen hat, mache ich eine Funkpeilung. Porto Santo peilt 205 Grad rechtweisend. Ich hantiere am Kartentisch mit den Kursdreiecken. „Elga, nach der Koppelrechnung sitzen wir schon auf Porto Santo drauf! Nach der Funkpeilung liegt es Steuerbord voraus. Kursänderung nach Backbord oder nicht?"

Ich hänge über der Seekarte. Wir müßten mit diesem Kurs klarkommen, wenn – aber das ist Konjunktiv. Ich bin für Beibehaltung des Kurses.

Elga von oben: „Wir behalten den Kurs bei."

Ich trage ins Logbuch ein: „Kurs 197 Grad rw. / stark dunstig / Leuchtfeuer Porto Santo nicht in Sicht / seine Funkpeilung 205 Grad rw. / wir entscheiden, den Kurs beizubehalten."

Verdammt, das Feuer! Verdammt, der Kurs! Ich steige ins Cockpit. „Elga, sieh dir's auf der Karte an!"

„Ja. Sei bitte nicht so nervös." Nach einer Weile bestätigt sie von unten: „Ja, ich seh's wie du."

Ich höre sie eintörnen und steuere und starre in die Nacht und zwinge mich zur Ruhe. Der Mond ist untergegangen. Ich höre die See und steuere und starre in die Nacht. Sterne sind nicht zu sehen. Die Dunkelheit läßt keinen Schluß über Sichtweite zu. Aber sie muß fürchterlich gering sein.

Bei den weiteren stündlichen Funkpeilungen wandert Porto Santo deutlich nach Steuerbord aus. Zusammen mit dem Funkfeuer von Madeira bildet es endlich einen Winkel, der einen halbwegs genauen Standort ergibt. Wir ändern den Kurs auf die Passage zwischen den Islas Desertas und Madeira.

„Jetzt ist mir wohler!" sagt Elga.

Ich schlafe tief und gut. Die Morgendusche auf dem Vorschiff verscheucht alle Müdigkeit. Die See ringsum dünt grau und leer. Im Osthimmel hängt ein schwacher Sonnenschimmer. Ich versuche ohne Erfolg, die Sichtweite zu schätzen. Zwei Seemeilen, vier Seemeilen? Es weht kaum noch Wind.

Auch Elga ist nicht ganz ruhig. „Es muß doch nun, es muß, es muß Land in Sicht kommen!"

Nach dem Frühstück rasiere ich mich im Waschraum. Land oder nicht, das Leben geht weiter.

„Hier! Hier an Backbord voraus! Die Islas Desertas! Keine Seemeile ab!"

Ich stürze mit fliegendem Rasierschaum ins Cockpit. Elga zeigt aufgeregt. Da ist ein grauer Schatten, Dunst davor, Wolken darüber. Der Dunst wird leicht, der Schatten deutlich. Ein Felshang fällt nach Norden steil ins Meer, darüber ein Strich von Leuchtturm. Der Dunst wird schwer. Die Erscheinung verschwindet.

Wir überprüfen unseren Kurs gemäß dieser Erscheinung. Wir müssen anluven. Ich nehme den Klüver aus seiner ausgebaumten

Stellung. Elga geht erleichtert und müde zur Koje. Und während die hohe Insel Madeira an Steuerbord langsam aus dem Dunst steigt, dämmert mir ebenso langsam, daß das Kratzen in meinem Gesicht von eingetrockneter Rasierseife herrührt. Das Leben geht weiter, manchmal sehr schnell. Schließlich liegt Madeira in Schleiern von blauem Dunst vor uns: rosa Granit über grünblauer Fruchtbarkeit. Häuser sehe ich und Gärten.

Mit einer plötzlichen Bö, die ums Ostkap der Insel stürmt, laufen wir in den Sonnenschein der Südküste. Sie deckt den Wind ab. Wir treiben mit schlagenden Segeln.

Elga kommt, startet die Maschine. Ich berge die Segel, schlage Bug- und Heckanker an. Der Hafen von Funchal soll überfüllt sein, haben wir im Küstenklatsch gehört. Als wir einlaufen, wird er bestätigt. Mehr als dreißig Yachten liegen mit Bug- und Heckanker stampfend in der Dünung, die in das kleine, nach Osten offene Hafenbecken einrollt.

„Elga – da – schräg hinter der weiß-blauen Ketsch und vor der roten Sloop!"

Sie nickt. Sie läßt KAIROS im Bogen zwischen ankernden Yachten aufkommen. Wir haben wenig Platz. Ich lasse den Heckanker fallen, Kettenvorläufer rasselt, Ankerleine zischt aus. Ich belege mit ausreichender Länge, laufe nach vorn und lasse den Buganker fallen. Elga kommt und übernimmt das Fieren der Kette, während ich die Ankerleine am Heck dichthole. „Gib ihr 40 Meter, dann festsetzen." Ich hole und hole.

„Vierzig!" ruft Elga endlich. „Und fest!"

KAIROS liegt unruhig stampfend, Bug nach Ost zum Schwell. Ich belege die Leine des Heckankers. Elga kommt vom Bug. Wir stehen und schauen die schroffen Berghänge hinauf.

Am nächsten Morgen ruderten wir zur Clubpier. Wir nahmen das Dingi an Land, um es vor Schaden zu bewahren. Dann gingen wir in die Stadt. Ferienreisende in grell-internationaler Einheitlichkeit schlenderten herum. Einheimische standen an Ecken und in Hauseingängen und beobachteten das. Bauern hinter ihren Karren oder schwerbepackt gingen zum Markt. Taxis fuhren zahlreich, die vielen Fremden waren ein gutes Geschäft. Benzingase hingen dick in den Straßen. Die kleinen Läden, an die wir uns erinnerten, waren großen Supermärkten gewichen. Souvernirläden zeigten bunten Nichtsnutz in den Auslagen, auch ihr Geschäft blühte. Madeira und Funchal konnten niemals mehr in die Ruhe ihrer alten Eigenständigkeit sinken wie zur Zeit der Passagierschiffe, die kamen und gingen. Jetzt brachten Jets die Besucher ohne Pause. Die Stadt röchelte in Hast dahin.

Wir gingen zur Bank und zum deutschen Konsulat. Frau Gesche war ihrem Vater im Amt gefolgt. Sie führte es mit der gleichen Sorgfalt. Sie händigte uns unsere Post aus. Der Weg zu den Behörden für unsere Einklarierung kostete uns in Schweiß und Geduld den Rest des Vormittags.

Von Osten sprang ein trockener und heißer Wind auf. Er machte uns mißtrauisch. Wir gingen zum Hafen und ruderten an Bord. Neben uns an Steuerbord war die Sloop ESPRIT vor Anker gegangen – auch mit Heckanker, der unmäßiges Schwoien verhindern sollte. Trotzdem schwangen die Schiffe hin und her. Dann betrug der Abstand zwischen den Bordwänden vier Meter. Die Hafenlotsen hatten die weiß-blaue Ketsch WATERSPEEL veranlaßt, hafeneinwärts zu ankern. Sie lag nun drei Meter querab an Backbord, ebenfalls mit Heckanker.

Der Ostwind stand vierkant in den Hafen. Er warf steilen Seegang auf. Mit einiger Beunruhigung sahen wir uns zwischen den stampfenden Schiffen auf unserem stampfenden Schiff eingeklemmt. Wir gaben dem Buganker zehn Meter mehr Kette, entsprechend holten wir die Hecktrosse ein. Dadurch kamen wir etwas aus dem Gedrängel heraus. Am Abend lief der Seegang mit einem Meter Höhe in den Hafen hinein. Wir saßen im Cockpit und betrachteten die Lichter Funchals, die sich die Hänge hinauf verloren. Wir sahen kaum ihre Schönheit. Sie hatten als Ankerpeilung brauchbar oder nicht brauchbar zu sein.

Schließlich stand Elga mit einem Seufzer auf. „Ich will versuchen zu schlafen."

Ich blieb sitzen und beobachtete meine Ankerpeilung. Sie stand. Die Schiffe neben uns stampften und schwangen wie wir. Die Anker hielten. Kurz vor Mitternacht ließ der Wind nach. Die Dünung blieb. Ich törnte ein. Ich wachte immer wieder auf, ging an Deck und prüfte die Lage der Yachten. In den Morgenstunden löste Elga mich ab.

Der Morgen kam still und heiß. Die Dünung war schwächer geworden. Von den Frachtschiffen an der Außenpier zog eine Ölflage über das Wasser. Wir frühstückten schweigend und ruderten ebenso an Land.

Wir bummelten durch den Park des Infante Don Enrique. Die frühe Sonne warf schräges Licht über Rasenflächen und Blumenbeete. Farben glühten auf, in den Bäumen spielten Licht und Schatten. Über Park und Stadt hinweg standen blau-dunstig die Steilhänge der Insel, verloren sich fern ostwärts in immer helleren Schattierungen.

Von Osten sprang ein trockener, heißer Wind auf. Wir beeilten uns, die notwendigen Einkäufe zu machen. Zurück an Bord, erwarteten wir eine Wiederholung der vortägigen Unruhe. Doch der Wind ließ zwei Stunden später nach.

„Wir werden nun hoffentlich Ruhe haben", sagt Elga. „Ich erinnere nicht, daß wir hier mehr als Windstärke 4 gehabt haben."

„Und nur ganz selten aus Ost."

Auf der WATERSPEEL war das Ehepaar mit drei Kindern mitten im Ankerauf-Manöver, als der Wind aus Ost schnell und pfeifend zunahm.

„Wollen bunkern!" rief der Skipper herüber.

„Warum denn bei diesem Wind?"

Er verstand meine Frage nicht, zuckte mit den Schultern. Als seine Ankerkette auf und nieder stand, begann die Ketsch zu treiben. Sie trieb auf uns zu. Wir brachten Fender aus.

Eine andere Yacht an Steuerbord begann ebenfalls zu treiben – die ADARE. Elga blieb an Backbord. Ich lief mit weiteren Fendern nach Steuerbord. Beidseitig kamen die Schiffe bis auf Greifnähe heran.

An Bord der WATERSPEEL verloren Kinder, Frau und Skipper die

Nerven. Sie schrien, er sprang ans Ruder, gab „voll voraus". Das brachte die Ketsch von unserer Seite weg, ihren Bug mit dem kurzstag gehievten Anker aber über unsere Ankerkette.

„Zurück!" rief Elga.

Er tat es mit einem Stoß Vollgas. Die Ketsch, von uns frei, trieb nun breitseits zum Wind über ihren Heckanker. Frau, Kinder und Skipper versuchten vergeblich, ihn hochzubringen.

Die Besatzung der ADARE war an Deck gestürzt. Einige hielten die Yacht von unserer Bordwand ab – ich stemmte mit – andere steckten eine Boje an die Leine ihres Heckankers und slippten die Leine. Gut. Dann gingen sie mit dem Buganker auf. Sie ankerten erneut in einiger Entfernung, wurden dort in eine Auseinandersetzung mit den Lotsen des Versetzbootes verwickelt. Aufgeregt zeigten die Lotsen zur nahen Außenpier mit der Berufsschiffahrt.

Der Skipper der WATERSPEEL brach seinen Heckanker nun mit der Maschine aus dem Grund – Vollgas. Dann drehte er zu früh nach Backbord – Vollgas. Frau und Kinder hatten den Heckanker noch gar nicht an Deck. Er unterfing die Ankerkette der roten Sloop und riß sie längsseits zur Ketsch SILVERSTONES. Deren Besatzung versuchte, den Schleppzug abzuhalten. Es krachte und knirschte dort. Der Skipper schickte einen seiner Jungs ins Beiboot, um die Unglücksleine wahrzunehmen. Er slippte sie dann. Er riß – Vollgas – seine Ketsch aus dem Wirrwarr der Ketten und Leinen heraus, fuhr hafeneinwärts. Im wippenden Gedränge des Mooringfeldes verschwand das Schiff.

Verzweifelt umklammerte der Knirps im Beiboot die Leine. Das Boot tanzte unter dem Wasserstag der SILVERSTONES. Er schrie nach seinem Vater und weinte. Zwei der ADARE-Crew kamen in ihrem Beiboot angerudert, um ihren Heckanker an der Boje hochzunehmen. Wir zeigten zum Knirps. Sie ruderten zu ihm. Kurz nachdem sie ihn abgeborgen hatten, kenterte das Boot. Es vertrieb nicht. Der Knirps hatte die Ankerleine trotz seiner Verzweiflung am Boot belegt. Er war ein tüchtiger, kleiner Seemann. Der Vater holte am Nachmittag Sohn und Beiboot mit Hilfe des Clubbootes. Um weiteres kümmerte er sich nicht.

Den Besatzungen der beteiligten Yachten gelang es nicht, im stark aufgelaufenen Seegang Leinen und Ketten zu klarieren. Sie mußten auf Abnahme von Wind und Seegang warten.

Unsere Anker hatten gehalten. An die Möglichkeit, daß die WA-

TERSPEEL die Kette unseres Bugankers unbemerkt gehoben und freigegeben haben könnte, dachten wir nicht. In all der Aufregung hatten wir nichts davon gemerkt.

Frau Gesche hatte uns zum Abend eingeladen. Es wehte mittlerweile mit 7 bis 8 aus Ost in den Hafen hinein. Wir konnten nicht einmal abtelefonieren. Wir saßen und starrten in das Chaos. Elga legte sich auf ihre Koje. Ich legte mich für eine Weile neben sie: zwei abgespannte Wesen, die nichts weiter empfangen wollten als die Ruhe und den Trost des anderen.

Das Heulen des Windes, das Stampfen des Schiffes brachten mich ins Cockpit. Es war dunkel geworden. Im lichtspiegelnden Hafen sprangen die Schatten der Yachten wie dunkle Dämonen auf und ab. Licht und Schatten kreuzten sich auf Wellenrücken und Brechern, fegten auf und spießten nieder. Am Hafenstrand ließ die Brandung das Steingeröll schlurfen. Es klang hohl und dumpf beim Auflaufen, zischend und hell beim Ablaufen. Die Lichter der Stadt Funchal reihten sich unberührt hügelauf. Ganz unberührt darüber blinkten Sterne. Die großen zeigten einen sanften Schimmer im Dunst. Unsere Ankerpeilung stand.

Über die Silhouette einer Yacht hangelte sich die windgepreßte Gestalt eines Seglers zum Bug. Dort hockte sie nieder, um die Ankerkette zu prüfen.

Es sah lächerlich aus, unsinnig.

Warum machen wir das? In steigender Zahl verlassen Fahrtensegler die wohlorganisierte und geordnete Gesellschaft ihres Heimatlandes. Sie katapultieren sich in die Natur, wo sie am unwirtlichsten ist – Biscaya, Nordatlantik, Roaring Forties. Zu Hause wird zu vieles vernichtet. Da bulldozern, fließbändern, hämmern, reden die – hör auf, Junge, vergiß es! Nimm zur Kenntnis, daß Technik und Politik dem Menschen nicht mehr dienen – die untersuchen, planen, prüfen, entscheiden, bevor überhaupt jemand etwas davon weiß. Für die Freiheit ihrer Entscheidungen haben Auswanderer vergangener Zeiten ganz andere Mühen auf sich genommen: die Mühen der Neuen Welt – Amerika. Wir segeln hin. Elga und ich werden erfahren, wie es ihnen erging, was dort geschah, was daraus aufgewachsen ist.

Der dort drüben starrte noch immer auf seine Ankerkette. Woran mochte er denken? An Ruhe? An blaue Inseln eines fernen Landfalls? War er glücklich?

Der Wind ließ nach. Die Dünung lief langsam aus. Ich blickte auf die Uhr. Mitternacht. Von achteraus klangen Stimmen. Dort begannen sie, die vertörnten Ankergeschirre zu klarieren.

Frau Gesche nahm unsere Entschuldigung zur nicht eingehaltenen Einladung freundlich und gelassen entgegen. Sie lud uns wiederum ein. Wir sollten zum Nachmittagskaffee kommen und zum Abendessen bleiben.

Bis zum Tag der Einladung trieben vier weitere Yachten und richteten Schaden an sich und anderen Booten an. Es gab kaum noch ein Schiff, das nicht in treibende Bedrängnis geraten war. Wann kam die Reihe an uns? Wir dachten an die einzige Antwort darauf: auslaufen. Aber da war die Einladung. Außerdem mußte dieses verrückte Wetter ja einmal aufhören.

Während der Busfahrt zur Quinta Olavo wehte es noch nicht stark aus Ost. Wir saßen im Garten. Frau Gesche bereitete den Kaffee. Ihr Pflegesohn, Angelo, zwölf Jahre alt, wollte von uns alles über die Yachtsegelei wissen. Er zeigte ein brennendes Interesse, ohne um ihre Schattenseiten zu wissen.

Der Wind aus Ost nahm zu. Eine Bö wirbelte Blätter und Staub auf, preßte die Laubkronen der alten Bäume nieder.

„Wir setzen uns nach drinnen", sagte Frau Gesche. „Dieser Wind!"

Ich trat an den Gartenhang und sah zum Hafen hinunter. KAIROS lag dreißig Meter vertrieben mitten im Pulk der anderen Yachten. „Frau Gesche! Haben Sie ein Fernglas?"

„Ja – Angelo, lauf' und hol' es aus dem Schreibtisch! Was ist?"

„Unser Schiff ist vertrieben!"

Elga stürzte nach vorn. „Das kann nicht sein! Seit Tagen haben die Anker bei jedem Wind gehalten!" Sie blickte zum Hafen hinunter. Dann flüsterte sie bestürzt: „Ja, sie ist vertrieben."

Angelo kam mit dem uralten Fernglas. Es dauerte eine Weile, bis ich es eingestellt hatte. KAIROS lag schlingernd zwischen der stampfenden SILVERSTONES und der rollenden BREMER WAPPEN etwa vier

Meter vor einem Achterlieger. Die Ankerkette konnte ich nicht ausmachen. Die helle Trosse des Heckankers führte jetzt vom Bug in schräger Spannung voraus ins Wasser. An der Backbordseite hingen zur SILVERSTONES hin zwei Fender. Es war jemand an Bord gewesen.

„Was siehst du? Was?" fragte Elga.

Ich erzählte es ihr hastig.

„Wir müssen sofort an Bord!"

„In einer halben Stunde geht der Bus", sagte Frau Gesche. „Sie wissen, ich habe kein Auto."

„Kann ich mitkommen?" fragte Angelo.

„Laß uns laufen! Laß uns etwas tun!" sagte Elga. „Wir bekommen den Bus an der zweiten Haltestelle!"

„Damit kommen Sie auch nicht schneller zum Schiff", meinte Frau Gesche vernünftig.

„Ich komm' mit! Ich verspreche, daß ich nicht störe! Vielleicht kann ich etwas helfen!" rief Angelo in erwachendem Abenteurergeist.

Wir saßen im Gartenzimmer. Kaffee und Kuchen – und KAIROS auf Drift! Mit großer Anstrengung genügten wir der Höflichkeit und gehorchten der Vernunft. Ich redete Angelo aus, mit uns in den Hafen zu kommen. Zehn Minuten vor der Abfahrt des Busses sprangen wir auf.

Der Bus kroch die Serpentinen hinunter. Kurz vorm Hafen blieb er stehen. Ein Verkehrsunfall blockierte die schmale Straße. Wir stiegen aus und liefen los. Wir brachten das Dingi zu Wasser, stopften unsere Kleidung in Plastiktüten. Windstärke 8. Steg überwaschen. Kaum im Boot, war unser Badezeug durchnäßt. Elga öste das ins Boot gewaschene Wasser aus. Skipper Henze von der BREMER WAPPEN ruderte plötzlich neben uns.

„Mein Arbeitszeug!" rief er lachend. Er zeigte auf seine Badehose.

„Georg! Was ist mit KAIROS?" schrie ich.

Die Boote wurden im Wind auseinandergetrieben. Gischt wehte. Dann war er wieder neben uns.

„Bö von den Bergen – euer Buganker ging weg! Wir brachten gerade für den Schweden einen zweiten Anker aus, weil er trieb – da sah ich's! Kein Wunder bei diesem unhandlichen Wetter!"

Er ruderte mit Bedacht. Er nannte dieses Wetter unhandlich. Es war ja fast Sturm. Er duckte sich nicht einmal unter der fliegenden Gischt. Er rief nicht lauter als nötig.

„Haben wir jemanden beschädigt?" fragte Elga. Ihr Haar hing in triefenden Strähnen.

„Nein, nichts passiert bei euch oder anderen. Dick von der LARRY und ich waren sofort bei euch an Bord. Der Schwede war nicht so eilig, der hing sowieso im Mooringfeld. Wir haben euren Heckanker nach vorn genommen, an Backbord, damit nichts vertörnt –"

Wir ruderten, um wieder in Rufweite zu gelangen.

„Fender ausgebracht, lagen ja bereit. Alles klar!"

„Vielen Dank, Georg!"

Er nickte. Er versuchte nicht, wieder in Rufweite zu kommen. Er hatte gesagt, was zu sagen war.

An Bord ging ich nach vorn. Die Ankertrosse war belegt und sauber aufgeschossen. Die Ankerkette war um weiteres gefiert. Kette und Trosse zeigten die gleiche Spannung, wenn sich das Schiff aufbäumte. Die Anker hielten, jedenfalls vorläufig. Hier hatten Seeleute gute Arbeit geleistet.

Wir zogen uns um. Wir setzten uns ins Cockpit. Elga sah blaß aus. Ich umfaßte ihre Schulter. „Alles gut! Beruhige dich! Wir haben weder Schaden getan noch gehabt."

Kurz nach Sonnenuntergang ließ der Wind nach, bald auch ein wenig die Dünung. Ich pützte die rote Schlammschicht von Deck, die Wind, Staub und Gischt hinterlassen hatten. Unter Maschine nahmen wir unseren ehemaligen Heckanker auf, dann den Buganker. Mit Elgas Maschinenunterstützung winschte ich dreißig Meter Nylontrosse an Deck, dann zwanzig Meter Kettenvorläufer, schließlich den 20-kg-CQR-Anker. Fast sechzig Meter Ankerkette folgten: endlich der 27-kg-CQR-Anker. Mein Rücken schmerzte, Schweiß troff. Meine Arme wurden lahm. Hoch mit dem Kram, verdammt, nicht die Finger dazwischen bekommen! Sie bluteten sowieso schon. Es war dunkel geworden. Kein Wind. Die Dünung rollte. KAIROS planschte.

Wir gingen auf unserem alten Platz erneut vor Anker. Das Manöver in einem Törn wie bei der Ankunft zu fahren, verbot die Dunkelheit. Entfernungen im Schein der Uferlampen waren schwer abzuschätzen. Ich ließ den Buganker fallen. Elga: Maschine zurück. Ich fierte achtzig Meter Kette. Dann sprang ich ins Dingi und holte Heckanker samt Kettenvorläufer hinein. Beides hatte ich aufs Achterschiff gewuchtet und klar zum Laufen gelegt, daneben ebenso die Ankertrosse. Ich arbeitete fieberhaft. Ein schwacher Nordwestwind setzte ein: KAIROS durfte nicht um den Buganker schwoien. Dort lag die ADARE.

Ich ruderte achteraus. Elga gab Ankertrosse von Deck nach. In etwa zwanzig Meter Abstand, wo der Anker der roten Sloop nicht liegen konnte, ließ ich unseren fallen. Fast kenterte das Dingi, als der Kettenvorläufer auslief. Ich warf mich auf die Gegenseite. Finger weg, Füße weg! Zurück an Bord, winschte ich KAIROS in Richtung Buganker, bis dreißig Meter Kette eingeholt waren. Entsprechend steckte Elga Trosse am Heck. Der Wind aus Nordwest nahm zu. KAIROS lag nun zwischen den Ankern. Keuchend holte ich das Dingi aufs Achterdeck. Schweißüberströmt saß ich im Cockpit.

„Macht Arbeit, das große Schiff!" Elga reichte mir ein Glas Zitronensaft.

Ich trank es in großen Zügen aus. „Ja – 'ne Menge – ist der Preis – für den vielen Platz unter Deck – bitte, noch so'n Saft!"

Wir saßen und blickten auf die leuchtenden Straßenlaternen im Dunkel der Berge. Ganz unberührt darüber: die Sterne.

Als wir ihn das erstemal kurz vor unserem Auslaufen in Hamburg trafen, sprang er von Bord seiner winzigen Sloop TÖLPEL vor uns auf den Steg. „'n Tag! Bin Jimmy! Will auch über'n Atlantik. Wir werden uns also wiedertreffen."

Er trug ein rotes Halstuch unterm Khakihemd. Am Gürtel hing ein Seemannsmesser in Segeltuchscheide. Seine Bewegungen waren ausladend, sein Gang gespreizt, er wollte Seemann sein. Er war wohl zwanzig Jahre alt und gab seinem Gesicht einen alt-ernsten Ausdruck. Wir standen etwas bestürzt vor diesem Seemenschen, der uns gleich von seiner Karibischen Reise und einem Hurrikan erzählte.

Wir trafen ihn in Bayona wieder. Jimmy trug kein Seemannsmesser mehr. Rotes Halstuch und Khakihemd waren verschwunden. Er sah ganz normal aus, braungebrannt und gesund. Wir mieden eine

Begegnung, weil wir weitere seemännische Kurzgeschichten aus seinem Mund fürchteten. Was ist Menschenkenntnis? Sie ist die Summe von Irrtümern in der Beurteilung eines Wesens, dessen Wandlungsfähigkeit unbegrenzt ist. Und sehr oft ist sie Hochmut derjenigen, die ihre eigene Wandlungsfähigkeit verloren haben.

Als ich hier im Hafen von Funchal sah, wie Jimmy seine TÖLPEL sorgfältig zwischen drei Anker legte, ruderte ich hinüber, um ihm zu helfen. Als wir durchgeholt, festgesetzt und aufgeklart hatten, sagte er: „Will in die Südsee! Hab' alle Karten an Bord. Kommt ihr heute nachmittag mal rüber? Möchte euch die Karten zeigen. Und ihr zeigt mir die guten Ankerplätze. Ja?"

In der Kajüte der TÖLPEL am Nachmittag wunderte ich mich, was da unter meinen Füßen bebte. Jimmys kleine Katze war es nicht. Sie hatte es sich in einer Rolle von Seekarten bequem gemacht.

Jimmy sah meinen Blick. „Der Kielbolzen ist locker. Will es hier reparieren. Hab' schon mit einem der Kranführer gesprochen. Der setzt das Schiff auf die Pier."

Jimmy schenkte uns Kaffee ein, den er gekocht hatte. Er holte eine riesige Tüte mit Kuchen hervor, den er eingekauft hatte. „Hier! Alles für euch! Ich esse keinen Kuchen."

Wir aßen und tranken. Die TÖLPEL bockte im Hafenschwell.

Jimmy nahm hin und wieder einen sparsamen Schluck und erzählte. „Bin Krankenpfleger, hab' in Bremen gelebt. Arbeitete dort am Krankenhaus. Ich glaub' an das Gute im Menschen oder wie man das nennt. Will helfen – na ja, ihr wißt schon. Aber in Bremen hab' ich's nicht ausgehalten. Das lag nicht an der Arbeit. Es lag –"

Jimmy zögerte. Er holte das Kätzchen aus der Seekartenrolle und streichelte es behutsam. Das Kätzchen begann zu schnurren.

„Ist unheimlich schwer zu sagen, woran es lag. Zeitung – Geschwafel. Fernseher – Langeweile. Wenn ich auf die Straße ging – Sause. Auf nichts hatte ich Bock. Warum?"

Er holte eine Musikkassette heraus. Während er mit der einen Hand sanft das Kätzchen hielt, schob er mit der anderen die Kassette ins Gerät. Calypsomusik. Mit geschlossenen Augen lauschte er der Musik für eine Weile. Dann: „Hab' die TÖLPEL selbst gebaut. Bin mit meiner Freundin ab ins Karibische Meer."

Er reichte uns eine Mappe. Sie enthielt Bleistiftzeichnungen karibischer Motive – Buchten, Palmen, Inseln. Die Zeichnungen waren grob, die Strichführung ungeübt. Aber sie zeigten den unermeßlichen Versuch: zu verstehen und zu lieben, was der Mensch erblickt.

Jimmy drehte die Musik etwas leiser. „Nach der Karibik ging ich wieder als Krankenpfleger. Kam zur kommunistischen Partei. Die sagten mir, wir müßten die Gesellschaft verbessern, Dekadenz vernichten, 'ne Zukunft für uns bauen. Wir zogen nach Brokdorf an der Elbe zum Protest gegen das Kernkraftwerk. Sie sagten, Kernkraft wär' schädlich und Teil des Monopolkapitalismus."

Die Kassette mit der Calypsomusik sprang klickend aus dem Gerät. Jimmy saß über das Kätzchen gebeugt, zusammengesunken über dem kleinen Leben, das er in den Händen hielt.

„Brokdorf war 'ne Schlacht. Ich stolperte über'n zusammengeschlagenen Bullen. Als Krankenpfleger wollt' ich ihm helfen. Da kamen seine Kumpels und schlugen mich zusammen. Und wie ich da lag und Scholle war, kamen meine Typen und schlugen die Bullen zusammen. Mein Obertyp von der Partei sagt, ich soll keinen Bullen helfen. Kann das nicht verstehen, sag' ich, wer am Boden liegt, schlägt nicht mehr. Er sagt, ich soll in den Büchern nachlesen, da ist alles wissenschaftlich und folgerichtig bewiesen, dies hier ist Klassenkampf und durch die Vernichtung der dekadenten Monopolkapitalisten und ihrer Einrichtungen und ihrer Helfershelfer wird die klassenlose Gesellschaft für Frieden und Freiheit geschaffen. Das ist 'n Wunsch und 'n Glauben, sag' ich, nichts davon ist wirklich bewiesen, wo denn? Da sagte er, ich wär' ein beschissener Reaktionär. Sie ließen mich einfach liegen."

Das Kätzchen wollte zu Elga hinüber. Jimmy gab es sofort frei.

„Hab' dann viel über die Südsee gelesen. Hab' darüber nachgedacht. Da woll'n meine Freundin und ich nun hin. Sind Menschen da auf einsamen Inseln. Die brauchen bestimmt 'n Krankenpfleger. Ich hab' haufenweise Medikamente im Krankenhaus geklaut. Da gehen wir nicht an der Armut vorbei, meine Freundin und ich – wir haben's immer wieder besprochen, nächtelang. Ich segel' nun einhand ins Karibische Meer nach Barbados. Sie arbeitet noch. Sie kommt dort an Bord mit den paar verdienten Piepen. Dann weiter."

Jimmy nahm die Rolle mit den Seekarten. „Möchte von euch nun über die Südsee hören!" Er reichte die Seekarten fast behutsam herüber. In seinem jungen Gesicht standen Hoffnung und eine große Freude.

Seekarte für Seekarte nahmen wir uns vor. Er fand in ihren Zeichen seine Zukunft, wir unsere Vergangenheit. Er fragte, wir erzählten. Wie schwer ist es, der Sehnsucht ein Bild zu geben! Spät in der Nacht verabschiedeten wir uns. Die TÖLPEL rollte und stampfte. Wir setzten in unserem Dingi ab. Jimmy hielt sich am Achterstag und winkte.

Wir haben Jimmy nicht wiedergetroffen. Im Karibischen Meer hörten wir, daß er die Inseln erreicht hätte. Doch die Mitteilung blieb verschwommen, gab kein Bild – wie die Große Sehnsucht in seiner kleinen Kajüte.

Unseren überstürzten Abgang aus ihrem Hause hatte Frau Gesche gütig belächelt. Eine weitere Einladung war gefolgt. Dieser letzte Besuch verlief störungsfrei. Leider kam es zu einigen mißlichen Vorfällen.

Elga und ich bewegen uns unter normalen Umständen nach einigen Stunden Hafenaufenthalt sicher an Land. Der Seemannsgang verliert sich. Die Hand gewöhnt sich an feststehende Dinge. Das Stolpern über Stufen unterbleibt.

Nicht so auf Madeira. Das Schiff im Hafen kam nicht zur Ruhe. Beim Bummeln durch Funchals Straßen geschah es immer wieder, daß wir einander seitwärts vor die Füße liefen. Beim Einkauf von Eiern waren unsere Hände unsicher – mit triefendem Ergebnis. Beim Einsteigen in den Bus konnte es geschehen, daß wir neben den Aufstiegstritt traten.

Im Hafen an Bord schwebten wir wie Engel. Das war wie auf See.

Frau Gesche hatte den Tisch sorgfältig gedeckt. Blumen schmückten ihn. Kerzenlicht spiegelte sich im Familiensilber. Das portugiesische Hausmädchen brachte die Suppe.

„Guten Appetit!" sagte Frau Gesche.

Nichts bewegte sich, der Tisch nicht, der Stuhl nicht, Teller und Tasse nicht. Darum hatte ich so meine Schwierigkeiten. Blörr-rip-rip: die Suppe lief, ich wußte nicht wieso, vom Löffel in die Tasse zurück. Leider plätscherte auch etwas auf die Tischdecke. Bouillon macht keine Flecke, hoffte ich. Was sollte es zum Hauptgang geben? Bis zur Bratensauce mußte ich mich eingeübt haben.

Die Unterhaltung gestaltete sich lebhaft. Frau Gesche erzählte vom Leben auf Madeira, von der Arbeit auf der Quinta Olavo, von ihren zahlreichen Verpflichtungen. Angelo wollte wiederum alles über die Yachtsegelei erfahren.

„Würden Sie bitte das Einschenken des Weines übernehmen?" bat Frau Gesche mich.

„Ja, sehr gern." Die Gläser erschienen mir von ungewöhnlich kleinem Umfang. Es waren alte Gläser. Aber das Einschenken ging besser, als ich erwartet hatte. Wenn keiner hersah, bediente ich mich der alten Bauernregel nach dem sechsten Korn: leg den Flaschenhals getrost auf des Glases Rand. Etwas erschöpft hielt ich schließlich die Flasche in der Hand. Kein Tropfen daneben!

„Hier ist ein Untersatz", sagte Frau Gesche.

Ich stellte die Flasche auf den Untersatz – etwas zu weit, sie neigte sich hinfort. Nun ja, das kenne ich, wenn sich der Tisch an Bord nach Lee neigt: zugreifen, fest und schnell! Ich tat es. Ich stieß die Flasche um.

Blörr-rip-rip: das war gar nichts gewesen. Blupp-pab-pab: so klang es nun. Alle griffen hilfsbereit zu mit dem Erfolg, daß sich alle Hände im Wege waren. Ich packte die rollende Buddel schließlich und riß sie hoch. Zu spät: die Flasche in meiner Hand war leer. Zum Glück hatten wir uns einstimmig für Weißwein entschieden.

Nach einigem unvermeidlichen Hin und Her und meinen lauten, doch irgendwie blassen Entschuldigungen nahm das Mahl seinen Fortgang. Frau Gesches Herzlichkeit ließ das Unglück vergessen.

Als wir uns vom Gastmahl erhoben, verlor Elga – wie sie mir später versicherte: „Das bißchen Wein war's nicht!" – die Balance. Sie hielt sich geistesgegenwärtig nicht am Tischtuch fest. Wenn auch menschlich verständlich, hätte das zu unübersehbaren Folgen geführt. Wie auf unserem schlingernden Schiff faßte sie zu einem soliden Gegenstand. Das war ein Ecktischlein. Darauf stand eine Blumenvase. Das Tischlein wackelte, die Vase fiel um. In Steigerung der bereits allgemein verziehenen und vergessenen Laute klang es nun durchs Zimmer: plutt-plutt-wuuak-wuak. Das Geräusch war insofern peinlicher als die vorigen, weil es zeitlich genau in jene erwartungsvolle, angstbereite Stille klang, die Unbeteiligte bewahren, wenn ein Mensch zu Boden stürzt.

Elga ihrerseits stürzte nun gar nicht. Sie richtete sich in gleitender Bewegung mit der zu Boden gefallenen Vase auf. Sie stoppte das peinliche Geräusch, indem sie die glücklicherweise unzerstörte Vase aufhob und die Blumen ordnend eingab. Ich war voller Bewunderung.

„Das macht nichts!" sagte Frau Gesche in Gastfreundschaft. „Haben Sie sich etwas getan?"

„Das ist aber ein wertvoller Tisch", bemerkte ich etwas dümmlich.

„Hauptsache, Ihre Frau hat sich nicht verletzt", beharrte Frau Gesche in Ruhe.

„So alte Möbel sind wasserempfindlich!" Ich trat hinzu.

„Lassen Sie nur!" beruhigte Frau Gesche mich.

„Man muß die Politur trockenreiben", sagte ich fachmännisch und zog mein Taschentuch.

„Nein, nein!" riefen Frau Gesche und Elga zugleich. „Nicht mit dem Taschentuch!"

Ich wandte mich ab. Angelos Gesicht schien auszudrücken, daß er mir keine Geschichte über das Leben auf See mehr glauben würde.

„Angelo", sagte ich bedrückt, „glaub' mir, des Seemanns größter Feind ist das Land mit seinen vielfältigen Gefahren."

Er nickte ohne Begeisterung.

Wir gingen in die Bibliothek. Es war der gesellschaftlichen Erfahrung und menschlichen Unverdrossenheit der Konsulin zu verdanken, daß der Abend einen unbeschwerten Verlauf nahm. Mit dem letzten Bus fuhren wir zum Hafen hinunter und setzten über. Als die rollende KAIROS weiß leuchtend im Hafenlicht vor uns sichtbar wurde, summte Elga leise und voller Freude das alte Lied „Home, sweet home".

Am folgenden Tag kam Angelo im Clubboot längsseits. Mit Grüßen von der Quinta Olavo brachte er einen großen Sack frischer Lebensmittel und ein Bündel grüner Bananen. Alles war seetüchtig verpackt und liebevoll ausgewählt, einschließlich einer Flasche alten Madeiraweines.

„Elga, den werden wir im Passat trinken, am Abend, wenn die See ruhig ist."

Als Angelo Abschied nahm, blickte er traurig. Auch wir waren traurig. Wir trugen ihm Dank und Grüße auf.

Der nächste Morgen kam in Windstille. Nach der Arbeit mit den beiden Ankern waren wir frei – frei nicht von der Insel und unseren Erinnerungen, aber frei für die See. Hinter dem Lee Madeiras sah das Wetter zunächst nach Schauerböen und einer rauhen Reise aus. Wir setzten Kurs auf die Kanarischen Inseln ab. Doch der Wind kam dann leicht aus Ostnordost und wehte so weiter. Außer dem Wechsel von Klüver 2 gegen Klüver 1 gab es keine Arbeit. Wir ließen die automatische Steuerung den Ruderdienst tun. Die See zog sanft. Wir sahen viele Schildkröten auftauchen. Tümmler begleiteten unseren Kurs.

Wie mühevoll war es im Hafen von Funchal nun wirklich gewesen? Unsere Tage und Nächte auf dieser Fahrt vergingen in Gleichmaß – Wache, Schlaf, Mahlzeit, Wache. Groß war der Himmel und weit lag das Meer bei ruhigem Wetter. KAIROS zog mit vier Knoten Fahrt unseren Kurs: alles wird einmal groß und weit und ohne Mühe sein. 30 Seemeilen voraus lagen die Inseln, die der Dunst noch verbarg. Die Sonne sank zum Untergang. Das Meer, bisher blau-silbern, begann im Abendlicht rosa zu schimmern. Ich schloß meine Eintragung ins Tagebuch ab.

Elga stand plötzlich auf. „Du! Da aus dem Dunst – der Pico de Teïde."

Der weiße Schneegipfel ragte über den Dunst: einer jener Berge auf dieser Erde, deren Größe uns verstummen läßt.

Kanarische Inseln 1978 / Teneriffe

„Alles wird einmal groß und weit und ohne Mühe sein."

# KANARISCHE INSELN
*Wie lange eine Genesung dauert
Bilder aus dem Paradies*

Als ich auf die Einfahrt von Pasito Blanco an der Südküste von Gran Canaria zuhielt, meinte Elga: „Da halten wir es keine drei Tage aus!"

Hinter der steinigen Küste lag kahles Land hügelig gewellt bis zu den Inselbergen: Wüste. Zwischen Meer und Wüste wirkte der Hafen wie ein hoffnungsloser menschlicher Versuch.

Im Westen des Hafens stand ein steiles Kap. Mit weiß-braunen Klippen fiel es in die Brandung des Meeres ab. Auf der Seekarte trug es den Namen Pasito Blanco.

Im Osten, zwei Seemeilen entfernt, schob sich die flache Landzunge von Maspalomas mit ihren Dünen, ihren Hotels, ihrem Leuchtturm in die See. Zwischen dort und der Hafeneinfahrt formte die Küste eine weitgeschwungene Bucht. Ihre steinigen Strände waren von Silberhängen ausgewaschener Sandsteinfelsen unterbrochen. Brüchige Hütten standen über den Stränden. Ich sah durchs Glas. Hippies und anderes fahrendes Volk schienen dort zu hausen. Sie hatten wie Steinzeitmenschen auch Höhlen in den weichen Standstein gekratzt.

Eremitische Wüste und odysseeisches Meer, zyklopische Bergschroffen – Himmel darüber, zeitlos, endlos. Wo waren menschliche Maße? Dieser Hafen? Für eine Sekunde hielt ich den Atem an.

Es wehte kein Wind. Die Sonne brannte. Rollend in der trägen Dünung, schob KAIROS sich zwischen die Molen. Ihre Betonquader waren weiß gemalt. Seeseitig wurden sie durch aufgeschüttete Steine geschützt. Die Dünung brach sich dumpf grollend an den Steinen. Sie erzeugte vielfache Sturzbäche, wenn sie saugend zurückschwemmte. Dann brach sie wieder vor und ertränkte ihr eigenes marmoriertes Bild mit einem neuen.

Mit einer letzten Schlingerbewegung lief KAIROS in das spiegelnde Hafenwasser. Elga übernahm das Ruder. Ich ging aufs Vorschiff. Der Anker war angeschlagen. Leinen und Fender lagen bereit.

Die Südmole schützte gegen den Atlantik. Von ihr führten Schwimmstege ins Hafenbecken. Motorboote und Jollen waren dort vertäut. Im Schutze der Molenmauer stand ein niedriges Gebäude mit einem kleinen Laden und Duschräumen.

Die Überseeyachten hatten am Nordkai mit Heckleinen und Mooringleinen nach vorn festgemacht. Auf dem Kai wuchs eine weitgesetzte Reihe mickriger Dattelpalmen. Sie warfen im hohen Sonnenlicht spärliche Schatten. Jenseits des Kais hinter einer asphaltierten Straße und Parkplätzen lag eine Parzellenaufteilung in großflächigen Terrassen. An einigen Bungalows in spanischem Stil wurde gebaut.

Inseleinwärts dehnten sich nackte Hügel, braungrauer Stein, kein Baum, kein Strauch, kein Schatten. Hier oder dort sah ich weiße Kuben und Ansammlungen solcher Kuben: Häuser und kleine Siedlungen. Der Blick klammerte sich an ihnen fest. Wanderte er weiter, verlor er sich in Trostlosigkeit so leer, daß sie unwirklich erschien. Aus dem Dunst des späten Mittags ragten blau und violett die fernen Berge auf, brutal, kahl, in der Erstarrung noch vulkanische Drohung. Ich mußte an die Entstehung der Erde denken und an ihr Ende.

Georg Henze war vor uns von Funchal ausgelaufen. Sein Zuruf riß mich in die Gegenwart: „Dies ist ein ruhiger, sauberer Hafen! Laßt euren Anker, wo er ist. Kommt mit dem Heck hier in die Lücke rein. Wir nehmen eure Heckleinen und geben euch die Mooringleinen für den Bug. Klar?" Da stand er, stämmig, hilfsbereit, ruhig und zuverlässig wie immer. Über sein breites Gesicht zog Lachen. Ich lachte mit.

Als unser Manöver beendet war, brachten wir unsere Laufplanke übers Heck zum Kai aus. So blieb sie liegen – nicht nur für die nächsten drei Wochen, die wir bis zur Atlantiküberquerung bleiben wollten. Sie blieb für Monate so liegen. Das wußten wir nur noch nicht.

Es lagen etwa fünfundzwanzig Überseeyachten im Hafen. Ihre Besatzungen bildeten eine gesellige Gemeinschaft. Die meisten wollten wie wir über den Atlantik ins Karibische Meer segeln. Auf vielen Schiffen wurden Instandsetzungsarbeiten gemacht. Einige Segler meinten freilich, daß Arbeit Zeitverschwendung und Farbanstriche Geldvergeudung wären.

Der Laden auf der Außenmole verkaufte frisches Brot, einige Lebensmittel, Tabakwaren und alkoholische Getränke. Zwei- oder dreimal in der Woche kam der Gemüsehändler mit seinem Lastwagen. So war die Versorgung mit dem Nötigsten gewährleistet. Zum Kauf von Ausrüstung und Proviant für die Atlantiküberquerung mieteten die Segler sich gruppenweise ein Auto für die Fahrt nach Playa del Ingles oder zur Hauptstadt Las Palmas.

Der Hafen hatte kein Hinterland. Wir Segler waren auf uns selbst angewiesen. Wir besuchten uns häufig. Den Einladungen folgten Gegeneinladungen. Es war ein ununterbrochenes Kommen und Gehen. Wir halfen uns beim Hochnehmen der Schiffe mit dem Portalkran auf der kleinen Werft. Oder wir gaben Hilfestellung bei der Überholung des Riggs. So bildeten sich Freundschaften.

Wir waren beim Kaffeeklatsch verschiedener Meinung über Radargeräte oder sonstwas. Es gab auch Segler, die Hilfeleistung ablehnten. So entstanden Gegensätze.

Bei Bier und Wein am Abend gab es endlose Fachgespräche und noch endlosere Gespräche über Mensch und Welt. Sie uferten oft aus, wurden zu Fragen der Selbstbestätigung und Rechthaberei. So entstand Nichtachtung, ja, Feindschaft brach auf.

Diese endlosen Fachgespräche! Sie drehten sich kaum um Segel und Wind, um Strömung und Seegang, um Kurs und Jahreszeit. Die Themen waren meist technischer Art. Wir erfuhren, mit welcher Elektronik und welchen Supergeräten die Skipper zur See fuhren. Wir hörten staunend, warum nur diese Geräte alleinige Gewähr für exakte Navigation und vollkommene Sicherheit gaben. Und alle beschworen Himmel und Hölle, um Elga und mich von der Unerläßlichkeit eines Echolots, eines Radargerätes, einer Omega-Navigationsanlage zu überzeugen.

Aber Mittel und Können beschränkten Elga und mich in der Verwendung teurer und komplizierter Geräte an Bord. Mag sein, daß uns manch Landfall damit leichter gefallen wäre. Aber das war nicht das Entscheidende – bisher hatten wir ja jedes unserer Ziele sicher erreicht. Es ging uns um unsere Ruhe und Zufriedenheit. Wir hatten an Bord, was wir für unsere Weise zu leben und unsere Art zu segeln benötigten. Sollten wir diese Harmonie stören? Sollten wir in den Käfig verwickelter Technik kriechen? Nicht allgemein, nur für uns ist KAIROS ein vollkommenes Schiff. Der Sinn unseres Lebens auf ihr liegt in seiner Einfachheit.

Die Yachten lagen auf Fendern nebeneinander. Ein jeder guckte dem anderen in den Kochtopf und in die Elektronik. Nach den Gesprächen im großen Kreis begannen die Einzelgespräche mit gesenkter Stimme oder hinter vorgehaltener Hand. Dieser wußte etwas über jenen, jener etwas über diesen. Meinungen wurden zerpflückt, Standpunkte auseinandergerupft. Wir alle sind Menschen, besorgt um unsere verdammte Selbstbestätigung.

Aber glücklich, das waren wir immer wieder in unserer Freundschaft und Freude und trotz aller Gegensätze. Wir als Neuankömmlinge merkten zunächst nicht, daß es so viele Unterströmungen gab. Sie waren überlagert von der dünnen Kruste der Wohlanständigkeit, die uns alle verband. Sie brach hin und wieder auf – nun gut: in der Einsamkeit zwischen Wüste und Meer, in der Anspannung vor der Atlantiküberquerung genügte oft ein Wort, um die Seele zum Kochen zu bringen. Sie wurde ebenso oft gekittet – wie gut: im ständigen Sonnenschein des nächsten Tages war die Welt wieder heil, und wir schämten uns und suchten ein versöhnendes Wort.

Ja, wenn man uns so sah! Die sonnenbraunen Kinder im ausgelassenen Spiel, die schlanken Frauen so grazil im Mini-Bikini, die kräftigen Männer so stolz mit ihren Seemannsbärten. Wir waren der Inbegriff gesunder, fröhlicher Menschheit, ein Bild des Paradieses: in bunten Farben hingesetzt unter die mickrigen Palmen zwischen Wüste und Meer. Elga und ich sahen es mit Freude. Wir lebten mitten darin. Nur manchmal, wenn wir über die Außenmole gingen, wenn ich die Brandung rauschend mit Kieseln spielen hörte, schlagend und saugend, mußte ich an Sodom und Gomorrha denken. Warum? Ich tat all diesen Menschen Unrecht damit.

Pasito Blanco 1978

„Aber glücklich – das waren wir immer wieder in unserer Freundschaft trotz aller Gegensätze."

Wir begannen, KAIROS für die Atlantikfahrt klarzumachen. Elga besorgte die Verproviantierung, ich die seemännischen Arbeiten.

Überall, wo die Sonne hinschien, lagen Elgas getoastete Brotscheiben zum Trocknen. Hatten sie den rechten Zustand der Austrocknung erreicht, verpackte Elga sie in luftdichten Plastikkästen. Dieses Trockenbrot war unbegrenzt haltbar. Wir hielten diese Art der Brotversorgung auf See immer noch für die billigste, einfachste und schmackhafteste. Elga verwandte möglichst viele Brotsorten, außer dunklen. Das gab Abwechslung.

Uns erfüllte nicht die romantische Erwartung wie 1964 vor unserer ersten Reise über den Atlantik. Damals erschien uns das Meer unbekannt groß und eine Brücke zum Zauber ferner Inseln. Nun segeln die Yachten in Scharen hinüber. Oft halten die Segler Funkverbindung miteinander. Es geschieht kaum noch, daß einer ohne Kontakt mit der Außenwelt bleibt. Die Sicherheit ist gewachsen. Das Wissen ist es auch. Jeder Segler in Pasito Blanco hatte von den karibischen Inseln ein sicheres Bild.

Wie aber um ihren Ruf nicht zu verlieren, untermalen die Inseln dieses Bild mit Unsicherheit. Unterhalb der erfahrbaren Tatsachen lag ein Mosaik sich widersprechender Meldungen. Schmuggelgangs sollten ihr Unwesen treiben. Abneigung und Feindschaft gegenüber weißen Besuchern sollten der schwarzen Bevölkerung zunehmend alle Freundlichkeit nehmen. Innenpolitische Unruhe und Unzufriedenheit konnten Besucher vor plötzlichen Streik, auch vor Gewalt stellen.

Ich fette die Winschen auf dem Achterdeck. Eine Gruppe von Urlaubern geht vorbei.

Ein Mann sagt fachmännisch: „Das sind alles Yachten, die in die Karibik segeln wollen."

Ein anderer lacht. „Ja! Und dort gekapert werden. Die Besatzung wird von den Piraten über Bord geschmissen – ab zu den Haien!"

Eine Frau:

„Piraten! Du spinnst doch, Hans!"

„Ich spinne nicht! Ich hab's im ‚Spiegel' gelesen. Das sind Drogenschmuggler, die die Yachten hoppnehmen."

Sie bleiben stehen und betrachten die Schiffe.

Eine andere Frau:

„Aber warum segeln die denn dahin, wenn's schon im ‚Spiegel' gestanden hat?"

Allgemeine Pause in antwortlosem Schweigen.

Schließlich ein anderer Mann: „Den haben die bestimmt nicht gelesen, die leben hier doch in 'er Wildnis!"

Sie lachen und gehen weiter.

Wir erkundeten die Wüste. Wir kletterten über Steine und Geröll, Täler hinab, ausgetrocknete Bachläufe hinauf. Die Sonne glühte. Jeder Schritt wirbelte rotbraunen Staub auf. Die Hügel zeigten menschliche Bearbeitung. Aus Steinen und Steinplatten gesetzte Wasserrinnen führten die Hänge hinab. Von ihnen zweigten waagerecht mit der Hacke gehäufelte Bodenrinnen ab. Sie waren mit geringem Gefälle schräg zum Hang gezogen. So konnten sie sich mit Wasser füllen, das in begrenzter Menge aus Zisternen am Hang zugeführt wurde. Im späten Herbst wurden auf diesen Wüstenfeldern Tomaten angepflanzt, Stock für Stock, in rückenbeugender Arbeit wie die Wasserrinnen. Im Frühjahr wurde geerntet. Die Früchte waren noch grün, sie sollten während des Exportvorganges reifen.

Um die Hügel fruchtbar zu halten, reichten die Arbeitskraft der Bauern und die Wassermenge der Insel nicht aus. Die Felder wurden nur teilweise bearbeitet. Schnell holte sich die Wüste zurück, was der Mensch ihr abgerungen hatte. Staub wehte, deckte zu, deckte ab. Dornbüsche breiteten sich aus, krallten sich in die Erdrisse, die in der Trockenheit aufgesprungen waren. Wo Tau sich in Bodensenken sammeln konnte, vegetierten Kräuter und ein paar Kakteen.

Eidechsen huschten unter Steine. Heuschrecken flirrten. Einige Sperlinge flogen zu den Dornbüschen nach Nahrung. Eine Lerche, wahrhaftig eine Lerche, stieg auf.

Nur langsam begannen wir, die Schönheit dieser Landschaft zu begreifen.

Wenn Regen fiel – selten im Winter und im Südteil der Insel nicht von langer Dauer – dann sahen und hörten wir, wie der trockene Staub gierig die Feuchtigkeit trank. Wenn dann die Sonne wie eine Explosion aus den Wolken brach, strahlte die Wüste in Farben:

grün von kleinen Pflanzen, gelb von winzigen Hundeblumen, lila von den Blüten der Dornbüsche und rot von deren Früchten, die nicht größer als Stecknadelköpfe waren. Es war ein Bild so bunt wie der Regenbogen, den das Sonnenlicht in die abziehenden Wolken zauberte.

Nach ein paar Tagen zogen unsere Schritte wieder rote Staubfahnen hinter uns her. Die Pracht war vergangen: biblische Wüste des Dornbuschs, der brennt.

Mir ist unverständlich geblieben, was ein Zeitungsredakteur uns 1967 bei Rückkehr von der Segelreise um die Erde ankündigte: publicity. Was ist an Elga und mir so interessant, daß es sich lohnt, immer wieder Fragen zu stellen? Weil ich es nicht weiß, verhalte ich mich falsch. Sie kennen uns aus unseren Büchern. Wir kennen nicht einmal ihren Namen. Kaum einer hält es für nötig, sich vorzustellen. Und deshalb bleibe ich kurz angebunden. Da fragt ein wildfremder Mensch anonym und rücksichtslos und aufdringlich. Hat das mein Verhältnis zu Mitmenschen gestört? Publicity macht eitel, ob man ihren flachen Sonnenschein will oder nicht. Wir haben es bald gemerkt. Deshalb mag ich nichts mehr mit ihr zu tun haben.

Zu oft blieben Urlauber auf dem Kai stehen und betrachteten KAIROS. Zu selten gelang es mir, unter Deck zu verschwinden, um Elga die Beantwortung der fast immer gleichen Fragen zu überlassen. Das war während der letzten Tage nicht mehr möglich. Elga saß mit einer Schulterentzündung und heftigen Schmerzen in der Kajüte.

„Hallo, Herr Koch! Erinnern Sie sich an mich?"

„Nein."

„Ihr Lichtbildervortrag 1968 in Stuttgart! Wir sprachen anschließend über die Kosten Ihrer Weltumseglung."

„So?"

„Ja. Das ist nun also Ihre neue KAIROS! Zufrieden?"

„Ja."

„Sind Ihre Frontscheiben nicht zu groß? So bei grober See –"

„Nein."
„Sind Sie schon lange hier?"
„Ja."
„Beneidenswert, soviel Zeit zu haben! Haben Sie dafür wieder so lange gespart?"
„Länger."
Er sieht meinen Blick und verschluckt seine nächste Frage. Ob er Buchhalter ist?
„Wann soll's denn weitergehen?"
„Demnächst."
„Ja, ja – man hat mir schon erzählt, daß Sie hier mit dem zu großen Schiff festsitzen und nicht so recht weiterwissen. Sie wollten doch nach – nach –"
In mir platzt etwas. „Meine Frau hat eine Sehnenscheidenentzündung in der Schulter. Wir bleiben hier, bis die Entzündung ausgeheilt ist. Das hat mit dem Schiff überhaupt nichts zu tun!"
„Oh, Ihre Frau? Das tut mir aber leid. Ich will nicht weiter stören." Er hebt die Kamera. „Lassen Sie mich bitte ein Foto machen, ein Foto mit Ihrer Frau – zur Erinnerung! Das kann ich dann meinen Freunden zeigen. Holen Sie doch schnell Ihre Frau!"
„Nein!"
„Bitte! Sie werden doch nicht –"
„Verstehen Sie, dies ist mir peinlich – wirklich!"
Er ist enttäuscht. Er geht zu seinem Jeep, wie sie hier in Weißlack an Urlauber vermietet werden. Darin sitzt seine Familie. Er startet das Auto. Mit dem Kopf zeigt er zu mir herüber. Die Familie blickt mich böse an. Der Jeep fährt über die Uferstraße davon.
Ich nahm mir vor, beim nächsten Frager höflicher zu sein. Aber ein Foto mit Elga, den Arm in der Schlinge, für seine Freunde.
Nein!
Nach einer Autofahrt in die Berge hatten Elgas Schmerzen in der rechten Schulter begonnen. Wir führten sie auf die kalte Bergluft im Zug durchs Fenster zurück. Aber die Schmerzen blieben. Als ein junger Arzt mit seiner Sloop im Hafen festmachte, baten wir ihn um eine Untersuchung.
„Es ist eine Sehnenscheidenentzündung", sagte Doktor Klaus. „Sie müssen den Arm ruhig halten, Elga, am besten in einer Schlinge."
„Wie lange dauert das?" fragte sie.

„Es dauert lange. Ich habe an Bord Medikamente, die ich Ihnen geben werde."

„Dann wird es nichts mit unserer Atlantiküberquerung", sagte ich. „Zunächst einmal –"

„Das will ich nicht sagen", tröstete der Doktor.

„Januar?" fragte ich.

„Vielleicht schon Dezember."

Als er gegangen war, blieben wir wie gelähmt zurück. Der Wind hörte auf zu wehen, das Wasser erstarrte in aller Bewegung, das Schiff lag leblos in toter Umgebung. Elga begann zu weinen.

Am Abend auf der Mole – die Brandung in der Tiefe zeigte rote Funken im Licht des Sonnenuntergangs und schlug und saugte gierig – meinte Elga traurig: „Frühestens im Dezember, das bringt alles durcheinander."

„In jeder Reiseplanung haben wir die Möglichkeit einer Krankheit eingeschlossen, stimmt's?"

Sie nickte zögernd.

„Wir setzen uns nicht hier hin und blasen Trübsal. Ganz einfach: wir lassen deine Schulter in aller Ruhe gesund werden! Dann segeln wir eben im nächsten November über den Atlantik. Oder?"

„Ja", sagte sie.

„Hier ist es schön. Auf dieser Insel läßt es sich ebenso leben wie auf einer da jenseits des Atlantik. Wir können –"

„Vielleicht können wir im Sommer nach Fuerteventura und Lanzarote segeln, auch zu den anderen Inseln."

Ihre Antwort erleichterte mich. Am nächsten Morgen gingen wir zum Werftbüro und sagten den Termin zum Herausholen des Schiffes ab. Der Farbanstrich des Unterwasserschiffes hatte verdammt viel Zeit. Was ist Zeit? Nicht warten zu müssen.

Eines Tages stand Günther Hormann mit Freundin auf dem Kai. „Hallo, ihr beiden!" schrie er. „Laßt mich an Bord! Es wird Zeit, daß ich mal wieder auf 'ner Yacht steh'. Los, los! Laßt diese Laufplanke runter!"

Wir taten es. Die Laufplanke holten wir stets auf, weil sich ihr Ende sonst auf der Pier zerrieben hätte. Rechts in der Hand zwei Flaschen Rum, links ein Paket mit Geschenken sprang Günther über den Laufsteg, der sich ächzend bog.

„Komm, Maria, so komm!" Er half seiner Freundin. Dann schloß er mich in seine Pranken. Sein Gesicht unter einer Strähne dunklen Haares strahlte in Freundschaft. „Junge! Hab' irgendwo gelesen, daß ihr in diesem gottverdammichten Hafen liegt! Wir machen Urlaub hier und da dacht' ich, wir besuchen euch mal!"

Er stellte seine Freundin vor. Als er Elga umarmte, fürchtete ich um ihre Schulter, sorgte mich aber noch mehr um ihre Rippen.

Er nahm Besitz vom ganzen Schiff. Er sah sich alles an, gab seine Beurteilungen sachlich, erfahren, doch gleichzeitig in weher Erinnerung an seine Segelreise um die Erde. Er hatte sie vor Jahren mit einem Freund gemacht.

Schließlich setzten wir uns aufs Vorschiff. Es war ein warmer, stiller Dezembernachmittag. Günther ließ es sich nicht nehmen, die Getränke zu mischen – sehr stark, wie er sie liebte. Er war in der festen Absicht gekommen, den Schmerz über sein baldiges Urlaubsende zu ertränken.

„Kinder! Nein, wie schrecklich und wie kalt ist es in Hamburg! Meine PLUNSH hab' ich verkauft. Und von meiner Frau hab' ich mich scheiden lassen. Hier, Maria wird jetzt mit mir segeln, wenn ich ein neues Schiff gekauft habe. Aber vorläufig muß ich noch Klinken putzen. Ach, es ist –" Er machte eine wegwerfende Handbewegung und drückte Maria an seine breite Brust.

„Und Maria will erst mal in ihrer Zahnarztpraxis arbeiten. Aber dann, dann laufen wir aus! Der Freiheit gerade in die Zähne! Prost, ihr Lieben alle, prost! Trinkt mit mir auf die Freiheit und das weite Meer!"

Langsam sank die Sonne durch den Nachmittag zum Abend hin. Günther erzählte. Seine Stimme dröhnte über den Hafen, wurde von der Abendbrise fortgetragen über die Wüste, über die Berge, über das Meer – Erinnerungen so schwer, Hoffnungen so leicht.

„In Lee von Barbados und luvwärts dann von Montserrat, die Inseln im Passat – der Panama Canal durch Dschungel und durch Schleusen – Galápagos, der heiße Berg, wir jagten Ziegen dort – Tahiti und der Tanz der Frau'n im Fackelschein und jede Bucht ein blauer Traum – die Riffe vor den Salomonen, Pfahldörfer dort im Sumpf – Indischer Ozean, es weht Kanonen und der Mast springt auf, ich habe ihn gelascht – Kapstadt, der Tafelberg, und Rio de Janeiro mit dem Karneval – drei Wochen See dazwischen, und wir fuhren, fuhren den ganzen Wind hinunter, den's da gab – im Nordatlantik war es kalt, der Nebel eine Pest – die flachen, grünen Ufer wieder, Cuxhaven und das Wiedersehen – der Traum war aus."

Wir saßen still. Auch die Brise war still geworden. Von den anderen Yachten kam kein Laut. Sogar die Brandung vor der Außenmole schien zu schweigen.

„Wißt ihr eigentlich, wie gut ihr es habt? Haltet ihr euch jeden, jeden Tag vor Augen, was euch geschenkt wird? Sonst – verdammt noch mal! – tut es ab morgen! Und wenn ich übermorgen in der Stadt bin, die tags keine Ruhe und nachts keine Sterne kennt, dann grüßt mir die Sonne, die Palmen, das Meer, die Fische, die Dünung, den Wind, die Flaute, das Klappern der Fallen am Mast, das Glucksen des Wassers an der Bordwand und – zum Teufel! – auch das Jaulen im Rigg!"

Er trank sein Glas aus. „Maria, komm! Wir gehen jetzt – wir müssen." Schwerfällig stand er auf. Er reckte sich über uns zu den Sternen des Abendhimmels. „Bei Gott! Ich werd' wieder ein Schiff haben, ein gutes Schiff! Ich werde fahren – weit – weit. Für mich bleibt diese Erde groß und schön."

Wir brachten ihn und seine Freundin zur Bushaltestelle. Ein halber Mond stand im Südwesten. Wir gingen langsam zum Schiff zurück. Seine Worte klangen in uns weiter – noch immer, wenn wir still sitzen und uns seiner erinnern.

Sie kommen und gehen einzeln, auch in Gruppen zu dritt oder viert über den Kai. Ihr Schritt ist sanft und gemächlich. Die Zeit gehört ihnen. Sie besitzen nichts als Hose und Hemd, ein Kleid auf ihrem Körper und die wenigen Dinge in ihrem Schulterbeutel mit Fransen. Sie sprechen leise. Ihr Blick ist auf Unwägbares gerichtet. Ihre Bewegungen sind langsam, oft schön. Nur ihre Hände sind unruhig, zupfen an den Fransen des Beutels, an den Barthaaren, kämmen mit den Fingern unentwegt durchs Haar, als wollen sie die Saiten einer Gitarre zum Klingen bringen, ohne die Melodie zu kennen.

Wir wissen nicht, wo sie wohnen. Vielleicht in den Bruchhütten an der Bucht oder in den Höhlen dahinter, vielleicht in einem verlassenen Stall, wie die Bauern ihn auf dem Feld für ihre Ziegen bauen. Vielleicht wissen sie gar nicht, wo sie wohnen. Die Erde gehört ihnen.

Manchmal sehen wir sie im Schatten eines Felsens am Wüstenrand sitzen, bewegungslos für Stunden. Traum, Meditation, Rausch? Es ist, als ob sie eine unsichtbare Aureole um ihre schmächtigen Körper tragen, die Friedlichkeit, Sanftmut, Duldsamkeit in menschlicher Verlorenheit strahlt.

Zur Abfahrtszeit der Yachten im Herbst gehen sie von Schiff zu Schiff auf dem Kai entlang – nicht mehr in Gruppen, einzeln jetzt oder paarweise. Sie warten, bis jemand an Deck erscheint. Dann rufen sie leise. „Heh, sprichst du deutsch?" (oder: englisch – französisch – schwedisch).

„Ja."

„Brauchst du Besatzung?"

Sie fragen nur selten, wohin die Yacht segelt. Sie fragen nie, was für Leute an Bord sind. Sie fragen nicht, wie die Verpflegung ist. Der Zustand des Schiffes ist ihnen gleichgültig. Einfach: „Brauchst du Besatzung?"

Kommt ein Nein zur Antwort, gehen sie weiter. Kommt ein Ja – kein Mensch kann ermessen, was sich daraus ergeben wird.

Die Mädchen haben es leichter als die Jungen. Die Pärchen auch: der Skipper sieht das Mädchen und nimmt den Jungen in Kauf. Die Jungen allein haben es schwer.

„Hau ab, Penner, du hast nichts in den Kochen und holst mir die Drogenhändler auf'n Hals!"

„So kenn' ich dich gar nicht, Georg!" rufe ich zur BREMER WAPPEN hinüber.

Georg steht breitbeinig auf seinem Teakholzdeck, dessen Nähte er kalfatert. „Von denen kommt mir keiner an Boord!" röhrt er in seinem breiten Friesisch. „Bob von der SUN WAVE wollt' einen mit rübernehmen. Nichts hat er angefaßt, nichts geholfen. Nicht mal was gegessen hat der! Bob hat ihn rausgeschmissen. Und drei Tage später merkt er, daß ihm so allerlei fehlt – auch ein Kasettenrecorder. Hätt' doch auch der Sextant sein können! Nee, bei mir nicht!"

Auf dem Kai arbeitet Ingmar an seinen herausgenommenen Bodenbrettern. Er segelt einhand. Seine Frau hat er zu Hause gelassen. Er ist ein junger Mann, blond, blauäugig, von schneller Entscheidung.

Das Mädchen ist schon zweimal an ihm vorbeigegangen. Sie trägt abgeschnittene Jeans und eine weite Bluse. Der Wind preßt den weichen Stoff an ihren Körper, läßt ihr langes Haar wehen – dunkel und glänzend über sanften Augen. Sie kommt ein drittes Mal und bleibt stehen. Dann setzt sie sich neben den arbeitenden Ingmar. Sie legt ihren Fransenbeutel vor sich auf den Kai. Es sieht wie eine Zeremonie aus. Sie zündet sich eine Zigarette an, schlägt die Beine zum Schneidersitz ein und schaut Ingmar geduldig zu.

Er ist in seine Arbeit vertieft. Es dauert eine Weile, bis er sie bemerkt. „Hallo!" sagt er überrascht.

„Wie geschickt du bist –" sagt sie.

Er arbeitet weiter. Sie raucht. Es sieht aus, als habe sie da schon immer im Wind gesessen als Ingmars Vertraute, Ingmars Geliebte.

Ingmar erklärt ihr seine Arbeit.

„Ja", antwortet sie. Nach einer langen Pause: „Willst du – hier, eine Zigarette?"

„Danke."

„Hier", sagt sie. Und der Wind fährt über sie hin.

Sie segelte mit ihm nach Martinique. Dort brachte Ingmar sie wortlos an Land und ließ sie stehen. Er ging zur Polizei und legte dort ein Messer vor. Er ging ins Krankenhaus und ließ dort seinen zerstochenen Arm behandeln.

Das Mädchen wurde noch einmal in Fort de France gesehen, bevor es verschwand – kurze Jeans, weite Bluse, über die der Passatwind spielte.

Sie saß im Schneidersitz auf dem Bootssteg und blickte einem Mann zu, der sein Schlauchboot flickte. Das lasen wir später in einem Brief von Freunden.

Da waren schon viele Yachten abgesegelt. Elgas Schulter schmerzte immer noch. Sie weinte oft. Die Leere des Hafens, die Einsamkeit zwischen Wüste und Meer griffen nach uns. Wir gingen täglich über die Außenmole, vor der die Brandung schlug und saugte. Es schien, als atmete ein Ungeheuer in der Tiefe auf und ab.

Wasser bis zum Horizont, nichts als Wasser. Wir gingen zum Wüstenkap hinauf. Vulkankuppen, zerrissene Steilhänge. Wind sprang heran und wehte Staub auf, Staub, nichts als Staub.

Er wirkte nicht brutal. Sein Körper zeigte jene Kraft, die noch elegant ist. Er hatte breite Schultern und eine schmale Hüfte. Unter dem vollen, kurzen Haar stand eine niedrige Stirn. Seine Augen blickten hell und hart. Seine Oberlippe zierte ein schmaler Bart, dunkelblond wie das Haar.

An Bord seiner Hongkong-Ketsch trug er stets eine schwarz-seidene Badehose so, als hätte er sie gar nicht an. Das goldene Amulett auf seiner haarigen Brust wirkte hingegen wie ein Kleidungsstück, das er zur Schau trug. An Land ging er in engen Jeans und trug naturlederne Cowboystiefel. Die Farbe seiner Hemden war schwarz, aufgeknöpft bis zum Gürtel hinunter.

Er erwiderte keinen Gruß. Er kümmerte sich um niemanden und um nichts außer um sein Schiff und seine Besatzung. Sie bestand aus zwei jungen Männern und, wie es schien, einer wechselnden Anzahl von Mädchen. Er wirkte wie ein Wolf, der sein Rudel führt. Kein Mensch wußte, woher er kam und wohin er wollte. Ein alter Name am Heck seiner Ketsch, die sich in ausgezeichnetem Zustand befand, war übermalt. RAMATE stand da jetzt. Die Angabe eines Heimathafens fehlte.

Er schickte seine Besatzung gruppenweise an Land. Abwechselnd war immer einer der Männer dabei. Meist kam die Gruppe im Taxi zurück, aus dem Kartons und Pakete ausgeladen wurden. Das geschah so bei vielen Yachten. Mir fiel nur auf, daß er immer auf den Kai kam und überwachte, wie die Sachen an Bord gebracht wurden.

Vormittags wurde auf der RAMATE nach den Weisungen des Skippers gearbeitet: hart und seemännisch. Nachmittags lagen alle lässig in der Sonne. Ein Kassettenrecorder spielte afrikanische Musik. Das Bild war zwanglos. Es erreichte hin und wieder die Grenze der Zwanglosigkeit, wenn eine der Schönen dem Skipper die Haut reinigte oder andere Pärchen die Unverbindlichkeit sanfter Zärtlichkeit verloren.

Die RAMATE blieb niemals lange im Hafen, ein paar Tage, höchstens eine Woche. Nachts lief sie aus. Am Morgen lag der Platz leer. In unterschiedlich langen Zeiträumen kam sie zurück. In gut gefahrenen Manövern brachte der Skipper ihr Heck an den Kai.

Bei einem solchen Manöver sahen wir, wie eines der Mädchen fiel, als es mit einer Leine an Land sprang. Es riß sich das Schienbein auf. Wir liefen hin, um zu helfen.

Der Skipper stand plötzlich neben uns. „Laßt das, bitte!" Es klang wie: haut ab! Ich richtete mich auf, während er sich zu dem Mädchen niederbeugte. Dabei trafen sich unsere Blicke. Im Bruchteil einer Sekunde erfuhr ich, daß es diesem Mann gegenüber nur zwei Verhaltensweisen gab: kuschen oder vernichten.

Er nahm das Mädchen auf, lächelte uns zu. Seine Augen blieben kalt. Sonnenreflexe spielten auf den Muskeln unter seiner braunen Haut, als er das Mädchen an Bord trug. Ich stand und blickte ihm nach.

„Komm jetzt!" sagte Elga.

Am folgenden Nachmittag lackierte ich die Relingsleiste am Heck. Ein Sportwagen kam und hielt hinter dem Heck der RAMATE. Der Playboy-Fahrer stieg aus und schlenderte über den Kai, wobei er die Yachten eingehend betrachtete. Das blonde Mädchen blieb teilnahmslos im Wagen sitzen. Der Playboy ging langsam zur RAMATE zurück. Dort war der Skipper erschienen. Er musterte das Mädchen.

Angelegentlich sah der Playboy in die Takelage der RAMATE hinauf. „Sie haben ein schönes Schiff!" sagte er auf englisch mit französischem Akzent. Skipper und Playboy unterhielten sich über dies und das.

„Laufen Sie bald aus?" fragte der Playboy schließlich. „Meine Freundin möchte so gern nach drüben segeln."

Ein Lastwagen mit Bootsanhänger dröhnte vorbei.

„Na, das ist doch prima!" hörte ich dann den Playboy sagen.

Er half dem Mädchen aus dem Wagen. Behutsam nahm er ihren Fransenbeutel, als sie zur Gangway kamen. „So, fall mir nicht, mein Schätzchen!" Sie verschwanden im Niedergang der RAMATE.

Zur Abenddämmerung hörte ich den Sportwagen abfahren. Ich saß in der Kajüte und hätte gern gewußt, ob auch das Mädchen im

Sportwagen war. Je länger wir in diesem Hafen lagen, desto mieser wurde meine Neugier.

Am nächsten Morgen war der Platz der RAMATE leer. Wir sahen sie in Pasito Blanco nicht wieder – diesem Hafen zwischen Wüste und Meer, den die spanischen Behörden vergessen hatten, in dem es keine Einreise- und Ausreiseformalitäten gab, dessen Manager nicht einmal wußte, wie viele Überseeyachten an den Moorings lagen.

Ich hatte gemeint, die Zeiten Jack Londons wären vergangen. Sie waren es nicht. Elga meinte, meine Phantasie wäre zu lebhaft und gaukelte mir Trugbilder vor. Keiner von uns hatte Beweise für seine Meinung. Und dieser Wind war es, mit dem die RAMATE ihre dunklen Etmale segelte. Ein paar Monate später wurde im Nachbarhafen eine einlaufende Yacht von der Polizei mit schußbereiten Maschinenpistolen empfangen – so hörten wir. Die RAMATE war es nicht.

„Glaubst du an Gott?" fragte Nik mich in der Kajüte seiner Ketsch YANKEE.

„Nein", sagte ich.

Elga versuchte zu vermitteln. „Er glaubt – nur anders, nicht im kirchlichen Sinne."

Niks Frau Helga erklärte in gleichem Bestreben: „Ihr müßt wissen – also Nik ist nämlich Katholik. Er hat sich einen kleinen Altar gebastelt und ihn so – so einfach unsichtbar – wißt ihr, ja, unsichtbar in das Schaltbrett seiner Elektronik eingebaut – ganz klitzeklein, damit – nun, ihr versteht schon!" Sie ließ Hände und Arme, mit denen sie ihre Worte in tänzerischen Bewegungen unterstrich, in ihren schmalen Schoß fallen.

Zwei Stunden vorher hatte das Gespräch mit einer Frage von mir begonnen. Ich hatte wissen wollen, ob auch Helga und Nik Angst hätten, wenn sie zu einer Reise über See ausliefen.

Mit der Gegenfrage: „Was ist Angst?" war Nik der Antwort ausgewichen.

Helga: „O ja – also, ich hab' schon Angst, wenn wir – manchmal große Angst!"

Elga bestätigte: „Wir auch."

„Angst", sagte Nik, „steht im Zusammenhang mit körperlichen Fehlern am Herzen, an den Atmungsorganen, auch mit seelischen Schwächen." Sein festes Gesicht mit aufmerksamen Augen unter kurz geschnittenem Stoppelhaar, sein massiger Körper strömten Sicherheit aus.

Helga neben ihm wirkte zierlicher, als sie es war, eine kleine, lebhafte Frau mit zartem Gesicht. Sie sagte: „Ich hab' keine körperlichen Fehler – soweit ich weiß – aber ich hab' Angst, Furcht, na ja – ihr wißt – die Ungewißheit!"

„Die!" sagte ich. „Bedrückt sie dich nicht, Nik?"

„Nein. Für mich ist die See eine Herausforderung, die ich annehme."

„Nun, das tun wir schließlich alle, mit oder ohne Angst", sagte ich. „Aber zögerst du nie? Wir verschieben das Auslaufen, wenn es draußen weht."

„Ich nicht!" sagte Nik. „Ausgenommen Sturm. Aber starker Wind hört auf, kommt sicherlich wieder. Das liegt nicht in unserer Hand."

„Stört dich Helgas Angst nicht?" fragte Elga.

„Nein. Ich weiß ja, daß die auch aufhört wie der Wind. Sie muß damit fertig werden."

Ich verstand ihn nicht, wie so viele, denen Angst unbekannt zu sein schien. „Du nimmst also die Angst deiner Frau, das Risiko für dein Schiff schon am ersten Tag der Reise in Kauf? Du wartest nicht auf einen sanfteren Beginn?"

„Ich habe die YANKEE seetüchtig gemacht. Du weißt, was ich unter Seetüchtigkeit verstehe."

„Nikolaus ist – ich kann euch sagen, er ist wahnsinnig gründlich – in allem – und die gute YANKEE, die macht's immer! Huuii, da segelt sie – ganz einfach – einfach hin bis Barbados!"

Nik nahm einen langen Zug aus seinem Glas. „Ich habe keine Angst", sagte er nach einer Pause. „Du, Elga und auch Helga haben Angst. Warum? Laß nun mich eine Frage stellen." Er atmete ein. Sein breiter Brustkasten hob sich. Er atmete aus, was ein wenig Bierbauch sichtbar machte. Dann hatte er die Frage gestellt.

„Nein."

Elga erklärte meine Antwort. Helga erklärte Niks Frage. Mir ging durch den Kopf, was wir Männer ohne unsere Frauen machen würden, die zwischen unseren Meinungen vermitteln.

„Ich habe nein gesagt", fuhr ich zögernd fort, „weil ich an das Wort nicht glaube, das wir von alters her für jeden Zweck mißbrauchen. Den Juden war Jahve eine Erhabenheit, deren Namen sie nicht aussprachen. Den Christen später war es nicht mehr so ernst damit. Darum hatten sie im Laufe der Zeit nicht mehr eine Erhabenheit im Sinn, sondern etwas, das sie erklären und beweisen wollten."

Nik blickte von mir zu Elga. Dann sah er wieder mich an. „Du sagst nein, Elga sagt ja. Also, was nun?"

„Wir meinen, daß eine Diskussion darüber zu nichts führt", sagte Elga.

„Aber mich interessiert eure unterschiedliche Reaktion", sagte Nik.

„Sie sind beide – ach, Nikolaus! Die beiden – sie sind unterschiedlich in ihrer – ihrer Meinung – nicht wahr? Aber dann doch wieder – sozusagen darüber – nun ja, einer Meinung! Daß du –"

„Sei bitte mal ruhig!" sagte Nikolaus mit einer Handbewegung. „Ich will jetzt wissen, woran Ernst-Jürgen glaubt!"

„Die Frage stellt sich nicht so, Nik. Die Frage stellt sich, woran wir Menschen einer Zeitepoche, woran wir Menschen mit bestimmten Veranlagungen, bestimmter Erziehung, festgelegter Umwelt, als Ergebnis all unserer kulturellen und geschichtlichen Vergangenheit glauben können."

„Oha!" sagte Nik. „Da schenk' ich uns erst noch mal ein Bier ein!"

Ich sah zur Luke hinaus. Die Tide stand auf Hochwasser. Ein böiger Wind aus Süd wehte. Die Yachten im Hafen rissen unruhig an den Leinen. Fallen schlugen gegen Masten. Das Hafenwasser plätscherte aufgeregt am Kai. Die Brandung vor der Außenmole grollte und grumpelte auf und ab. Am klaren Himmel funkelte ein Dom von Sternen.

Da stand die Antwort auf alle Fragen über uns.

„Komm runter!" rief Nik. „Schieß los, ich bin gespannt!"

Er war ein zu guter Mann, um mich nur mit meiner Aussage festnageln zu wollen. Trotzdem sprach ich zögernd. „Glaube ist persönliches Für-wahr-Halten ohne Beweisfähigkeit. Du kannst darüber in den Geschichtsbüchern und bei den Philosophen nachlesen. Ich sehe meine Glaubensfähigkeit in einer langen Entwicklung. Denn es gibt eine Verbindung zwischen dem Leben jedes Menschen und dem vergangenen Geschehen. Nimm die Renaissance: wir Menschen erkennen unsere Kraft. Die Reformation: wir finden Geistesfreiheit. Die Aufklärung: wir entdecken unsere Vernunft. Das Industriezeitalter: wir produzieren Besitz."

„Was hat das mit Gott und deinem Glauben zu tun?"

„Von Jahrhundert zu Jahrhundert, und wir leben in dem Ergebnis, haben wir Menschen mit Kraft, Freiheit, Vernunft und Besitz unseren Glauben verdrängt, unsere Ehrfurcht, unser Maß. Wir sind des Glaubens unfähig geworden, weil wir die Schöpfung der göttlichen Welt zur Machbarkeit einer menschlichen Welt verändert haben – einer fortschrittlichen Welt, die immer drohender wird."

„Du bist ein Nihilist!"

„Unser Zeitalter ist Nihilismus!"

„Meine Kirche lehrt und predigt!"

„Umsonst!"

„O Gott", stöhnte Nik, „du glaubst an nichts. Daher die Angst."

Elga wollte sprechen. Ich legte ihr die Hand auf die Schulter.

„So gut wir können, suchen Elga und ich, was war, ist und sein wird. Wir glauben", ich fühlte, wie Elga aufatmete, „an den Sinn im Überirdischen mit der Nabelschnur unseres menschlichen Gewissens."

Es entstand eine Pause.

Ich sah auf meine dünnen Beine hinab – lächerlich. „Elga wollte etwas sagen", schloß ich hilflos ab.

„Komm, Schatz", sagte sie leise, „es ist spät. Zu unserem Gespräch möchte ich hinzufügen: wir sind uns einig darin, daß wir ohne ein gemeinsames Bedürfnis nach Transzendenz nicht sinnvoll leben können. Der Sinn liegt jenseits unserer Erfahrungsmöglichkeit – aber manchmal fühlen wir ihn in uns. Das sind die großen Stunden in unserem Leben."

Wir verabschiedeten uns.

Nik schaltete die Salingslampen an. Ihr Licht wurde vom dunklen, aufgeregten Hafen aufgesaugt, wo der Wind durch die Takelagen orgelte.

Wir gingen auf der Laufplanke über das schmatzende Wasser in der Tiefe.

„Gute Nacht!" riefen Helga und Nik. Und Helga: „Also, vergeßt nicht – nächste Woche kommen alle, alle zur YANKEE – großer Abschiedsabend!" Sie winkte mit beiden Armen herzhaft und weitkreisig.

Mit Helga, Siglind und Sue saß ich in der Kajüte der YANKEE. Oben im Cockpit und auf Deck ging der Abschiedsabend seinem Höhepunkt entgegen. Georg und Nik waren groß in Form. Sie sangen ununterbrochen. Doktor Klaus begleitete sie auf der Gitarre. Die anderen sangen mit oder redeten in Unermüdlichkeit durcheinander.

„Hell die Gläser klingen –"

„Kinners!" rief Georg oben. „Ich lieg' schon viel zu lange in diesem Hafen. Ihr auch, wir alle!"

Recht hast du, dachte ich, jede Genesung braucht ihre Zeit, wir bleiben und es ist gut.

„Mit vier Yachten laufen wir morgen aus", sagte die blonde Siglind neben mir.

„Ein – sozusagen ein ganzes Geschwader!" Helga kreiste mit Armen und Händen. „Und die YANKEE immer – so ganz brav mittendrin – na ja, wir werden uns natürlich bald aus Sicht verlieren."

„Wir können jeden Tag per Funk Kochrezepte austauschen", sagte Sue und strich das lange, dunkle Haar zurück. Sie stützte den Kopf in die Hände und starrte auf den Boden. „Wie lange wir wohl bis Barbados brauchen werden?"

„– ein froo-hes Lied wir sin-gen –"

„Nun sag doch mal, du schweigsamer Seeheld", Siglind stieß mich mit dem Ellbogen in die Seite, „wie ist das so während drei oder vier Wochen mit der Liebsten allein auf dem Atlantik?"

„Es weht Passat", antwortete ich, „die Sonne scheint, manchmal gibt es Regenschauer mit Böen."

„Ist das nicht sehr langweilig?" fragte Sue.

„Nein. Es gibt Arbeit und es gibt Freizeit."

„Ich segele mit Ted erst ein Jahr", sagte Sue, „eine Langfahrt haben wir zusammen noch nicht gemacht. Ich hab' viel gesegelt. Aber es war nie eine richtige Probe mit einem Partner."

„Gibt's Streit?" fragte Siglind. Sie sah mich an. „Habt ihr Streit gehabt?"

„Nicht auf dem Atlantik." Mir gefiel das Thema überhaupt nicht.

„Wo denn? Ehrlich jetzt!"

„Auf dem Pazifik."

„Und? Davon steht nichts in eurem Buch."

„Es ging ja auch schnell vorbei."

Sue warf das Haar zurück. „Ich meine, das ist wie ein Regenschauer. Zieh Ölzeug an und laß ihn abziehen. Jedenfalls werd' ich das so machen."

„Ja", sagte ich, „und vergiß es! Fang nicht an, alles wieder aufzurechnen. Das ist schwer, weil du an nichts anderes denkst in der Einsamkeit."

„Ted wird schnell ungeduldig." Sues Augen wanderten zum Niedergang hinauf. „Er gibt mir keine Zeit."

„Ihr wollt um die Erde segeln?" fragte ich.

Sie antwortete langsam, mit dem Blick immer noch den Niedergang hinauf: „Ja. Das heißt, er will es."

„Wir alle", sagte Siglind, „segeln bei unseren Männern mit. Was sonst?"

Helga rief: „Ein Hurra unseren Männern! Sie sind – o ja! – immer ungeduldig. Das kommt zur Ungewißheit auf See dann so – so wie ein Päng hinzu!"

„Und du? Bist du mit Elga ungeduldig?" fragte Sue.

„Ja, manchmal – leider."

Sue lachte. „Habt ihr gehört? Er sagt: leider!"

„Und dann gibt's einen Wortwechsel?" fragte Siglind weiter. „Und ihr schreit euch an?"

„Früher schon mal. Jetzt – also, auf See nicht."

„Das gibt's doch nicht!"

„Doch", sagte Sue, „das gibt's. Elga macht's richtig. Sie sagt nichts mehr zu seiner Ungeduld. Stimmt's?"

„Ja. Ich merke an ihrem Schweigen, daß der Kurs falsch ist mit uns beiden. Manchmal merke ich es auch gleich und fange gar nicht erst an, ungeduldig zu werden."

„Ihr meint also, daß wir – wie soll ich sagen, daß wir Frauen der ausgleichende Teil – oder so – an Bord sein müssen?"

„Nein", sagte Sue, „nicht sein müssen: sind!"
Siglind lachte. „Großes Schweigen – großer Frieden!"
„Meine Heimat ist das Meer,
meine Sehnsucht ist die Fe-erne –"
Ihr Gespräch führte vom Ehestreit auf See zu Hautcreme in der Sonne.
„Lanolin ist das Beste!" sagte ich froh und machte mir eine Flasche Bier auf. Aber sie hörten nicht mehr auf mich. Ich war ihren Fragen entronnen und hatte Muße, sie zu betrachten. Sie waren jung und sahen in ihrer Art gut und selbstbewußt aus.

Ich trank einen Schluck. Es gibt das böse Wort vom Sexualproviant an Bord. Wenn es ein Mann gesagt hätte, es wäre Prahlerei. Aber es stammt von einer Seglerin, besorgt um Emanzipation und Gleichberechtigung an Bord.

Diese drei Frauen waren keine Seglerinnen aus Überzeugung. Welche Frau ist das überhaupt? Weshalb segelten sie also über den Atlantik? Sie waren vielseitig interessiert, fühlten sich im Leben sicher – trotz ihrer Fragen über das Leben auf See. Den Atlantikkurs sollten die Männer finden. Für sie lag ein anderer Kurs an: den Sinn ihrer Gemeinsamkeit mit den Männern zu erhalten, vielleicht neu zu finden – wenn es sein mußte bis weit über den Atlantik und Barbados hinaus. Die Männer würden auslaufen, diese Frauen würden ankommen, wo immer das sein mochte.

Mann und Frau an Bord. Er wagt, er prägt, er wird wütend, er springt aus allem Maß: „Heul' nicht so verdammt – tue, was ich sage!" – wie oft. Ich will gar nicht an den Atlantik oder an Schlimmeres denken, es fängt ja schon bei den Hafenmanövern an.

Sie wägt, sie glättet, sie wird stumm. Und wenn er aus allem Maß springt, ist ihr Maß übervoll. Frauen können schließlich besser hassen als Männer.

Wenn ich die singenden Männer da oben hörte: wer von ihnen war in der Lage, seine Hoffnungen ohne eine Frau zu verwirklichen? Nicht nur auf einer Atlantiküberquerung oder auf einer Reise um die Erde, vielmehr in einem ganzen Leben. Einsame Einhandsegler sind ebenso traurige Ausnahmen wie seltsame Junggesellen.

„Komm doch, sü-üße Kleine, sei die meine –"
Ich trank einen Schluck Bier. Die Beziehungen der Geschlechter haben sich seit Evas Apfel – trotzdem und trotz allem! – natürlicher und harmonischer entwickelt als alles auf dieser Erde. Wir Männer

wissen das. Holen wir dieses Wissen doch mal aus unserer Segellast wie ein gut geschnittenes Schönwettersegel zu einem sicheren Landfall. Setzen wir es in rechten Maßen zum richtigen Wind. Sexualproviant, Emanzipation, Gleichberechtigung – das bleiben dann Schlagworte der gebürtig Unbefriedigten. Bei diesen Frauen hier in der Kajüte war viel größer als die Liebe zur See: die Liebe zum Leben.

Ich trank mein Bier aus und stellte das Glas leise auf den Tisch. Sie sprachen jetzt über Kochen im Drucktopf. Unbemerkt ging ich an Deck. Der Gesang der Männer knallte mir entgegen: Kriegstanz wie seit Jahrtausenden.

„*Ich* habe der Meere so viele befahren –"

Der Winter kam. Spät ging die Sonne auf und früh ging sie unter. Die Nächte wurden kühl – um 12 Grad. Zu Mittag an Sonnentagen zeigte das Thermometer zwischen 18 und 20 Grad. Die Überseeyachten hatten Pasito Blanco westwärts über den Atlantik verlassen. Lücken schwarzen Wassers waren vorm Kai geblieben. Es gab windige und wolkenverhangene Tage. Standen wir dann auf der Außenmole, so rollten die Dünungen aus Süd gegen die aufgeschütteten Felsbrocken vor der Mauer, stoßend und saugend, auf und ab wie Atem in der Tiefe. Gischt sprühte über die Betonquader.

„Wie viele Winterstürme hat dieser Hafen überstanden?" fragte Elga.

Ich wußte es nicht.

„Ein richtiger Sturm, einer wie sie hier selten sind –" Sie hielt erschrocken inne.

„Diese Mole hält!" sagte ich.

Wir gingen zum Wüstenkap hinauf. Zitternd im Wind stand unser kleiner Drachenbaum, den wir vor Monaten ausgerissen gefunden, hier eingepflanzt und täglich begossen hatten. Er wuchs. Der Hafen unten lag leblos und still.

Das neue Jahr begann – 1979. Unsere Gedanken wanderten oft den Freunden und ihren Schiffen nach: Georg und Erna mit der

BREMER WAPPEN auf den Inseln der Grenadines, Doktor Klaus auf den Marquesas in der Südsee, Ingmar wieder allein und gesund unter den Palmen von Jamaica, Nik und Helga mit der YANKEE in den Buchten der Bahamas. Günther und Maria schickten ein Lebensmittelpaket, seine Große Sehnsucht in Briefzeilen niedergeschrieben. Bunte Postkarten, lange Briefe, Meere, Inseln, Buchten, Palmen: zwischen ihnen und uns lag der ewig wandernde Horizont auf See. Fort auch die Jungen und Mädchen, die ihre Kraft und Liebe angeboten hatten – „Brauchst du Besatzung?" – in der Hoffnung auf eine Erfüllung im Wind.

Neue Yachten kamen zum Überwintern aus dem Mittelmeer. Ein jeder guckte dem anderen in den Kochtopf und in die Elektronik – Gespräche, Diskussionen. Die Kruste der Wohlanständigkeit brach hier und da und wurde da und hier gekittet. Ja, wenn man uns so sah! Wir waren der Inbegriff gesunder, fröhlicher Menschheit. Hatte ich an Sodom und Gomorrha gedacht? Waren Wüste und Meer, der Himmel darüber nicht unverändert schön? War die Außenmole des kleinen Hafens nicht stark gefügt?

Aber das Ungeheuer in der Tiefe atmet Sturm und Vernichtung: Leviathan.

Seit Tagen lief eine ungewöhnlich hohe Dünung aus Süd. Sie brach sich schwer stoßend und saugend an der Außenmole. Der Grundschwell im Hafen ließ die Yachten an ihren Moorings und Heckleinen zerren. Vorsorgliche Skipper brachten Zusatzleinen aus.

Unser Barometer (unjustiert) fällt übers Wochenende bis Dienstag, 16. Januar, von 1016 auf 1008,75 Millibar. Das ist sehr viel für diese Breite. Nach schwachem Wind aus Südwest fegen am Mittag Schauerböen Stärke 8 und 10 über den Hafen. Sie setzen eine steil brechende Windsee auf die alte Dünung aus dem Atlantik. Dünung und Windsee berennen die Außenmole mit zunehmender Gewalt. Alle Yachten im Hafen tragen jetzt Zusatzleinen.

Wir sitzen im Cockpit. Weitere Fender und Leinen liegen bereit. Aus Schauerböen wird Sturm. Eine Ahnung dämmert in uns auf: Dünung aus Süd, Sturm aus Süd, Windsee aus Süd, alles zusammengefaßt in Brandung und steigender Flut –

Mit dem steigenden Wasser weht spielerisch erste Gischt über die Außenmole. Nicht lange, und sie wird zu massivem Wasser, braungefärbt von hochgerissenem Sand und aufgeschleuderten Steinen.

Brandung und Flut vereinigen sich zu tobendem Wasser, zu rasenden Wassermassen. Der Hafen liegt unter Gischtwolken.
Der kleine Laden hinter der Molenmauer erst, dann die Duschräume werden zerstört. Horrorfilm in Zeitlupe. Wassermasse schlägt und saugt: Dachteil weg, baumelnde Betonarmierung bleibt. Wassermasse: weiterer Dachteil weg, baumelnde Betonarmierung weg, Bruchmauer bleibt. Wassermasse: Bruchmauer weg, Eckpfosten weg, Reststümpfe wie gebrochene Knochen bleiben. Wassermasse – Wassermasse: alles weg.
Plötzlich springt ein Riß in die Außenmole. Es geht schnell wie ein Blitz. Der Blitz erstarrt in häßlicher Zackenlinie. Zehn Meter östlich bricht ein weiterer Riß auf. Die Quaderblöcke beben im Anprall der See. Immer mehr schwarze Blitze erstarren im Beton: Zeichen des Unterganges. Wo steht geschrieben, daß wir – du und ich – Sodom und Gomorrha oder den Untergang Atlantis' nicht erleben? Das Heulen des Windes schreit Vernichtung. Gischt weht, weht ununterbrochen in knisternden Leichentüchern. Sie decken den Hafen zu.
Was tun? Wir sind hilflos angebunden. Kein Schiff kommt aus diesem Hafen hinaus auf die freie See.
Die Ebbe bringt kein Fallen der Wassermassen. Der Sturm steigert sich. Am Nachmittag wird die Außenmole an drei Stellen aufgeklaftert. Die Quaderblöcke verrutschen in schräge Haltlosigkeit, sacken im Sog nach draußen ins Chaos. Blaugrüne Gigantenfäuste mit krallenden Gischtfingern schlagen, reißen, zerren, heben und werfen Steine, rammen mit Tonnengewicht, unterwaschen Mole und Straße, fressen sich vor. Die Brandung sprengt die Straßendecke von unten her. Fontänen springen durch den aufgerissenen Asphalt himmelwärts. Steinbrocken fliegen auf: Wasservulkane. 19.00 Uhr: Barometer 1006 Millibar, Wind Südsüdwest 8 bis 9, Regen. Nacht ohne Schlaf.
Am Mittwoch um 09.00 Uhr zeigt das Barometer 1006,75 Millibar. Der Wind hat nachgelassen. Die Außenmole ist zu drei Vierteln zerstört. Was den Hafen schützt, sind die Trümmer, die noch nicht weggewaschen worden sind. Wolken jagen und machen das Sonnenlicht unruhig. Immer noch weht Gischt über den Hafen.
KAIROS trägt sieben Leinen übers Heck. Die Mooring am Bug ist gut: zwei starke Leinen, zu denen ich eine freie Leine des unbelegten Nachbarplatzes hinzugenommen habe.

Die See überläuft und unterläuft die bröckelnde Straße. Brecher spülen in das Hafenbecken und erzeugen unberechenbare Strömungen. Die Yachten torkeln. Leinen brechen. Fingerreißende Arbeit, neue auszubringen. Von den Schwimmstegen haben sich Schiffe losgerissen. Jeder hilft, sie einzufangen und erneut zu vertäuen.

Gegen 17.00 Uhr dreht der Wind auf Süd zurück und nimmt bis Stärke 10 zu. Das Barometer fällt auf 1004 Millibar. Donnernd stürmt die Brandung gegen den Rest der Mole. Durch die Lücken – und es sind fast nur Lücken da – sehen wir weit draußen im Atlantik die Wellenmassen anlaufen: sonnenbeleuchtete Ungeheuer, weißgekrönt. Sie springen, rollen, kommen hohl aufgewölbt heran, brechen und fegen über die zerlöcherte Straße. Am Abend zeigt das Barometer um 19.00 Uhr 1004,75 Millibar. Der Wind dreht auf Südwest mit Stärke 6 bis 7.

Am Donnerstag steigt das Barometer. 09.00 Uhr 1006,5, 19.00 Uhr 1008,5 Millibar. Das Wetter bleibt stürmisch, aber aus West, später aus Nordwest. Die unmittelbare Gefahr ist vorbei. Der Wasserstand sinkt.

Am Freitag läuft die See aus. Wir gehen auf die Trümmermole. Fast alle Betonquader sind abgetragen worden. Sie liegen wie zerfetztes Kinderspielzeug in der See oder schräg auf ihren abgewaschenen Fundamenten. Mit den großen Felsbrocken der Aufschüttung hat die Brandung Kegel gespielt: in den Hafen gestoßen, über die Straße gerollt, ins Meer gesaugt. Die Untermole, die einmal Straße war, zeigt drei große Breschen über ihre gesamte Breite. In den Breschen schwemmt Sand hin und her, auf und ab. Nichts ist da, was den Hafen schützen kann. Die Schwimmstege sind größtenteils zerstört. viele Jollen und Motorboote zerschmettert untergegangen. Die Überseeyachten am Nordkai sind wie durch ein Wunder mit kleinen Schäden davongekommen.

Elga und ich setzten uns auf die Trümmer. Nur ihr Anblick konnte die richtige Schlußfolgerung geben. Dieser Hafen war nicht mehr sicher.

Ich zwang mich, die Trümmer anzublicken. „Elga, vorm nächsten Tief müssen wir hier raus! Bei solchen Wetterlagen kommen die Tiefdrucksysteme in Ketten über den Atlantik."

Wir gingen zur Ketsch TANGIER. Sie hatte einen Wetterschreiber an Bord. Jeff, der Skipper, zeigte uns die Wetterkarte. Das nächste

Tief war im Anzug. Das Azorenhoch lag nirgendwo, es hatte sich aufgelöst.

Jeff sagte: „Es wird nun wohl nichts mehr passieren."

Die Reaktion der anderen Segler war ähnlich. Hatte der Schock sie gelähmt?

„Auslaufen? Wohin? Habt ihr die Nachrichten gehört? Alle Häfen sind beschädigt!"

„Der Hafen hält hoffentlich noch einen weiteren Sturm aus."

„Hier kann ich schlimmstenfalls an Land springen."

„Ich habe eine gute Versicherung."

„Auslaufen? Macht euch doch nicht verrückt."

„Na, soviel Angst hat mir der Sturm nicht gemacht."

Wir fragten uns, ob wir diejenigen wären, deren Beurteilungsvermögen gelähmt war. Wir gingen wieder auf die Trümmer. Keiner hat das Untier in der Tiefe je gesehen. Deshalb betrachteten wir sein Spielzeug.

Wir machten seeklar. Las Palmas lag 37 Seemeilen im Norden. Am Sonnabend fiel das Barometer. Es wehte aus Süd mit Stärke 6 zunehmend. Wir frühstückten ausgiebig. Die See wusch bereits über die Trümmer der Außenmole, als wir ausliefen. Ich holte die Fender ein und schoß die Leinen auf. Wir passierten das Ende des Steinbruchs mit dem verbogenen Eisenträger des ehemaligen Leuchtfeuers darauf. Elga gab Steuerbordruder und brachte die Maschine auf Umdrehung. Es stand schwere See. KAIROS hob sich und setzte tanzend darüber weg. Gischtwolken sprangen auf. Triefend kam ich ins Cockpit.

„Elga, deine Schulter!"

Über ihr konzentriertes Gesicht ging ein Lächeln. „Es geht, sieh nur, wie es geht!" Sie hielt das Schiff auf Kurs von der Küste ab. Wir stampften heftig. Windstärke 7 jetzt.

Ich zog mein Ölzeug aus und ging zum Kartentisch hinunter. Dort setzte ich den Kurs ab und wurde darüber in erster Stufe seekrank. Dann schalteten wir die automatische Steuerung ein. Segelmanöver wollten wir Elgas Schulter noch nicht zumuten.

Wir sahen nach Pasito Blanco zurück. Da lag der Hafen – ein zerstörter Traum. Hinter der abgetragenen Mole schienen die Yachten auf offener Reede zu ankern. Ihre Masten wirkten wie Streichhölzchen vor den weitgeschwungenen Wüstenhügeln. Dort das Kap mit unserem kleinen Drachenbaum, da der Steilhang mit seinen zwölf

Reliefsäulen, hier die Bucht, in der wir so oft gebadet hatten. Über allem die Berge, kahl und großartig, unberührbar und fern. Dann kam eine Schauerbö und deckte zu, was wir geliebt hatten.

„Traurig?"

„Ja."

„Ich auch."

Las Palmas de Gran Canaria. Wir ankerten im Süden des Hafens nahe der lauten Uferstraße. Eine neugebaute, kurze Mole schützte gegen den Südsturm. Am nächsten Tag drehten die Sturmböen auf West, schließlich auf Nord und ließen nach.

Ein alter Zehn-Meter-Kutter kam in den Hafen gesegelt. Das gereffte Gaffelsegel war eingerissen. Zwei junge Männer brachten das Schiff mühselig vor Anker. Ich ruderte hinüber, vielleicht konnte ich helfen. Die beiden bärtigen Männer begriffen nicht, was ich wollte. Sie starrten mich aus rotunterlaufenen Augen an. Soweit ich ihr heiseres Stottern verstand, waren sie 650 Seemeilen südwestlich der Kanarischen Inseln auf dem Wege nach Barbados in schlechtes Wetter gelaufen. Kein Passat, dafür Weststurm. Sie konnten kein Luv mehr machen. Sie trieben tagelang mit zerrissenen Segeln nach Osten. Sie reparierten die Segel unvollständig. Dann steuerten sie zurück zu den Inseln, verzweifelt und niedergeschlagen mit entsprechend schlechter Navigation. Sie fanden die Inseln nicht. Aber sie sichteten Land. Die afrikanische Küste? Sie drehten ab und steuerten West und sahen nach zwei Tagen die Berge Gran Canarias. Nun waren sie am Ende ihrer Reise. „Wasser", sagten sie, „Wasser!" Ich fragte nach ihrem Trinkwasser. Keine Antwort. Sie meinten wohl das Meer, das Menschenverstand so oft schneller zerschlägt als einen alten Kutter. Plötzlich waren sie von Deck verschwunden. Später sahen wir sie stundenlang brütend im Cockpit sitzen. Und noch später sahen wir den Kutter in Pasito Blanco wieder – zum Verkauf.

Auf dem Hafenwasser drifteten Öl und Dreck. Sie zogen mit dem Wind, verdichteten sich in den Molenecken zu morastähnlichen Ansammlungen. Sie stanken zum Himmel. Nie wurde das Wasser sauber, nie die Luft rein. Trotz aller Fürsorge verschmutzte unser Schiff.

Die einstige Gastfreundschaft des Real Club Nautico war eingestellt, seit fremde Segler die Bar und ihr Mobiliar zerschlagen hatten. Die Küstenschiffe, Yachten und Boote an der Pier waren größtenteils verkommen und abwrackreif. Auf einigen wohnte zwielichtiges Volk. Die Kriminalität in Las Palmas war groß. Ein Polizeiposten stand an der Zufahrtsstraße des Hafenbeckens. Eine Barkasse der Marinekommandantur brauste täglich vorbei. Aber was konnte das nützen?

Vor Dunkelwerden schloß ich unsere Luken, brachte das Beiboot in seine Deckshalterung und schloß es an. Die beweglichen Dinge des Tagesbedarfs brachten wir unter Deck. Kompaß, Rettungsringe mit Leuchtbojen, Rettungsinsel, Winschkurbeln hatten wir ständig unter Deck. Wir versuchten, unser tägliches Leben ohne jegliche Routine zu gestalten, um Beobachtern keine Anhaltspunkte zu geben. Nachts leuchtete ich den Ankerplatz oft mit dem Handscheinwerfer ab. Wir dachten, das alles wäre lächerlich und unnötig. Wir dachten es immer so lange, bis wir wieder von dem gestohlenen Beiboot einer Nachbaryacht, wieder von einer Polizeirazzia im Hafenviertel, wieder von einem Überfall auf der Pier hörten. Wir lernten, unsere Vorsicht nicht nur als Notwendigkeit zu betrachten, sondern auch als makabre Übung für kommende unsichere Ankerplätze.*

Es war schwer, durchzuhalten. Aber wir fanden in der Stadt kleine Parks mit Blumen und Sträuchern unter Palmen und Eukalyptusbäumen. So manches Mal saß ich während des Nachmittags auf einer Bank und las, während Elga im Schwimmbecken eines nahen Hotels ihre Kreise zog.

Elga ging zur Internationalen Klinik. Sie fand dort den rechten Arzt. Er führte Behandlung und Heilung ihrer Schulterentzündung einem endgültigen Ende zu.

In diesen Tagen dachten wir oft an einen Mann, den wir zweimal in unserem Leben getroffen hatten: 1967 in Horta auf den Azoren und jetzt in Pasito Blanco. Wir werden ihn wahrscheinlich nicht wiedersehen. Er war 76 Jahre alt. Den Jahreszeiten gemäß segelte er einhand auf dem Atlantik nach Nord und Süd, nach Ost und West.

---

* Die Verhältnisse in Las Palmas haben sich wesentlich gebessert – hörten wir 1983.

Er war bereits zu seinen Lebzeiten eine Legende. Es gab keinen Oldtimer, der ihn nicht kannte oder nicht von ihm gehört hatte.

Frank Caspar bewahrte seiner Frau liebendes Gedenken. Inmitten der Vorbereitungen zu einer Segelreise um die Erde war sie erkrankt und gestorben. Traurig zog Frank auf seinen vereinsamten Kutter. Er war ratlos, Haus und Habe verkauft, die Yacht das letzte Refugium. Nur langsam dämmerte ihm, daß er nicht resignieren durfte. Er mußte die geplante Reise allein durchführen. Er segelte einhand um die Erde.

In Pasito Blanco hatten wir uns oft mit ihm unterhalten. Unsere Schiffe lagen nebeneinander, bis er nach Barbados auslief. Er war ein hervorragender Seemann. Es war aber seine ruhige Güte, die uns beeindruckte. Sein Schiff war klein: ein Neun-Meter-Kutter ohne jegliche Bequemlichkeit – und einfach: Kompaß, Sextant, Seekarten, Handbücher, Radioempfänger – und übersehbar: es gab nichts, das über seine Kräfte ging.

So klein sein Schiff war, die Küsten der Erde lagen erreichbar. Er hatte die Zeit, die nicht zählt. So einfach er lebte, Reichtum fand er überall, Menschen die ihn liebten, Land und Meer, Sonne und Sterne. Er kannte den Raum, der nicht einengt. So übersehbar sein Leben war, er achtete das unübersehbare Geheimnis, das uns alle hält. Er lebte die Freiheit, die nicht fordert.

Vielleicht war es die Erinnerung an diesen Mann, die Elga und mir inmitten von Schmutz, Gestank und Verbrechen Gelassenheit gab. Wir sprachen über ihn, versuchten uns vorzustellen, wie er gehandelt hätte.

Seine hellen, fernblickenden Augen hatten mich angesehen, als er sagte: „Du hast noch viel Zeit. Aber für mich wird bald die letzte See kommen. Ich suche sie nicht, ich erwarte sie nicht. Beides wäre vermessen. Sie wird die Gnade eines Augenblicks sein, und erst dann werde ich verstehen, daß mein ganzes Leben Gnade war."

Die Tage in Las Palmas zogen dahin, die Wochen. Ich brachte die Bilder unseres Erlebens zu Papier. Das Beste ist jenes, das ich nie gemalt habe: die Inselberge im Licht, wenn wir auf dem Wüstenkap saßen, Elga und ich, und unter uns das Meer rauschte. Ich wollte immer wieder einen Malgrund, die Pinsel und Farben mitnehmen – es war anderes zu tun, immer wieder anderes. Was eigentlich? Aber du sagst, ich habe noch Zeit.

Elga fuhr mit dem Bus nach Pasito Blanco. Sie berichtete, daß der Hafen die weiteren Stürme überstanden hatte. Sie waren weniger heftig gewesen. Vor die zerstörte Mole hatte eine Baufirma schwere Felsbrocken geschüttet. Sie gaben vorläufigen Schutz.

Bei Windstärke 7, aber aus Nordost, segelten wir nach Pasito Blanco zurück. Es war Anfang März, die Jahreszeit der großen Dünungen aus Süd vorbei.

Die erste Reihe der Bungalows hinter dem Kai war fertiggestellt worden. Die Bewohner betrachteten den Hafen als den ihren. Fremde Yachten waren nicht gern gesehen. In die Lücken der Überseeyachten schoben sich örtliche Motorboote und blieben.

Wir legten die Kurse für unsere Inselfahrten fest: im Kreis gegen den Uhrzeigersinn. Im Norden der Inseln wollten wir den Wind von achtern haben. An einem Abend im Mai liefen wir aus.

Diese Inselfahrt erforderte hartes Segeln, denn der Passat stürmte oft zwischen den Inseln. Sie bilden Winddüsen. Diese Inselfahrt wurde ein Erlebnis in oft wilder Landschaft, denn die vulkanische Vergangenheit der Inseln hat ihre Spuren hinterlassen. Sie bleiben eine untergründige Mahnung. Diese Inselfahrt brachte mir leichte Schmerzen im linken Gesicht, die ich für Überanstrengung des Auges hielt, denn Licht und Spiegellicht der grellen Sonne waren allgegenwärtig. Die Schmerzen sind mir geblieben, in Perioden stärker und stärker seitdem.

In Lee von Fuerteventura ankerten wir in heißen, sandstäubenden Fallböen – den ganzen Atlantik windgehämmert hinter unserem Heck. Die Insel reckte sich dürr und trocken. Jedes Bauernhaus wirkte wie eine eckige Selbstbehauptung. Die zusammengewürfelten Feriensiedlungen schienen unwirklich – wie dünne Träume ferner Manager. Wirklich und brutal war die Landschaft. Beulig lag sie unter erstarrten Kraterrändern, als wäre sie gestern aus dem Meer gebrochen und würde morgen darin untergehen wie einst Atlantis.

An der Südküste der winzigen Insel Lobos fanden wir nach nassen Kreuzschlägen einen guten Ankerplatz. Auf der Bootspier stand

ein windschiefes Schild, kaum lesbar: „Aquí encontrarás paz" – hier wirst du Frieden finden. Ein kleiner schwarzer Hund auf der menschenleeren Insel führte uns zu der einzigen Palme, dann zu einer Lagune hinter schwarzem Lavariff. Wir badeten von weißem Strand aus. Wohl dreihundert Meter hoch stand entfernt der erloschene Vulkan. Sein Kraterrand war nach letzter Hitze in übergeklappten Zacken erstarrt. Er gab einen höllischen Gegensatz zu dem blau-weiß-grünen Frieden unseres Badeplatzes. Diese Lagune mußte ehemals auch ein Krater gewesen sein. Das Meer hatte mit Brandung und Sand, mit Strömung und driftendem Grund die Spuren der Hölle paradiesisch zugedeckt.

Auf Lanzarote sahen wir, wie die Bauern mit Eseln und Karren – auf dem eigenen Rücken, wenn es im Gelände nicht anders ging – zermahlene Lavasteine auf den braunroten Feldern verteilten. Die porösen Körner fingen den Tau der Nacht und gaben ihn an die Erde nieder, die fruchtbar wurde. Es regnet kaum auf dieser Insel. Ein Bauer, alt mit zerrunzeltem Gesicht und ebensolchen Händen, zeigte uns stolz seine neuen Kartoffeln. Von seiner erdigen Hand ging mein Blick zu den schweigenden Vulkanen. Sie können jederzeit – wie im 18. Jahrhundert sechs Jahre lang, sechs Jahre, so auch heute – die Form der Insel verändern, die Arbeit und das Leben der Menschen vernichten. Das Gesicht des alten Bauern war ohne Bitterkeit.

Auf der grünen Insel La Palma im Westen der Inselgruppe gingen wir durch Kiefernwälder – weicher Boden, Schattenspiele der Sonne auf Kiefernnadeln. Ein Vogel rief. Dann windsingende Stille rundum. Elga lächelte glücklich. Zurück an Bord, kam uns dieser Inselfrieden nicht aus dem Sinn. Als Wochen später unser Anker aus dem Hafenschlick von Santa Cruz gekommen war – ich riß ihn an Deck, wie Elga am Ruder ihr Herz von der Insel losriß – polterte KAIROS in ständig zunehmendem Passat in eine schwarze Nacht hinein. Während meiner ersten Nachtwache, derweil wir die freie See gewannen, wie man so sagt, gingen mir diese Insel und Elgas glückliches Lächeln nicht aus dem Sinn. Das Schiff lag gut auf dem Ruder und hielt den Kurs am Wind. Ich stieg den Niedergang hinunter. Elga lag in ihrer Koje. Ich strich ihr über den Kopf.

„Segelmanöver?" fragte sie verschlafen.

„Nein, nur so", antwortete ich.

Ich setzte mich neben sie auf die Koje und hörte den Geräuschen des schwer arbeitenden Schiffes zu, das durch die Nacht segelte, fort von dieser Insel mit ihrer Schönheit, ihren Vogelrufen und ihrem Kieferndruft, fort auch von Elgas glücklichem Lächeln – aquí encontrarás paz?

Wieder am Ruder, wurde mir die Wache lang. Dann tauchten die Lichter der Insel Tenerife auf. Mit stürmischem Passat in der Winddüse zwischen Tenerife und Gran Canaria segelten wir nach Pasito Blanco. Der Sommer 1979 ging zu Ende.

In Pasito Blanco war ein ehemaliger Marineoffizier als neuer Hafenkapitän beamtet.

Er wußte, wie viele Schiffe im Hafen lagen. Er betrieb die pünktliche Bezahlung des Hafengeldes und keine Yacht konnte auslaufen, um dunkle Etmale zu segeln. Zollbeamte hatten eine Yacht an die Kette gelegt, ihre Inneneinrichtung zerlegt, die Ladung Heroin beschlagnahmt, die Besatzung verhaftet. Das Hüttendorf an der Bucht war von der Polizei nach erzwungener Räumung niedergebrannt worden.

Der Portalkran setzte KAIROS zur Überholung an Land. Wieder an unserer Mooring, begann die Ausrüstung des Schiffes für den Atlantik.

Es gab keine sonnengebräunten Kinder in ausgelassenem Spiel, keine schönen Frauen im Mini-Bikini, keine stolzen Männer mit Seemannsbärten, keine Fragen: „Glaubst du an Gott?" oder: „Brauchst du Besatzung?", keinen Gesang: „Es kommt der Tag", keine Beschwörung der Großen Sehnsucht: „Da will man in die Ferne", keine Freundschaft, keine Feindschaft, keine Versöhnung.

„Meine liebe Familie Koch", sagte ein Skipper, der es zu wissen vermeinte, „das alles geschah doch an der Grenze des Erträglichen. Jetzt herrschen hier endlich Ruhe und Ordnung!"

Über das Streitgespräch mit ihm, das mich für lange Zeit um alle Ruhe brachte, weil zeittypisch in fürchterlichem Sinne, werde ich nicht berichten. Die Ordnung dieses Mannes versteht sich den Menschen gegenüber, uns Untergebenen also, zu gut auf juristische Verfügung und Klage. Er entschuldigte sich nach dem Gespräch in aller Form. Es fällt mir schwer, aber ich schweige. Seine freundlichen Worte mit Verbeugung nahmen Elga und mir nicht die geweckte Traurigkeit. Sie erfüllt uns noch heute. Sie gehört von alters her zum Paradies und seinen verlorenen Bildern.

Bobby und Carla Schenk mit ihrer THALASSA liefen ein. Die vielen Gespräche mit ihnen gaben unseren letzten Tagen in Pasito Blanco Ruhe und Frieden.

Je näher der Aufbruch kam, desto häufiger wanderten unsere Gedanken voraus und zogen den Kurs, der nun endlich Wirklichkeit werden sollte.

ntik – Setzen der Passatsegel *(oben)*

ntik – Westwärts unter Passatsegeln *(unten)*

Atlantik – Passatstörung *(oben links)*

Martinique – Petite Anse d'Arlet *(oben rechts)*

Union Island – auf dem Slip *(unten links)*

Barbados – an der Südostküste *(unten Mitte)*

Union Island – die riffgeschützte Reede vor Clifton Harbour *(unten rechts)*

Isles des Saintes – einer der vielen Ankerplätze

# ATLANTIK
*Wie unbeständig der Passat weht*
*Schmetterling und Legende*


26° 40′ N, 17° 55′ W
Die Kanarischen Inseln liegen 140 Seemeilen achteraus. Gestern, 13. November 1979, liefen wir unter Großsegel und Klüver 2 in die Distanz über den Atlantik von 2 700 Seemeilen ein. Nach umlaufenden Winden begann Nordwind Stärke 4 über die Steuerbord-Backstagen zu wehen. Unsere Bugwelle rauschte. Fünf Knoten Fahrt. Gran Canaria versank achteraus im Dunst. Vor Sonnenuntergang sahen wir noch einmal den Gipfel des Pico de Teïde unterm wolkenlosen Himmel aufleuchten. Die Nacht zog herauf. Sternenlicht schimmerte.

Heute während des Vormittags setze ich die ausgebauten Passatsegel und mache das Großsegel fest. Navigation. Nach dem Mittagessen bringe ich die Passatsegel-Achterholer auf die Pinne. Sie ist nicht nur für Notfälle gedacht. Über sie und die Achterholer sollen die Passatsegel das Schiff steuern.

„Bin klar, Elga!" rufe ich vom Achterdeck. „Kurs?"

Elga am Ruderrad steuert das Gieren des Schiffes aus. „Ja", ruft sie, „jetzt!"

In der Achterpiek stelle ich den Bypasshahn der hydraulischen Steueranlage um. Er gibt das Ruderrad für die Pinne frei. Die Passatsegel steuern unter dem Druck des achterlichen Windes. KAIROS giert nach Steuerbord. Der Winddruck im Steuerbord-Passatsegel wird dadurch größer. Er zieht die Pinne nach Steuerbord. Das Schiff schwenkt auf den Kurs zurück, dreht langsam darüber hinaus. Der nun wachsende Winddruck im Backbord-Passatsegel holt es auf Kurs zurück – und so fort. Wir beobachten den Vorgang.

„Sie pendelt etwa sechs Grad beidseitig", sagt Elga am Kompaß, „aber länger nach Steuerbord."

Ich belege den Backbord-Achterholer weiter hinten auf der

Pinne, was den Hebelarm verkleinert. Elga ruft mir das Ergebnis zu. Wir sind aufgeregt und voller Erwartung. Ich trimme hin und her. Jetzt muß KAIROS den Mittelkurs halten.

Als ich ins Cockpit komme, meint Elga: „Für's erstemal mit diesem Schiff – gut!"

„Ja, nur: wenn es stärker weht, werde ich mit den Achterholern nicht klarkommen – zuviel Zug schon bei diesem Wind."

Es weht Ostnordost Stärke 4 bis 5 unter sonnigem Himmel mit Passatwolken.

„Ich muß die Achterholer mit doppelten Taljen scheren. Morgen mach' ich das. Heut' nacht lassen wir die automatische Steuerung arbeiten. Dann wissen wir endlich mal ihren Stromverbrauch über eine längere Zeitspanne."

Nachdem ich die Achterholer auf Decksklampen gesetzt und den Bypasshahn zurückgedreht habe, schaltet Elga die automatische Steuerung ein. Wir sitzen im Cockpit und schauen über den Atlantik. Die Sonne neigt ihre Bahn. Die See ist mäßig bewegt. Weite und Reinheit umgeben uns, klare Luft und kristallenes Wasser. Das ist die Große Harmonie. Wir haben sie gesucht. Werden wir ihr nun gewachsen sein?

26° 23' N, 19° 46' W

Wind aus Ostnordost Stärke 4 bis 5. Er nimmt langsam ab. Etmal 110 Seemeilen. Unsere Frage, ob wir Barbados direkt anliegen oder weiter Süd halten sollen, um dort stärkeren Passatwind zu finden, hat der Wind beantwortet. Wir können nicht südlicher steuern, da dann das Backbord-Passatsegel nicht zieht.

Tage und Nächte nehmen uns wie große Räume auf. Wir sitzen und schauen und steuern – über Hand: ein gutes Gefühl, das Schiff in der See! Die Achterholertaljen habe ich noch nicht geschoren. Die automatische Steuerung braucht wenig Strom. Trotzdem lassen wir sie nur nachts arbeiten.

Am Nachmittag sehen wir achteraus eine Yacht. Rumpfform und Takelart sind in der Ferne nicht auszumachen. Die Erscheinung zieht nordwestwärts und verschwindet. Wind aus Ostnordost Stärke 4. Die Nacht kommt. Der Wind nimmt langsam schwingend zu.

Die Automatik klickt und surrt. Halbschlaf auf der Ruderbank. Ich schrecke hoch. Sterne über mir und Steuerbord voraus die Lichter eines Motorschiffes auf Nordostkurs. Die Peilung wandert langsam aus. Keine Gefahr. Dies ist das zweite Motorschiff, dem wir begegnen. Die Zeiten, da Segler im Passat ohne Ausguck ihre Nächte verbringen konnten, sind vorbei. Handel und Wandel haben zugenommen.

Wachwechsel. Ich schlafe schlecht. Träume vor den Grenzen des Ungewissen in kubischen Linien. Wachwechsel. Ich versuche, die Ruhe der Sternbilder zu begreifen. Ihre Ruhe ist so scheinbar wie die meine. Explosionen da oben. Hier unten ziehen Wolken herauf. Sie bringen trockene Böen.

25° 10′ N, 21° 40′ W
Die trockenen Böen der dunklen Morgenstunden werden während des Vormittags unter Wolkenwalzen zu Schauerböen. Der Passat wird unbeständig. Zwischen den Böen weht es schwach. KAIROS setzt planschend mit dem Heck in die unruhige See. Dann jagt sie wieder voran.

Die Schauer machen mir Mühe bei den Sonnenbeobachtungen. Ich bin nervös. Elga hat Schwierigkeiten beim Ausrechnen der Standlinien. Sie ist unruhig. Schließlich zeichnet sie das Positionskreuz in die Seekarte. Etmal 140 Seemeilen.

Schweigend essen wir zu Mittag. Großer Atlantik. Wir haben uns noch nicht an ihn gewöhnt.

Am Nachmittag gibt es einen Aufschrei in der Kajüte. Ich lasse das Ruder und stürze nach unten. Elga steht weinend über verschüttetem Kaffeepulver, das in den Teppich fleckt. Ich fege es auf. Elga beruhigt sich.

„Es ist alles in Ordnung", sage ich heiser.

KAIROS luvt an und neigt sich schwer über. Schauerbö. Ich

springe ins Cockpit, bringe sie wieder auf Kurs. Die Bö fegt prasselnd über uns hinweg.

„Wegen Kaffee!" sagt Elga, als sie ins Cockpit kommt.

„Ich dachte an eine Katastrophe ersten Ranges", sage ich.

Dunkelgrau tobt voraus die Schauerbö in Regenschleiern. Achteraus wird die See blau und weit. Wir sehen einem Sturmtaucher im Fluge zu. Pfeilschnell zieht er seine Bögen über die einsame See, die Schwingen scharf über den Brechern, elegant, selbstverständlich, eins mit seiner Umwelt.

23° 33′ N, 23° 49′ W

Ostnordost Stärke 4 und 6, bis 7 manchmal. Wir kommen gut voran. Wir haben gut geschlafen. Als mich eine Rollbewegung aus dem Schlaf riß, hörte ich Elga oben singen, ganz leise und bedachtsam.

„Ja", sie nickt bestätigend beim Wachwechsel, „die alten Lieder haben mich fröhlich gemacht."

Ich habe keine Schwierigkeiten beim Messen der Sonnenhöhen. Elga hat die Unsicherheit bei ihren Berechnungen überwunden. Etmal 150 Seemeilen. KAIROS rollt heftig und unentwegt – vierundzwanzig Stunden jeden Tag. Wir beginnen, uns daran zu gewöhnen. In zunehmendem Maß scheint der Horizont zu tanzen und nicht mehr das Schiff. Bordroutine. Wir teilen den Tagesablauf mit seinen kleinen Arbeiten und Verrichtungen geruhsam ein. Ich sitze oft und tue nichts. Großer Atlantik.

Er ist das kleinste der Weltmeere. Wenn die Hypothese der driftenden Kontinente stimmt, wie die Geologen sagen, dann muß er in Urzeiten eine Wasserrinne gewesen sein. Sie hat sich in geologischen Zeitspannen zur heutigen Größe verbreitet.

Auf dem Meeresgrund liegen die Spuren der Drift: unterseeische Gebirgszüge und geschürfte Rinnen, abgerissene Berge und zurückgebliebene Mulden. Der Nord- und der Südatlantische Rücken durchziehen den Ozean. Island, die Azoren, der winzige St.-Paul-Felsen, Ascension, St. Helena, Tristan da Cunha sind ihre sichtbaren Gipfel. Vielleicht sind sie das Rückgrat einer riesigen Landmasse gewesen, die aufbrach – heute die wasserüberwogte Trennungslinie zwischen der Alten und der Neuen Welt. Entdecker und Abenteurer, Forscher und Kauffahrer haben ihre Schiffe über sie hinweg gesteuert wie die unzähligen Yachtsegler heutigentags.

Spät erst entwickelt sich Schiffahrt auf dem Atlantik. Längst nutzen arabische Händler die Monsunwinde des Indischen Ozeans, längst segeln polynesische Katamarane, sei es absichtlich oder in der Not eines Unglücks, über den Großen Ozean und bevölkern die Inseln der Südsee.

Über den Gewässern des Nordatlantik fegen Stürme, wehen Nebel. Die Küstenbewohner sind gute Fischer, aber hinaus in die Stürme, hinweg durch die Nebel wagen sie sich nicht. Nur langsam finden sie zu der Form und den Segeln brauchbarer Schiffstypen.

Wikinger und Phönizier – ihre Reisen bleiben geheimnisvoll. Sie wissen mehr, als sie berichten. Sie sind die ersten, die ferne Inseln im Atlantik entdecken: Island und Grönland, Neufundland, England und die Azoren, Madeira und die Kanarischen Inseln, die Kapverdischen Inseln. Sie wissen von einem Festland im Westen, das wir heute Amerika nennen. Sie schweigen um ihrer Handelswege willen. Was von ihrer Kenntnis offenbar wird, bleibt Sage – lockend in Geheimnis und Ungewißheit.

Die Portugiesen bringen erste Sicherheit in die Ungewißheit. Heinrich der Seefahrer sammelt die Berichte seiner Kapitäne und gibt sie als Richtlinie den nachfolgenden mit auf die Reise. Auch diese Berichte werden gehütet, denn sie zeigen den Weg zu alleinigem Reichtum. Trotzdem wächst das allgemeine Wissen. Die Passatwinde werden genutzt, um nach West und Süd zu segeln. Die Westwinde des nördlichen Atlantik vereinfachen die Rückreise nach Ost. Es wird die Struktur der Jahreszeiten bekannt: Stürme, Hurrikane, örtliche Halbjahreswinde. Die abendländischen Seefahrer lernen in großer Mühe und nach vielen Verlusten an Menschenleben und Schiffen, diese Jahreszeiten zu nutzen. Auch die Strömungen werden ihnen bekannt, die den Atlantik in gewaltigen Kreisen durchziehen.

Dennoch bleiben Legenden. Sie wuchern in das wachsende Wissen der Seefahrer hinein. Noch lange nach den Entdeckungsfahrten der Portugiesen und Spanier zeigen die Seekarten Ungeheuer und Seeschlangen. Die wunderbaren Geschichten von Amazonien und den wehrhaften Frauen, von Eldorado und dem massenhaften

Gold, von glückseligen Inseln und Quellen ewiger Jugend verblassen nur langsam. Und bis zum heutigen Tage lebt die Legende von Atlantis und seinem Untergang. Das glüht durch die Überlieferung der Alten Welt wie in den Sagen der Neuen Welt. Mayas, Azteken, Chipchas, Arawaks und Kariben erzählen von helfenden Göttern, die über den Atlantik kamen, ebenso wie von fürchterlichen Feuern und Fluten. Die Sintflut.

Was immer dieser kleinste Ozean der Erde war: die Wasserrinne eines Endes oder Beginns, die Geburtsstätte von Helden und Göttern, das Nebelmeer erster Segelversuche, die Hoffnung mutiger Entdecker, die Handelsstraße wagender Kaufleute, das Schlachtfeld feindlicher Seemächte – über seine Gewässer zog außer Wind und Wolken, Seegang und Strom die Geschichte zweier Kontinente.

Tage und Nächte nehmen uns wie Räume auf, in denen Bilder stehen. Elga und ich wandern hindurch und haben stets mehr als genug Gesprächsstoff.

22° 48′ N, 25° 55′ W

Rot leuchtet das Morgenlicht im hohen Dunst. Darunter ziehen grau-weiße Wolkenbänke, aus denen hier und dort blaue Regenschleier fallen. Auf dem Vorschiff pütze ich Wasser auf und dusche es mir über den Körper. Im Waschraum rasiere ich mich. Wir haben ausreichend Frischwasser – für Elgas oftmalige Haarwäsche und meine tägliche Rasur. Wir können jederzeit Regenwasser vom Deckshausdach auffangen.

Das Schiff holt über, ich schneide mich ins Kinn. Kein Fluch – welch Fortschritt.

Der Dunst bleibt während des Tages allgegenwärtig. Etmal 135 Seemeilen. Wir sind fünf Tage auf See.

Ich sitze am Kartentisch und rechne und zirkele. „Elga, wir haben in fünf Tagen ein Viertel der Distanz abgesegelt!"

Schweigen von Elga im Cockpit.

„Das heißt also, wenn wir so weiterlaufen mit einem Durchschnittsetmal von 135 Seemeilen, daß wir in zwanzig Tagen unseren

Landfall machen! Vielleicht bekommen wir noch etwas mehr Wind. Dann –" mit dem Zeigefinger lasse ich uns über den Atlantik fliegen.

Schweigen von Elga her.

„Hörst du mir überhaupt zu?"

„Ja."

„Dann machen wir eine gute Reise. Wir werden wohl nicht wieder in so 'ne Passatstörung laufen wie '64."

Schweigen.

Damals dümpelten wir eine Woche in flauen Winden. Es war –

„Willst du mich nicht ablösen?" fragt Elga schließlich.

„Ja." Ich blicke auf unsere wachsende Kurslinie. Seemeilen und Tage rechne ich auf, aber was ist Zeit hier draußen? Uns ist noch keine Wache lang geworden. Bisher haben wir keine Lust verspürt, ein Buch zu lesen, um uns die Zeit zu vertreiben. Da ist nichts zu vertreiben. „Ich komme!" Die Wirklichkeit hat mich wieder.

22° 09′ N, 27° 50′ W

Zwei Motorschiffe während der Nacht. Eines mit Westkurs an Steuerbord, eines in den frühen Morgenstunden von 30 Grad voraus Backbord. Es bereitet Elga einige sorgenvolle Peilungen. In diesen wenigen Tagen sind wir mehr Schiffen begegnet als während unserer Reise um die Erde.

Etmal 110 Seemeilen. Es weht mit Stärke 2 aus Ost. Im Norden hängen langgezogene Schauerwände. Im Süden leuchtet der Himmel in strahlendem Blau. Nie wirkt das Meer so unbegrenzt weit, als wenn es unter schwachem Wind oder Flaute liegt. Die Stille macht die gewaltigen Kräfte vergessen, die hier wirken.

Abends, wenn ich die doppelfarbige Petroleumlampe in ihre Bughalterung gehängt habe, sitze ich für einen Augenblick auf dem Bugkorb. Sicher liegt der Schiffsrumpf in der See und schneidet den Kurs ins Wasser. Ich liebe diesen Augenblick. Auf dem Rückweg kontrolliere ich das laufende Gut, Wantenspanner und Blöcke. Dann bringe ich die Hecklaterne nach achtern. Das Kielwasser fügt

sich blasig in die auflaufende See. Brecher löschen es aus. Die Dämmerung wird schnell zur Nacht. Elga sitzt im Cockpit mit ihrem Glas Wein, nachdem sie das Geschirr des Abendessens gespült hat. Mein Glas hält sie in der anderen Hand. Das Schiff rollt.
„Prost!"
Wir trinken Frau Gesches alten Madeirawein. Ein letzter Tagesschimmer leuchtet im Westen hinter Wolken, legt sich als rosa Band rund um den Horizont. Im Osten zieht silbergrau Regen vor der Nacht heran.

21° 38′ N, 29° 08′ W
Ruhige Nacht mit wenig Wind. Er schwankt zwischen Nordost und Ostnordost sehr unbeständig. Einige Schauer fallen. Im Deckshaus brauchen wir kein Ölzeug. Wie denn überhaupt das große Schiff im Vergleich zur Sloop KAIROS viel Bequemlichkeit bietet. Wir halten uns das oft und dankbar vor Augen.

Etmal 70 Seemeilen. Das nächste wird nicht besser sein. Das Wetter mit langgestreckten Wolkenwalzen und eingestreuten Passatwolkenfeldern sieht nicht nach Wind aus. Braut sich was zusammen?

Bordroutine teilt die Tage ein. Sie reihen sich und wiederholen sich. Aber Tag für Tag, Stunde um Stunde ist neu. Da sind die äußeren Einflüsse von Wetter und See, da sind die inneren Einflüsse von Stimmung und Gedanken. Mal geht's leicht, mal schwer. Doch fügt sich alles unaufhaltsam ins Ganze ein. Das Ganze: eine seltsame Mischung von überpersönlicher Vorgegebenheit und persönlichem Einsatz. Man soll sich darin vorsichtig bewegen.

21° 14′ N, 30° 36′ W
Während der zweiten Nachthälfte zieht eine zerfaserte Böenwolke schwarz von Süd herauf. Der Wind aus Ostnordost bleibt weg. Pause. Ein neuer Wind kommt plötzlich aus Südost mit Stärke 1 bis 2. Nach einer Bö aus Südwest hüpft er unter aufklarendem Himmel auf Ostnordost zurück, Stärke 4.

Der Vorgang wiederholt sich im Morgengrauen heftiger. Eine Wolkenwalze aus Süd bringt eine stürmische Bö aus Südwest. Gegenwind! Dann folgt schwacher Südwind mit heftigem Regen.

Wir stehen im fahlen Morgenlicht und starren auf die fallenden Wassermassen. Die zerspringenden Tropfen legen einen Silberteppich auf die See.

„Passatstörung", sage ich lustlos, „Segelwechsel."

Elga überzeugt mich ohne Mühe, daß der Segelwechsel Zeit bis nach meiner Freiwache hat. Während der Bö hielten wir Kurs Nordnordost, um die Passatsegel nicht backschlagen zu lassen. Kaum Ruder im Schiff steuern wir jetzt ins nordwestliche Nirgendwo. Wir fühlen uns einsam plötzlich – einsam, einsam und verloren.

Aber als ich um 08.00 Uhr zum Wachwechsel komme, weht es aus Ostsüdost mit Stärke 3. Kurs liegt an. Elga strahlt.

Im Laufe des Tages dreht der Wind langsam auf Ost zurück und nimmt zu. Die Sonne kommt durch, in Schleiern ohne Kraft. Etmal 96 Seemeilen – doch noch! Aber auch dem Wind fehlt die Kraft. Himmel und Meer zeigen bleiche Untergangsfarben durch Wolkenschleier. Die Umwelt scheint unwirklich. Was wird geschehen?

Am Nachmittag torkelt ein Schmetterling um unseren Besanmast. Elga springt auf. Der Schmetterling fliegt weiter, kehrt schwankend um. Gelb leuchten seine Flügel in der Farblosigkeit ringsum.

„Hierher!" ruft Elga instinktiv. „Komm, komm! Nach dorthin gehst du unter!"

Der Schmetterling flattert davon, wird ein Punkt – auf und ab und ab – verschluckt vom Raum. Elgas Ruf war ebenso hilflos wie der Flug des Schmetterlings verloren. Fortgetragen und versunken im Atlantik. Man braucht die Perspektive nicht viel zu verändern: auch wir ein Punkt – auf und ab – im Raum.

Während meiner Nachmittagswache stelle ich die automatische Steuerung ab. Ich mag nicht beschäftigungslos sitzen und in die bleiche Unwirklichkeit blicken. Es wird von der Passatroute als der „Lady Route" gesprochen im Vergleich zu den hochgepeitschten Roaring Forties. Sollen sie solche Schlagwörter doch lassen. Die See ist seelenlos und unvergleichbar.

Ein Schmetterling – hier!

Die Legende vom versunkenen Atlantis mit allen ihren Schrecken sitzt tief in unserer europäischen Seele. Träumer und Realisten gleichviel haben über Atlantis Hypothesen aufgestellt und Beweise gesammelt, haben geschworen und widerrufen, immer wieder begonnen. Unbeweisbar ist das versunkene Atlantis geblieben.

Vor unserer belegbaren Geschichte, noch vor der Dämmerung unserer Vorgeschichte, soll eine Insel im Atlantik gewesen sein. Menschen sollen auf ihr gelebt haben, deren Kultur umfassend war. Sie zogen aus und trieben Handel und brachten ihr Wissen zu den Küsten des Atlantik und des Mittelmeers. Ihre Schiffe befuhren den Mississippi und Amazonas, den Nil und den Kongo.

Atlantis kann ein Weltreich gewesen sein, dessen Geist wagender war als der Alexanders auf seinem Zug zum Indus, ordnender als der des Imperiums Romanum, umfassender als der des British Empire, sinngebender als die Macht der USA und wahrhaftiger als die Lehre des Sowjetreiches. Es ist möglich, daß vor unseren Anfängen menschliche Versuche die unseren weit übertrafen.

Wissenschaftler vieler Fachgebiete haben ihren Teil getan, um die Legende ins Licht der Klarheit zu rücken. Die Versuche blieben bruchstückhaft. Es gibt Gemeinsamkeiten in den Mythen der Völker um den Atlantik. Da sind Sintflutsagen und Feuergeschichten, ferner Verhaltensweisen, Sprachrelikte, Bauweisen, die auf eine uralte Verbindung hinzuweisen scheinen. Das Versprechen von der Wiederkehr hilfreicher Helden und Gottheiten geistert durch die Hoffnungen der atlantischen Völker – Erlösung und Auferstehung, Ende aller Ungewißheit. Die Versprechen sind uneingelöst geblieben bis zum heutigen Tag. Sintfluten kamen statt dessen. In Feuern und Wassern einer sagenhaften Katastrophe wird der Atlantik mit seinen Küsten erschüttert. Feuerstöße, Erdbeben, Regenstürme, Flutwellen – das Meer bricht auf. Wer überlebt, kann nur stammeln in einem unvorstellbaren Schock. Den Nachkommen wird daraus Legende. Sie lebt weiter von Generation zu Generation bis her zu uns.

Platon schreibt in seinen Dialogen über die atlantischen Menschen sinngemäß: „Sie bemühten sich um wahrhafte Tugend und achteten weltlichen Glanz als gering." Bringen sie also Frieden und Weisheit zu den Völkern?

Und von ihrem Niedergang: „Als ihnen die göttliche Eingebung verlorenging, wurden sie unfähig, ihre Wohlfahrt im rechten Sinn zu sehen, und fielen den schlimmsten Lastern anheim." Bringen sie also Krieg und Machtanspruch über ihre Grenzen?

Und vom Ende: „Zeus sah, daß sie nun äußerster Verderbnis verfallen waren. Er beschloß, sie zu bestrafen." Platon schreibt, daß Zeus den Rat der Götter einberuft, um ein Strafgericht zu beschließen – Platon schreibt nicht weiter, weil er stirbt.

Was ist im Atlantik geschehen? Wir wissen es nicht. Wenn eine Katastrophe die Völker beidseitig des Atlantik in Mitleidenschaft zieht, muß sie planetarische Ausmaße gehabt haben. Bricht der Atlantische Rücken in der Spannung zwischen den driftenden Kontinenten auf? Stürzt ein Meteor, ein Planetoid ins Meer?

Die Arawak-Indianer in Venezuela, die später die Inseln des Karibischen Meeres bevölkern, erinnern sich an den Gott Hurracan, der ihre Urahnen mit Feuerbränden und Wasserfluten strafte. Die Mayas in Mittelamerika überliefern die Sage, daß der Große Schlangengott mit feurigem Regen zur Erde fiel und das Land zerstörte, das dann in Wasserwellen versank. Die Chibcha-Indianer in Columbien haben vor Zeiten ihre Häuptlinge in einem Kratersee gesalbt und reingewaschen, den einst ein feuriger Gott in die Erde brannte. Christliche und persische Überlieferung berichtet von Männern, die sich auf Archen vor der Katastrophe retteten. Isländische Sagas erwähnen erderschütternde Vorgänge, die Sonne und Mond torkeln ließen, weil die Erdscholle zitterte.

Mythos, Religion, Legende, Dichtung – gibt es Spuren der Katastrophe? Geologen zerbrechen sich die Köpfe über eine Kraterbahn in South Carolina, USA, deren Einschlaglöcher bei Luftaufnahmen unter Geländeform und Vegetation sichtbar wurden. Sie führt in Nordwest-Südost-Richtung in den Atlantik hinein. Dort, im Seegebiet um 25° N und 60° W, liegen zwei Absenkungen: 7000 Meter tief. Sie sind um vieles tiefer als der umliegende Meeresboden und seine Formationen.

Hat der Aufprall eines Himmelskörpers auf die Luftschicht der Erde ihn weißglühend zur Explosion gebracht? Legt diese Explosion eine Kraterbahn niederschlagender Gesteinsmassen über das südöstliche Nordamerika? Schlägt die Hauptmasse der Trümmer in den Atlantik?

Vermutungen das alles. Aber ein solcher Einschlag von Billionen Tonnen Himmelsschutt kann wie ein Bündel Atombomben wirken und Erdteile zittern lassen. Heftige seismische Wellen breiten sich aus. Sie reißen den unterseeischen Atlantischen Rücken mit seinen Vulkanen auf. Dort liegt Atlantis und geht unter. Flutwellen branden zerstörend die atlantischen Küsten hinauf. Die dunkle, gewitter- und tornadogeladene Schreckenswolke der Katastrophe breitet sich vom Atlantik ostwärts aus. Sie bringt Regen über Wochen, ja Monate und Jahre vielleicht. Sie verdunkelt den Himmel über Europa und läßt diejenigen, die den Schrecken überlebt haben, bleichgesichtig und frierend einem neuen Zeitalter entgegendämmern.

Unserem Zeitalter. Die Kulturen in Mesopotamien, in Persien und am Nil entwickeln sich. In Griechenland wächst der Ursprung abendländischen Denkens. Rom und Byzanz schreiben ihre Geschichte. Weltreiche entstehen bis in unsere Tage und gehen unter.

Die abendländische Entdeckung des Atlantik halten wir für die erste. Columbus sucht den Weg nach Indien, Vespucci findet die Amazonasmündung und den Maracaibo-See (wenn er nicht gelogen hat), Cabral landet in Brasilien, Balboa überquert die mittelamerikanische Landenge, Cortes erobert das Aztekenreich und Pizarro das Inkareich, Cabeza überquert den Mississippi, Cartier befährt den St.-Lorenz-Strom, Quesada und Belalcázar und Federmann unterwerfen das Volk der Chibcha, de Soto erreicht die nordamerikanischen Ebenen.

Ein neues Weltbild entsteht. Die Erde ist unvorstellbar reich und groß und schön, der Mensch darauf ein Schöpfer. Michelangelo meißelt das Bild dieses Menschen in Marmor, Leonardo da Vinci setzt die Maße des Menschen in die Sphäre und entwirft technische Zeichnungen, Kopernikus rückt die Erde auf einen neuen Platz, Galilei begründet die mathematische Naturwissenschaft, Martin Behaim fertigt den ersten Erdglobus an, Macchiavelli rechtfertigt die Staatsräson ohne Moral, die Handelshäuser der Fugger und Welser beeinflussen Krieg und Frieden mit ihren Geldkrediten. Was für eine Zeit!

Die Wellen ihrer Unruhe breiten sich aus, reißen Traditionen ein. Das Dasein der Adligen, im Laufe weiterer Jahrhunderte das der Könige und das der Obrigkeit, auch das der Besitzenden, schließlich Gottes Dasein werden in Frage gestellt. Es folgt die fortdauernde Revolution für ein Diesseits, dessen Reichtum, Größe und Schönheit machbar sind.

Platons Lehre von wahrhafter Tugend und schlimmsten Lastern in der atlantischen Tragödie liegt fern, fern zurück – daß die höchste Idee der Welt das Gute ist, daß unsere Seele als Teil der Welt um das Gute weiß und darum auch um den sinnvollen Weg.

Wir sehen ihn nicht. Oder? Wir bescheiden uns nicht. Die nordatlantischen Küsten sind dabei arm geworden. Wir haben ihren Reichtum genommen, ohne zu fragen, welchen Sinn er dort erfüllte und wer davon lebte: Maya, Aztek, Chibcha, Sioux – Jäger, Fischer, Bauer – Biber, Adler – Wald, Gras, Blume.

Der Reichtum ist versiegt. Wir können das Rad der Geschichte nicht zurückdrehen. Wir sind wir. Wir brauchen weder Zeus noch Allmacht für ein Strafgericht, wir können uns selbst atomisieren. Nach Platons Lehre brauchen wir unsere Seele zum Überleben. Wo ist sie? Was ist sie? Ihren Reichtum zu entdecken, der ein Reichtum der Einsicht ist, ihre Größe zu wecken, die eine Größe des Bescheidens ist, dazu fehlte es uns in all den Jahrhunderten an Zeit.

KAIROS ist unter den Passatsegeln leicht zu steuern.

Was in vergangenen Zeiten geschehen ist, lebt in meinen Gedanken. Was daraus geworden ist, liegt vor unserem Bug – Amerika zwischen venezolanischen Dschungeln im Süden, canadischen Urwäldern im Norden, 43 Breitengrade dazwischen, das Seegebiet um 25° N, 60° W darin.

Über der mäßig bewegten See hängen die blassen Farben unwirklich bis über den Horizont hinweg. Wo sind Bezugspunkte? Der Schmetterling versank, die Legende blieb unbewiesen.

Wir werden tatsächlich eine Passatstörung bekommen – saftig! Diese Farben!

20° 38′ N, 32° 20′ W
Leichte, unbeständige Winde durch die Nacht. Die automatische Steuerung braucht nicht wie Windruder und steuernde Segel bei jeder Windänderung neu getrimmt zu werden. Bequem. Ich lasse die Achterholertaljen warten, bis wir sie brauchen. Das kann beim Ausfall der Automatik sein. Heute nacht wieder ein Motorschiff. Wir sind aufmerksam. Der Ausguck wird manchmal für eine Schlafpause unterbrochen, nicht länger als zehn Minuten. Man gewöhnt sich daran: einnicken – aufwachen – immer wieder.

Etmal 100 Seemeilen. Nach Windstärke 3 und 4 am Vormittag dreht der Wind von Ostnordost auf Nordost und wird schwach. Schauerwolken mit Regenwänden ziehen langsam auf.

20° 11′ N, 33° 51′ W
Die Schauer gestern nachmittag brachten Wind, nicht viel, doch ausreichend. Mit vier Knoten Fahrt ziehen wir durch die wolkige Nacht. Das hochschnellende Morgenlicht rollt über KAIROS herauf. Der Sonnenaufgang ist so großartig, daß ich nach meinem Duschbad auf dem Vorschiff in einen Freudentanz ausbreche. Elga im Cockpit fällt ein. Was für ein Bild! Zwei kleine, nackte Menschen mitten im Atlantik tanzen zu den Farben des Sonnenaufgangs.

19° 48′ N, 35° 13′ W
Jetzt ist sie da – die Passatstörung. Das Warten hat ein Ende. Nacht schwarz voll Südsüdwestwind, Schauerböen, eingestreuten Flauten. Bei Hellwerden Segelwechsel von Passatsegeln zu Großsegel, Klüver 2, Besan. Wind versiegt, Regen zerdrippelt. Wir treiben. Zwei Stunden später Südostwind. Wir segeln. Böen aus Süd mit Schauern. Segeltrimmen. Gegenwind aus Südwest Stärke 2 bis 3. Den

Kurs holt der Teufel. Etmal 90 Seemeilen. Am Nachmittag bei Südostwind Stärke 3 flutet Regen, Regen, dann schwacher Wind aus Südzuwest. Kurs liegt wieder an. Kaum Fahrt.

19° 33′ N, 36° 29′ W
Flaute in der Nacht. Zernervend schlagen die Segel trotz ausgebrachter Bullenstander. Zweite Nachthälfte mit Südsüdwest Stärke 3 bringt uns voran.
Am Tag lockert die Bewölkung auf, hebt sich zu durchsonnten Flächen, die graugelb und weißblau strahlen. Etmal 65 Seemeilen. Am besten, man denkt nicht darüber nach. Es gibt großen Sonntag-Nachmittags-Kaffee im Cockpit. Wir hoffen – na ja, worauf? – daß wir ohne allzu viele Flauten, Windsprünge, Böen und Segelmanöver durchkommen. So etwas kann tagelang dauern. Ich versuche, mir das Bild der Wetterkarte vorzustellen: Tiefdruck im Norden, lange Fronten nach Süden, ihre Enden würgen den Passat ab. Wir müssen alles nehmen, wie es kommt. Grau fällt die Nacht.
Es gibt keine ungestörten Freiwachen mehr. Der Rudergänger versucht, sie dem anderen zu erhalten. Aber unter schlecht getrimmten Segeln zu sitzen, wenn der Wind herausgesprungen ist, hält keiner von uns lange durch. Es ist nicht das Fieren oder Dichtholen – das geht vom Cockpit aus. Es sind die Bullenstander auf Deck, ohne die es bei diesen Winden nicht geht. Auf Deck arbeitet der eine nicht, wenn der andere unter Deck ist.

19° 26′ N, 37° 33′ W
Nächtliche Polka mit Schauerböen Stärke 8. Wenig Schlaf, viel Segelmanöver. Von Süd holpert der Wind mit Paukenschlägen auf Westsüdwest, auf Westnordwest. Wir laufen Kurs nach Canada,

jetzt einen nach Südamerika. Etmal 72 Seemeilen über Grund. Das neue Etmal fängt mit Nordwestwind Stärke 3 an. Keine Freude. Zum Abend flüstert er aus Nord. Eine riesige Dünung beginnt von dorther zu laufen: geräuschlos unheimlich. Sie kreuzt sich mit der alten aus Ost. Die Nacht fällt wie ein Samthammer.

Schwacher Nordnordost. Die Segel schlagen. Sie schlagen! Das Schiff rollt und zittert. Es zittert!

18° 58′ N, 38° 46′ W
Wind 1 und 3 aus nördlichen Richtungen, raumschots. Dünung sperrt uns in Täler oder rollt uns zu nutzloser Weitsicht, aus der kaum Wind kommt.

Da versuche ich, das Schlagen der Segel zu mindern. Sie sollen das bißchen Wind besser halten. Es gelingt natürlich nicht, solange ich auch fiere oder dichthole und die Bullenstander neu setze. Dann bringe ich zu Großsegel, Klüver 2 und Besan das ausgebaumte Steuerbord-Passatsegel hoch, um etwas mehr Fahrt herauszuschinden. Ergebnis nicht meßbar.

Langsam kommt der Wind auf Nordost herum, pendelt schwach auf Nord zurück. Die sich kreuzenden Dünungen quälen Segel, Rigg und uns. Elga sieht müde aus. Ich habe mir den linken kleinen Zeh gebrochen, weiß nicht wann. Plötzlich schmerzt er. Der Fuß schwillt.

Im Nordosten ziehen lockere Passatwolken unter hoher Flächenbewölkung. Kommt her, Passatwolken, kommt her, verdammt, bringt Wind aus Ost! In vier Tagen ist der Wind um die Kompaßrose geschlichen, mit eingezogenem Schwanz – mieser Dorfköter, der unerwartet zubeißt.

18° 21' N, 40° 24' W
„Segel achteraus!" ruft Elga, als die Sonne aufgeht.
Zu Mittag segelt der Schoner Steuerbord querab – eine viertel Kabellänge Abstand. Jetzt erst können wir erkennen, wie hoch die Dünung läuft. Liegt der Schoner rollend im Wellental, sind nur seine Obersegel zu sehen. Läuft er über einen Dünungsrücken, so kommt der Rumpf gischtend hoch, holt über, um wieder ins Wellental zu sinken. Der Wind ist nicht stark genug, um seine Segel zu füllen. Sie schlagen wie unsere. Aber das Bild ist herrlich: ein großer Segler unter Vollzeug!

Elga macht Fotos. Dann ruft sie den Skipper auf UKW. Sie fragt, wohin sie die Bilder schicken soll. (Wir legten sie später in sein Postfach auf Antigua.) Der von drüben verspricht, Aufnahmen von KAIROS zu machen und sie zu schicken. (Wir haben sie nie erhalten.)

Langsam reißen die Kurse auseinander. Die WANDERING STAR läuft westlicher als wir – von Tenerife nach Antigua unterwegs, vierzehn Tage auf See. Auch sie wurde von der Passatstörung geschüttelt. Die Besatzung sind zehn Leute, wohl Chartergäste.

Wir schauen ihr nach. Da zieht sie hin, rollt in die See, gischtet darüber hinweg, holt über ins nächste Wellental. Unermüdlich steigt sie und fällt sie und zieht ihren Kurs unter Vollzeug in der ewigen Bewegung von Wind und See.

Der Wind spielt sich auf nordöstliche Richtungen ein, Stärke 3 bis 4. Ich mache Großsegel, Besan und Klüver fest und setze das fehlende Passatsegel. Etmal 100 Seemeilen. Unser Leben gewinnt seine Gleichmäßigkeit wieder. Wir holen Schlaf nach. Am Abend gibt es ein Glas Wein.

Wir träumen dem Bild des Schoners nach. Sieht KAIROS in der Weite der See auch so klein aus – und doch so stark? Segelschiffe: Träume, wenn man sie sieht; und wie oft verdammt im Gegenwetter: Hölle, wenn man sie segelt.

17° 43′ N, 41° 54′ W
Der Wind nimmt zu. Am Mittag weht es mit 6 aus Nordost. Wir laufen gute Fahrt. Anhand des Azimuts der Sonne prüfen wir die Deviation am Kompaß. Die Änderung ist so gering, daß sie unberücksichtigt bleiben kann.

Etmal 103 Seemeilen. Morgen wird es besser sein. Eine hohe Wolkenschicht liegt über den ziehenden Passatwolken. Sie färben sich silbergrau darunter. KAIROS braucht unsere Hilfe jetzt nicht mehr. Wir haben Zeit und sitzen und schauen. Ich habe mich überwunden, ein Buch über die Geschichte der karibischen Inseln herauszuholen. Ich lese hin und wieder darin und lege es immer wieder weg. Rundum geschieht stets etwas, das betrachtenswert ist.

17° 00′ N, 44° 04′ W
Ostnordost und Ost der Wind mit Stärke 5 und manchmal 6. Grobe See. KAIROS hat nun ihren Wind und die Regenböen zusätzlich. Wir lassen die automatische Steuerung rund um die Uhr steuern. Zwei Stunden pubbert das Aggregat, um die Batterien zu laden. Etmal 128 Seemeilen.

Als ich am Nachmittag von meiner Freiwache ins Cockpit komme, finde ich Elga mit Tränen in den Augen. „Was ist?" Sie schüttelt den Kopf. „Sag es mir, bitte!"

Sie antwortet schluckend: „– gedacht – an Blankenese – Blumen – und Kater Muck, wenn er kam und – schnurrte – so weich – und Ruhe – und Ruhe – Ruhe unter Bäumen."

KAIROS rollt und giert. Eine Bö treibt das Wasser in Brecher, die als Kreuzsee wild aufspringen. Lady Route. Sonnenflecken und Schatten rasen auf der See, und der Regen peitscht darüber hinweg.

Da ist mein Versprechen beim Aufbruch in Hamburg, ein Haus für unser Alter zu finden und Ruhe und Frieden. „Ich habe es nicht vergessen, Elga."

„Laß uns nicht darüber sprechen, das macht es nur schlimmer. Ich komme darüber weg. Ich liebe das Schiff und dieses Leben, glaub' mir. Nur manchmal – es ist hart."

Ich mache die fällige Eintragung ins Logbuch. Wie viele Blätter habe ich so beschrieben – unzählige. Eines wird das letzte sein: geankert vor Last Harbour, World's End Island. Kein Ankermanöver mehr, die Kette führt zu einem dunklen Ankergrund. Vielleicht wird es sein, daß Elga dann unverzagt ist und ich müde, krank, verzweifelt. Zum erstenmal in meinem Leben fühle ich mich plötzlich alt und leer. Draußen tobt die nächste Schauerbö.

Lady Route.

Bei unserem Glas Wein am Abend sprechen wir dann doch darüber, über Tränen und Alter und Müdigkeit und Tod. Sie sind uns gewiß. Und während wir darüber sprechen, machen wir uns mit ihnen vertraut.

16° 15′ N, 46° 25′ W
15° 34′ N, 49° 04′ W
14° 59′ N, 51° 11′ W

KAIROS tobt über die See, vereint Tage und Nächte zu einem einzigen Geschehen: Fahrt, rauschende, rollende, gischtende, gierende Fahrt. Schnurgerade reißt der Kurs uns aus aller Unbeständigkeit. Die Etmale steigen wie der Seegang mit dem zunehmenden Wind: 141 Seemeilen, 160 Seemeilen. Heute nur 143 Seemeilen, weil der Passat aus Ost von Stärke 6 bis 7 und 8 auf Stärke 4 nachgelassen hat. Die See läuft weiterhin hoch – durch Schauerböen hochgepuscht.

Während dieser Tage habe ich stundenlang gesessen und die See betrachtet. Abgesehen davon, daß es nichts anderes zu tun gab als die Sonnenhöhen für Elgas Mittagsbesteck, war der Grund Nachdenklichkeit. Elgas Tränen? Ja. Und diese wilde See unter Windstärke 6 bis 7 und 8, die riesige Dünung hinterhältig in den Brechern. Liebe zur See? Ihr Atem ist unerschöpflich, meiner nicht. Ihre Kraft ist unbegrenzt, meine nicht. Gemeinsam ist uns nur, daß wir immer wieder in eine herrliche Bucht hineinrollen – sie unermüdlich zur Brandung am Strand, ich müde zum Ankerplatz. Frieden. Dann denke ich ans Meer als großen Freund, der mir vieles schenkt: Freiheit und Weite und Schönheit und Ruhe zum Dasein, Erfahrung und Kenntnis.

Ich starre auf die Böenwalze, die von achteraus angerollt kommt. Unsere rauschende Fahrt, unsere guten Etmale, mein Seglerherz sollte höher schlagen. Komm, wir segeln dem Teufel ein Ohr ab! Ich staune über die Segler in den Brüllenden Vierzigern bei Kälte und Sturm, verbissen ins Durchhalten, tagelang, verkrampft in Hoffnung, wochenlang. Es ist beachtlich, wie wenig Yachten dort verlorengehen. Sie werden mit Kraft, Ausdauer, Seemannschaft gesegelt und – Glück-haben-Müssen.

Die Bö stürmt heran. KAIROS giert, rollt, tobt, gischtet. Ich beobachte Schiff, Segel und See, bin bereit. Aber nicht mein Herz, mein Puls schlägt höher. Die Bö zieht ab. Der Wind läßt nach. Ich atme auf. Für Kap Hoorn bin ich nicht gemacht, war es nie. Dem Glück-haben-Müssen, ihm traue ich nicht über den Kurs. Und meinen Plan, der BOUNTY in die Roaring Forties und zur Meuterei in der Südsee nachzusegeln, darüber ein Buch zu schreiben, gab ich nach langen Gesprächen mit Elga auf.

Uns treibt nichts zum Äußersten – und schon gar nicht auf See – aber sehr viel zum Innersten mit seiner möglichen Beständigkeit im Sein.

Da sind die Kurse in den freundlichen Weiten der Sonnigen Zwanziger. Sie haben ihre Böenschatten und kleinen Stürme, auch ihre verschollenen Schiffe. Sie haben ihre herrlichen Buchten, wo ich leben und träumen und ans Meer als großen Freund denken kann. Ihn will ich mir erhalten. Das ist meine Liebe zur See.

Elga sagt am Abend, nachdem sie das Essen gekocht und den Abwasch gemacht hat: „Mein Kreuz, meine Knie, meine Hüfte – alles schmerzt. Als du vor Tagen an der Dauer dieser Reise herumrechnetest, da hab' ich gebetet: lieber langsam und nicht so viel Wind."

„Da sind die Kurse in den sonnigen Zwanzigern. Sie haben ihre Böenschatten und kleinen Stürme, auch ihre verschollenen Schiffe."

Atlantik 1979

14° 42' N, 53° 00' W
Ruhige Nacht. Der Mond scheint durch Schleierwolken, später klar. Schwarzblau wogt das Meer unterm mondhellen Himmel. Hin und wieder leuchtet ein Brecher silbern auf.
  Der Tag bleibt wolkenlos, der Wind schwach. Alle Wildheit der letzten Tage ist verweht und verlaufen, auch ihre erregende Einheit. Etmal 110 Seemeilen.
  Von Steuerbord aus Nordwest läuft ein Motorschiff auf. Die Peilung steht. Es kommt näher. Wir stellen die automatische Steuerung ab. Elga steuert. Ich peile über den Kompaß.
  „Nichts tut sich!"
  „Er muß doch nun endlich ausweichen!"
  Ich rufe das Schiff auf UKW-Kanal 16. Keine Antwort. Als es bis auf eine Seemeile heran ist, starte ich die Maschine. Mit den Passatsegeln können wir eine Kursänderung nicht ausführen. Unter Maschine drehen wir nach Steuerbord ab. Das Backbordsegel weht knallend im Wind, das Steuerbordsegel kommt ächzend back. Wir passieren Backbord zu Backbord in etwa 80 Meter Abstand. Auf der Brücke ist niemand zu sehen. Auf dem Bootsdeck lehnen drei Gestalten an der Reling. Sie blicken bewegungslos zu uns herab. „Liberian Statesman, Monrovia" lesen wir am Heck. Wir gehen auf Kurs und bringen die Segel zum Arbeiten. Nach dem aufgeregten Maschinenlärm ist die Stille unwirklich wie das Erlebte.
  Für schwerfällige Motorschiffe ist es widersinnig, einem segelnden Floh auszuweichen. Aber wir haben die Seestraßenordnung nicht gemacht. Wir fühlen uns übel – klar: die Folgen eines Fast-Zusammenstoßes; aber viel mehr: der Mangel an Wissen, an Aufmerksamkeit, an Fairneß. Die haben uns für ein Maschinenfahrzeug mit Hilfsbesegelung gehalten – vielleicht.

14° 17' N, 54° 42' W
Wind aus Ost zwischen Stärke 3 und 4 weht gleichmäßig Nacht und Tag. Etmal 104 Seemeilen.
  Laut US-Pilot Chart fließt in diesem Seegebiet der Nord-Äquato-

rialstrom mit 0,6 Knoten nach West. Ein Kreislauf ungeheurer Kräfte fördert oder hemmt unser Dasein. Die Gestirne über uns sind darin eingeschlossen wie die Wassertropfen unter uns. Die Küsten, die wir verlassen, gehören dazu wie die Küsten, die wir erreichen: Meer und Land beeinflussen Klima und Gezeiten, Wolken und Winde, Regen und Trockenheit.

Die westliche Drift des Nord-Äquatorialstromes ist Columbus bekannt gewesen. Die nachfolgenden Entdecker finden weitere Strömungen: an der Küste Floridas nach Nord den Floridastrom, östlich der Bahamainseln nach Nordwest den Antillenstrom, nach Nordost bis Europa hin den Golfstrom, von ihm abzweigend nach Süd den Kanarenstrom, der den Kreis zum Nord-Äquatorialstrom schließt. Schwankend im Zentrum dieses Kreises liegt hoher Luftdruck wie eine Glocke über dem Nordatlantik: das Azorenhoch. Rechts heraus weht in seinem Süden der Nordost-Passat, in seinem Norden der Westwind.

Die Winde über der Fläche des Ozeans treiben die Strömungen an. Sonnenstrahlung und Erdumdrehung bestimmen Gebiet, Richtung und Stärke der Winde. Jahreszeiten und Luftdruck bringen örtliche Wechsel und Schwankungen.

Das warme Wasser, das ich mir jeden Morgen über den Körper pütze, wird vom Passatwind angetrieben, der unsere Segel so unbeständig füllt. Durch das Karibische Meer wird es zum Floridastrom, zum Golfstrom kreisen und weiter zu den sonnenarmen oder winterkalten Gebieten des Nordens. Es kühlt ab und sinkt. Südlich Grönlands fallen die abgekühlten Wasserteilchen mit einer Menge von zwei Millionen Tonnen in der Sekunde abwärts in dunkle Tiefen. Und es bleibt immer noch ausreichend warmes Wasser auf der Drift, um das Leben in Europa zu jeder Stunde zu erhalten.

Das kalte Wasser am Boden des Ozeans zieht in gewaltigen Adern südwärts. Dort steigt es in die sonnenerwärmte Oberfläche auf und füllt den Sog, den der Nord-Äquatorialstrom im Preß des Passatwindes erzeugt.

Am Rande des Kreislaufs, der keine starren Grenzen in unaufhaltsamer Bewegung kennt, torkeln meist nach innen hinein große und kleine Wirbel von Wasser und Luft. Wo regelmäßig Nordoststrom fließt, fließt er unregelmäßig nicht immer. Wo Westwind weht, kann er von Oststurm verdrängt werden. Wo Passatwind vorherrscht, gibt es Orkane – Hurrikane.

Sie sind die furchtbarsten Stürme des Nordatlantik. Der Durchmesser ihrer Sturmwirbel beträgt 150 bis 300 Seemeilen. Die Marschgeschwindigkeit liegt zwischen 12 und 20 Knoten. Ihre Zugbahnen zwischen Mai und November jeden Jahres folgen dem Passatgürtel zum Karibischen Meer. Dort oder früher kurven sie Nordwest und Nord, können Inseln, Festland und Schiffahrt verheeren, drehen nach Nordost, wo sie sich in den Weiten der See austoben oder manchmal als Tiefdruckgebiet Europa erreichen.
Ihre Windgeschwindigkeit im tropischen und subtropischen Teil der Laufbahn reicht links in den Wirbel hinein von 65 bis zu 150 Knoten – oder bis das Meßinstrument zerstört wird. Die Gewalt ihrer Wolkenbrüche ist unvorstellbar. Über Puerto Rico schüttete ein Hurrikan zwei Milliarden Tonnen Regenwasser nieder.
Die Minderung des Luftdrucks von 25 Millibar im Sturmgebilde nimmt jedem Quadratkilometer der Erdoberfläche bis zu einer halben Million Tonnen Gewicht. Auf See wölbt sich die windgepeitschte Wasseroberfläche in der Druckverringerung zum flachen Hügel. Sinkt er nach Durchzug des Orkans zurück, so können Flutwellen auf Küsten und Inseln branden. Diese wiederum bringen zerstörerische Belastung, wo eben noch zerstörerische Entlastung stattgefunden hat. Eine Flutwelle von drei Meter Höhe belastet jeden Quadratkilometer der Erdoberfläche mit fast fünfeinhalb Millionen Tonnen Druck.
Da stampfen Naturgewalten mit Riesenschritten über unsere Erde: Druck, Gegendruck, Verspannung, Bruch. Erdbeben, Seebeben, Vulkanausbrüche können die Folge sein.
Wissenschaftler haben in Jahrzehnten Fakten und Zahlen gesammelt. Über die Hölle auf Erden liegen Statistiken vor.
Die alten Seefahrer haben das alles erfahren, erforschen und in Zusammenhänge bringen müssen, soweit sie das konnten. Wir lesen heute die Schreckensberichte unserer Vorfahren und schlagen gleich darauf die Seehandbücher mit ihren Tabellen auf. Es bleibt erstaunlich, wie dicht und deutungsnah die Alten der Wahrheit gewesen sind.
Sie haben versucht, in Bildern zu deuten und zu warnen: das berstende Schiff im lutschenden Wasserwirbel (wir sagen heute zwei Millionen Tonnen in der Sekunde) – die Menschen, die schreiend an den Wasserwänden oder Windwalzen Halt suchen (wir lesen heute die Statistik der Seenot-Rettungsgesellschaften) – der Gigant

in den Wolken, aus dessen geblähten Wangen Sturm in Strichen auf zerspellende Schiffe fegt (wir sehen heute die Wetterkarte mit ihren Isobaren) – das Schiff im Tang, aus dessen Schleim das Haupt des Seeungeheuers sich hebt und an der Fockrah zu knabbern beginnt (wir hören heute im Radio vom spurlos verschollenen Schiff). Wir lächeln über die alten Bilder. Aber ist der Hinweis im Seehandbuch „10% Sturmhäufigkeit im Dezember" oder „3% Flaute im Juli" eindringlicher?

In unseren Tabellen geht jede Vorstellung der möglichen Gefahr sehr leicht verloren: es sind nur zehn oder drei Prozent im Monat, Halbjahr, Jahr. Die Bilder der Alten wecken die Aufmerksamkeit und sagen uns, was wir wirklich sind: tapfere Zwerge im Kreislauf ungeheurer Kräfte.

Wir prüfen nochmals die Deviation des Kompasses. Wir haben unerklärliche Besteckversetzungen nach Süd gehabt. Auch der Erdmagnetismus unterliegt Schwankungen und Stürmen mit unserem Eisenschiff darin. Die Prüfung ergibt keine Änderungen. Möglich, daß der Nord-Äquatorialstrom schwankt, wie es die Durchschnittswerte der Pilot Chart nicht sichtbar machen.

13° 53′ N, 56° 13′ W
Ostnordostwind Stärke 4. Mondschein, Sonnenschein, ziehende Wolken. Auf der Mittelwelle im Radio taste ich unserem Kurs voraus. Da sind die Inseln! Wir hören die Sender Barbados, St. Vincent, Grenada und Martinique. Radio Antilles auf Montserrat gibt den Seewetterbericht.

Etmal 96 Seemeilen. Wir stehen 200 Seemeilen vor Barbados. Seevögel fischen an Backbord, sie sind ein Zeichen der nahen Inseln.

13° 29′ N, 58° 35′ W
Bei Sonnenaufgang fliegt ein blauschnäbeliger Tölpel mehrere Runden ums Schiff: dunkel vorm hellen Himmel. Eine Schule Delphine schwimmt und springt vorm Bug: blausilbern schimmernde Leiber im Sonnenglitzern der See. Ein Frachter stampft mit Gegenkurs an Steuerbord in zwei Seemeilen Abstand.

Aus den Lüftungsschächten des Maschinenraums zieht Dieselgeruch. Im Maschinenraum auf den Bodenbrettern unterm Aggregat steht eine Diesellache. Hab's wohl beim Nachfüllen verschüttet. Ich wische auf.

Der Tag vergeht unter Sonne und Wind – Ostnordost Stärke 4 bis 5. Etmal 138 Seemeilen. Wir stehen 60 Seemeilen vor Barbados.

18.15 Uhr bricht Elgas Gesang im Cockpit ab. Ich sitze in der Kajüte und lese, kann mich aber nicht konzentrieren.

„Heih-da! Land voraus!"

Ich steige nach oben. Unter Wolken, die den Schein der untergehenden Sonne in Strahlenbündeln hochwerfen, liegt die braungraue Silhouette der Insel Barbados – nach unserer Koppelrechnung etwa 35 Seemeilen entfernt.

Wir schweigen. Jeder Landfall ist anders.

Elga faßt sich zuerst. „Schade."

„Hast du schaade gesagt?"

„Nächtlicher Landfall. Wenig Schlaf."

„Dafür wirst du morgen früh Blumen riechen!"

„Hurra!" schreit Elga. „Aber leider rieche ich jetzt Diesel."

Die Diesellache im Maschinenraum ist wieder da – größer. Verdammt, ich will die Insel im Abendlicht sehen! Bestimmt hat Elga noch ein Glas Wein. Fluchend hole ich mein Werkzeug und rufe: „Der Schlauch leckt! Das ist die größte Schweinerei, die's hier je gab! Es leckt, es stinkt, es ist glitschig!"

Ich mache die Reparatur, wobei mir aus dem defekten Schlauch Diesel über Brust und Bauch leckt. Zum Teufel! Ich rutsche. Das Schiff rollt. Alles ist glitschig. Doch das Werk gelingt. Der Reserveschlauch sitzt.

Im Cockpit ist so viel Licht, daß Elga die Insel nicht mehr, mich gerade noch sehen kann. Wie üblich, wenn es mir irrsinnig dreckig geht, fängt sie an zu lachen.

„Siehst du mal wieder aus! Wie so'n eingefetteter Ringkämpfer!"

„Verdammt – verdammt! Ich geh' aufs Vorderschiff – duschen!"

Die Dusche, noch einmal, noch einmal, hilft gar nichts. Ich helfe dem lustig phosphoreszierenden Seewasser mit Scheuermitteln nach. Dann stürze ich in den Waschraum, mein heißgeliebtes Kleinod an Bord. Als ich ihn verlasse, umweht mich betäubender Duft. Ich habe die Behandlung mit dem Inhalt einer halben Flasche Kölnisch Wasser abgeschlossen.

„Oh!" sagt Elga, als ich nach oben komme.
„Jetzt rieche ich gut!" sage ich begeistert.
„Ja, nach Kölnisch Diesel."

Unter Klüver und Besan segeln wir am 8. Dezember 1979 in die Carlisle Bay vor Bridgetown ein. Etwa hundert Yachten liegen vor Anker. Vor fünfzehn Jahren waren es zehn. Aber der weiße Strand, die Palmen und die Häuser geben eine unveränderte Kulisse in Herrlichkeit.

„Ankermanöver mit Maschine", sage ich, „in diesem Ameisenhaufen zur See."

Mit festgemachten Segeln schieben wir uns zwischen die ankernden Yachten.

„Hinter der rot-weißen Sloop mit dem Radarmast. Mensch, Elga! Das ist die THALASSA mit Carla und Bobby!"

„Das gibt's nicht! Die wollten fünf Tage später als wir auslaufen!"

Es sind Carla und Bobby. Wir rufen und winken. „Wann seid ihr angekommen?"

„Vor einer Stunde."
„Wie lange?"
„Neunzehn Tage."
„Passatstörung?"
„Nur zwei Tage schwacher Wind."

Elga lacht. „Ach, ihr! Ihr seid richtig gemein! Kommt am Nachmittag zum Kaffee rüber, ja?"

Unser Anker fällt und faßt. KAIROS dreht auf und liegt leicht rollend plötzlich still. Das ist ungewohnt. Mit unsicheren Beinen gehe ich zum Kartentisch und schließe das Logbuch ab: „08.15 Uhr – geankert in der Carlisle Bay, Barbados, auf 15 Meter Wasser mit 45 Meter Kette."

Elga sitzt auf dem Kajütdach und schaut zum Land hinüber. Ich setze mich neben sie.

# KARIBISCHES MEER
*Wie unzerstörbar seine Inseln bleiben
Überfüllung und Einsamkeit*

„Was meinst du dazu?" Er blickte mich an.
 Ich schrak aus meinen Gedanken auf. Er war einer der zehn Besucher, die am Nachmittag im Cockpit saßen. Er war mir unbekannt. Sie waren mir alle unbekannt – außer Carla und Bobby und Peter, unser alter Freund auf Barbados.
 Mit „Hallo, die Schenks, die Kochs!" waren sie an Bord gekommen. Einige mit spaßiger Anzüglichkeit: „Ha-ha, die Weltumsegler hocken beisammen. Jetzt kommen wir!" Die Gespräche hatten sich um unsere Reisen über den Atlantik gedreht. Jetzt ging es um Navigation, die elektronische. Elga bewirtete unsere Gäste mit Kaffee, Getränken und Keksen.
 Ich blickte über die Bucht. Die wohl hundert Yachten im Sonnenschein vor Strand, Palmen und Stadt gaben ein herrliches Bild über dem türkisfarbenen Wasser. Es lud zum Schwimmen ein. Kein Mensch schwamm. Aus meinen Gedanken, die achteraus auf dem Atlantik verschwammen, klarte langsam auf, daß aus jeder Yacht in dieses Wasser –
 „Na, was meinst du?" wiederholte mein unbekannter Freund geduldig. Und ein anderer beantwortete die Frage über Satelliten-Navigation mit Entschiedenheit. Meine Gedanken schweiften zum Atlantik zurück. Er sollte unsere Kurse nach Nord und Ost in vier Monaten wieder aufnehmen. So war unser vorläufiger Plan. Er war unmöglich. Wie sollten wir ein Bild dieser Inseln gewinnen? In vier Monaten mußte das eine Enttäuschung in Überfüllung werden. Und weiter zogen meine Gedanken zu den beiden Amerikas im Norden und Süden. Durch das schmale Mittelamerika waren wir im Panama Canal mit der Sloop KAIROS getuckert. Steuerbord einen halben Kontinent, Backbord einen halben Kontinent. Nichts hatten wir gesehen außer Dschungelufer. Jetzt ähnlich: die Inseln hier, Nordamerika dort, Südamerika da.

Ich steige über die vielen Beine im Cockpit, schiebe mich durch die Wortstöße und Lachfetzen in die Kajüte hinunter. Elga mixt Getränke.
„Wir segeln nicht über den Atlantik nach Ost!"
Das Klimpern ihres Löffels im Glas bricht ab.
Ich zeige über die Seekarte auf dem Kartentisch. „Hier, Insel an Insel. Wir laufen sie ab. Aus der Traum, wenn's überhaupt noch einer ist! Wir müssen länger bleiben, als unsere Enttäuschung anhält. Suchen, verstehst du!"
Elgas Löffel macht wieder kling-kling – sehr langsam. „Im Mai beginnt die Hurrikanzeit."
„Die Hurrikanbahnen führen nach Nord. Wir segeln Süd. Hierher!" Ich zeige auf den unteren Rand der Seekarte.
Elga stellt das Getränk in die Reihe der anderen. „Venezuela."
„Ja! Land mit Dschungelbergen und Papageien, mit schneebedeckten Hochgebirgen und endlosen Savannen. Da zogen die Spanier, als sie Eldorado suchten. Elga, stell' dir vor! Der Orinoco, ein riesiger Fluß! Alexander von Humboldt erforschte ihn. Vielleicht kommen wir von der Nordküste nie übers Land dahin. Aber wir können es doch versuchen! Elga –"
„Ja", sagt sie nachdenklich.
„Und wenn die Hurrikanzeit vorbei ist, haben wir hier die Inseln wieder!"
„Hm, laß es uns überlegen. Und nun nimm diese Gläser und bring sie unseren Besuchern!"
Mit fünf Gläsern in zwei Händen balancierte ich ins Cockpit. „Nachschub, ihr durstigen Seelen! War jemand schon mal in Venezuela?"
Keiner war es. Aber ihre Meinungen standen fest: „Wenig Häfen!" – „Keine Ankerbuchten!" – „Schmuggelgangs!" – „Dreckig!" – „Korrupte Hafenbehörden!" – „Gibt's nicht noch Gelbfieber in dem Affenland?" – „Malaria!"
Mein Wissensdurst erwachte. Der leere Atlantik im Osten mit meiner spröden Liebe zur See war vergessen.
Peter blieb, als unsere Gäste im Dampf ihrer Außenbordmotoren fortbrausten.
„Du bist doch nach Venezuela gesegelt?" fragte Elga ihn.
„Und du hast die Meinungen vorhin gehört", fügte ich hinzu.
Peter lächelte verschmitzt in großer Toleranz. „Nun ja, Venezuela

ist reich, es exportiert Öl. Malaria und Gelbfieber sind längst ausgemerzt. Viele Inseln gibt's vor der Küste mit Buchten zum Ankern. Die Guardia Nacional hat mit den Schmugglern aufgeräumt. Die Hauptquelle des Drogenschmuggels liegt in Columbien, wo die Regierung nichts dagegen unternimmt, wegen der Devisen, versteht ihr? Die venezolanischen Behörden – nun gut: Elga spricht Spanisch. Venezuela ist mein seglerischer Geheimtip. Es ist heiß und feucht, lest im Handbuch nach. So, ich fahre jetzt nach Hause. Morgen hole ich euch drüben an der Bunkerstation ab." Er stieg in sein Dingi.

„Vielen Dank für Brot, Butter und Gemüse!" rief Elga.

Ich schrie: „Und für Ullas Kuchen!" Ich blickte der rudernden Gestalt unseres Freundes nach. Er hatte ähnliche Gaben auch anderen Besatzungen gebracht. Die Geste blieb meist unverstanden. Die Zeiten ändern sich, mein Freund. Vorbei, daß wir der einlaufenden Yacht frisches Brot und Butter entgegenruderten und der Besatzung beim Ankern helfen – einfach so bei einem ersten Gespräch über Wind und Kurs.

„Was soll das?" hatte eine Seglerin Elga gefragt. „Ich habe meinen Tiefkühler voll davon. Da ist auch noch Gemüse aus Gran Canaria drin. Ich hab' doch wirklich alles!" Die Zeiten bessern sich nicht, wenn die Temperaturen der Tiefkühltruhe – überfüllt wie diese Bucht – auch das Herz der Menschen abkühlen.

„He, Peter!" rief ich ihm nach. „Wünsch' Ulla gute Besserung!" Seine Frau humpelte mit einem gebrochenen Zeh im Haus herum.

KAIROS rollte in der schwachen Dünung, die in die Carlisle Bay lief. Die Takelagen der Yachten wurden von den aufflammenden Uferlampen silbern erhellt. Der Tageslärm, der über der weitgeschwungenen Bucht gehangen hatte, verflog. Vom Ufer tönte das Zirpen der Grillen und das vielschichtige Pfeifen der Baumfrösche. Der Passat wehte aus. Neben den Uferlichtern begannen Sterne, sich auf dem dünenden Wasser zu spiegeln.

Wir gewöhnten uns nicht an das Leben in Lee von Barbados.

„Wieso?" fragte Ulla, die uns im Auto zum Proviantkauf mitnahm. „Ihr habt auf See über drei Wochen Zeit gehabt, euch an Wärme, Wind, Luftfeuchtigkeit zu gewöhnen." Das hatten wir. Trotzdem fühlten wir uns schlapp und lustlos, ständig müde. Nachts lagen wir schlaflos. Elga änderte unsere Verpflegung: leichte Kost mit mehr Salz; weniger auf einmal, dafür öfter.

Besuche von Seglern folgten sich ununterbrochen mit endlosen Gesprächen über – ich weiß es nicht mehr. Es war wie im Yachthafen. Ich sehnte mich nach Ruhe.

Von der Bunkerstation trieben Dieselflagen übers Wasser. Krachende Außenbordmotoren wirbelten darin herum. Wie zu Hause nicht zum Postkasten um die Ecke gehen, konnten die Menschen hier nicht zum Nachbarschiff rudern. Es stank nach Abgasen.

Nach den Einklarierungsformalitäten in der Carlisle Bay lotste Peter uns an der Küste entlang zur Reede vor seinem Haus. Wir ankerten neben seiner Ketsch NIMANOA. Ruhe. Aber vom neuen Elektrizitätswerk am leuchtenden Strand zogen die Abgase der Generatoren zu uns herüber.

Wir saßen oft auf dem Achterschiff, wenn die Nachtbrise kühlte, und überlegten, ankerauf zu gehen. Aber das war keine Lösung. Die Lösung lag nicht auf der nächsten Insel 100 Seemeilen im Westen. Sie lag in uns. Sie hieß Geduld. Ohne sie würde alles schlimm wie auf einer Flucht werden.

Wir lernten in Peters Haus Doktor Ian Smyth kennen, einen irischen Arzt mit deutscher Frau. Elga fragte ihn, ob er die längst fällige Unterleibsuntersuchung bei ihr vornehmen könnte. Er lud uns in sein Haus an der Ostküste ein.

Der Bus kurvte über schmale Inselstraßen. Er hielt oft und lange in den kleinen Ortschaften zwischen den Hügeln der Tropenlandschaft. Hütten standen an der Straße entlang, in die Felder hinein, die mit Busch bewachsenen Hügel hinauf. Sie waren roh zusammengezimmert, oft liebevoll und bunt angemalt.

Der genagelte Bretterbau hatte den Vorteil, daß der Besitzer ihn beim Umzug auseinandernehmen und am neuen Wohnort zusammensetzen konnte. Blumentöpfe standen auf den Veranden. Zwischen den Hütten lag Schmutz unter üppig wucherndem Unkraut. Hühner, Schweine, Kinder liefen herum.

Je weiter wir aufs Land kamen, desto abgetragener wurde die Bekleidung der Fahrgäste – aber immer sauber. Die zahlreichen, schokoladenfarbenen Kinder auf den Schößen ihrer Mütter waren mit Liebe und oft pedantischer Sorgfalt angezogen. Sie sollten es besser haben, egal, ob es ihnen gefiel. Sie schrien entsprechend, worüber alle sich freuten.

Die meisten Fahrgäste beachteten uns kaum. Einige beobachteten uns verstohlen wie über eine Schranke hinweg: schwarz und weiß, immer noch. Der Bus schepperte dahin. Draußen in eintöniger Größe hügelauf, hügelab lagen Zuckerrohrfelder, Sklavenarbeit vor noch einhundertfünfzig Jahren. Wie wurden diese Felder jetzt bewirtschaftet? Ich fragte den grauhaarigen Mann neben mir.

Sein schwarzes Gesicht lächelte freundlich. Seine tiefen Augen – so fremd mit den blutunterlaufenen Augäpfeln – sahen mich vorsichtig an. „Ja, ja, viel Arbeit, wenn d'Ernte kommt."

„Ich meine, wer verwaltet die Plantagen?"

„Das Zuckerrohr reift bis zur Ernte. Zur Ernte kommn Männer un Fraun aus d'Dörfer."

„Wer teilt die Arbeit ein?"

„Ja", sagte er langsam und blickte ruhig über die grün wogenden Hügel, „d'Boß, wenn das Zuckerrohr reif ist."

Der Bus schüttelte unsere Körper hin und her, immer gemeinsam in die gleiche Richtung. Ich fragte weiter. Er antwortete höflich. Aber sein Denken folgte einer anderen Logik. Ich vermochte ihr nicht zu folgen.

Der Niedergang der großen Zuckerrohr-Plantagen beginnt nach der Abschaffung der Sklaverei in der Mitte des vorigen Jahrhunderts. Aus billiger Sklavenarbeit wird teure Arbeit in Lohnstunden. Das kann diese rücksichtslose Monokultur nicht verkraften. Die Zuckerpreise steigen. Hinzu kommt, daß viele europäische Länder inzwischen Zucker aus Rüben gewinnen. Er ist billiger als Rohrzucker. Selbst England kauft diesen Zucker statt den seiner karibischen Besitzungen. Die Plantagen geraten in Schwierigkeiten. Viele machen bankrott. In zwölf Jahren sinkt auf Barbados der Wert des

Zuckerrohrbodens um mehr als zwei Drittel. Bankkredite für Pflanzer, wie sie zur Anschaffung von Maschinen und zur Überbrückung der Zeit zwischen den Ernten üblich gewesen sind, werden eingestellt. Der ausgelaugte Boden verkommt. Trockenperioden und Ungeziefer tun das ihrige.

Ein Zug der Auswanderung setzt ein. Viele Pflanzer kehren nach England zurück, verbittert, oft ruiniert. Die schwarzen Arbeiter ziehen auf der Suche nach Arbeit zwischen Panama und Guayana herum, wanderndes Proletariat. Hunger und Krankheit, Seuchen suchen Barbados heim. Wirbelstürme bringen Zerstörung. Es fehlen jegliche Mittel für Hilfe und Aufbau. Das Bild der Insel, aller Zuckerinseln, sinkt in jene staubige Unordentlichkeit, deren Spuren wir heute noch sehen. Die Inselbewohner gewöhnen sich daran. Gleichgültigkeit befällt sie. Sie ist tragisch in ihren tiefen Wurzeln. Wir Europäer nennen sie obenhin Faulheit.

Zwei Dinge bringen die Wende. Es gelingt Botanikern, ein widerstandsfähiges Zuckerrohr zu züchten, das auf dem ausgelaugten Boden gedeiht. Das Kolonialamt in London zahlt endlich Hilfsgelder. Entgegen den Forderungen der verbliebenen weißen Pflanzer werden die Gelder einer Bank überwiesen. Sie hilft nur reformwilligen Pflanzern. Sie gibt Kredite auch an ehemalige schwarze Plantagenarbeiter. Diese können Land zur Ernährung ihrer Familien kaufen. Die Kleinbauern bearbeiten den Boden, ohne ihn zu überfordern.

Zähneknirschend müssen die wenigen Pflanzer zusehen, wie sich ihre Insel verändert, wie sich das Unkraut der Kleinbauernwirtschaft über ihre ehemals stolzen Hügel ausbreitet. Felderfetzen, Hütten hier und Hütten dort, Schweine, eine Kuh, Federvieh und dazwischen die nackten schwarzen Kinder, die mit Ziegen und Lämmern um die Wette springen. Die blühende Unendlichkeit wogenden Zuckerrohrs, verdammt!, ist verschwunden. Und was davon bleibt, entspricht nicht mehr ihrem Lebensstil.

Es überleben nur wenige Plantagen bis auf den heutigen Tag. Sie geben das in Saisonarbeit geerntete Zuckerrohr zur Herstellung der Raffinade an selbständig arbeitende Zuckermühlen. Das kaufmännische Management dieser Mühlen sorgt für einen marktgerechten Vertrieb. Die Zuckerpreise im Auf und Ab des Weltmarktes schaffen schwere Sorgen.

Ich blickte zu meinem Nachbarn. Der Kopf mit dem ergrauten Krusselhaar war ihm auf die Brust gesunken. Er schlief. Meine Fra-

gen hatten ihn nicht verwirrt – aber seine Antworten mich. Das Zuckerrohr reift bis zur Ernte. Binsenwahrheit. Nicht für ihn.
Der Bus hielt. Wir stiegen aus. Wir fragten eine alte Frau nach dem Haus von Dr. Smyth. Ein breites Lächeln zog über ihr Gesicht. „Der Doktor – hier d'Straße runter-und-rauf!"
Wir kamen an eine Straßengabelung, die dem Gedächtnis der Alten entfallen sein mochte. Wir fragten einen Mann. „Ja, der Doktor!" Sein Lächeln war ehrfürchtig. „Hier längs, nich weit!"
Nicht weit lagen zwei Häuser, was dem Gedächtnis des Mannes entfallen sein mochte, und wir fragten einen Jungen. „Hier! Hier wohnt uns' Doktor!"
Das Haus lag hügelauf in einem großen Garten. Ian und seine Frau Trudi begrüßten uns und führten uns gleich zum Schwimmbad. Wir schwammen und genossen die Abkühlung. Ian ging mit Elga in die Praxisräume. Trudi bereitete in der Küche das Mittagessen vor. Ich saß auf der Terrasse, blickte über den Atlantik. Dorther waren wir gekommen. Es sah in großer blauer, weiß gebrochener Fläche schön und friedlich von hier oben aus.
Elga kam von der Untersuchung. Ihr Gesicht! Sie sagte, daß ein tiefsitzender Polyp in der Gebärmutter einen Eingriff erforderlich machte. Ich blickte sie entsetzt an. Trudi bat zu Tisch – Tischgespräche, an denen ich mich wenig beteiligte. Was geschieht mit Elga?
Nach dem Essen pflückten die Frauen Obst im Garten. Ian und ich saßen im Wohnzimmer. Das vorgezogene Hausdach dämpfte das Licht im Raum zu harmonischer Sanftheit. Braun glänzten die Mahagonimöbel. Durch die geöffneten Terrassentüren und Fenster mit Moskitogittern zog ein sanfter Lufthauch. Draußen im Garten glühten Blüten im heißen Mittagslicht und nickten im Passatwind. Es war wie ein Tropenmärchen – weit, weit entfernt, unerreichbar schön in meiner Angst um Elga.
„Elga muß ins Krankenhaus, Ian?" fragte ich.
Er sah mich mit seinen ruhigen Augen an, hell im gebräunten Gesicht mit einem gestutzten Bart. „Ja. Ich kann den Eingriff hier nicht machen."
Wie fragt man nun weiter? Krebs? Der entfernte Polyp muß darauf untersucht werden? Kein Krebs? Welche Chancen? Fragen ohne Antwort. Was soll ein Doktor sagen, der's ja auch noch nicht weiß. Nach einem Schweigen sagte ich, um nicht zu fragen: „Sie ha-

ben einen herrlichen Besitz!" Und fragte, weil sich in mir alles zu Fragen krampfte: „Sie wollen sich hier zur Ruhe setzen?"

„Es ist schön hier", antwortete er bedachtsam. „Zur Ruhe setzen? Daran denkt nur, wer ohne Aufgabe ist. Sehen Sie, der Chirurg, der den Eingriff bei Elga machen wird, ist nun siebzig Jahre alt. Er hatte verschiedene Berufungen nach England. Er hat sie abgelehnt, weil er sich hier zur Ruhe setzen wollte. Aber er hat hier seine Patienten. Die Menschen auf dieser Insel brauchen uns wirklich, viel mehr als die in Europa."

Nach einer Weile fuhr er fort: „Barbados ist eine reiche Insel im Vergleich zu den anderen. Schon ihre geographische Lage nach windwärts hat sie von der ständigen Unruhe, den endlosen Kriegen, die Europa hierher brachte, ferngehalten. Mit Zuckerrohr kann man heutzutage kein Vermögen mehr verdienen. Die Engländer sind gegangen. Die Kranken blieben."

„Und schwarze Ärzte gibt es nicht?"

„Nicht genug."

Die Frauen kamen aus dem Garten herein.

„Frisches Obst!" rief Elga. „Bedank dich bei Trudi!"

„Wir trinken jetzt eine Tasse Kaffee", sagte Trudi. „Und dann fahre ich Sie zum Schiff – mit einem Umweg über unsere schöne Ostküste."

„Wann wollen Sie weitersegeln?" fragte Ian.

Ich sah Elga an.

Sie sagte: „Am 22. Dezember zusammen mit der NIMANOA nach Bequia. So haben wir's mit Peter besprochen."

Ian überlegte. „Ich werde den Krankenhaustermin so legen, daß Sie dann auslaufen können, wenn alles in Ordnung ist."

Die THALASSA-Besatzung – Bobby, Carla und die sechs Freunde von der Atlantiküberquerung – hatte uns zum Abendessen eingeladen. Elga und ich kamen pünktlich in das piekfeine Restaurant. Volker von der THALASSA begleitete uns. Wir hatten ihn im Dingi mitgenommen.

Der schwarze Geschäftsführer, schlank und überelegant gekleidet, sah uns mißbilligend an. „Nein!" sagte er auf unsere Frage. „Hier ist kein Tisch für Mr. Schenk reserviert."

„Ich weiß, daß Bobby hier war", sagte Volker.

„Wir nehmn keine Leute, die barfuß kommn!" sagte der Geschäftsführer böse.

„Wir sind nicht barfuß", sagte ich. „Aber gut – wir warten."

„Draußen!" befahl der Geschäftsführer.

Auf die Terrasse vorm Eingang kam bald ein Meldeläufer von Bobby: man säße im nächsten Restaurant, drei Häuser weiter direkt am Wasser.

Ich ließ die anderen vorgehen und sah ins Restaurant nach dem Geschäftsführer. Reine Neugierde, aber der Geschäftsführer zeigte sich nicht. Der Skipper einer deutschen Yacht saß an einem Ecktisch. Ich grüßte hinüber und wandte mich zum Gehen.

„Heh!" rief der Skipper laut und jovial. Aber er meinte den Kellner: „Heh, Nigger, bring mal die Rechnung!"

Im Restaurant explodierte ein atemloses Schweigen, tötete alle Gespräche und wischte die Essensgeräusche weg. Das Wort Nigger hat eine blutige Geschichte. Die Geschichte ist so lang und bitter, daß für Schwarz und Weiß dieses Wort das allerletzte Schimpfwort geworden ist. Es fällt in unbeherrschtem Zorn oder in kalter Provokation.

Nichts geschah hinter mir. Nur Schweigen wie ein Eisklotz in der Tropennacht. Ich zwang mich aus meiner Erstarrung ins Freie. Die Baumfrösche tönten noch vielschichtig. Ich ging den anderen nach.

Wir aßen gut und reichlich. Carla und Bobby wollten mit anderen Freunden in die Grenadines segeln. Ulrich und Birgit hatten zusätzlichen Urlaub genommen, um mit Peter auf der NIMANOA zu segeln. Für die anderen war der Urlaub zu Ende. Lärmend nahmen wir Abschied.

„Bobby", fragte ich, „was war mit dem Geschäftsführer im anderen Restaurant?"

Er lachte. „Dies!" sagte er und zeigte auf seine nackten Füße unter der grauen Hose. „Ich hab' nie Schuhe an. Es merkt kein Mensch. Nur dieser superfeine Geschäftsführer, dieser –"

Ich hielt den Atem an.

Bobby sagte das Wort nicht. „Ich zieh' mir doch wegen eines solchen Lackaffen kei' Schuhe an!"

Ich dachte an die Plakate, auf denen die Schwarzen die feriensuchenden Weißen zu dezenter Kleidung und angepaßtem Benehmen auffordern. Ich hatte sie für übertrieben gehalten.

Wir gingen am späten Nachmittag ankerauf. Wir wollten am nächsten Morgen in Bequia sein. Die Nacht kam dunkel. Steuerbord hingen regenschwarze Schauerwände. Wetterleuchten geisterte durch ihre Wolkentürme. KAIROS lief unter Großsegel und Klüver 2 Westkurs vor einem schwachen, achterlichen Wind. Eine träge Dünung zog.

Elga törnte ein. Sie fühlte sich schwach. Aber sie hatte sich vom Eingriff im Krankenhaus recht gut erholt. Das Ergebnis der Gewebsuntersuchung war negativ gewesen – negativ im medizinischen Sinn: keine bösartige Krankheit. Für uns Sterbliche war das sehr positiv. Wir waren gesund!

Im wolkendurchzogenen Frühlicht lag Steuerbord voraus St. Vincent. Die vulkanischen Gipfel waren wolkenverhangen. Südlich davon standen die blauen Silhouetten von Bequia und anderen Inseln der Grenadines niedrig auf der Kimm. Der Wind drehte auf Nordost – noch schwach. Von achtern zogen Schauerwolken auf. Das Leuchten des Meeres versank dort in Böen und Schatten. Karibisches Gemälde: blau, weiß und silbern mit grün-violetten und blauen Inseln – schwarz, gelb und grau mit wehenden Schauerwänden, die alles zudecken.

Die Sonne war durch den Zenit gegangen, als unser Anker in der Admiralty Bay an der Westküste von Bequia fiel. Die NIMANOA ankerte dort bereits. Etwa achtzig Yachten lagen rundum. Sie zeigten alle Arten von Takelagen gegen das Grün der Insel, schimmerten in Spiegelungen auf dem Wasser. Eine Fallbö mit heftigem Regen löschte die Farben und malte das Bild in Silbergrau.

Nach dem Regen ruderte Peter mit mir an Land zum Einklarieren. Wir schlenderten die Uferstraße entlang. Palmen, Mangobäume und Bäume, deren Namen ich nicht wußte, standen über dem Strand. Er senkte sich hin zu einer schwachen Brandung. Die schattige Straße zwischen Hütten und Strand war belebt. Yachtbesatzungen in Gruppen überall, die Kleidung grell urlaubsbetont. Einwohner, Männer lässig, Frauen mit Bündeln auf dem Kopf, einfach und oft abgetragen die Kleidung, gingen ihre Wege. Alte Leute saßen auf den Bänken am Strand im Schatten. Junge Leute bewunderten den Fahrer eines mit Tigertupfen bemalten, uralten Autos. Eine Gruppe Mädchen in Schultracht mit kariert gescheitelten Frisuren und Zöpfen zog sittsam vorbei. Kinder liefen umher und schrien lustig.

Sie sprangen auf uns zu. „Gib mir Dollar! Dollar! Dollar!"

Wir kamen an der Bar vorbei. Yachtleute nahmen erste drinks zur Überwindung der Hitze. Ein Lautsprecher dröhnte Musik.

Die kleine Kirche mit sauber gemalten Wänden stand unverändert. Die Glocke im Giebel hatte uns zur Weihnacht vor fünfzehn Jahren geläutet. Wir ankerten damals mit der ersten KAIROS und Peters KINYA in der Bucht – zwei Yachten neben vielen Inselschonern. Die Schoner waren jetzt verschwunden. Alte Motorschiffe beförderten die Inselfrachten. Die Farbe über ihrem Rost schien sie zusammenzuhalten. Solches Monstrum lag an der Brücke vertäut.

„Gib mir Dollar! Dollar! Dollar!"

Damals waren die Kinder zu unserem Ankerplatz gerudert. Mit Gitarren und Kämmen machten sie Musik und schlugen den Takt dazu auf der Ruderbank. „Jingle Bell, jingle Bell –" sangen sie und freuten sich über unsere Freude.

„Jingle Bell, jingle Bell!" dröhnte der Lautsprecher von der Bar herüber. Morgen ist Weihnacht. „Gib mir Dollar! Dollar! Dollar!" Es ist fünfzehn Jahre später. Hör auf, solche Vergleiche führen zu Melancholie.

Peter ruderte mich zur KAIROS zurück.

„Los, Peter, pull! Ich muß an Bord!"

Elga stand auf unserem Backborddeck, Fender bereit. Eine Yacht mit gefiertem Großsegel, das sich gerade wieder füllte, trieb Bug voran auf KAIROS zu.

Ich komme gerade rechtzeitig, um den Bugkorb der Yacht abzudrücken. Elgas Fender unten federt den Stoß ab. Das verhindert den Bruch unserer Seereling. Motorheulend zieht die Yacht zurück. Der Rudergänger kurbelt wie irrsinnig am Rad, die anderen stehen lächelnd an Deck.

„Und sicher fährt die Brigg vorbei!" zitiert Elga. „Also du, ich hätt' ihn nicht abhalten können!"

„Es hätte keinen großen Schaden gegeben", sage ich beruhigend.

„Na, weißt du!" Elgas Erregung ebbt nur langsam ab. „Ich kämpfe hier mit Drachen, und du sagst, das ist nichts! Die ließen ihren Anker zwei Schiffslängen vor uns fallen – voll segelnd. Der Anker hielt nicht. Zum Glück sprang seine Maschine an."

„Charteryacht! Die großen mit Skipper und Besatzung sind all right", sagte Peter aus seinem Dingi herauf. „Die kleinen, die an überschwenglich wasserliebende Sportsfreunde verchartert werden, die sind's meistens. Ihr werdet euch bis heute abend wohl von dem Schreck erholt haben. Kommt an Bord, Birgit und Ulrich können prima kochen, beide! Richtig tatkräftiger Ersatz für Ulla!"

Diese war in Familienangelegenheiten nach Hamburg geflogen.

Wir wurden noch zweimal aufgeschreckt. Das erste Manöver der Sloop wurde Backbord voraus eingeleitet und endete zwei Meter neben unserer Backbordseite.

„Wollen Sie so liegen bleiben?" fragte Elga hinüber. Der alte Herr am Ruder, Admiralstyp, nickte würdig. Ich holte Fender und bestückte unsere Breitseite.

Nach eingehender Beratung mit seiner jugendlichen Besatzung ging der alte Herr eine halbe Stunde später ankerauf. Behindert durch die vielen Ankerlieger, setzte er in weitem Bogen zum zweiten Versuch an. Der Anker fiel ganz dicht neben uns querab vom Bug. Endlose Ankerleine wurde gesteckt. Nach der Windstille setzten Böen ein. KAIROS sackte ein paar Meter achteraus und schwoite. Die Ankerleine des alten Herrn streckte sich, hob sich und zog bei jedem Schwoien an unserer Kielhacke entlang – scht-krr, scht-krr-krr.

„Was machen wir?" fragte Elga.

„Gar nichts", antwortete ich. „Ähnliches wird nun laufend geschehen. Wir werden damit leben müssen."

„Das hältst du nicht durch – mit deinen schwachen Nerven!"

„Möglich", sagte ich und nahm mir vor, es durchzuhalten.

Zu einem Ankermanöver auf überfüllter Reede sind erforderlich: Erfahrung im Verhalten des eigenen Schiffes, Augenmaß für die Abstände zu den anderen Schiffen, Vorstellungsvermögen hinsichtlich möglicher Änderungen von Wind und Strom. Das alles soll ein armer Mensch nun haben! Meist bringt er eine Yacht vor Anker, wie er sein Auto parkt. Da kommen Wind und Flut nicht – ausgenommen manchmal Hochwasser.

Es sollten im Laufe unserer karibischen Reise noch viele haarsträubende Kontaktmanöver auf uns zugefahren werden. Das seltsamste blieb jenes, in dessen Verlauf der CQR-Anker des Unfallgegners wie eine Gondel unsere Ankerkette heraufgeglitten kam. Die Yacht trieb hinter unser Heck, wo sie zu plötzlichem Stillstand kam – mit ihrer Ankerkette entlang unserer Bordwand: schramm-rauf, schramm-runter. Es herrschte eine gewaltige Aufregung. Nicht bei uns. Gemäß meiner Absicht durchzuhalten, ging ich in tiefem, wütendem Schweigen zum Bug. Ich hakte den fremden Anker aus. Er hing unmittelbar unterm Klüverbaum. Die Yacht trieb mit schreiender Besatzung und tobendem Rudergänger weiter, bis sie sich in einem Mooringgeschirr vertörnte. Erst am nächsten Tag konnte sie befreit werden. Man hatte einen Taucher beauftragt.

„Prost! Und frohe Weihnacht!" – „Wie ist das schön hier!" – „Und prost!" – „Und dir auch eine frohe Weihnacht!" Zusammen mit den Besatzungen der NIMANOA und der THALASSA sitzen wir an einem der langen Holztische vorm Restaurant „Frangipani".

Die steelband schrillt. Sie spielt unter Palmen, von Tanzenden und Trinkenden umringt. Eine Anglo-Weihnacht ist lauter und lustiger als eine Germano-Weihnacht. Irgend jemand haut seine Hand auf meine Schulter.

Du siehst das nicht richtig, sage ich mir, diese Fröhlichkeit, du mußt auch fröhlich sein.

„Schmeckt's dir?" schreit Elga.

„Jaa, danke!"

„Wollen wir nachher tanzen – tannzenn?"

Ich zeige auf den Boden. Soweit wir ihn zwischen Sandalen und Barfüßen sehen können, ist er eine Glitschbahn aus Lehm. Der letzte Schauer hat ihn aufgeweicht.

Es tanzt da unter den anderen ein blondes Mädchen in irgendwas wie einem weißen Leinensack mit seitlichem Knoten. Zwischen ihren Zehen mit blutroten Nägeln patscht der Lehm hoch. Ihr Goldkettchen am Fußgelenk ist schon beschmutzt.

Die steelband jault. Die Schwarzen ringsum klatschen in die Hände.

Das blonde Mädchen inmitten der Tanzenden und Trinkenden hebt verzückt die Arme zur Lampe, die in der Palmenkrone hängt. Die beuteligen Ärmel des Modesacks gleiten an ihren Armen hinab und die Einstichnarben in den Armbeugen leuchten wie rote Perlen.

Du mußt fröhlich sein.

Die steelband jault und die Schwarzen klatschen den Takt und die Weißen tanzen und trinken und ein Betrunkener leuchtet dem Mädchen mit seiner Stablampe ins Gesicht. Das Gesicht strahlt in greller Verklärung.

Am Tisch essen die Freunde ihr Weihnachtsmahl und es ist ein großer Schmaus und einige sind schon zu anderen Tischen gegangen oder tanzen eilig, um nichts zu versäumen. Aber das tut der Geselligkeit keinen Abbruch. Andere kommen und schmausen weiter in christlicher Brüderlichkeit. Der Tisch sieht wie ein Schlachtfeld aus, steht schließlich verlassen mit dem unnütz gewordenen Material der Gabeln und Messer, Gläser, Becher und Teller. Rot darauf das verklebte Tomato-Ketchup, auch ist ein Glas mit Rumpunsch umgeworfen worden. Das blonde Mädchen wird von der Schar der Tanzenden hochgehoben. Den zuckenden Lichtstrahl der Stablampe immer noch im verklärten Gesicht, schwankt die Gestalt über schweißnassen Gesichtern, rollenden Augen und gierigen Händen – Mater dolorosa eines Festes ohne Weihe.

Ich stürze meinen Rumpunsch hinunter. Elga sieht mich an, ihr Ausdruck ohne jede Absicht zum Tanz. Ich nicke. Wir drängen uns durch die Tanzenden und Trinkenden ins Freie. O Nacht mit Sternen über uns, während wir an Bord rudern.

Dort saßen wir schweigsam im Cockpit. Wir fühlten etwas wie Erschöpfung, etwas, das nur langsam verging. Der Lärm des Festes drang kaum bis zu uns her.

Die Nacht war still.

„Es sollte eine frohe Weihnacht werden", sagte Elga traurig.

Ich raffte mich zusammen. „Sie ist es."

Elga im Schein der Petroleumlampe, der aus der Kajüte schien, sah mich zweifelnd an.

„Doch", sagte ich, „du und ich, hier sitzen wir unter diesem Himmel. Er ist unverändert groß. Wir ankern in dieser Bucht. Sie ist unverändert schön. Das ist der Sinn dieser Nacht, auch wenn sich alles wandelt."

„Ja, das stimmt", sagte Elga nach einer Weile.

Strahlend hob sich die Sonne über die Hügel, warf ihr Licht in Bündeln über Bucht und Yachten, Hütten und Blüten an Land. Die Kirchenglocke klang. Radio Antilles sendete weihnachtliche Choräle. Nach dem Frühstück backte Elga einen Bananenkuchen. Der Duft erfüllte das ganze Schiff. Über den Yachten ringsum und über ihren Spiegelbildern auf dem stillen Wasser lagen Ruhe und Träume. Wir saßen eine Weile und schauten in die versöhnende Schönheit. Ich las die Weihnachtsgeschichte „– und den Menschen ein Wohlgefallen". Dann gingen wir ankerauf und setzten Segel.

Mit leichtem Nordostwind, unter Großsegel, Klüver 2 und Besan, glitt KAIROS aus der Admiralty Bay. Frei von West Cay gingen wir auf Südostkurs. Voraus im Gegenlicht blau, grün und dunstverhangen lagen die kleinen Inseln südlich Bequias. Elga steuerte die Durchfahrt zwischen Isle Quatre und Pigeon Island an. Das Meer schimmerte, eine leichte Dünung zog. Segel waren überall nah und fern zu sehen. Dicht an Steuerbord zogen zwei Yachten vorbei. Die Segler hatten alles Tuch gesetzt, das sie hochbringen konnten. Die NIMANOA kam auf und lief uns raumschots davon. Elga am Ruder sah mich abwartend an.

„Willst du zusätzliche Segel?" fragte ich.

„Ich dachte: du!"

Ich lehnte mich zufrieden auf mein Kissen in Windluv und Sonnenlee zurück und versank in den Anblick der Insel voraus.

Mustique mit ihren beiden langgestreckten Hügeln lag wie ein Scherenschnitt aus gepreßtem Dunst auf der silbernen Kimm. Je höher die Sonne stieg, desto blauer wurde das Meer. Langsam schoben sich die Hügel der Insel empor, gewannen Farben und Formen. Die NIMANOA und andere Yachten setzten die weißgebogenen Striche ihrer Segel davor.

Am frühen Nachmittag ankerten wir in Lee von Mustique neben der NIMANOA. Die Grand Bay ist keine ausgeprägte Bucht. Sie gab wenig Schutz vor der Atlantikdünung, die um die kleine Insel herumlief. Deshalb war der Ankerplatz nicht sehr besucht. Wie die anderen Yachten vor Anker begann KAIROS heftig zu rollen.

Wir ruderten an Land. Die Brandung schäumte gemächlich auf den Strand. Das Wasser lief zurück und flüchtige Spiegelbilder der Palmen am Ufer glänzten im feuchten Sand. Darüber knisterte der Passatwind in Palmenfächern. Ich lief am Strand entlang und sprang über die Spiegelbilder und fiel dabei in den feuchten Sand und lief zu Elga zurück und küßte sie.

Die NIMANOA-Leute landeten ebenfalls.

„Ihr ward gestern abend plötzlich verschwunden", sagte Birgit.

„Es war uns zu laut und zu wild."

„Uns auch. Ulrich und ich sind in ein anderes Restaurant gegangen. Wir haben stundenlang unter Palmen getanzt. Herrlich! Zu Hause ist es kalt mit Regen!"

Vom Landesteg führte eine schmale, asphaltierte Straße die Küstenhöhe hinauf. Wir blickten über hügelige Wiesen, Palmengruppen oder andere Bäume, Buschbewuchs an den Hängen, Landhäuser hier und dort in wohlgehaltenen Gärten mit Kaskaden von Blumen.

„Eine englische Parklandschaft in den Tropen!" rief Birgit.

„Eine englische Gesellschaft hat die Insel von der Regierung auf St. Vincent gepachtet", erklärte Peter. „Sie hat diese Parklandschaft gestaltet und Grundstücke planiert. Der Verkauf hat in letzter Zeit nachgelassen. Zu Beginn florierte er gewaltig. Mustique war beim europäischen Jet-set sehr beliebt."

„Und die Preise entsprechend?" fragte Ulrich.

„Sie sind es noch. Die Gesellschaft hat in England einen teuren Modearchitekten unter Vertrag. Wer hier kauft, muß durch ihn bauen lassen. Es soll dadurch die Einheitlichkeit gewahrt bleiben."

Wir folgten der Straße den Hügel hinab in die Landschaft der Insel hinein. Tiefes Schweigen lag über den blumenumrankten Bungalows einer Klinik – nicht das der Krankheit, das der Leere. Die Parklandschaft senkte sich nordwärts zu einem kleinen See. Zwischen Sträuchern und unter Palmen lagen dahinter weitgestreckt die Häuser von Cheltenham.

Eine Gruppe schwarzer Männer und Frauen kam uns entgegen.

Mustique 1979

„...flüchtige Spiegelbilder der Palmen glänzten im feuchten Sand."

Sie grüßten höflich und selbstbewußt. Einige Frauen trugen ihre Kinder auf dem Arm.

„Hausangestellte", sagte Peter. „Sie wohnen hier nur während ihrer Vertragszeit. Und die Frauen dürfen kein Kind auf der Insel gebären. Zur Geburt müssen sie nach außerhalb."

„Nanu!" entfuhr es Birgit. „Da ist doch die Klinik!"

„Nicht für schwarze Wöchnerinnen. Die Gesellschaft hat einen entsprechenden Passus in ihrem Vertrag mit der Regierung. Und jeder Hausbesitzer hat einen solchen im Vertrag mit seinen Hausgehilfinnen."

Birgit war stehengeblieben. „Man kann Geburten doch nicht verbieten!"

Peter antwortete: „Sie sind nicht verboten. Die schwarze Mutter wird ausgeflogen und mit Baby wieder eingeflogen. Sie behält ihre Stellung, wenn sie will. Die englische Gesellschaft hat das durchgesetzt, damit keine einheimische schwarze Bevölkerung entsteht."

Ulrich sagte: „Die einmal sagen kann: weg, ihr Weißen, wir sind hier geboren! Dies ist unsere Insel, ihr habt sie uns geklaut!"

„Ja, so geschieht es immer wieder."

Wir waren um den See herumgegangen. Die Landhäuser von Cheltenham lagen auseinandergezogen auf dem hügeligen Gelände – modern, kompakt trotz tropisch-luftiger Bauweise, hurrikansicher. Keines nahm dem anderen den Blick aufs Meer. Keines lag dem anderen zu nah. Die Gärten mit ihren geharkten Wegen, die gesetzten Sträucher und Bäume, die Rasenflächen verbanden alles harmonisch. Kein Zaun störte.

Aber die Häuser standen leer.

„Wo sind die Bewohner?"

Peter zuckte die Schultern. „Vielleicht gehen die Geschäfte in Europa schlecht. Außerdem ist kein Wochenende. Wenn du hier ein Haus hast, bringt dich der Erste-Klasse-Flug nach Barbados oder Martinique. Da steht dein Privatflugzeug. Ihr habt ihn gesehen dahinten, den Flugplatz."

Ich ging den Treppenweg zu einem der Häuser hinauf. Die Glasscheiben der Tür gaben ihr das Aussehen, unverschlossen zu sein. Aber das gußeiserne Gitter war eng, das Sicherheitsschloß darunter stark – so auch das Holz von Tür und Rahmen. Durch das Glas sah ich im Raum jenseits der Diele gediegene Möbel. Blumen standen in wertvoller Vase auf einem Tisch. Blumen, für wen? Das Schweigen hinter der Tür griff nach mir. Da ging ich den anderen nach.

Das alte Plantagenhaus abseits der Siedlung diente als Restaurant und Bar. Birgit und Ulrich wollten uns zu einem drink einladen. Wir traten in den großen Raum. Unsere Schritte hallten über die Reihen der gedeckten Tische hinweg, an denen kein Mensch saß. Hinter der Bar erhob sich lautlos der schwarze Barmann.

„Was wollt ihr trinken?" fragte Ulrich.
„Wollt ihr?" fragte Peter. „Ich nicht."
„Ich auch nicht."
„Was ist mit euch los?" fragte Ulrich.

Ich blickte durch die tiefgezogenen Fenster hinaus, wo früher das Zuckerrohr im Wind gewogt hatte. Damals wurden Menschen gekauft, um Gewinn zu machen. Heute werden sie verstoßen, um Gewinn anzulegen. Die Zuckerrohrplantage endete in menschlicher Befreiung. Wie wird diese Siedlung enden?

Auf dem Rückweg kam uns ein rundlicher Mann mit rosigem Gesicht entgegen. Sein trippelnder Gang war eilig. Vielleicht wollte er seinem Kreislauf Gutes tun. Er grüßte atemlos. Sein kleiner, fetter Hund folgte ihm brav. Ich sah dieser Erscheinung nach: verloren in gepflegter Parklandschaft unter einem riesigen Himmel mit ziehenden, dunklen Wolken. Die Dämmerung fiel nun schnell.

Die schwarzen Hausangestellten badeten im Meer. Ihre Gestalten standen silhouettenhaft in der silbernen Brandung, die ihre Hüften umschäumte. Ihre fremdgeborenen Kinder saßen am Strand. Sie spielten glücklich mit dem feinen Sand ihrer Insel.

Die NIMANOA lag unter Vollzeug etwa zwei Seemeilen voraus. Wir schlingerten ohne Wind in Lee von Canouan Island.

Über dem weißen Strand der Insel hob sich dunkelgrünes Buschwerk. Darüber standen die geschwungenen Stämme der Palmen mit hellgrünen Blätterfächern. Zu den Hügeln hinauf war der braune Boden mit trockenen Sträuchern und Kakteen bewachsen, Felsenschründe dazwischen, hinter die das gleißende Mittagslicht blaue

Schatten setzte. Die Vielfalt der Farben wurde vom Dunst verbunden, den der Passat Tausende von Meilen übers Meer herangeweht hatte. Hinter den Korallenbänken der Bucht, weißbraun in blauer und grüner Wasserfläche, ankerten zahlreiche Yachten.

Die NIMANOA rief über UKW. Peter wollte uns in die Lagune der Tobago Cays lotsen. Wir rissen uns von Bild und Farben Canouans los. Ich startete die Maschine. Elga ging auf Kurs.

Jeder Dünungsrücken schien Tausende von Diamanten aufzuwerfen. In diesem Glitzern der See kamen östlich von Mayero Island die Inselsplitter der Tobago Cays in Sicht: Petit Rameau, Petit Bateau, Jamesby, Baradal, eingefaßt vom Horse Shoe Reef. Vorm Horse Shoe Reef nach Südost lag ein weiteres Korallenriff, World's End Reef. Es umschloß die Insel Petit Tobac. Sie war noch kleiner als die anderen Inseln: ein leuchtender Sandhaufen mit einigem Buschwerk darauf. Die Inseln waren unbewohnt.

Wir lagen bald hinter der NIMANOA. Sie lief ebenfalls unter Maschine mit noch gesetzten Segeln.

Die Wasserfarbe wechselte von Blau zu Hellgrün. Wir fuhren wie auf einer Südseelagune – Brandung des Ozeans über den Riffen. Viele Yachten liefen den gleichen Kurs. Das Fahrwasser preßte unsere Kurse zusammen. Ebenso viele Yachten begegneten uns.

Wir umrundeten Petit Bateau im Süden. Vor uns lag die Lagune. Ihr Wasser war kristallklar und leuchtete in Grün und Gelb, in Blau und Türkis. Auf zehn Meter Wassertiefe war der Grund deutlich erkennbar: geriffelter Sand, Korallen hier und dort.

Ich nahm die Segel weg. Elga steuerte, ich lotete. Wir fanden einen guten Ankerplatz hinter der Innenkante des Riffes neben der NIMANOA und zwischen den anderen Yachten, meist Charteryachten.

Luvwärts unterm Wind lag die kahle, wasserüberspülte Fläche des Riffs. An seiner Außenkante, etwa eine viertel Seemeile entfernt, zeichnete die Brandung weiß rollende und grün hüpfende Linien haarscharf über den Horizont. Es war ein hartes Bild, fast grausam in seiner brandenden Einförmigkeit.

Leewärts war alles bunt und sanft. Wir setzten uns aufs Achterdeck und betrachteten diese Welt aus Farben von Wasser und Land, von Tiefen und Untiefen – die Formen von Inseln und Riffen, von Strandlinien und Uferfelsen.

Dazwischen schwangen die bunten Segel der Windsurfer. Je tiefer die Sonne sank, desto kräftiger wurden die Farben, desto schärfer alle Formen in langen Schatten.

Wir ließen das Dingi zu Wasser. Wir ruderten und schwammen in die Farben und Formen hinein, tauchten in ihnen unter.

Nächstentags draußen am Riff rief Norman von der Ketsch MOONSPRAY, Miami, uns zu: „Wenn ihr schnorcheln wollt, haltet euch weiter nach West! Dort könnt ihr das Dingi besser verankern. Kenne den Job, habe viel in den Bahamas getaucht."

Wir luden ihn am Abend zum drink an Bord ein.

Er war ein großer, blonder Mann mit hellgrauen Augen in einem kantigen Gesicht, Mitte dreißig. Auf Elgas Frage bat er um ein Glas Saft. Meine angebotene Zigarette lehnte er ab. Er überflog KAIROS mit einem schnellen Blick.

Er erzählte von den Bahamas, von seinen Taucherfahrungen knapp und plastisch. Wie immer bei Gesprächen über diese Inselgruppe schweifte das Erzählen von Tauchgründen und Ankerplätzen zu Schmuggel und Piraterie.

„Wir haben in den Nachrichten gehört", sagte Elga, „daß dort ein Schmuggelschiff aufgebracht worden ist, eine Motoryacht mit modernsten Navigationsmitteln."

Norman blickte Elga aufmerksam an. „Ja", sagte er gedehnt, „manchmal gelingt ein guter Fang."

Ich fragte: „Es wird so viel erzählt. Sind diese Erzählungen wahr?"

„Ich weiß nicht, was man euch erzählt hat. Daß Yachten hin und wieder hoppgenommen werden, das stimmt."

„Was sind das für Leute? Ich meine, warum reißen sie völlig Unbeteiligte hinein in ihr – ihr –" Elga suchte nach einem stärkeren Wort als Verbrechen.

„Geschäft", sagte Norman.

Wir schwiegen. Das Rufen der Windsurfer und Badenden klang plötzlich fremd über die abendliche Lagune.

Norman fuhr fort: „Bei uns in den USA, nun, sie sind Geschäftsleute, und sie haben eine tadellose weiße Weste, bis das Gegenteil bewiesen ist. Ihre Stärke ist die Organisation. Sie funktioniert. Sie wird rücksichtslos durchgesetzt. Die Organisation verzweigt sich nach unten, eine Hierarchie mit eiserner Disziplin. Sie beschafft Drogen vom Marihuana bis zum Heroin, transportiert das Zeug, bringt es ins Land und distribuiert es. Während der Prohibition wurde es mit Alkohol gemacht. Gut organisiert, verzweigt bis in den Untergrund, kann man alles verkaufen. Es gibt drei unumstößliche Grundsätze für die Organisation: Nachfrage zu befriedigen, schnellen und unbemerkten Transport zu gewährleisten, jegliches Risiko zu vermeiden."

„Und das Zeug kommt –"

Er unterbricht mich mit einer schnellen Handbewegung. Seine Augen blicken über die Lagune, ohne sie zu sehen. „Das Geschäft ist weltweit. In der Karibik kommt Marihuana aus Grenada – nicht mehr viel, seitdem es sozialistisch geworden ist. Ein wenig kommt aus Venezuela. Der harte Stoff kommt aus Columbien. Der Transport über See hat nachgelassen. Sportflugzeuge sind schneller. Es gibt genug unbekannte, kleine Landeplätze."

Er trinkt von seinem Saft. Seine Stimme erhält einen gereizten Unterton. „Aber was interessieren euch Sportflugzeuge! Im Karibischen Meer gibt es zwei Schmuggelwege. Columbien, Jamaica, Windward Passage, Haïti, Bahamas. Von den Bahamas führt der Weg zur Ostküste Floridas, von Haïti zur Westküste Floridas und in den Golf von Mexico hinein nach Texas. Der unbedeutendere Weg springt von Venezuela und Grenada die Kette der Inseln nordwärts nach Florida und hinauf bis North Carolina. Habt ihr das Bild? Dann zieht noch Linien von Mittelamerika und Mexico nach Texas hinein."

„Norman, wie kannst du –"

Wieder unterbricht er mich. „Das kannst du in jeder Zeitung lesen. Laß mich Elgas Frage zu Ende beantworten." Er lächelt schwach. „Die Leute, die den Transport zu gewährleisten haben und jegliches Risiko dabei vermeiden müssen, sind Fachleute. Sie haben Zeit. Sie beobachten. Sie bevorzugen schnelle Schiffe, Motoryachten bekannter Serien. Inneneinrichtung, Motorenstärke, Aktionsradius sind bekannt. Ist in einem geeigneten Hafen so ein Schiff aufgetankt und ausgerüstet ausgemacht worden, wird es gestohlen. Das Zeug kommt an festgelegtem Ort an Bord, wird transportiert, an festgelegtem Ort vor der Küste in kleine Boote entladen. Denkt an die Organisation. Danach wird die Yacht versenkt."

„Und die Überfälle?"

Normans Hände liegen unbeweglich flach auf seiner Khakihose. „Überfälle sind selten – für die Organisation zu risikoreich. Überfälle machen kleine Gangster. Sie sind eine Randerscheinung. Entscheidet sich die Organisation zu einem Überfall, so geschieht er ohne Chance für die Überfallenen. Er ist die absolute Überraschung. Berufskiller sind Roboter."

Wieder umfassen seine Augen unser Schiff. „Gegen Einbruch und Diebstahl könnt ihr euch weitgehend schützen. Ihr tut das – wie?"

Als ich nicht antworte, fährt er fort: „– wie ihr auch die Gebiete meiden könnt, die als unsicher gelten. Sie wechseln. Nichts ist so beweglich wie Schmuggel. Manchmal hört ihr darüber in den Nachrichten, oft in den Berichten von Seglern. Die Überraschung bleibt immer möglich, sie ist nicht ausschaltbar."

„Wir sind mißtrauisch und vorsichtig."

„Habe es gemerkt. Ihr könnt ahnungslos in eine Schmuggeloperation hineinsegeln. Dann seid ihr dran." Er sagt das, als segeln wir in eine Schauerbö hinein.

Der Mann wird mir unheimlich. „Jedenfalls weißt du sehr gut über das Geschäft Bescheid."

Er lacht auf, hart und freudlos wie seine hellen Augen. „Ich war Fachmann. Polizei. Habe quittiert. Ich habe meinen übergeordneten Dienststellen Vorschläge unterbreitet und nur der Teufel weiß, bei welchem Abendessen sie mit den Weißen Westen besprochen wurden. Der Untergrund ist ohne Grenzen. Wo ihr Ungewisses ahnt, geht weg! Ankert nie allein. Sucht euch Freunde." Er steht schnell auf und blickt zu seiner MOONSPRAY hinüber.

„Du meinst also, daß der Kampf gegen den Rauschgiftschmuggel erfolglos bleiben muß?"

„Ja." Er löst die Leine seines Beibootes und springt hinein. „Wenn ihr nach Miami kommt, ruft mich an! Ich nehme euch mit zur Jagd auf Enten. Sie ist gut bei uns. Meine Telefonnummer gebe ich euch über UKW durch, dann könnt ihr sie mitschreiben."

Elga und ich standen an der Reling und sahen ihm nach.

„Würdest du ihn anrufen, sollten wir nach Miami kommen?" fragte Elga.

„Nein. Es muß solche Männer wie ihn wohl geben, Jäger – aber nicht nur auf Enten. Ich möcht' wissen, welchen Beruf er zur Zeit ausübt."

„Was liest du so verbissen?" fragte Elga. „Vier Bücher auf einmal?"
„Über die Piraten im Karibischen Meer. Anders als bei Normans Bericht hinterließen die Piraten der Vergangenheit ein fast romantisches Bild."
Elga blickte über die Lagune zu den kleinen Inseln. „Na klar! Versteck unter Palmen, Breitseite gegen den dicken Kauffahrer, Enterbeil und Sieg, sagenhafter Reichtum, vergrabene Schätze."
Es ist die Maßlosigkeit des spanischen Anspruchs in diesem Seegebiet, die zur Ursache der Seeräuberei wird. Spanien ist nicht in der Lage, seinen Anspruch sinnvoll zu verwirklichen. Die Gier nach Gold treibt die Spanier nach Westen zu den Azteken, nach Süden zu den Inkas. Ihre westindischen Besitzungen entvölkern sich.
In diesen Raum stoßen französische, holländische, englische Seefahrer vor. Die Franzosen bieten den gebliebenen spanischen Siedlern billig Tauschwaren an, die sie den spanischen Karavellen auf See abgenommen haben. Die Holländer schmuggeln andere Waren ein, die von der spanischen Monopolgesellschaft nur mühsam aus Cádiz herangeschafft werden können. Neben dem Anbau von Zukkerrohr und Tabak nehmen die Engländer zum Nutzen des eigenen Handels rege an Piraterie und Schmuggel teil.
Die Beteiligten sehen sich die Erfolge gegenseitig ab. Der jeweiligen politischen Lage in Europa gemäß nennen sie es Krieg, Handel, Kolonisation. Und nebenher rauben alle spanisches Gold, wo immer sie seiner habhaft werden können. Im Krieg sind die europäischen Seefahrer Kaperkapitäne, die feindliche Schiffe aufbringen – im Frieden Kauffahrer, die Handel treiben. Bewaffnet sind sie immer. Reichtum wollen sie gewinnen im Karibischen Meer, wo Krieg ohne Flagge, Handel ohne Rechnung und Inseln ohne Zahl auf Männer ohne Skrupel warten.
Es gibt eine Gruppe von Seefahrern, die sich dabei absondert. Sie

sind aus aller Herren Länder und werden Bukanier genannt. Im westlichen Haïti jagen sie Schweine und Rinder. Das Vieh ist von den abziehenden Spaniern zurückgelassen worden und hat sich stark vermehrt. Nach der Schlachtung bukanieren sie das Fleisch: sie räuchern es in Streifen. Rauchfleisch und Häute schaffen sie zur Insel Tortuga nahe der Nordwestküste Haïtis. Dort verkaufen sie beides an durchreisende Schiffe. Sind die Bukanier der Jagd und Schlächterei müde, so lassen sie sich auf Kaperschiffen anwerben.

Sie sind harte Männer, gute Schützen. Für sie ist der Unterschied zwischen Machete und Entersäbel gering, ebenso der Unterschied zwischen Viehblut und Menschenblut. Sie bringen es zu etwas auf den Kaperschiffen. Mit ihrem Beuteanteil rüsten sie bald eigene Schiffe aus und scheren sich den Teufel um den Kaperbrief irgendeiner europäischen Regierung. Sie führen Krieg gegen jedes Schiff, aller Welt Feind. Aus schwimmenden Grenzen bisherigen Verhaltens auf See wird eine nackte, blutige Tatsache: Seeräuberei.

Und Tortuga erblüht dabei als Piratenstützpunkt. Dort wird die Beute verkauft. Piraterie und Handel sind auf See ein tödlicher Gegensatz, hier reichen sie sich die Hand. Niemand fragt, woher die Ware kommt, wohin sie geht. Tortuga gewinnt außerdem politische Bedeutung. Auf dem spanischen Haïti siedeln immer zahlreicher Franzosen. Die französische Regierung schickt deshalb einen Gouverneur nach Tortuga. Auch Tortuga ist noch spanischer Besitz, aber das wird großzügig übersehen. Der Gouverneur findet ein seltsames Menschengemisch auf der Insel vor: Händler, Schmuggler, Jäger, Seeleute, Nichtstuer; ein paar eingesessene spanische Familien gibt es auch noch. Dann sind da die Bukanier. Sie setzen dem Gouverneur das Entermesser an die Kehle – alles läuft nach ihrem Willen.

Am Ende des 17. Jahrhunderts werden aus Bukaniern Flibustier. So nennen sie sich selbst nach dem holländischen Wort Vrybuiter, Freibeuter. Sie haben ihre eigenen Gesetze entwickelt. Die Schiffsbesatzungen wählen ihren Kapitän und ihre Maate. Sie können diese auch wieder absetzen. Trotzdem ist ihre Disziplin nicht geringer als die der Kriegsflotten. Dort bringen Preßkommandos und Willkür, neunschwänzige Katze und schlechte Kost ein widerwilliges Schiffsvolk bei schlechter Heuer zusammen. Die Besatzung eines Piratenschiffes kämpft freiwillig unter selbstgewählten Führern mit der Aussicht auf reiche Beute nach kurzer Seefahrt. Da wird keine Verpflegung und selten das Wasser faulig.

Jeder Flibustier hat einen unumstößlich festgesetzten Anteil an der Beute. Im Falle einer Verstümmelung im Kampf erhält er eine Vergütung. Bleibt er invalid, bekommt er eine Beschäftigung im Piratennest. Die Flibustier sorgen für ihre Kumpane, lange bevor Cromwell in England ein erstes Militärhospital, Ludwig der Vierzehnte in Frankreich ein Hôtel des Invalides gründet und der Preußenkönig Friedrich beide Vorbilder verbessert nachahmt.

Aller Welt Feind wird zum Vorbild. In einer Welt des rücksichtslosen Raffens ist derjenige, der das Geraffte den Raffenden entreißt, schnell eine romantische Gestalt. Geschichten beginnen, sich um die „Brüder der Küste" zu ranken, die nach ihren eigenen Gesetzen leben. Besseren Gesetzen? Das Karibische Meer ist groß, und keine Brandung spült das vergossene Blut an die Küsten seiner schönen Inseln.

Marine-schwache Regierungen in Europa nehmen die Flibustier gern in Dienst und schicken sie mit Segenswünschen gegen den Feind auf der nächsten Insel. Da segeln sie ehrenvoll neben den Linienschiffen der regulären Flotte. Und ist der letzte Schuß getan, die letzte Schlacht vorbei, wird die reguläre Flotte ausgemustert und auf Halbsold gesetzt – die Flibustier kämpfen, plündern und brandschatzen weiter. Niederlassungen gehen in Flammen auf, Schiffe werden zusammenkartätscht, die Bevölkerung verröchelt oder muß mit hohem Lösegeld Leben und Stadt retten.

Man sagt den Flibustiern die Absicht nach, daß sie eine Republik haben gründen wollen. Auf Tortuga muß der Gouverneur bereits um sein Leben nach ihrer Pfeife tanzen. Auf Jamaica ist es bald ähnlich. Auch Störtebekers Likedeelern in Ostsee und Nordsee hat man eine solche Absicht nachgesagt. Aus jedem Blutvergießen raucht die Hoffnung auf Besserung wie ein Traum. Die Verfälschung beginnt. Sie läßt Gewalt wie Kraft, Räuberei wie Recht, Tod wie Verklärung erscheinen.

Jean-Baptiste du Casse macht dem ein Ende. Er kommt als Sklavenhändler in das Karibische Meer. Seine Erfolge als Kaperkapitän eröffnen ihm den Platz als französischer Gouverneur auf Tortuga. Frankreich führt Krieg gegen Spanien. Du Casse segelt mit einem Marinegeschwader, verstärkt durch Schiffe der Flibustier, nach Cartagena an der columbianischen Küste. Er erobert Stadt und Festung. Er verhindert die restlose Ausplünderung durch die Flibustier und gibt ihnen nicht mehr Beuteanteil als dem Marinegeschwader. Die Flibustier toben. Sie drohen. Kühl weist du Casse auf die ausgefahrenen Geschütze des Flottengeschwaders. Die Flibustier ziehen es vor, nicht nach Tortuga zurückzukehren. Sie segeln zwar später nach Cartagena zurück und holen blutig nach, was ihnen Festigkeit verwehrt hat, aber ein erster Schritt zur Bekämpfung der Seeräuberei ist getan.

Der Friedensvertrag von Ryswyk zwingt die Spanier, Haïti – ihr Hispaniola seit Columbus' Tagen – an Frankreich abzutreten. Die Franzosen nennen die Insel Saint Domingue. Gouverneur du Casse gibt der Kolonie eine feste Verwaltung. Er fördert ehrlichen Handel, verdrängt die Seeräuberei und den Schmuggel. Er unterstützt die Ansiedlung von Bauern, verleidet den Bukaniern die gesetzlose Jagd. Er zwingt die verbliebenen Flibustier mit Gewalt zum Verlassen Tortugas. Du Casse stirbt als hochdekorierter Admiral und ausgezeichneter Staatsbeamter.

Die Piraten weichen nach Norden aus. New Providence, Insel in der Bahamagruppe, wird ihr neuer Stützpunkt. Er liegt inmitten eines Gebietes, das sich eine Großmacht angeeignet hat, ohne es sinnvoll nutzen zu können: England.

Auch auf New Providence ist es ein Mann, der mit den Piraten gleich kühl und gleich fest aufräumt, Gouverneur Woodes Rogers. Er opfert das eigene Vermögen, das er als Kaperkapitän angehäuft hat, um sein Ziel zu erreichen. Er gewährt den Piraten Generalpardon, wenn sie die Seeräuberei aufgeben. Er fördert ihre friedliche Ansiedlung. Die unwilligen Galgenvögel vertreibt er von den Bahamas. Zu ihnen gehört der berüchtigte Blackbeard, der die Küsten von South und North Carolina heimsuchen wird.

Was ich noch nicht wußte: unsere Reise sollte später dorthin führen, wo ich Blackbeards im Sand vergrabenen Schatz nachträumte, den er dem Teufel vermacht hat.

Die Regierung in London jedenfalls dankt ihrem Gouverneur den Sieg über die Piraterie schlecht. Woodes Rogers stirbt verarmt im Schuldturm.

Mag sein, daß beiden Männern auf ihren Inseln ein Denkmal gesetzt worden ist – dem dekorierten Admiral, dem verschuldeten Gouverneur. Mag sein, daß diese Denkmäler im nachkolonialen Befreiungsrausch längst verdammt und gestürzt worden sind.

Nichts ist fragwürdiger als geschichtlicher Ruhm im Wandel der Zeit. Die Beurteilung dieser beiden Männer in den Geschichtsbüchern ist unterschiedlich und nicht nur lobend. Es gibt kein Hoheslied für verdiente Gouverneure. Es gibt Seeräuberlieder: „Die feindliche Flagge, schon sinkt sie herab, laut tönt unser Jubelgeschrei: hoch lebe die See, das brausende Meer, hoch lebe die Seeräuberei! Und ist der letzte Schuß getan, die letzte Schlacht vorbei, dann steuern wir unseren Totenkahn in die Hölle frank und frei!"

Ich kann's nur singen, wenn ich betrunken bin – besoffen wie „fünfzehn Mann bei des Toten Kist' mit 'ner Buddel, Buddel Rum".

Erste Regentropfen sausten mit einer Bö über den Ankerplatz. Elga schloß die Decksluken. Ich ging aufs Vorschiff, um Ankerkette und Winschriegel zu prüfen. Der Bö folgte stürmischer Passat. Weil in Luv keine schützende Insel lag, nur das Riff, das den Seegang zurückhielt, gingen wir während der Nacht Ankerwachen: zu viele Yachten zu nah rundherum. Der Wind in den Takelagen zischte und wimmerte wie von hundert Entermessern, und die Fallen an den Masten ratterten wie Musketenfeuer. Ich schrieb diese Geschichte nieder – wilde Begleitmusik jedesmal, wenn ich aus der Luke blickte. Unser Anker hielt.

Wir ankerten in Clifton Harbour auf Union Island. Die NIMANOA war mit Kurs Barbados ausgelaufen. Wir blieben. Wir wollten mit KAIROS Ende Januar auf den Slip, der neben dem Hotel lag.

Clifton Harbour liegt im Südosten der kleinen Insel. Hügel mit Buschwerk und trockenem Gras umfassen Dorf und Bucht. Ein Korallenriff bildet einen natürlichen Wellenbrecher nach Ost und Südost. Brandung und Strömung haben dem Nordufer der Bucht schneeweißen Korallensand geschenkt. Über Hügel und Dorf, über Bucht und Riffe reckt sich die kantige Silhouette des Mount Pinnacle.

Hinter dem Hotel-Restaurant, dessen Gästebungalows am Strand unter Palmen und Bougainvillea stehen, liegt eine Landebahn für Lufttaxis. Die französische Hotelleitung hat sie bauen lassen, um ihre Gäste heranzuholen. Der ständige Wind verweht den Lärm der Kleinflugzeuge, heult oft genug heftig über den Ankerplatz. Er wird von zahlreichen Charteryachten angelaufen. Es ist ein ständiges Kommen und Gehen in der überfüllten Bucht. Aber die Schönheit ihrer Kulissen in Form und Farbe wiegt das auf.

Wir machten unser Dingi an einem der Stege fest. Am Strand entlang, wie jeden Morgen, gingen wir ins Dorf. Zu Beginn der Dorfstraße lag das Postgebäude. Es war eines der wenigen Steinhäuser. Seine Mauern trugen schwache Reste weißer Farbe. Die Plankentüren waren weit geöffnet, um den kühlenden Wind einzulassen – auch Licht, denn Fenster gab es keine und drinnen nur eine flackernde, altersschwache Neonröhre.

Der Beamte hinter dem Schalter nahm unsere drei dicken Briefe nach Europa. Er wog sie auf einer antiken Briefwaage. Er legte die Briefe vor uns hin und zählte die erforderlichen Briefmarken darauf. Er verzählte sich oft: es waren Marken im Wert von 25 Cents.

Ich begann zu kleben. Der Umschlag reichte nicht. Ich klebte über die Briefkante und auf der Rückseite weiter. Schweiß brach mir in Strömen aus.

Der Beamte verfolgte meine Bemühungen mit lustiger Anteilnahme. Sein Gesicht verzog sich im Ausdruck vollkommenen Humors – schwarzen Humors in diesem Fall.

„Haben Sie keine Marken von größerem Wert?"

Er dachte lange nach. Dann griff er spielerisch über seinen Tisch in seine Fächer. Es sah aus, als trommelte er Calypsotakt.

„Dollar-Marken zum Beispiel!"

Ein Strahlen ging über sein schwarzes Gesicht. Die weißen Zähne glänzten. „Odschaahh! Hier sin Markn von großm Wert – Dollar! Warum sagn Sie nich gleich, daß Sie d'vorziehn?"

Elga rechnete, gab Fünfundzwanziger zurück und nahm Dollar entgegen. Ich klebte in neuer Hoffnung.

„Stimmt!" sagte der Beamte.

„Stimmt!" schrie ich und schob ihm die frankierten Wunderwerke zu.

Er schob sie mir zurück.

Ich schob sie ihm wieder hin. „Sehen Sie, mit den Dollar-Marken haben wir fast die Hälfte an Aufwand und Arbeitszeit gespart!"

Fern jedem Leistungszwang sah er mich verständnislos an. Dann besann er sich auf die Dienstvorschrift. Er schob mir die Briefe zurück und sagte, auswendig gelernt: „D'Briefkästen sin draußn vorm Eingang! Inselpost rechts, karibische Post Mitte, Überseepost links – bitte!"

Wir gingen und warfen die Briefe ein – links, wie mich Elga erinnern mußte.

„Laß uns vorm Einkaufen den Hügel hinaufgehen", schlug ich vor. „Wir sehen dort die ganze Bucht im Morgenlicht."

Wir klommen den Hügel hinauf. Oberhalb einer alten englischen Geschützstellung in Ruinen setzten wir uns ins Gras. Silbern lag das Meer bis zum Horizont. Die Palmen auf dem nicht fernen Palm Island leuchteten grün. Weiß-grün schäumte die Brandung über die Riffe. In der Bucht unter uns, deren Strand sich gelb leuchtend im grünen Wasser verlor, gingen einige Yachten ankerauf und setzten Segel.

Im Dorf machte Elga ihre Einkäufe: Brot, Eier, Gemüse, Hühnerfleisch aus der Kühltruhe. Sie kaufte im Supermarkt von Alexander, aber öfter im Supermarkt von Mac, weil der ihr manchmal etwas auf Bestellung zurücklegte und preiswert war. Ich ging am liebsten in den Supermarkt Grand Union, weil ich dort mit der Kassiererin befreundet war.

Ha-ha! Supermärkte auf Union Island: das waren große Hütten mit aufgestapelten Kartons und mehr Kakerlaken als Kunden. Weniger diese, aber Inhaber und Personal wurden im Laufe der Zeit unsere Freunde. Es gab so viel zu erzählen. Und weil auf der Insel reineweg gar nichts geschah, lachten wir über alles und nichts. Was für eine beglückende Philosophie!

Mit unseren Einkäufen bepackt, zottelten wir an der Landungsbrücke des Dorfes vorbei. Die GRENADINES STAR, St. Vincent, hatte festgemacht. Sie war ein uraltes Infanterie-Landungsboot der Royal Navy, England. Die Ladung wurde gelöscht. Athletische Schwarzmänner rollten Fässer, stapelten Ballen in die Schatten der Palmen. Die beiden verbeulten Lastwagen der Insel neigten sich unter schiefen Lasten. Modernes Bild für ein Rum-Etikett.

Von der Schule hinterm Hügel kamen Kinder die Dorfstraße heruntergelaufen. Einige spielten Fangen zwischen Fässern und Stapeln. Andere bauten Holzschnitzereien, grell bemalte Korallen und sonstigen Krimskrams zum Verkauf an Chartergäste auf. Andere umringten springend schlendernde Hotelgäste: „Give m'Dollar! Dollar! Dollar!"

Jacob kam gelaufen und begrüßte mich. Er war zwölf Jahre alt, schwarz wie Ebenholz, mit einem lustigen Gesicht unter dem dichten Krusselhaar. Er legte mir die Hand auf den Arm, ich meine auf seine Schulter. Es war merkwürdig, aber ohne dieses Zeremoniell ging es nicht. Es hatte sich langsam entwickelt: aus anfänglicher Abwehr seiner Bettelei, aus gegenseitigem Beobachten, schließlich in gleichgestellter Kameraderie. Er legte großen Wert darauf.

„Hallo, Skip!" sagte er.

„Hallo, Jacob! Wie geht's? Willst du heute Korallen verkaufen?"

„Nich jetz – hab' keine mehr. Jetz trag' ich Einkäufe für Yachties. Bringt Dollar! D'kaufen mehr als ihr kauft!"

„Das sind Charteryachten. Die haben viele Leute an Bord."

„Habt ihrn nich viele Leute an Bord?"

Ich ließ die Frage unbeantwortet.

„Bye, Skipper!" Er sprang davon und um den schweißnassen Athleten herum, der neben uns stehengeblieben war und zugehört hatte. Als ich ihn ansah, rollte er sein Faß weiter.

Ich hätte Jacob gern einmal an Bord mitgenommen. Die Freude! Aber unsere Vorsicht verbot es. Zu viele Diebstähle geschahen auf den Ankerplätzen des Karibischen Meeres. Zu viele Ansätze zum geplanten Verbrechen machten sich auf manchen Inseln breit.

Diebstähle waren meist Gelegenheitsdelikte. Der nächtliche Fischer sieht den Außenbordmotor ungesichert am Beiboot hinter der Yacht, es sind ein paar Griffe. Der mit Souvenirs im Boot über den Ankerplatz rudernde Händler beobachtet die verlassene Yacht mit geöffneten Luken, es ist ein schnelles Durchsuchen. Der Müßiggänger vorm Supermarkt sieht das Bündel Banknoten in der Tragetasche verschwinden, es ist ein Ruck mit schnellem Lauf um die Ecke.

Das geplante Verbrechen basiert auf Gruppenarbeit. An der Pier arbeitet eine Rotte Jugendlicher. Sie wollen das Beiboot bewachen. Wer nicht bezahlen will, wird belästigt, und kommt er zurück, ist das Boot verschwunden. Eine Gruppe junger Männer beobachtet, bespitzelt, schickt spielende Kinder vor. Dann wird eingebrochen und gestohlen. Es wird geraubt, der Beraubte bedroht. Wehrt er sich, so wird er zusammengeschlagen, ein Totschlag ist durchaus möglich dabei. Europäische und amerikanische Kriminalfilme liefern ständiges Lehrmaterial.

Die Opfer sind Europäer und Amerikaner auf den Straßen und in den Hotels. Der Antrieb zur Tat kommt zunächst nicht aus überlegter Absicht. Arbeitslosigkeit treibt die jungen Männer in den Schatten der Palme. Da stehen sie und beobachten die weiß-ekelhaften Fremdlinge, die in bunten Scharen kommen und reich, unverschämt reich sein müssen. Daß Arbeit und Sparsamkeit die Reise ermöglicht haben – wie und woher sollen sie das wissen? Und das Beobachten dieser sorglosen, oft schamlosen Fremden schafft Unzufriedenheit – Haß – Aggression.

Wir ruderten zur KAIROS hinüber.

Um der Gerechtigkeit willen: Einbruch und Diebstahl auf Yachten wurden oft von Seglern ausgeführt. Trau, schau wem! Sie brauchten die gestohlene Ausrüstung oder das Geld aus dem Verkauf auf der nächsten Insel. Je größer die Masse des Segelvolks wurde, desto schneller verkamen Wohlanständigkeit und Kameradschaft – Eigenschaften, die uns ausgezeichnet hatten.

Wir kletterten an Bord und schlossen die Luken auf.

In Scharen laufen die Charteryachten ein. Heute abend ist im Hotel großer „jump-up". Die steelband wird spielen! Kein Charterskipper kann das seinen Gästen vorenthalten.

Die 18-Meter-Charterketsch FÉLICITÉ, Martinique, fährt ein bewunderungswürdiges Ankermanöver. Die Segel fallen genau zur rechten Zeit. Der schwarze Bootsmann springt und wirft die Zeisinge über die Segel. Rechtzeitig kommt er zum Bug, wo der Anker klar zum Fallen hängt. Der Skipper am Ruder läßt die Ketsch gegen den Wind auslaufen. Der Ankerplatz ist überfüllt. Mit der Maschine gibt der Skipper deswegen eine kleine Kurskorrektur. Dann fällt der Anker. Der Skipper wendet sich an die zahlreichen Gäste, die im Cockpit oder auf der Achterkajüte sitzen. Er sieht gut aus, ein Traum von Mann für jede Chartergästin. Entsprechend eingebildet ist er. Er lächelt und erklärt. Die Blicke seiner Gäste folgen seiner weisenden Hand über Bucht und Insel. Dann ruft er in die Kajüte hinein. Die Stewardeß erscheint im Niedergang mit einem Tablett voller Gläser. Sie sieht gut aus, ein Traum von Mädchen – lächelnd bietet sie den Gästen die Getränke an.

Charterskipper im Karibischen Meer sind eine Berufsgruppe geworden wie einst die Großwildjäger in Afrika. Führte der eine seine Gäste mit Trägerboys, Gewehren und Zelten zu den rechten Plätzen angenehm-erfolgreicher Jagd, so segelt nun der andere seine Gäste mit Superyacht, Surfbrett und Taucherausrüstung durch die Inselwelt zu den rechten Plätzen angenehm-aktiver Erholung. Dem guten Charterskipper geht das Wohl seiner Gäste über alles. Da werden keine Mühen gescheut, um das Segelabenteuer so reich wie möglich mit den Annehmlichkeiten unserer Zivilisation zu verschönen. Auch sportliches Segeln ist möglich.

Die ersten Chartersegler waren Fahrtensegler. Sie wollten ihr Seglerleben ertragreich gestalten. Vielleicht waren da einige Idealisten, die das Nützliche mit der Weitergabe ihrer Erfahrungen an Interessierte verbanden. Heute ist daraus ein harter Beruf geworden. Seine Chancen liegen in seglerischem Können, psychologischem Verstand, in Größe und Komfort der Yacht. Die Zeiten der Ungebundenheit sind vorbei. Es wird nach Fahrplan gesegelt, der im bunten Katalog eines Reisebüros oder eines Hotels vorliegt. Die Verbindung zu den Fahrtenseglern ist längst dahin. Da segeln Manager und nicht mehr arme Schlucker. Geh aus dem Weg, verdammt!

Die Manager segeln Yachten großer Chartergesellschaften oder finanzierender Gruppen, bei denen sie beteiligt sind. Gäste kommen – Gäste werden empfangen – Gäste werden nach Staffelpreisen in ihre Kammern eingewiesen – Gäste werden gesegelt – Gäste werden beschäftigt – Gäste werden ausgeführt – Gäste werden verabschiedet – Reklamationen ausgeredet – Schiff wird gereinigt – Kojen werden abgezogen – Wäsche wird zur Wäscherei gebracht, wieder abgeholt – Kammern werden vorbereitet – Verpflegung und Getränke werden eingekauft – Reparaturen werden schnell ausgeführt, denn es ist Saison und morgen – Gäste kommen, Gäste werden – was immer sie werden: keep smiling! Der Ruf als Charterskipper steht auf dem Spiel. Der Wechsel zur größeren Yacht kommt in Sicht. Das Einkommen muß steigen.

Die kleinen Charterskipper mit eigener Yacht hoppeln bescheidener über die Ankerplätze, oft mit Erfolg, manchmal in einer Kette von Reparaturen. Dann müssen sie auch während der feuchten und heißen Hurrikanzeit von Mai bis November arbeiten wie jene Superskipper, die um des Geldes willen während des ganzen Jahres

Gäste fahren. Das Risiko während der Hurrikanzeit wird den Gästen verschwiegen. Es paßt kein Bild in die bunten Prospekte, wie ein Hurrikan unter Yachten wüten kann – schlimmer als der Fastnet-Sturm 1979 unter den Rennyachten, und auch auf sonst sicherem Ankerplatz.

Schwarz und scharf standen Masten und Takelagen der Yachten gegen den verglühenden Abendhimmel. Ein romantisches Bild. Über Bucht und Schiffe begannen die Klänge der steelband zu summen und zu hämmern. An Land beim Hotel ließen Lichtgirlanden Palmenfächer und Tropenblüten glänzen. Ein fröhliches Bild. Und die zahlreichen Beiboote der Charteryachten brachten ihre ausgelassenen Gäste outborderstinkend zum großen „jump-up".

„Sie sin aber spaßig, Mann o Mann!" sagt die Kassiererin im Grand Union. „Glaub nich, daß disse Mädchens immer auchn Auto habn." Auf ihre Frage hin habe ich versucht zu erklären, wie berufstätige Mädchen ihres Alters in Europa leben. Sie schaut mich aus dunklen Augen zweifelnd an, streicht sich übers Haar. Es hat gerade so wenig negroide Drahtigkeit, um noch in eine Dauerwelle gelegt zu werden, die hält. Sie ist darauf sehr, sehr stolz.

Elga sammelt Einkäufe in dunklen, fernen Gängen.

„Na, was!" fährt meine Kassiererin fort. „Ich kann j'mal nach Port of Spain gehn. So gut wie eure Mädchens bin ich auch!" Sie zupft ihre Bluse zurecht. Aufgeregt erhebt sie sich von ihrem Hokker und streicht den Rock über ihren runden Hüften glatt. Inmitten der Bewegung verhält sie, richtet sich auf. Sie starrt zum Eingang. Ihre Finger mit den sorgfältig lackierten Nägeln, sonst lebhaft und lustig, liegen still auf der Klingelkasse.

Die Kreolin aus Martinique tritt ein, feingeschnitten das Gesicht, umrahmt vom langfallenden Haar. Sie trägt eine tief ausgeschnittene, weiße Bluse über schwarzen Jeans. Ihr Gang in den silbernen Sandalen mit hohen Hacken ist wie Katze und Fee zugleich. Sie grüßt uns lächelnd, wobei ihr Blick meine kleine Kassiererin blitzschnell überfliegt.

Ihr Freund folgt alsbald mit lebhaftem Schritt, braungebrannt, blaue Augen, dunkles Haar, das Safarihemd offen über der Khakihose mit breitem Gürtel.

Die Kreolin bleibt vor den Fächern mit Seifen und Parfüms nahe der Kasse stehen. Sie nimmt ein Schächtelchen, öffnet es und betrachtet das Flakon. Sie öffnet das Flakon und tropft sich Parfüm aufs Handgelenk. Sie riecht daran, schüttelt mit dem Kopf, daß die schwarzen Haare wogen. Sie schließt Flakon und Schachtel und stellt beides unordentlich ins Fach zurück. Der Vorgang wiederholt sich mit einer anderen Packung. Diesmal wird der Freund an der Riechprobe beteiligt.

Wie hypnotisiert betrachtet meine kleine Kassiererin die Kreolin – Ausdruck faszinierter Bewunderung mit flammender Abneigung in den Augen. Zwischen den Frauen biegt sich die unsichtbare Spannung ihrer Verschiedenheit, bis sie bricht. Sie splittert wie das Flakon, das die Kreolin fallen läßt. Aus Versehen? Die Kreolin geht davon, ohne uns eines Blickes zu würdigen.

„Pardon, pardon!" sagt der Freund lebhaft und lacht. „Ich bezahl' es! Das kann ja mal passieren, nicht wahr?"

Die Kassiererin bedient wortlos und stockend die Kasse. Der Preis ist hoch. Nie wird sie sich diesen Duft leisten können, der da dick und schwer über uns hinwegzieht und sich mit dem von Kartoffeln und Kokosöl mischt. Draußen wartet die Kreolin auf ihren Freund und betrachtet sie mit spöttischer Aufmerksamkeit.

Als Elga mit ihren Einkäufen kommt, erwacht meine Kassiererin aus Starre und Schweigsamkeit. Sie schüttelt sich und lacht.

„Is doch Zicke!" sagt sie in wiedergewonnener Fröhlichkeit.

Ich erkläre Elga: „Sie meint nicht dich, nein – die da!"

Auf der Straße gehen Kreolin und Freund Arm in Arm davon.

Einige Tage vor unserer Ankunft auf Union Island hatte eine Rebellion stattgefunden. Ich versuchte, ihren Verlauf zu erkunden.

Seit langem schon hatten sich die Bewohner der Insel von der Regierung im fernen Kingstown auf St. Vincent vernachlässigt gefühlt.

Daran hatte der Bau des Hotels mit französischem Geld aus Martinique nichts geändert. Im Gegenteil, die zielstrebigen weißen Manager, das eingebildete kreolische Personal, die oft protzigen Hotelgäste hatten Leben auf die Insel gebracht, das den Einwohnern zutiefst fremd blieb.

Abneigung und Unzufriedenheit wuchsen. Die paar Gelegenheitsarbeiten als Kellnerin oder Tellerwäscher konnten das ebensowenig verhindern wie der gestiegene Umsatz der Supermärkte und des Andenkenladens.

In diese Unzufriedenheit seiner Landsleute war ein junger Schwarzer zurückgekehrt. Er hatte Union Island vor Jahren verlassen, um in den USA zu arbeiten. Das Beispiel Martin Luther Kings war ihm dort entgangen, auch manche Arbeit in gemäßigter Geduld. „Black Power" war seine Überzeugung geworden. Er sammelte eine Gruppe junger Männer um sich. Er belehrte sie. Im Busch unter Mount Pinnacle heckten sie dann den Plan aus. Durch Rebellion sollte die Regierung in Kingstown aufmerksam gemacht werden; vermittels Geiselnahme wollten sie ihr Besserungsmaßnahmen diktieren.

Kein Mensch hat je erfahren, welcher Art diese Maßnahmen sein sollten. Schon die Wahl der Geisel mag einiges Palaver bei den Verschwörern verursacht haben. Sie einigten sich nicht auf die Person des französischen Hotelmanagers. Sie wollten als Geisel den Engländer John auf dem winzigen Palm Island festnehmen. Palm Island lag eine Seemeile über riffgeschütztes Wasser hinweg. Johns Hotel mit seinen weit verstreut liegenden Bungalows schien für den Überfall geeigneter als das kompakte Union-Island-Hotel mit seinem zahlreichen Personal.

Das Union-Island-Hotel als Quelle aller Unzufriedenheit, vor allem aber als taktisch wichtiges Bauwerk zwischen Hafen und Flugplatz blieb im Plan der Rebellen merkwürdig ausgespart. Das zeigte der Verlauf der weiteren Geschehnisse. Es schien unberührbar wie ein Tabu aus afrikanischer Vorzeit.

Gewisse Kreise auf Grenada hatten den Verschwörern Waffen und Munition zugesagt. So sollte ein Fischerboot mit Rebellenbesatzung von Union Island dorthin entsandt werden. Nach Übernahme von Waffen und Munition hatte es Kurs auf das winzige Palm Island zu nehmen. Zu festgesetzter Nachtstunde war John festzunehmen. Mit ihm als Geisel, mit den Waffen und der Munition sollten die Geiselnehmer in ihrem Fischerboot dann zur Rebellengruppe auf Union Island stoßen.

Der Zeitplan sah vor, daß die zurückgebliebene Gruppe ihren kläglichen Waffenbesitz durch eine nächtliche Razzia auf den ankernden Yachten verbesserte. Dann, vor Morgengrauen, waren Postgebäude, Flugplatz und Hotel zu besetzen – na, letzteres vielleicht noch nicht, besser später mit der vereinigten Rebellenmacht.

Während das Fischerboot von Grenada auslief und in schweres Wetter geriet, führten die Rebellen auf Union Island die nächtliche Yachtrazzia durch. Die entwaffneten Yachtleute zogen es vor, Clifton Harbour schleunigst zu verlassen. Ihre Warnungen über UKW ans Hotel blieben ungehört.

Unplanmäßig verlor das stampfende und rollende Rebellenboot zwischen Grenada und Carriacou einen Mann über Bord. Die Besatzung bemühte sich, diesen im Dunkel der See wiederzufinden. Die Rebellen auf Union Island besetzten das Postgebäude. Es stand leer. Dann rollten sie alle auffindbaren Benzinfässer auf die Landebahn des Flugplatzes.

Das Rumpeln der Fässer weckte den Hotelmanager. Er sah durchs Fenster die dunklen Hindernisse auf der Rollbahn. Er ahnte Böses und ging zum Telefon. Die Leitung war tot. Über UKW rief er John auf Palm Island. Großes Glück: John hörte den Ruf.

Hier liegt der faszinierende Augenblick, der in allem Geschehen den entscheidenden Kontakt zu Erfolg oder Nichterfolg schaltet. Auch auf Union Island war er kein Zufall. Die Rebellen in ihrer Scheu hatten das Hotel nicht besetzt, nur das Telefon stillgelegt. Und war doch Zufall. John inmitten der Nacht schlief nicht und hatte darüber hinaus das UKW-Gerät auf dem rechten Kanal empfangsbereit. John versprach dem Hotelmanager, sofort Kontakt mit St. Vincent aufzunehmen.

Inzwischen hatten die Rebellen im Fischerboot ihren verzweifelt schwimmenden Genossen gefunden und an Bord gezogen. Mit großer Verspätung setzten sie ihre Fahrt nach Palm Island fort. Ein schwacher Schimmer rötlicher Morgendämmerung hob sich im Osten.

Ob über Funk oder Telefon, ich habe es nicht erfahren können – jedenfalls gelang es John, die Polizei in Kingstown zu alarmieren. Er warnte vor der Benutzung des verrammelten Flugplatzes auf Union Island. Er schlug vor, die stillgelegte Landebahn auf Palm Island anzufliegen. Die Überfahrt der Polizeitruppe zum bedrohten Union Island sollte dann in seinem Motorboot erfolgen.

Über Union Island hing derweil die Stille der Ungewißheit. Im Hotel warteten Manager, Personal und Gäste angstvoll hinter verbarrikadierten Türen. Nichts geschah. Im Postgebäude warteten die Rebellen auf ihre Genossen im Fischerboot, die mit Geisel, Waffen und Munition kommen sollten. Keiner kam.

Aber die Sonne ging strahlend auf.

John auf Palm Island hatte seine Schrotflinte ergriffen. Er ging zum Strand hinunter, um sein Motorboot klarzumachen. Auf dem Landesteg verhielt er. Ein Fischerboot kam angetuckert. Seine Besatzung war bewaffnet. John feuerte einen Warnschuß vor den Bug des Bootes. Das Schrot fächerte eine breite Bahn Wasser auf.

Die Rebellen drehten sofort mit Kurs auf Union Island ab – ermüdet von ihrer menschenfreundlichen Rettungsaktion, verwirrt angesichts ihres wehrhaften Opfers, das plangemäß hätte schlafen sollen. John ging in seinen Bungalow, sprach mit Kingstown, hörte, daß die Polizeitruppe bereits in Lufttaxis verladen wurde. Er sprach dann mit dem Hotel, sagte, daß Hilfe unterwegs wäre, warnte, daß die Rebellen Verstärkung erhalten würden.

Die Regierung in Kingstown war an diesem frühen Morgen sehr beunruhigt. Sie erklärte den Ausnahmezustand für die Grenadines. Dann ließ sie die etwa dreißig Polizisten in den Lufttaxis starten. Es war die gesamte Polizeimacht des Inselstaates. Diese landete etwas später holperig auf Palm Island.

Die Rebellen brachten inzwischen Waffen und Munition aus dem Fischerboot ins Postgebäude. Der Mißerfolg bei der Geiselnahme schien tiefe Niedergeschlagenheit hervorgerufen zu haben. Die Lage bedurfte eines gründlichen Palavers: das Hotel stürmen – das Hotel? Allen Widerstand brechen – Widerstand?

Die Insassen des Hotels verhielten sich mucksmäuschenstill. Die Rebellion hatte Pause.

Sie fand keine Fortsetzung. In Johns Motorboot landete die Polizeimacht. Verständlicherweise waren die Polizisten erregt. Bewaffnete auf der Insel, das Postgebäude besetzt, die Rollbahn unterbrochen! Was noch? In ihren Augen war der grüne Ufersaum zwischen Hotel und Werftslip eine einzige grüne Hölle. Sie schossen, bevor sie ans Ufer sprangen. Ihre Kugeln stäubten den feinen Korallensand auf, pfiffen durch Palmwedel und Gebüsch, sangen als Querschläger über den Flugplatz. Der Lärm war martialisch, das Ergebnis tragisch. Eine einzige Kugel traf. Sie streckte den Vorarbeiter des Slips tot zu Boden. Er hatte mit den Rebellen nichts zu tun.

Ohne Gegenwehr gewannen die Polizisten Mut. Sie stürmten über die Leiche vorwärts, eroberten das Hotel, umringten das Postgebäude. Dort wurde die Szene zum Tribunal. Die Bösewichter ergaben sich kampflos.

Ein politisches Nachspiel folgte. In Kingstown hatte die Opposition festgestellt, daß man die Hauptstadt etwas plötzlich von aller Polizei entblößt hatte – und das bei Revolution! Die Regierung trafen heftige Vorwürfe. Sie beschloß, die fehlenden Polizisten vom befreundeten Inselstaat Barbados auszuleihen. Die Barbados-Polizisten kamen per Flugzeug, saßen herum, regelten ein wenig den Straßenverkehr. Sie zogen ab, als ihre siegreichen Kollegen mit den Gefangenen zurückkehrten. Barbados schickte die Rechnung – schlicht: für Mann und Chargierten per Stunde, zuzüglich Flugkosten. Die Opposition in Kingstown brachte es zur Redeschlacht im Parlament. Unkluger Einsatz der Polizei, Verschwendung von Steuergeldern, erbarmungswürdige Vernachlässigung der Grenadines! Die Regierung spielte auf Zeit. Sie verwies alles an zuständige Arbeitsausschüsse. Was zeigt, wie gut die karibischen Regierungen von ihren europäischen Vorbildern gelernt haben.

Der schuldige Rebell, dessen Black-Power-Erfahrung keine Befreiung gebracht hat, sitzt im Gefängnis zu Kingstown und wartet auf seinen irdischen Richter.

Der unschuldige Sliparbeiter, dessen neugieriger Gang keine Erkenntnis erbracht hat, liegt begraben auf dem Friedhof zu Clifton Harbour und wartet auf seinen himmlischen Richter.

Der Passatwind weht und die Brandung rauscht und die Yachten laufen ein und segeln aus und die Flugtaxis landen und steigen auf und das Hotel ist ausgebucht und die steelband spielt zum großen „jump-up". Das Karibische Meer ist schön – vergessen so ein kleiner jump-down? Das Karibische Meer ist groß und weit, rauscht jenseits von Schuld und Unschuld wie eine Ewigkeit.

Fort Hill lag rechter Hand im Sonnenschein des späten Nachmittags. Mount Pinnacle stand linker Hand blau verhangen im Gegenlicht. Dazwischen führte der Weg über eine paßartige Höhe. Wir blieben stehen. Auf dem welligen Abhang vor uns weideten einige Ziegen. Im niedrigen Licht der Sonne lag der Hang in rosa Flächen und langen violetten Schatten. Er fiel zu einem dunkelblauen Lagunensee ab. Im Untergrund seiner Ufer klumpte Buschwerk. Darüber hoben Kokospalmen elegante Stämme mit wehenden Fächerkronen. Vor der Küste gleich hinter dem See trieb der Wind Brandung über schwarze Klippen.

Eine ärmliche Hütte stand am Hang vor diesem königlichen Ausblick. Etwa zehn Meter vor der Hütte arbeitete eine alte, hagere Frau. Sie trug ein verwaschenes, schiefes Kleid, aus dem ihre grauschwarzen Beine dürr und gebogen heraustakten. Um den Kopf hatte sie ein buntes Tuch geschlagen. Sie hackte mit einer rostigen Machete Scheite von einem herangeschleiften Baumstamm und warf die Holzstücke in eine flache Kuhle. Sie beachtete uns nicht, als wir kamen, beobachtete uns aber aus den Augenwinkeln.

„Guten Abend!" sagte ich schließlich. „Schwere Arbeit!"

„Is nich schwer!" Sie schlug spielerisch mit der Machete nach dem Stamm.

„Was sollen die Scheite in der Kuhle?"

„D'Kuhl liegt winwärts von d'Haus", erklärte sie und fuchtelte mit der Machete zur Hütte hin. Aus dem türlosen Eingang dort trat ein etwa zehnjähriges Mädchen. Es betrachtete uns neugierig.

„Geh!" rief die Alte zum Mädchen. „Verdammt, mach dein Arbeit!"

Das Mädchen wich einige Schritte zurück.

Die Alte fuhr fort: „Wenn ich Feuer in d'Kuhl mach, dann treibt d'Rauch d'Moskitos weg."

Ich wies auf die Schleifspuren des Baumstammes im Gras. „Haben Sie diesen schweren Stamm allein herangeschafft?"

Sie sah mich voller Mißtrauen an, fragte ihrerseits: „Issim Dorf alls normal? Warne Revolution da."

Elga sagte: „Es ist alles normal unten im Dorf. Die drei letzten Polizisten sind jetzt auch weg."

Die Alte schien erleichtert. Sie blickte prüfend zum Sonnenstand, dann zu dem klumpigen Buschwerk im Untergrund. Die Palmenkronen darüber leuchteten rot und gelb.

Sie schlug mit der Machete durch die Luft. Ihre aufmerksamen Augen ließen den Busch am See nicht los. „So, so, d'Polizei is weg." Sie riß ihren Blick los. „Früher hattn wirn König, hab ich in d'Schule gelernt, in – da auf d'Insel England. Jetzt habn wirn Präsident da auf d'Insel St. Vincent. Kümmert sichm nichts, sagt man. Klar, daßn Revolution kommt. D'Jungs warn alle unzufriedn." Sie fuhr herum und schrie das Mädchen an, das sich seitwärts herangeschlichen hatte. „Geh dun Hütte! Un mach Feuer fürn großen Topf – los!"

„Ihre Enkelin?" fragte Elga, um den Ausbruch zu mildern. „Warum soll sie nicht zu uns kommen?"

Der Blick der Alten wurde feindselig. „Das geht Sie nichs an! Sie plappert plabberdepabb – nich gut!"

Als das Mädchen hinter der Hütte verschwunden war, beruhigte sich die Alte. Sie fragte:

„Wo kommn Sie her? Hotel?"

„Wir ankern mit unserer Yacht vor Clifton", antwortete Elga.

Das schien ihr die Feindseligkeit und etwas Mißtrauen zu nehmen. Sie erzählte von der Revolution. Als sie zum tragischen Ende kam, nahm sie die Machete wie ein Gewehr in die Hände. „Peng! Peng! Schlecht habn d'Polizisten geschossn! Er war tot, gleich tot! Kain, wo ist dein Bruder Abel? He? Un verflucht seist du! Oh Herr, was tun? Wir sin alle im Land Nod hinter Eden, wies geschriebn steht! Wir hoffen und hoffen immer. Dann habn d'Polizisten d'Jungs gefesselt da vorm Posthaus. Aber einer hat gefehlt! Keiner hats gemerkt! Er –"

Sie verstummte mit aufgerissenem Mund und ließ die Machete gegen den Baumstamm sausen.

Ich blickte auf den schweren Stamm und die Schleifspuren. Dann trafen sich unsere Blicke und sie nickte – mehr in Verzweiflung als zur Bestätigung. Und sie verdeckte ihre Augen mit der schmutzigen Hand.

Wir gingen durch die abendlichen Schatten. Im Westen stand die kantige Silhouette des Mount Pinnacle vor einem letzten Tagesschimmer.

Es wurde schnell dunkel.

Einer hat gefehlt. Was wird er tun? Ein Schatten sprang klappernd vor uns auf. Erschrocken blieben wir stehen. Es war eine

Ziege, die über den Weg lief. Wir gingen schnell bergab. Unter uns tauchte die Reihe der fünf Straßenlichter von Clifton auf.

Die Tage kamen, wir zählten sie nicht. Der Passat wehte gleichmäßig bei Sonnenschein, manchmal heftig mit Schauerwetter. KAIROS kam auf den Slip. Freunde halfen uns bei der Reinigung des Unterwasserschiffes. Mit Heiner und Katinka von der SÜNNSCHIEN und Walter und Erika von der WABRIMOPE schrubbten und spülten wir. Als die Sonne zum Mount Pinnacle sank, war das Unterwasserschiff gereinigt und wir sprangen in das klare Wasser der Bucht.

Am nächsten Tag half Heiner mir, alte Farbe in der Wasserlinie abzukratzen. Er schweißte neue Zinkanoden an, wo die alten verbraucht waren. Am Abend war er wieder da, diesmal mit Katinka. Sie kamen nicht aus Neugier: „Hast du einen zweiten Teeranstrich aufgebracht?"

„Nein, ich hab' keine Lust mehr."

„Los, gib zwei Pinsel und den Teerpott! Wir machen das jetzt! Bis morgen früh ist das trocken. Hau ab! Geh schwimmen!"

Während sie pinselten, prustete ich dankbar im Wasser.

Am nächsten Morgen sahen wir die SÜNNSCHIEN und die WABRIMOPE durch die Riffpassage segeln. Zum Grüße-Winken waren sie zu weit entfernt. Aber wir blickten ihnen nach, bis die Segel windwärts der kleinen Riffinsel außer Sicht kamen.

Nordwärts segelten wir nach Bequia, weiter nach Martinique. St. Vincent und St. Lucia liefen wir nicht an. Diebstähle auf der einen, aufdringliche Fischer auf der anderen Insel hatten uns zu diesem

Entschluß gebracht. Wir kannten beide Inseln von früheren Reisen. Der Vulkan Soufrière schickte Schwefeldünste zu uns herab, die Pitons lagen unter Wolken über der mondhellen See. Im Morgenlicht steuerte Elga KAIROS hoch am Wind auf die Reede von Fort de France.

Zwei große Kreuzfahrtschiffe lagen vor Anker. Weiter nordostwärts zum Ufer hin ankerten unzählige Yachten. Die Stadt darüber leuchtete mit Häuserreihen die grünen Berghänge hinauf. Ziehende Wolken stäubten hier oder dort feine Regenschleier vor das schimmernde Bild. Wir fanden einen Ankerplatz in Lee der alten Mauern des Fort Saint Louis.

Elga ruderte an Land zum Einklarieren. Ich machte die Segel fest und klarte das Deck auf. Wir aßen früh zu Mittag und holten etwas Schlaf nach. Dann ruderten wir an Land.

Wir gingen langsam unter den Bäumen der Uferanlage entlang. Was uns als erstes auffiel: keine bettelnden Kinder. Vor den Verkaufsständen am Parc La Savane drängten sich die Passagiere der Kreuzfahrtschiffe. Die einheimischen Verkäuferinnen und Verkäufer redeten lebhaft auf sie ein. Sie boten ihr Schnitzwerk, Flechtwerk, ihre Bilder und Textilien an.

Wir gingen in die Altstadt. Bankgebäude, Geschäfte mit Auslagen, Menschen von schwarzer bis hellbrauner Hautfarbe, jung und alt, oft elegant gekleidet, Autos eins nach dem anderen. Was für ein Leben!

Der Strom der Menschen trieb uns in die Rue Victor Hugo. Die Häuser der nicht breiten Straße waren klein, zweistöckig meist über einem Geschäft im Parterre. Sie standen eng beieinander. Hier wurde nicht nur gedrängt, gekauft, gehandelt, Auto gefahren – hier wurde gelebt, so überschäumend gelebt, daß wir alles vergaßen: die Hitze, den Staub, den Abfall der Gossen.

Müßig stand der alte Mann auf seinem Balkon und blickte genießerisch auf das Treiben unter sich. Graziös lehnte sich das junge Mädchen aus dem Fenster und rief ihrem Freund auf der Straße ein paar Worte zu. Eine Bäuerin aus dem Inselinneren trug ihre Einkäufe gebündelt auf dem Kopf. Ihr Gang war majestätisch. Wie ein Linienschiff schob sie sich durch das Gedränge, fiel nicht in das zerbrochene Sielgitter mit dem stinkigen Wasser darin, wie es mir fast geschah. Läden wurden geschlossen. Andere wurden geöffnet. Es herrschte kein Zwang der Geschäftsstunden.

Wir bogen in den Boulevard Allègre ein. Er führte am tiefgewaschenen Flußbett der Rivière Madame entlang. Es war ruhig hier. Wir setzten uns auf die Mauer oberhalb der Uferfelsen. Auf der anderen Seite des Flusses standen Fischerhütten schief und krumm in langer Reihe. Boote lagen dort vertäut. Das Wasser des Flusses zog träge und braun.

Unter Mitwirkung des Kardinals Richelieu wird 1635 in Frankreich die Compagnie des Isles d'Amérique gegründet. Sie übernimmt die Aufgabe, französische Siedler auf Martinique und Guadeloupe anzusiedeln. Frankreich will damit der wachsenden britischen Macht im Karibischen Meer entgegentreten. Viel langsamer als die englischen Inseln Barbados, Tobago, St. Lucia, Antigua und Montserrat entwickeln sich die französischen Kolonien. Karibenstämme, die kurz vor der spanischen Entdeckung die Urbevölkerung der Arawaks ausgerottet haben, setzen den Franzosen heftigen Widerstand entgegen. Das verzögert die französische Ausbreitung auf den Inseln, verhindert sie aber nicht. Fünfzig Jahre nach der französischen Landung gibt es auf Martinique keine Kariben mehr, wohl aber sechzehntausend importierte schwarze Sklaven. Sie roden den fruchtbaren Boden und arbeiten auf den Plantagen. Es sind nicht nur Zuckerrohrplantagen. Den Fehler, wie ihn die Engländer machen, begehen die Franzosen nicht. Sie nutzen die Insel vielseitig, lassen eine Monokultur nicht zu.

Die Zahl der Sklaven wächst ständig. Die weiße Bevölkerung nimmt kaum zu. Im Laufe weniger Jahrzehnte sind die Weißen eine Minderheit geworden. Sie herrschen mit strenger Hand, aber auch mit gallischem laissez-faire. Von den Anfängen der Sklaverei bis zu ihrem Ende zweihundert Jahre später müssen fünf Sklavenaufstände niedergeschlagen werden. Die Gefahr solcher Unruhen ist immer gegenwärtig und mit ihr die ständige Furcht des Weißen Mannes. Sie entspringt nicht einem schlechten Gewissen. Für den Pflanzer jener Zeit ist der schwarze Sklave wie ein guter Ackergaul.

So findet man in den Niederschriften über die Sklavenhaltung alle Einzelheiten hinsichtlich Kopfpreis, Wirtschaftlichkeit, Fortpflanzung und Aufzucht, Behandlung und Unterbringung, Arbeitsleistung und Futter. Über die Mentalität der Schwarzen, über ihre Sprache, die sie hatten, über die Sitten und Lebensgewohnheiten, die sie hatten, über die Religion, die sie hatten – kurz: über alles, was sie gehabt hatten, darüber gibt es kaum einen Vermerk.

Als ich die Anweisungen zur Haltung von Sklaven las, mußte ich oft an die Richtlinien für automatisch ruckendes Fließband und zahlenzuckendes Computerterminal denken – ich konnte mir nicht helfen. Unsere Arbeitswelt ohne Peitsche und Prügelstrafe ist kaum weniger unerbittlich, trotz Kaffeestübchen und Polstersessel. Auf die Menschlichkeit des Vorgesetzten kommt es an.

In einem endlosen Strom werden die Sklaven von der afrikanischen Westküste gebracht. Dort leben die Aschanti, die Dahome, die Yoruba, die Stämme der Bini-Gruppe. Sie bevölkern langgestreckte Küstengebiete zwischen Sierra Leone und Kamerun. In langer Geschichte sind diese Völker bei unzähligen Kriegszügen und Stammeswanderungen durcheinandergewürfelt worden. Ihre Sprachen sind unterschiedlich – Dialekte des Bantu oder des Sudanesischen. Sie leben von der Landwirtschaft. Ihre Kunstfertigkeit ist entwickelt und ausgeprägt. Sie glauben an Geister und Götter. Das Tabu schafft und erhält Sitten. Ihre Potentaten und Häuptlinge führen ein mehr oder weniger gerechtes Regiment über Dörfer und Städte, letztere oft von großer Ausdehnung mit hoher Einwohnerzahl.

Der Fürsten politische Macht reicht bis weit ins Hinterland hinein. Ihre Handelsbeziehungen erstrecken sich bis zu den Karawanenwegen der arabischen Händler im Osten. Auf ihnen ist der Sklave eine ebenso wertvolle Ware wie das Elfenbein.

Für die Stammesfürsten sind die weißen Sklavenhändler, die zunehmend die Küste ansteuern, eine erfreuliche Geschäftserweiterung. Sie schließen Verträge mit den weißen Händlern. Sie vergeben schlau ausgedachte Sonderrechte. Sie dulden Handelsfaktoreien. Sie erweitern ihre Kriegszüge, um den hochschnellenden Bedarf an Sklaven mit Kriegsgefangenen jeden Geschlechts und Alters zu decken. Der Buschkrieg wird mit Erscheinen des Weißen Mannes zum totalen Krieg.

Träge und braun zog die Strömung des Flusses. Etwas entfernt und oberhalb eines Müllgletschers fußballerten Kinder leere Plastikdosen in den Fluß und schmetterten Flaschen auf die Ufersteine, daß die Scherben spritzten.

Für die europäischen Händler öffnet sich mit der afrikanischen Westküste der Zirkelschlag eines idealen Handels. Von Europa bringen sie alles, was an der afrikanischen Küste gefragt ist, von der Glasperle bis zur Muskete, vom billigen Tuch bis zur abgelegten

Uniform – und alles Ausschußware, versteht sich. Von der Sklavenküste transportieren sie schwarze Menschenfracht zu den karibischen Inseln – keine Ausschußware, Sterbeziffer im Preis einkalkuliert. Von den karibischen Inseln schließlich frachten sie Zucker, Kaffee, Baumwolle und Häute nach Europa.

Das ist ein Topgeschäft alles in allem! Mit nur einer schwierigen Fracht: die Sklaven über den Atlantik. Da fährt dann trotz aller Sicherheitsmaßnahmen, aller Ketten und Schlösser die Angst mit. Man muß füttern, lüften, ein Minimum an Bewegung belassen.

Sklavenschiffe! Über ihre Höllenfahrten ist alles bekannt. Doch jedes Sklavenschiff trägt auch ein Wunder in seiner stinkenden Last: das Wunder des Überlebens.

Die Kinder auf dem Müllgletscher saßen nun still und blickten über den Fluß, wo ihre Väter die bunten, langen Boote festmachten und Netze zum Flicken ausbreiteten.

Wunder des Überlebens! Was da angekettet im Schiffsraum eingeschlossen wird, hat eine verletzbare Seele wie jeder Mensch. Auf der anderen Seite des Meeres ausgeladen und verkauft, wird alles versucht, diese verdammte Seele auszumerzen. Jede ihrer zuckenden Regungen wird als Aufsässigkeit gedeutet. Arbeit von Sonnenaufgang bis Sonnenuntergang und Futter und Schlaf – der Aufseher mit der Peitsche dahinter. Manche Sklaven haben es leichter als andere. Auf die Menschlichkeit des Aufsehers kommt es an.

Die in der Sklaverei Geborenen empfinden die Härten ihres Lebens nicht mehr so stark. Welch Trost in aller Trostlosigkeit. Die geschundene Seele läßt sich nicht ausmerzen, löscht nicht aus, findet neue Sprache, neue Sitte, neue Religion. Jenseits der Fron ist alles fremd: die Welt der Weißen mit Befehlen und Ungeduld. In der Fron geht die Hoffnung niemals unter. In der Fron gebiert die schwarze Seele eine übermenschliche Geduld – die Geduld, in unverständlicher Umwelt zu leben, zu verzweifeln und dennoch zu glauben, zu leiden und dennoch zu tanzen, zu arbeiten und dennoch zu singen. Es ist nicht Vollfraß, der starke Menschen schafft.

„Laß uns zum Parc Floral gehen", sagte ich, „dort wird es Bäume und Blumen geben."

Wir gingen an den Kindern auf dem Müllgletscher vorbei. Ich schaute in ihre Gesichter, in denen nichts von der Fron ihrer Vorfahren geschrieben stand. Ihre Zukunft war frei. Ich grinste sie an: auf dem Müllberg werdet ihr nicht immer sitzen, ihr werdet ihn abtragen.

Im Park auf der Bank rückte die Kreolin zur Seite, um uns Platz zu geben. Wir kamen ins Gespräch. Sie war eine junge Frau, charmant mit einer feinen Scheu. Stolz zeigte sie uns ihre beiden Kinder, die entfernt mit anderen herumtobten. Ihr Mann wäre Zahnarzt, erfuhren wir, sie Lehrerin am Lyzeum. Ich kramte meine französischen Sprachkenntnisse zusammen. Sie verstand mich nicht, hörte meinen Wiederholungen lächelnd zu. Elga fiel übersetzend ein. Dann sprach die Kreolin schnelle Antworten, die ich nicht verstand – außer einem Satz: „Nous aimons la belle Martinique." Wir lieben Martinique.

Die ersten Stimmen zur Sklavenbefreiung werden während des 18. Jahrhunderts in Frankreich und England laut. Im 19. Jahrhundert werden die europäischen Regierungen veranlaßt, Gesetze zum Schutz der Sklaven zu erlassen. Plötzlich erwacht ein schlechtes Gewissen. Es gibt erste Freigelassene, freigelassene Neger! Es gibt Testamente von Pflanzern, die allen Sklaven ihrer Plantagen die Freiheit geben. Solches Denken und solche Taten verbreiten sich nur langsam. Denn sie sind der Ruin der Plantagenwirtschaft und all ihrer Nebenzweige. Der Franzose Rousseau hat das Recht der fühlenden Seele aller Menschen erklärt. Mit dieser Einsicht schreiten die Menschen über den Zusammenbruch eines ganzen Systems mit seiner Wirtschaft und seiner tiefgefügten Gewohnheit hinweg – hinweg über die warnend formulierte Logik der Fachleute, hinweg über das Wehgeschrei der tragisch Betroffenen. Es muß sein, es muß heute sein. Zur Mitte des 19. Jahrhunderts wird der Sklavenhandel, später die Sklavenhaltung verboten.

Die Franzosen haben bei den Freilassungen eine geschicktere Hand als die Engländer. Laissez-faire: Monsieur Prosper auf Martinique läßt seine langjährige Geliebte mit einer Apanage und den Mitteln zur Erziehung seiner farbigen Kinder frei. Wright or wrong: Mister Richman auf Barbados verleugnet seine farbigen Kinder, wenn er überhaupt welche hat, und entläßt seinen schwarzen Butler mit einer Altersrente.

Auf Martinique dringt gallischer Esprit lebhaft und tief in das Wunder des Überlebens ein und befruchtet es. Auf Martinique fühlen Elga und ich uns fröhlich und frei.

Die Kreolin schloß, was immer sie Elga erzählt haben mochte. Sie ging zu ihren Kindern, nahm sie links und rechts an die Hand. So ging sie unter dem rot-weißen Plakat am Eingangstor hindurch, auf dem ein Kreole mit hochgereckter Faust zur Befreiung von französischer Bevormundung aufrief. Das war die andere Seite der Liebe zu Martinique.

Gespräch an Bord der SÜNNSCHIEN. Katinka und Heiner waren vor einer Stunde eingelaufen.

„An der Soufrière-Bucht wollten wir nicht vorbeisegeln", erzählte Heiner, „ihr wißt: St. Lucia unter den Pitons. Es wehte stark aus der Bucht heraus. Wir liefen unter Maschine ein. Wir passierten ein Fischerboot mit drei Schwarzmännern. Sie winkten heftig. Sie fragten, ob wir sie einschleppen könnten, ihr Außenbordmotor wäre defekt. Wir nahmen sie in Schlepp."

„Sie freuten sich wie die Kinder!" sagte Katinka. „Sie winkten und lachten – ich meinte aus Dankbarkeit."

Heiner: „Die Bucht ist tief bis zum Ufer ran. Man ankert über Heck und nimmt Vorleinen an Land um eine Palme herum. Als wir dicht unterm Ufer den Heckanker fallen ließen –"

Katinka: „Die Schwarzen riefen schon und holten ihr Boot an der Schleppleine längsseits."

„– waren die Fischer plötzlich da und rissen mir die Vorleine weg, die ich mit dem Beiboot an Land brachte. Sie drängten mich von der Palme zum Strand und machten die Leine fest. Dann wollten sie fünf EC-Dollar von mir haben – für einen schlechten Knoten!"

Katinka: „Inzwischen war ein zweites Boot mit Schwarzen gekommen. Sie machten bei uns fest und wollten eine weitere Vorleine haben!"

Heiner: „Ich stritt mit den Fischern am Ufer. Drei Dollar wollte ich ihnen ja geben. Sie sagten, fünf Dollar wären Satz. Wenn ich nicht zahlte, würden wir während der Nacht Ärger bekommen – ‚du wirst bereuen!' sagten sie. Ich mußte mich durch sie hindurchdrängen, um meine Leine von der Palme loszuwerfen!"

Katinka: „Die Fischer schrien und schimpften. Ich begann, den Anker einzuholen."

Heiner: „Einer schlug mit der Faust fortwährend auf mich ein. Ich kam mit der Leine kaum ins Beiboot und an Bord. Die Maschine war nicht abgestellt. Ich gab ‚voll zurück'!"

Katinka: „Zuerst fuhren wir achteraus mit ihnen im Schlepp, dann ‚voll voraus' ebenso!"

Heiner: „Beim zweiten Fischerboot hatte sich eine Leine um das Ruderzepter gewickelt. Das Boot kam quer und kenterte fast. Die Fischer kappten die Leine. Die im anderen Boot ließen sich unverdrossen weiterschleppen."

„Aber sie winkten und lachten nicht mehr!"

„Ich schnitt ihre Leine durch", schloß Heiner, „und sie fuhren mit ihrem defekten Außenborder in die Bucht zurück!"

„Ich fürchte mich vor solchen Möglichkeiten!" Elga schüttelte sich. „Ich kann gar nicht sagen wie! Und womit haben die Fischer ihre Leine gekappt?"

„Weiß nicht", sagte Heiner. „Womit, Katinka?"

„Na, mit einer Machete", sagte Katinka, „die haben sie doch immer dabei!"

Wir saßen noch lange und erzählten viel. Leider haben wir die SÜNNSCHIEN auf ihrem Kurs nach Norden nicht wiedergesehen. Das ist das alte Lied der Freundschaft unter Seglern.

Wir ankerten vor dem Dorf St. Anne an der Südwestküste von Martinique. Seine engen Straßen waren ruhig, fast ohne Verkehr. Unter den Bäumen vor der Kirche standen steinerne Bänke. Wir saßen dort häufig. Das Leben des Dorfes zog an uns vorbei: einkaufende Kreolinnen, die zum Tratsch in Gruppen stehen blieben; Jugendliche, die auf ihren Fahrrädern verwegene Schleifen zogen; Fischer, die ihre Langustenkörbe zum Strand trugen; Bauern, die ihr Gemüse zum Markt brachten. Und da waren die alten Männer neben uns auf den Steinbänken, die unter ihren großen Strohhüten eingeschlafen waren.

Über dem Portal des Bürgermeisteramtes flappte müde die Trikolore wie im Traum eines fernen Ruhmes, mit dem sie hier nichts mehr zu tun hatte. Am Gemäuer eines leerstehenden Hauses klebte ein schreiendes Plakat zur Befreiung von Kolonialismus und Imperialismus: „– hört die Signale!" Wurden sie hier gehört?

Zu Taufe, Hochzeit und Beerdigung versammelten sich je nach Anlaß feingekleidete Menschen vor der Kirche. Da gab es wenig Geheimnisse im Ausdruck ihrer schwarzen Gesichter. Das kindische Lachen geschah ebenso offen wie die verzweifelte Träne. Sie kannten sich alle und gehörten zueinander. Sie brauchten die Diktatur der Politik nicht. Hin und wieder stieß eine Gruppe von Gästen des nahen Club Méditerranée ins geruhsame Straßenbild. Sie wirbelten ziellos herum, bis der Souvenirladen sie aufsaugte – oder die Apotheke. Mit Masken, Schnitzwerk, Körben und Kreolenkleidern, stolz gezeigt; mit der dezent verpackten Pillenschachtel, beschämt verborgen, stiegen sie in ihre lauten Autos – nicht ohne das Erinnerungsfoto auf Kühler oder Kotflügel absolviert zu haben. Die Alten im Dorf, die des Lebens sündige Gefahren kannten, bekreuzigten sich schnell. Die Jungen warfen den Fremden verächtliche oder böse Blicke nach.

Bis zum nordwärts gelegenen Dominica hin wehte der Passat aus Ostzunord mit Stärke 4 bis 5. Die See war mäßig bewegt. Zum Sonnenuntergang lag die Südspitze Dominicas querab.

Die Ureinwohner aus der südamerikanischen Völkerfamilie der Arawaks haben auf dieser und den anderen Inseln einst wie im Paradies gelebt. Sie sind braunhäutig und von zartem Körperbau. Sie leben von der Jagd und vom Fischfang. Beides ist leicht. Es gibt keine Raubtiere und die Fischgründe sind reich. Sie betreiben Ackerbau. Mais wird angebaut. Mühlsteine sind ihnen unbekannt. Aus der Maniokwurzel stellen sie eine Art Brotteig her: sie entfernen den giftigen Saft durch Pressen der zerriebenen Wurzeln und gewinnen einen Brei, den sie zu Fladen trocknen. Sie flechten Bast zu Körben und schlagen Stein zu Werkzeugen und Waffen.

Im Sonnenuntergang färbten sich die Bergkuppen Dominicas blutrot. KAIROS glitt sanft über die auslaufende Dünung ins Lee der Insel.

Von der Küste Venezuelas fegen Schwärme von Kriegskanus nordwärts. Das geschieht kurz vor der Entdeckung der Inseln durch Columbus. Die Insassen überfallen die Siedlungen der Arawaks, töten die Männer, fressen sie oder ihre besten Teile, nehmen die Frauen. Sie erobern Insel um Insel auf ihrem erbarmungslosen Zug. Wo sie mit den Spaniern zusammenstoßen, weichen sie zurück. Aber sie bleiben gefährliche Gegner im Hinterhalt. Die Spanier nennen sie caníbales, Menschenfresser – woraus im französisch-englisch-holländischen Spracheinfluß der Name Karibe wird. Die Spanier meiden die Inseln, auf denen sich die Kariben festgesetzt haben. Engländer, Franzosen, auch Holländer besetzen sie. Die Kariben überleben die weiße Inbesitznahme ebensowenig wie die Arawaks die der Kariben.

Der unsterbliche Gruß aus dem Paradies der Arawaks ist die Hängematte. Nur ein wahrhaft friedliebender Geist hat diese vollkommene Ruhestätte erfinden können. Sie ist überall brauchbar und luftig. Sie paßt sich jeder Körperform an und schwingt den Schlummernden sanft von Traum zu Traum. Sie ist auf einfachste Art transportabel und verstaubar. Kariben haben Menschen gefressen; Spanier, Franzosen, Engländer und Holländer haben Insel auf Insel durchstöbert und ausgeraubt, haben Reichtümer und Prisengelder gescheffelt, haben Schlacht auf Schlacht geschlagen und Ruhm über Ruhm gehäuft – alles verdorben, verloren, vergessen. Die Hängematte ist geblieben. Wer sich ihrem leichten Schwingen anvertraut, kann es in dem beglückenden Wissen tun, im Takt des Paradieses zu pendeln.

Auf Dominica widerstehen die Kariben am hartnäckigsten dem Zugriff der Weißen. Es heißt, daß ihre Wildheit auf die heutigen Inselbewohner übergegangen ist: entlaufene Sklaven haben mit den letzten Kariben gekämpft und wurden mit Frauen belohnt. Hören wir die Nachrichten über Radio Antilles, so ist neben Jamaica Dominica die Insel größter innerer Unruhe.

Nach Mitternacht kreuzte Elga gegen einen Hauch von Wind aus Nord auf. Als sie mir die Wache übergab, standen wir frei von Dominica. Es wehte frisch aus Ost. Der abnehmende Mond stand über den Isles des Saintes. Voraus huschten die Blitzgruppen des Leuchtfeuers auf Guadeloupe über die Kimm. KAIROS lief unter steuernden Segeln. Zu tun war nichts. Hin und wieder wehte mondbleiche Gischt übers Deck.

Als die Sonne mit gelben Strahlen das Mondlicht auslöschte, lag Guadeloupe querab. Wolken ballten sich über den Bergen, warfen bald ihre Schatten auf Felder und Buschzonen der langen Hänge. Sonnenlicht lag auf den freundlichen Küsten. Blauer Rauch von Feldfeuern stieg auf. Wir ankerten am Abend in der Anse Deshayes im Nordwesten der Insel.

Ostzunord der Wind am Morgen zwischen Stärke 6 und 7. KAIROS preschte unter Großsegel, Klüver 2 und Besan nordwärts. Kaskaden von Gischt fegten über das Schiff, stäubten bis in die Segel hinauf und verwehten in Regenbogenfarben. Zur Mittagsstunde wurde der Himmel wolkenlos. Der Wind nahm zu. Das Meer strahlte in stürzendem Blau-Silber. Gischt sprang wie flüssiges Glas und trommelte gegen das Deckshaus. Voll und bei, acht Knoten Fahrt – dies ist das schönste Segelrevier der Erde! Inseln unter dem Winde, Inseln über dem Winde – wie immer: der Wind kommt querein oder voll und bei.

Elga stieg aus der Achterkajüte. „Willst du Segel wegnehmen?"
„Nein, noch nicht. Antigua ist schon in Sicht. Da!"
Am frühen Nachmittag fiel unser Anker in der Freeman's Bay,

der Außenbucht von English Harbour. Mit uns lagen etwa sieben Yachten wartend, Flaggen gesetzt, Außenbordleiter an Steuerbord ausgebracht, Fender bereit, kein Schlendrian wie auf anderen Inseln.

Wir hatten den Befehlsbereich von Sergeant King erreicht. Die wildesten Erzählungen kursierten über diesen Mann: von seiner Arroganz, seinen Schikanen, seiner Unberechenbarkeit – wie Idi Amin im fernen Afrika ein wild-bulliger Nachfahre britischer Weltherrschaft.

Zwischen den alten Geschützstellungen auf Barclay Point und Nelson's Dockyard lagen weitere Yachten. Die vielen Masten hinter den Dächern des Hafengeländes zeigten einen vollbelegten Hafen an.

Als die Nässe einer Regenbö auf unserem Deck zu trocknen begann, erschien Sergeant King zum Nachmittagsdienst.

Er stand aufrecht in einem weißen Motorboot. Hinter ihm saß der Bootssteuerer. Vor ihm hockte ein Beamter mit Aktentasche. Es bestand kein Zweifel, wer hier im Hafen der Größte war. Er war ein starker Mann in tadelloser Uniform mit silbernen Rangabzeichen. Die weiße Militärmütze englischen Zuschnitts hatte er tief ins ebenholzfarbene Gesicht gezogen. Das zwang ihn zu einer ununterbrochenen Hab-acht-Haltung.

Sergeant King zeigte auf KAIROS. Das Motorboot kam längsseits. Ich ging, um ihn zu begrüßen. Er blieb unbeweglich im Motorboot stehen. In seinem runden Gesicht regte sich kein Muskel. Er faßte mit zwei Fingern den Stander des geschlossenen Relingsdurchgangs.

Ich sah die polierten Fingernägel rosa glänzen.

Sergeant King: „Diss Ding is doch wohl aufzumachen!"

„Ja."

„Warum isses dann zu?"

„Die Muttern der Halterung sind zugeschraubt, damit sie sich auf See nicht lösen. Wenn Sie nicht rübersteigen wollen, hole ich mein Werkzeug."

„Nein!" Mit beiden Händen griff er den Drahtstander, als wollte er ihn abreißen. Dann schwang er sich blitzschnell an Bord. Gorilla, dachte ich.

Der Beamte mit Aktentasche kam weniger kraftvoll. Er folgte seinem Herrn und Gebieter ins Cockpit.

„Hallo!" sagte Elga etwas ängstlich.
Sergeant King fragte: „Wo is d'Skipper?"
„Hier!" meldete ich mich hinter seinem breiten Rücken.
Er drehte sich um. Er stellte sich mit Namen und allen Titeln und den Beamten mit Namen und allen Titeln vor.
Ich nannte meinen Namen, fügte mit Würde hinzu: „Und dies ist meine Frau – Steuermann, Navigator, Zahlmeister und Koch."
Elga warf mir einen warnenden Blick zu.
Sergeant King stieg den Niedergang zur Kajüte hinunter. Er setzte sich und wies dem Beamten einen Platz neben sich zu. Er starrte Elga an.
„Whisky?" fragte sie.
„Nein! Bin im Dienst!"
„Also Saft!" sagte Elga.
Sie stellte zwei Gläser mit Orangensaft vor die Männer hin, während ich begann, das Formular auszufüllen, das der Beamte aus seiner Aktentasche geholt hatte.
„Die Pässe! Die Ausklarierung!" sagte Sergeant King. Er stürzte den Saft hinunter. Der Beamte nippte vorsichtig.
Während ich schrieb, prüfte Sergeant King unsere Pässe und die Ausklarierung von Anse Deshayes. Ich sah, daß sein Blick wie unter Zwang immer wieder zu meinem Kugelschreiber wanderte. Ich schob das ausgefüllte Formular dem Beamten zu. Er reichte es untertänig an Sergeant King weiter. Der sah es durch.
„Stempeln!"
Der Beamte tat es mit einem Riesending aus seiner Aktentasche. Sergeant King schnaufte. Er winkte dem Beamten das Formular, mir den Kugelschreiber ab. Das Formular kam, der Kugelschreiber nicht. Sergeant King sah mich an. Ein kaum sichtbares Lächeln saß in seinen Mundwinkeln. Er wußte, daß er der Stärkere bleiben würde – wenn nicht bei diesem Stift, dann anders.
Ich gab ihm den Kugelschreiber.
Er sagte: „Ein schöns Ding!" und unterschrieb das Formular. „Silber!" Er hielt den Kugelschreiber, als wollte er ihn in die Tasche seines Uniformhemdes stecken.
„Nein, Edelstahl. Sergeant, ich hab' ihn geschenkt bekommen." Wie konnte ich ihn beeindrucken, diesen Kommißkopp? „Nach dem Krieg! Von britischem Offizier! Horse Guards! Zur Erinnerung!"

„Yessir!" sagte er automatisch.

Ich streckte meine Hand aus und zog ihm den Kugelschreiber aus den widerstrebenden Fingern mit den polierten Nägeln.

Er stand auf und sagte: „Sie kommn morgn in mein Büro, um d'Gebühren zu bezahln! Ab neun Uhr – verstanden? Hier herrscht Pünktlichkeit!"

Der Beamte packte den Formularsatz und unsere Pässe in seine Aktentasche.

„Die Pässe doch nicht!" sagte Elga.

Sergeant King: „Morgn holn Sie d'Pässe ab! Mit Stempel und Quittung. Hier herrscht Ordnung!" Er blickte durch die Kajüte, als fehlte ihm was. Plötzlich sah er auf seine Uhr. Eine halbe Stunde war verstrichen. Er ging an Deck. Er blieb vor der Außenbordleiter stehen, zeigte zum Mast. „Holn Sie d'Flagge Q ein!" Er salutierte zackig und stieg in sein Motorboot. Der Beamte folgte beflissen. Ab schoß das Boot.

Elga und ich setzten uns ins Cockpit, etwas weich in den Knien. Wir blickten über den schönen Hafen.

Die Großsegler eines Volkes waren hier ein- und ausgelaufen, das wie kein anderes die Ozeane befuhr und Männer groß werden ließ, die kühl und sachlich und wirklichkeitsnah ein Weltreich schufen und verwalteten.

Statt der Kriegsschiffe zu Nelsons Zeiten sind es nun Hochseeyachten, die hier ihren Stützpunkt haben. The Society of the Friends of English Harbour scheut keine Mühe, den Hafen zu renovieren und zu erhalten. Sergeant King sorgt für Pünktlichkeit und Ordnung – in ebenso falsch verstandener Tradition wie in falsch verstandener Traditionslosigkeit ein aufgebrachter Yachtmann den Sergeant verprügelte. Der Yachtmann fand sich im Gefängnis wieder, wo er fluchte. Sergeant King wird sich auf einem Außenposten wiederfinden, sehr wahrscheinlich auch fluchend, wenn die eingeleitete Untersuchung seines Dienstverhaltens abgeschlossen ist. English Harbour bleibt.

„Komm!" sagte ich zu Elga. „Wir verholen in die innere Bucht."

Eine halbe Kabellänge westlich von Peter Point ankerten wir mit Schwierigkeiten zwischen den vielen anderen Yachten. Das Wasser lag ruhig wie ein See. Mangroven standen ringsum. Stille. Nur selten wurde sie unterbrochen – vom Rasseln einer Ankerkette, vom Klinken einer Winsch, vom Klappern eines Falls in einer plötzlichen Bö. Es waren Geräusche, die dieser Hafen von alters her kannte. Ich liebe English Harbour trotz seiner ständigen Überfüllung.

Der Hafen ist der britischen Flotte nie genommen worden. Seine Lage ist geschützt, seine Befestigungen sind stark gewesen. Eine große französisch-spanische Flotte mit über zehntausend Soldaten an Bord macht keinen Landungsversuch. Admiral Nelson mit zwölf britischen Linienschiffen und Fregatten jagt diese Flotte. Er läßt vor St. John's, der Hauptstadt im Norden, ankern. Er läßt die Garnison mit zweitausend Seesoldaten aus seinem Geschwader verstärken. English Harbour läuft er nicht an. Als Kapitän einer Fregatte hat er hier drei Jahre Dienst getan.

Er schreibt einen Brief an den Gouverneur, der seine Eile erklärt: „Ich habe die feste Absicht, in der Verfolgung des Feindes keinen Augenblick unnütz verstreichen zu lassen, der, so bin ich überzeugt, mit diesen Schiffen und Truppen seine europäischen Kriegsanstrengungen verstärken wird." Nelson geht ankerauf. Er sucht die entscheidende Schlacht.

Er findet sie bei Trafalgar auf der anderen Seite des Atlantik. „England erwartet, daß jeder Mann seine Pflicht tut." Mit diesem Flaggensignal beginnt er den Tag. Eine Musketenkugel trifft ihn tödlich. „Ankern, Hardy, ankern –" Mit diesen Worten beschließt er den Tag, seinen Sieg und sein Leben.

Die beste Nelson-Darstellung im Museum von English Harbour ist der Druck eines Gemäldes, das in der National Portrait Gallery zu London hängt. Es zeigt Nelson ohne Dreispitz, das Gesicht ein wenig zur Seite gewandt. Die Haare fallen ungezwungen wie in einer leichten Seebrise. In seinen Augen – das rechte verlor er vor Korsika – liegt eine ferne Todesahnung um seine Seeleute und um sich selbst. Sein Mund ist fest, aber nicht hart, die Winkel hochgezogen zu einem kaum sichtbaren Lächeln ohne Überheblichkeit, wohl aber in spöttischem Wissen um so manche Vergeblichkeit der Liebe. Die abfallenden Schultern – den rechten Arm verlor er vor Tenerife – verraten eine schmächtige Gestalt. Aber sein Gesicht ist das eines Mannes, der andere Männer durch die Wirrnis seiner Zeit führt, sie beflügelt, begeistert und sein Leben in die Schanze schlägt.

Der Sonnenuntergang geschah in prächtigen Farben. Die Nacht kam still. Jeder Stern und jedes Aufglühen der Leuchtkäfer in den Mangroven spiegelte sich im Wasser. Von der Admiralty's Inn

klang sanft eine steelband herüber. Später sang dort jemand zur Gitarre: „Come, mister tallyman –"
Wir saßen auf dem Achterschiff – glücklich.
Nelson als Kapitän einer Fregatte in English Harbour ist nicht glücklich gewesen. Er langweilt sich. Er beginnt eine Liebschaft mit der Frau des Resident Commissioners und hat Streit mit den Zivilbehörden. Er rettet einem Matrosen das Leben. Dieser ist zum Tod durch den Strang verurteilt. Nelson begnadigt ihn, weil er das Urteil des Kriegsgerichts für ungerecht hält. Solche Begnadigung ist ausschließlich dem König in London vorbehalten. Nelson bekommt erhebliche Schwierigkeiten deswegen, nimmt sie in Kauf – und bei Trafalgar führt er Tausende von Männern in den Tod. Kein geringerer als Joseph Conrad hat jene Zeit das „Heroische Zeitalter der britischen Flotte" genannt. Wir leben in unserem Kritischen Zeitalter.
„Come, mister tallyman, tally me bananas!
One and two and three are six –"
Wer zählt bei uns?
Wir blieben sechs Tage in English Harbour. Tagsüber gab es eine Menge kleiner Schiffsarbeiten. An den Abenden fanden Besuche statt. Peter und Ulla liefen mit der NIMANOA ein. Peter befand sich auf einer Geschäftsreise – Besuche von Handelsvertretern mit Yacht. Das hätte selbst ich ausgehalten! Wir beschlossen, gemeinsam weiter nach Norden zu segeln.
So stand ich denn vor Sergeant King zum Ausklarieren. Er saß breit hinter seinem Schreibtisch. Ein junger Beamter reichte mir das vom Sergeant unterschriebene Formular. Ich faltete es langsam zusammen und trat schnell vor Sergeant King. Er sah erstaunt auf.
„Sergeant King!" sagte ich laut und militärisch. „Wir segeln ab! Meine Frau und ich! Danken Ihnen! Und Ihren – äh, Beamten! Für korrektes Verhalten im Dienst!" Ich sah sein Gesicht und wußte nicht mehr weiter. Mit normaler Stimme fuhr ich fort: „Wir haben gern in English Harbour geankert und werden wiederkommen. Der Hafen hat eine alte Vergangenheit und wird sich seinen guten Ruf erhalten – bestimmt."
Er war aufgesprungen und ergriff meine Hand. Er schüttelte sie herzlich und aufgeregt. „Wir wolln einn Weg findn, essis verdammt schwer! Zu viel Yachties! Auf Wiedersehn! Alls Beste für Sie! Und fürn Frau – klar!"

Auch der junge Polizist grinste, als wir uns die Hand gaben.
„Du siehst so fröhlich aus!" sagte Elga an Bord.
„Wir sind's! Sergeant King wünscht dir das Beste!" Ich erzählte Elga von der Verabschiedung. „Ich wollte ihn veräppeln. Aber als ich den Ausdruck in seinem Gesicht sah, konnt' ich es nicht mehr."
„Wie war er?"
„Na eben – fröhlich!"

Wir lagen in Lee von Antigua auf Nordwestkurs. Nach dem Abendessen meldete sich die NIMANOA über UKW.
„Lebhaft hier!" sagte Peter. „Wir sind vor einer Stunde ausgelaufen – Wind 6 aus Ostsüdost – grobe See – wir laufen vor der Fock – stehen südlich des Cade Reefs – wie sieht's bei euch aus?"
„Alles klar", meldete Elga, „Südost 2 – ruhige See – wir laufen unter Großsegel und Maschine – wir haben's auch so grob gehabt, wo ihr jetzt seid – nächster Kontakt um Mitternacht, einverstanden? – Wir bleiben auf Empfang."
Sie hob ihren Kopf aus der achteren Schiebeluke. „Hast du's gehört? Ich törn' ein. Gute Wache!"
„Schlaf gut!" Ich setzte mich bequem in die Ruderbank hinein und stellte die automatische Steuerung ab. Ich wollte das Schiff in der Hand fühlen.
Sprechfunk zwischen Yachten ist eine gute Sache. Auf See erhöht er die Sicherheit bis zu gewissen Grenzen. Auf Ankerplätzen kann er bei unliebsamen Fremdbesuchen zu einer wirksamen Hilfe werden. Wir haben versucht, andere Segler für eine gemeinsame Teilreise zu gewinnen, wenn die Ziele in gleicher Richtung lagen. Unsere Versuche verliefen ergebnislos – ausgenommen die Fahrten mit der NIMANOA.
Diebstahl und Einbruch, Überfall und Piraterie: praktische Folgerungen zog niemand. Was da geschehen war, war anderen geschehen. Die Möglichkeit der Erfahrung am eigenen Leib wurde beiseite geschoben. Die einzigen Vorsichtsmaßnahmen, die wir beobachteten, waren angeschlossene Außenbordmotoren und Dingis –

selten. Ansonsten meinten die Skipper, sich bewaffnen zu müssen. Da wurde maskulinem Wunschdenken freier Lauf gelassen. Vom erfolgreichen Einsatz der Schrotflinten, Gewehre oder Pistolen hörten wir nie. Wohl aber böse Geschichten über ihre Benutzung bei Streit innerhalb der Besatzung. Zwei Yachten trafen wir, die den Schutz gemeinsamer Reisen konsequent und in Freundschaft durchführten – zwei unter Hunderten!

KAIROS rauschte über die dunkle See. Die schmale Sichel des zunehmenden Mondes mit bläulichem Dämmerkreis auf der sonnenabgewandten Seite sank in den Westen. Kaum Wolken am Himmel. Kein Wind. Wache. Freiwache.

Der Morgen hob sich, hellblau Himmel und Meer. Sonnenlicht strahlte wie Feuer über die Kimm, warf Feuerfunken auf die Dünungsrücken. Backbord achteraus lag langgestreckt St. Christopher, südwärts der dunstverhangene Berg von Nevis. Querab an Backbord reckte sich aus Tälerschatten St. Eustatius mit seinem Krater gezackt in den Himmel. Weiter nördlich sahen wir den Vulkankegel Sabas mit einer rosa Morgenwolke leewärts am Gipfelrand. St. Barthélemy voraus kam unvollkommen in Sicht: einige gelbe Berge im Vordergrund, blaue Undeutlichkeit dahinter. Ein leichter Wind sprang auf, verstärkte sich zu Mittag und ließ uns durch dieses Bild gleiten, das bald in sanften Mittagsfarben schimmerte.

Wir ankerten neben der NIMANOA vorm holländischen Philipsburg auf St. Martin. Zusammen mit Ulla und Peter ruderten wir an Land.

Der Ort war vom Ankerplatz aus hübsch anzusehen. Als wir durch die Straßen gingen, zeigte er sich schäbig wie eine Goldgräberstadt. Unternehmer und Angestellte der vielen Geschäfte waren größtenteils nicht auf der Insel beheimatet. Holländischer Gewinn und karibischer Lohn wurden hier nicht investiert. Geschäftstüchtige Unrast strahlte unsichtbar aus Fenstern und Türen der Häuser, von denen die Farbe blätterte. In alten Tagen hatten die ehrbaren Händler alles gehandelt, was die Flibustier heranbrachten. Heute handelten sie alles, was die Passagiere der Kreuzfahrtschiffe haben oder nicht haben wollten: zollfreien Schnaps, Kameras, Radios, Goldschmuck und Juwelen.

Am nächsten Tag lief die NIMANOA nach Anguilla aus. Wir besuchten mit dem Bus den französischen Nordteil der Insel. Er war landschaftlich schön. Es vegetierte eine ärmliche Landwirtschaft. Die Geschäftstüchtigkeit im zollfreien Handel war die gleiche. Nur lachten die Menschen hier, wenn sie kassierten.

Krach-krachrrr – Wellental – Gischt – krach – rrr – Brecher. Anguilla lag fünf Seemeilen voraus. Es war eine flache Insel mit Sandsteinufern grellgelb, darauf Buschwerk zinkgrün. Und die flaschengrüne See mit den weißen Brechern und dem wehenden Gischtstaub gab ihrer Erscheinung Unwirklichkeit. Aus dunstigem Nichts streckte sich die Insel uns entgegen. Der Wind war plötzlich gekommen. Es hatte Wochenendstimmung an Bord geherrscht. Die ersten Brecher hatten wir kaum beachtet.

„Wie die Anfänger!" schrie ich. „Die Maschine wird's machen!"

KAIROS arbeitete heftig, rollte und stampfte, schlingerte uns die Seele aus dem Leib.

„Da!" rief Elga und zeigte nach Backbord voraus.

Mein Blick kam zu spät. Da war nur Gischt.

„Es sah wie Brandung über Felsen aus! Aber Blowing Rock muß an Steuerbord liegen. Da wieder!"

Brecher und Wasserstaub sprangen auf. Die riesige Schwanzflunke eines Wals hob sich triefend aus dem Wasser. Immer höher stieg der Leib aus der See. Dann schlug die Flunke nieder: Wasserexplosionen.

„Wie weit ab?"

„Weiß nicht! Hundert Meter – nein, weniger."

Wieder hoben sich Flunke und Schwanz aus dem Wasser. Ich drehte nach Steuerbord ab, drosselte die Maschine. Langsam stampfte KAIROS in die See. Gischt prasselte. Der Wind heulte. Wir warteten.

Wieder hob sich die Erscheinung. Sekundenlang stand sie schwarz in grellen Farben, bewegungslos in Wind und Wasser. In gewaltiger Kraft knallte sie nieder. War das Kampf? Befreiung von Parasiten? Lebensfreude?

Der Vorgang wiederholte sich weiterhin. Der Wal entfernte sich westwärts. Noch einmal sahen wir ihn blasen, danach blieb die See leer. Wir gingen auf Kurs. Das alles war für uns lautlos im Lärm des Wetters geblieben: geisterhaft.

Wir fanden in der Road Bay an der Nordwestküste Anguillas einen mäßig guten Ankerplatz. Die NIMANOA lag dort einsam. Wir loteten uns vorsichtig in die Bucht. Sie war von Nord über West bis Südwest offen. Das flache Wasser strahlte grün.

Die Strahlung überlegte alle anderen Farben der Bucht wie mit einer Patina: die rostigen Pfeiler einer Pier, die gelben Sandsteinklippen des Kaps, den weißen Strand, die blauen Schatten der Palmen am Ufer, die Unterseite unseres Cockpitdaches, die Salinge an den Masten, die Schwingen und Leiber der im Sturzflug fischenden Pelikane und Tölpel. Nur die gezackten Silhouetten der hochfliegenden Fregattvögel blieben unberührt. Der Himmel wölbte sich in tiefstem Dunkelblau. Er hielt das Feuer der Sonne wie in einem Brennglas.

Träge rollten NIMANOA und KAIROS in der Dünung, die aus dem Atlantik hereinstand. Träge rollte der alte Schoner, der die Verbindung mit der letzten winzigen Insel im Norden aufrechterhielt: Sombrero Island mit dem Leuchtturm. Träge zischte die grüne Brandung ans grüne Ufer. Einige Hütten standen dort. In Stößen winselte der Wind aus dem Nirgendwo. Ende der Welt.

Wir ruderten an Land. Mit Ulla und Peter folgten wir dem Ufersaum, standen vor Haufen großer Conch-Muscheln. Rosa schillernd und zerbrochen öffneten sich ihre leeren Gehäuse wie stumme Mäuler zum Himmel.

Die NIMANOA war hinter dem Westkap der vorgelagerten Insel Anguellita mit Südkurs nach Montserrat außer Sicht gekommen. Wir saßen im Schatten des Cockpitdaches und taten nichts. Was sollten wir tun am Ende der Welt? Wir sahen den fischenden Pelikanen und den räuberischen Fregattvögeln zu. Wir sahen einigen am Ufer badenden Menschen zu. Im Licht der grünen Bucht wirkten ihre schwarzen Leiber riesenhaft vor dem flimmernden Hintergrund von Brandung und Palmen.

Sonne und Licht zogen ohne Zeit, weil nichts anfing und endete. Farben und Licht verschoben sich. Als die Nacht fiel, leuchtete das weiße Licht des Mondes. Auch in ihm lag der grünliche Schimmer allgegenwärtig – überall Phosphorglanz. Der Horizont im Norden blieb scharf: schwarzer Atlantik bis Neufundland hinauf.

Vom Ufer tönte eine Gitarre – Calypso. Eine Männerstimme sang. Sie brachte Schwung in die Melodie und trieb sie mit den gesungenen Worten zu jenen Höhepunkten, die diese Lieder so hinreißend machen.

In den Ästen eines Baumes dort hing eine nicht sichtbare Lampe. Ihr dadurch indirektes Licht hob Stamm und Äste als leuchtendes Filigran in die Dunkelheit. Darunter brannte ein kleines Feuer. Die gelbroten Flammen warfen Lichthüpfer in den Rauch, der blau ins Lampenlicht stieg. Funken wirbelten manchmal auf.

Mehrere Menschen sangen den Refrain des Calypso. Sie brachen plötzlich ab und lachten. Der Gitarrenspieler begann einen neuen Gesang.

Die Bucht lag in weißgrünem Mondlicht. Still dünte das spiegelnde Wasser. Im Bogen des Ufers waren Licht und Feuerschein wie ein magisches Auge. Im Bogen der Nacht waren Gitarre und Gesang wie eine Beschwörung.

„Komm!" sagte ich. „Wir rudern hinüber."

Elga zögerte. Dann zog sie sich ein Hängekleid über den Bikini. Wir stiegen ins Dingi und ruderten über die nachtleuchtende Wasserfläche. Wir wateten durch den gläsernen Wellenschlag ans Ufer, zogen das Boot auf den Sand, gingen auf den Baum zu. Als wir in den Lichtschein traten, brachen sie ihren Gesang jäh ab. Durch die Stille knackte scharf das brennende Holz im Feuer.

Sieben schwarze Gesichter sahen uns an – weiße Augen, groß. Eine Mächenstimme sagte: „Oh!"

Der Sänger stellte seine Gitarre zögernd gegen den Baum. Er ging langsam auf uns zu.

Ich sagte: „Wir sind von der Yacht in der Bucht."

Er stand bewegungslos mit hängenden Armen, sah mich an, sah Elga an. Er fragte: „Seid ihrn Charteryacht? Habt ihr Gäste?"

„Nein." Ich wollte hinzufügen: wir sind allein, schwieg aber.

Elga sagte: „Wir kennen eure Musik nur von Platten und Tonbändern."
„Disse Musik kennt ihr? Macht ihr Tonbänder?"
Jetzt mußte die Frage nach dem Geld kommen. Aber er sagte: „Wir sin fröhlich hier!" Er machte eine Hüpfbewegung.
Die anderen lachten und begannen zu schwatzen.
Wir setzten uns so, daß wir ihren Kreis nicht störten. Elgas Spannung wich, ich fühlte, wie sie sich gegen meine Schulter lehnte.
Viele Fragen gingen mir durch den Kopf: wie sie leben, wie sie fischen, wie sie ihre Boote bauen, wie sie über uns denken, wie sie ihre Kinder aufziehen, wie ihre Hoffnungen sind.
Durch ihr Schwatzen schrillt ein Gitarrenton. Wieder lachen sie. Die Gitarre klimpert den Anfang einer Melodie. Sie vergessen uns. Dann singen sie.
Der Mond zieht, die Lampe scheint, das Feuer flackert, der Baum breitet sein Filigran über uns –
Wir sollen mitsingen, ruft der Gitarrenspieler. Sie klatschen in die Hände. „When we remember Babylon", schlägt Elga vor.
Sie singen, wir singen mit, anschließend andere Lieder, die Elga kennt und mitsingt. Ich bin ein schlechter Sänger. Ich schaue in die silbern beleuchteten Zweige des Baumes mit den roten Lichthüpfern des Feuers darin. Sie singen, singen, sie leben in ihrer unzerstörbaren Gegenwart.
So haben sie hackend auf den Plantagenfeldern überlebt: „Das Zuckerrohr reift bis zur Ernte" – so haben sie die Verzweiflung überstanden: „Wir sin alle im Land Nod hinter Eden und hoffn immer" – so haben sie ein Weltreich überlebt: „Wir wolln einn Weg findn, essis schwer" – so werden sie die Wirrnis unserer Zeit trotz Touristenstrom und Segelgeschwader überleben: „Wir sin fröhlich hier." Ihre Kraft ist groß, größer als unsere vielseitigen Kräfte. Sie bewahren das Leben in unzerstörbarer Gegenwart, derweil wir verlorene Vergangenheit und ungewisse Zukunft erklären wollen. Sie singen.
„O island in the sun willed to me by my Father's hand,
all the days
I will sing and praise
of your forests, waters and shining sand.
This is my island in the sun
where my people have toiled since time begun –"

Sie sind im Leibe stark und im Geist geduldig. Sie sind in der blutigen Geschichte der karibischen Inseln gewaltlose Sieger geblieben. Das ist mehr, als all die Glorie des Weißen Mannes erreicht. Die armen Inseln gehören nun den armen Schwarzen, die nichts erwarteten – „und achteten weltlichen Glanz gering".

Aber auf Haïti brechen die Schwarzen in blutiger Gewalt die Herrschaft der Weißen, und seit fast zwei Jahrhunderten torkelt die freigekämpfte Negerrepublik aus den Griffen des einen in den Griff des nächsten Diktators – „und fielen schlimmsten Lastern anheim".

Ich sah Elga an. Sie nickte. Wir erhoben uns leise und gingen unbemerkt in die Nacht. Wir schoben das Dingi ins Wasser und ruderten zum Schiff hinüber. KAIROS lag rollend im flachen Licht des untergehenden Mondes.

„Du wolltest sie so vieles fragen", sagte Elga, als wir im Cockpit bei einem drink saßen. „Dies war die Gelegenheit."

Das Feuer flackerte am Ufer, der Gesang klang über die einsame Bucht.

„Ja, so viele Fragen –" Ich zeigte zum Himmel, wo das versunkene Licht des Mondes das der Sterne freigab, und zum Ufer.

„Horch!"

Die Musik war verstummt.

Vor vier Stunden waren wir im Hafen Charlotte Amalie auf St. Thomas vor Anker gegangen. Nach dem Ankermanöver unter den weißen Häusern mit den rotgemalten Dächern hatten wir ein wenig geschlafen. Dann waren wir zum Zoll und zur Immigrationsbehörde gegangen. Der feiste Beamte hatte unsere Visa geprüft und seinen Stempel in unsere Pässe geknallt. Sein brutales Jungengesicht hatte dabei freundlich gestrahlt: „Now you are in! Good luck!" Er hatte es wie den Glückwunsch zu einer Auszeichnung gesagt. Diese Auszeichnung trug draußen auf der Straße jedes Autoschild über der Nummer: Virgin Islands – US-Paradise.

Jetzt kauften wir Verpflegung ein. Der Supermarkt war groß wie eine Kathedrale. Hinter der Tiefkühltruhe mit abgepackten Fleischsorten hingen die Rinderhälften in Reih und Glied. Gemüseabteilung: alles taufrisch in zwanzig Meter langer Reihe. Brot: acht Sorten in sechs Reihen übereinander. Butter: in Päckchen, Schachteln, Dosen, gesalzen, nicht gesalzen. Eier: ein Meter hoch nach Farbe, weiß oder braun, drei Meter lang nach Größe. Käse: über zehn Meter hin alle Sorten. Das war Versorgung! Sie reichte bis zu den überfüllten Mülltonnen hinaus, die wir auf der Straße gesehen hatten. Vergib uns unsere Schuld.

Vor achtundvierzig Stunden hatten wir am Ende der Welt geankert, wo Neger sangen.

Die Computerkasse summte ihre frohe Verkündigung. Elga bezahlte.

Ich nahm die Tüten, die ein kleiner Negerboy gepackt hatte – keep smiling. Den Menschen ein Wohlgefallen.

Vor vierundzwanzig Stunden waren wir ankerauf gegangen. Das grüne Licht der Road Bay war dem weiten Blau des Meeres gewichen. In der Nacht war der Wind schwach über die Dünung gezogen – frisch dann, als die Virgin Islands im Morgenlicht gelegen hatten.

Aus der klimatisierten Luft des Supermarkts traten wir in die Hitze über dem Parkplatz.

„Sie sind von einer Yacht?" fragte eine freundliche Frau. „Ich fahre an der Wasserfront entlang. Soll ich Sie mitnehmen?"

„Danke, nicht nötig."

Wir zwängten uns durch den Verkehr auf die andere Straßenseite.

„Warum warst du so kurz angebunden?" fragte Elga.

„Hier!" sagte ich und ging die Stufen zu einem Eis-Café hinauf. „Hier werden wir jetzt Eis über Eis essen. Du hast das Geld. Ich lade dich ein. Die Konsum-, Wegwerf- und Überflußgesellschaft hat uns wieder! Wie heißen ihre sieben Todsünden?"

Als wir eine halbe Stunde später und einen Kilometer weiter an der Wasserfront in unser Dingi stiegen, hupte unsere freundliche US-Bürgerin auf der Uferstraße.

Sie winkte, zuckte mit den Schultern und zeigte auf die Fahrzeugschlange, die ihr Auto hitzeflimmernd einschloß. Stop-and-go: die paradiesische Verkehrsart.

Am Nachmittag drehte der Wind auf Südost. Von den sechs Kreuzfahrtschiffen am West Indian Dock zogen Dieselabgase über die einhundertzwanzig ankernden Yachten in der Long Bay. Eine schillernde Ölschicht auf dem Wasser folgte. In die Bucht hinein lief ein leichter, aber anhaltender Grundschwell.

Wir beschlossen, nicht lange zu bleiben. Lebensmittelbestände ergänzen, Trinkwasser und Treibstoff bunkern – das war's. Dann wollten wir in die Honeymoon Bay verholen. Sie lag zwei Seemeilen westlich in Lee von Water Island.

Schwitzend liefen wir durch die Straßen. Charlotte Amalie war eine alte Dänenstadt mit Freihafen. Sie hatte schöne Winkel und malerische Gassen. Tscharlott Ahhmeli – so in US-Aussprache – wurde 1917 von den USA mit St. Thomas, St. John und anderen Inseln den Dänen abgekauft. Nach dem Zweiten Weltkrieg meinten die Marinestrategen, ihre Flotte brauchte die Inseln nicht mehr als Stützpunkt. Die Regierung verwandelte sie mit der finanziellen Hilfe des Hauses Rockefeller in ein Ferienparadies.

Im Touristengeschäft wucherte Charlotte Amalie aus: alte Autoleichen neben den neuen Wohnblocks für Schwarze, ungefegte Straßen vor den Gärten der Weißen, bunte Blumenbeete unter tödlichem Benzindunst, Abkehr von aller Natur unterhalb herrlicher Tropenberge.

Bei schwarzen wie weißen US-Bürgern fiel uns die maßlose Überzeugung von der Einmaligkeit ihrer Errungenschaften auf. Sie waren unendlich freundlich und hilfsbereit.

„Es ist tragisch!"

Wir saßen auf dem Achterschiff. Hinter Careen Hill im Westen verglühten letzte Schleier von Abendrot.

Elga nippte an ihrem drink. „Was?"

„Ach, daß ihre Hilfsbereitschaft ihr Sendungsbewußtsein nicht mildern kann. Das macht sie –" ich suchte nach dem Wort.

„Unglaubwürdig?" versuchte Elga zu ergänzen.

„Ja, und noch mehr. Wie erklärst du dir das häßliche Schlagwort? Trotz Millionen Wirtschafts- und Militärhilfe: Ami go home!"

Elga schwieg bestürzt. Dann zeigte sie auf die Lichterkaskaden der Stadt bergauf, bergab. „Das versöhnt mich. Außerdem kannst du Charlotte Amalie nicht mit den USA vergleichen. Drüben – die Insel St. John ist Naturschutzgebiet. Sie ist unberührt und schenkt allen Naturfreunden Ruhe und Schönheit. Es gibt nirgends so viele Naturschutzgebiete wie in den USA. Es wird über die USA böswillig viel Falsches geredet."

„Möglich. Wir können's nicht beurteilen, solange – weißt du was? Wir segeln hin!"
„Wir wollen nach Venezuela."
„Danach", sagte ich, „danach USA!"

Passatwind Stärke 6. Unter Klüver 2 und Besan kreuzten wir an der Südküste von St. Thomas nach Ost. Viele Yachten zogen ihre Kurse in der sonnenglitzernden See.
„Darf ich steuern?" fragte Barbara. Elga überließ ihr das Ruder und sagte manchmal Korrekturen.
Barbara Kretschmer war meine Sekretärin in Hamburg gewesen – fleißig und verläßlich. Ich hatte sie damals zu einem Urlaub mit uns auf einer Tropeninsel eingeladen.
Am Nachmittag ankerten wir in der Caneel Bay auf St. John. Das Wasser war kristallklar. Nur fünf Yachten ankerten mit uns. Hinter dem Strand des östlichen Ufers lag im Palmenschatten das Hauptgebäude eines Bungalow-Hotels. Wir drangen über den Landesteg in diese teure Oase ein. Die Schilder „Nur für Gäste" übersahen wir, auch die Wachtposten am Tor der Straßeneinfahrt. Sie kontrollierten uns nicht, weil wir ja schon drin waren. Unsere Kleidung hatten wir sorgfältig angepaßt. Diese nachmittäglichen Spaziergänge wurden zu einem immer wieder neuen Vergnügen. Der Park war groß und in Schönheit angelegt und wir waren unerlaubte Gäste!
Eines Tages lag ein Zettel in unserem Dingi: „Familie Koch, bitte warten Sie hier bis 18 Uhr. Ein Schweizer. – E. Herrmann."
Ich ging brummig den Landesteg zurück, um Herrn Herrmann zu suchen. Unter den Uferpalmen kam er mir entgegen. Seine stahlblauen Augen musterten mich kritisch. „Ja! Ich kenne Sie aus den Berichten der Segelzeitschriften. Haben Sie meinen Zettel gefunden?"
„Ja."
„Ich wohne hier im Hotel, im Bungalow dort über der Bucht. Ich sah die KAIROS einlaufen. Das ist wirklich ein schönes Schiff! Ent-

schuldigen Sie, daß ich Sie hier überfalle. Ich bin selbst Segler – war –"

Er war älter als ich – nicht größer, aber kräftiger gebaut, Sportsmann. Er trug kurze Hosen, ein frisch gebügeltes Hemd und Strandschuhe.

„Ich segele auf dem Bodensee. Leider kann ich nicht so wie Sie und Ihre Gattin segeln, weil – ja, wo ist sie?"

Ich zeigte zum Landesteg. „Wir haben Besuch an Bord."

„Ja. Ich habe Ihre KAIROS sofort erkannt!" Seine Lebhaftigkeit verfiel plötzlich. „So neu und schön war mein letztes Schiff auch. Ich habe es in den USA bauen lassen, dann mit Skipper und Freunden hierher gesegelt – nach St. Thomas. Ich habe das schöne Schiff verkaufen müssen. Meine Frau ist krank. Ich erzähle Ihnen das alles jetzt in Eile, weil ich später nicht mehr darüber sprechen will. Verstehen Sie das bitte!"

Elga und Barbara kamen hinzu. Ich stellte vor.

Er sagte: „Wir müssen uns in Ruhe unterhalten! Ich möchte Sie zum Abendessen einladen. Wie ist es morgen?"

Eine zierliche Frau trat neben ihn. Sie trug einen eleganten Strandanzug.

Herr Herrmann sagte: „Dies ist meine Frau." Er nannte ihr unsere Namen. „Ich habe Familie Koch und Fräulein Barbara für morgen zum Abendessen eingeladen, Franziska, wobei ich dein Einverständnis voraussetzte. Ich habe so viele Fragen!"

Herrmanns erwarteten uns zum Abendessen vor dem Restaurant. Wir gingen zum kalten und warmen Buffet, einem zwanzig Meter langen Überangebot. Wir wählten aus und setzten uns an den für Herrmanns reservierten Tisch. Das Windlicht schwankte, alle Windlichter auf den Tischen schwankten im Luftzug, der warm durch den säulengetragenen Raum zog. Fast alle Tische waren mit fröhlich gestimmten Menschen besetzt. Eine kleine steelband spielte leise. Draußen tönte das Konzert der Baumfrösche. So würde ich einen Film inszenieren, der das sorglose Ferienleben in den Tropen zeigt.

Frau Herrmann sprach mit den Hotelangestellten wie mit Freunden. Was ihr ungeübtes Englisch nicht gab, das schenkten ihr Interesse und ihre Güte.

Herr Herrmann hatte mich neben sich gesetzt. Gesprächsthema: KAIROS. Ich machte mir klar, daß hier nicht Neugier fragte. Ein unerfüllbarer Traum stieg ins Spiel von Frage und Antwort – ein Traum, den weder guter Wille noch Geld verwirklichen konnten. Langsam faßte ich Zutrauen zu dem, der es so eindringlich mit mir spielte.

„Wie haben Sie sich gegen Krankheit versichert?" wollte er wissen.

„Unsere Mitgliedschaft bei einer Ersatzkasse in Hamburg ruht. Hier sind wir durch eine Reise-Krankenversicherung gedeckt." Und für seinen unerfüllbaren Traum fügte ich hinzu: „Auch für uns wird der Zeitpunkt kommen, da wir das Segeln aufgeben müssen – Krankheit – mangelnde Kraft – Alter –"

Seine stahlblauen Augen blickten mich an. „Und dann?"

„Nun, ich hoffe, wir erkennen das rechtzeitig. Wir möchten nicht wie Chichester sterbenskrank von Bord geborgen werden, nicht wie Hiscock halbblind immer weiter über die Meere segeln."

„Sie empfinden ein Ende Ihres Segelns nicht als Katastrophe?"

Ich zögerte, sagte etwas zu pathetisch, um mir für diese Zukunft Mut zu machen: „Das hängt von den Umständen ab. Ohne Katastrophen wäre der Mensch nicht, was er ist!"

Später erzählte er von den Bergtouren, die er mit seiner Frau in der Schweiz gemacht hatte. Als wir uns verabschiedeten, luden wir Herrmanns zum Nachmittagskaffee am nächsten Tag ein.

Frau Herrmann sagte: „Vielen Dank! Ich kann ja nicht kommen, aber mein Mann – das ist ein richtiges Geschenk für ihn!"

Am folgenden Tag holte ich ihn vom Steg ab. Er inspizierte KAIROS von der Takelage bis zum Kiel. Elga hatte Kuchen gebacken. Die Kaffeemahlzeit nahm er schweigend ein. Dann ging er zum Vorschiff. Als ich ihm folgte, saß er dort auf der Ankerwinsch. Ich setzte mich neben ihn aufs Deck.

„Ich habe darüber nachgedacht, was Sie gestern gesagt haben. Ihr Traum erfüllt – mein Traum unerfüllt. Ihre Zukunft ungewiß – meine Zukunft gewiß. Wer hat es nun besser von uns beiden? Ich habe meine Ehe. Es gibt Männer, die heiraten. Und es gibt Männer, die heiraten einmal. Zu den letzteren gehöre ich." Er blickte zum Land hinüber, wo der Wind in den grüngelben Palmenkronen spielte. Dann: „Rudern Sie mich bitte an Land."

Er schwieg während der Überfahrt. Bei der Verabschiedung lud er uns wiederum zum Abendessen ein. Schnell ging er über den Landesteg den Palmen zu. Dort wartete seine Frau.

Nach dem gemeinsamen Abendessen standen wir alle auf dem von einer Bogenlampe beleuchteten Steg. Herrmanns hatten darauf bestanden, uns bis zum Dingi zu begleiten. Elga und ich versprachen, nach unserer Fahrt mit Barbara wieder in die Caneel Bay zu kommen.

„Dann brauchen wir jetzt nicht Abschied zu nehmen", sagte Frau Herrmann, „das ist gut!"

Er lachte ein wenig. „Sie machen mir eine große Freude damit!" sagte er eindringlich.

Barbara, Elga und ich stiegen ins Boot. Ich ruderte durch die Nacht zur KAIROS hinüber. Das Ehepaar stand im Licht der Bogenlampe – er: groß und stark, sie: klein an seinem Arm. Der Lichtschein umriß ihre Gestalten hart und scharf: mitten in der Nacht verdammt allein.

„Allmächtiger Himmel!" entfuhr es mir. „Wie sind wir jung, wie glücklich! Wenn es eine übermenschliche Nachfrage nach Güte und Treue gibt – diese beiden Menschen erfüllen sie!"

Charlotte Amalie und drei Wochen später. Ich winkte dem Taxi auf der Uferstraße. Es hielt. Ich lud Barbaras Koffer ein. Sie kehrte in ihren Alltag nach Hamburg zurück – wir in unsere Zeitlosigkeit. Es war eine schöne Zeit gewesen. Barbara hatte uns viel über Hamburg erzählt. Sie arbeitete jetzt bei einer anderen Firma. So hatten unsere Erinnerungen die Härte des Aktuellen verloren, während wir sprachen und im klaren Wasser schwammen, über weiße Strände gingen oder von den Hügeln über die Inseln im blauen Meer schauten.

Der Taxifahrer war ungeduldig. Ich schlug die Tür zu. Mit quietschenden Reifen fuhr das Auto an, verschwand zwischen den roten Wällen des Fort Christian und dem grünen Gebäude der US-Coast Guard.

Ich ging zum Yachtausrüster, um die bei unserer Ankunft bestellten Seekarten für Venezuela abzuholen. Dort traf ich Nik von der YANKEE – Pasito Blanco: glaubst du an Gott?

„Es war nett gestern abend bei euch", sagte er. „Ist euer Besuch gut zum Flugplatz gekommen? Ihr wollt bald auslaufen. Wenn ich dir irgendwie helfen kann, sag Bescheid!"

Als ich am Nachmittag feststellte, daß die automatische Steuerung nicht arbeitete, ruderte ich zur YANKEE. Weit über die Hälfte unserer Kurse steuern wir mit Segeltrimm. Technik! Aber sie war da und ich mag defekte Sachen nicht an Bord. Nik kam. Er baute das Steueraggregat auseinander. Wir waren bald über und über mit Öl verschmiert. Die Anlage läuft, wenn sie läuft, ölhydraulisch. Dann kam Nik nicht weiter.

Ich rüttelte ein letztes Mal wütend an dem Elektromotor, der sich trotz gelöster Schrauben nicht rühren wollte. Unter meinem Rütteln klaffte ein Spalt auf.

„Moment, Moment – mäßige dich!" rief Nik. Er nahm einen zweiten Schraubenzieher. „Nun zeig noch einmal, wie der Gorilla am Motor rüttelt!"

Ich tat's. Und sanft wie ein Geburtshelfer brachte Nik den Motor ans Licht der Welt. Die Halterungen für die Kohlebürsten waren verbogen, die Zuleitungen abgerissen. Auch zeigte die Kunststoffplatte, auf der die Halterungen festgeschraubt waren, einen Riß.

„Das muß Hal reparieren", sagte Nik.

Hal war ein Elektroniker, der an Bord seiner Ketsch LOVEBUG wohnte. Er hatte auch eine Werkstatt an Land. Er war dauernd unterwegs. Ich fand ihn drei Tage später endlich in der Werkstatt. Wenn es stimmt, daß wir einem elektronischen Zeitalter entgegengehen, dann mußte Hals Werkstatt jeden Menschen verzweifeln lassen. Er stand dick und gemütlich inmitten Drahtgewirrs und Gehäuseleichen und roch nach Bier.

„Das biege ich zurecht und löte es", sagte er zu den Halterungen und Drähten. „Fünfundzwanzig Dollar! Aber die Platte – ich bin Elektroniker. Die Platte muß mein Partner reparieren. Er ist Elektriker. Er heißt Drew."

„Wo ist er?"

„Im Hafen. Er arbeitet dort auf der Yacht, auf der – na, es ist eine blaue Yacht. Hier, nimm die Platte mit zu Drew."

Ich ruderte über die Bucht und suchte Drew auf einer blauen Yacht. Es gab unzählige blaue Yachten. „Ist Drew hier?" – „Nein." – „Ist Drew an Bord?" – „Nein." – „Arbeitet Druuhh bei euch?" – „Wer ist Druuhh?" Ich fand ihn nicht.

Als ich zwei Tage später die gelöteten Halterungen bei Hal abholte, traf ich Drew bei ihm. Na, also! Sie tranken Bier und boten mir freundlich auch eine Dose an. Die Platte hatte ich allerdings nicht bei mir.

„Warum denn nicht?" fragte Drew.

„Sieh mal", sagte ich, „du bist ein Elektriker und Hal hier ist ein Elektroniker. Stimmt's? Und ich bin nur ein Mensch, der manchmal etwas vergißt."

Drew kam tatsächlich am nächsten Tag. Er sah sich Platte und Motorgehäuse an und erklärte, das könnte er nicht reparieren. Sprach's und sprang in sein Boot.

„Wie denn dann?" schrie ich ihm nach.

„Neu einfliegen lassen – vom Hersteller!" klang es durch Rattern und Auspuffgase.

Am nächsten Morgen ruderte ich an der YANKEE vorbei. Ich wollte zur Post zum Telefonieren mit dem Hersteller.

Nik schaute aus seiner Luke. „Na, alles klar?"

Ich erzählte ihm. Wie ein guter Feldsoldat im Einsatz trug ich alle Ausrüstung bei mir. Nicht noch einmal sollte mich der Vorwurf der Vergeßlichkeit treffen! Stück um Stück holte ich die Teile beim Erzählen aus meinem Beutel.

„Zeig mal her!" sagte Nik.

„Du hast das alles schon gesehen!"

„Aber nicht unter der Last deines grenzenlosen Kummers! Einfliegen lassen – diese miese, kleine Platte? Das Material krieg' ich hier in jedem Autogeschäft. Ich schneide es auf meiner Werkbank zurecht. Wenn's geht, bring' ich dir's heute nachmittag funktionsfähig an Bord."

Am Abend brachte er das montierte Stück. Er strahlte. Ich auch. Als ich in den Hafen ruderte, fand ich auf Anhieb Hal und Drew auf der LOVEBUG. Sie tranken Bier. Ich zeigte ihnen Niks Wunderwerk. Sie waren begeistert. Sie boten mir jede Menge Bier an und fragten nach Nik, weil sie ihm auch jede Menge Bier anbieten wollten. Aber Nik war bescheiden zur YANKEE gerudert. Gleich am nächsten Morgen kam Drew. Wir bauten die Anlage zusammen. Sie lief einwandfrei.

Mit Helga und Nik saßen wir am Abend an Bord.

Helga sagte mit Handbewegungen: „Also – nun, ja, nun heißt es Abschied nehmen – wir hoffen, daß wir euch wiedertreffen – so irgendwo!"

Nik sagte: „Was uns bleibt: Pasito Blanco – was für Gespräche! Charlotte Amalie – was für eine Reparatur! Erinnerungen – wir werden euren Wein da irgendwo auf euer Wohl austrinken!"

KAIROS rollte in die Dünung hinein. Wind wehte aus Nordost Stärke 4. Frei lag der Horizont.

„Du!" sagte Elga, als ich aufs Deck zum Segelsetzen wollte. „Wir haben unser Versprechen Herrmanns gegenüber einzulösen!"

Ich blickte über die See.

Nordostwind bis Venezuela! Guter Wind und schlechte Elektronik – ich dachte an einen Brief: das waren ausreichende Entschuldigungen.

„Wir können Caneel Bay nicht anliegen", sagte Elga unerbittlich. „Wir laufen unter Maschine dahin."

Zwei Stunden später fiel unser Anker in der Caneel Bay. Wir gingen zu Herrmanns Bungalow hinauf.

Seine blauen Augen musterten mich freundlich. „Ich habe es dir gesagt, Franziska! Familie Koch hält ein Versprechen"

Frau Herrmann war beschämt. „Ich habe gemeint, daß Sie nicht mehr kommen würden – nach so langer Zeit. Ich sagte, da wäre bestimmt etwas dazwischengekommen."

Auch ich war beschämt. „Ich wollte Sie fragen, Herr Herrmann – ja, ob Sie Lust haben, eine Segelfahrt mit uns zu machen? Morgen rüber nach Jost van Dyke."

Eine große Freude ging über sein Gesicht, so groß, daß sie mir wehtat. „Also – ja, danke! Meine Frau kann allein baden, nur aus dem Wasser heraus braucht sie ein wenig Hilfe. Frau Koch, Sie machen sich morgen einen geruhsamen Landtag mit meiner Frau, während wir Männer segeln!"

Akazienduft wehte über den Balkon, über die Rasenflächen. Sträucher standen in Blüten. Sonnenschein tanzte auf den Palmenblättern.

Beim Abendessen im weiten Rund des Restaurants boten Herrmanns uns das Du an. Er sprach feierlich. Für ihn gab es noch keine

Welt allgemeiner Gleichmacherei. „Wir wissen, daß ihr uns gute Freunde sein werdet!" schloß er.

Wir tranken. Des Menschen Seele ist wunderbar. Sie trägt Berge von Leid. Und ein Gramm gegebene Freude wiegt alle diese Berge auf. Ich trank mein Glas leer: auf die Freude – auf das gegebene Wort, o ja! – auf Elga, die wie so viele Frauen weiß, wie diese ständige menschliche Nachfrage zu stillen ist.

Elga badete mit Franziska. Ich segelte mit Ernst. Als nördlich der Insel Jost van Dyke der atlantische Horizont frei wurde, sagte er: „Laß uns wenden, bitte."

Zwei Tage später gingen wir ankerauf. Franziska und Ernst standen auf ihrem Balkon und winkten. Wir winkten zurück. KAIROS rollte in die Dünung hinein. Wind wehte aus Ost Stärke 4. Ich setzte Segel. KAIROS neigte sich am Wind. Die Bugsee sprang auf. Frei lag der Horizont.

Aber da liegt unsere Freiheit nicht allein.

„Kurs liegt an!" schrie Elga.

Unsere Freiheit liegt ebenso in der Freude des gehaltenen Wortes.

Und ich schrie zurück: „Laß sie laufen – laauufen – o ja!"

Der Nordostwind die Inseln hinunter war dahin. Aus Ostwind wurde Südost. Wir kreuzten auf nach Antigua. Bei Flaute und Regen liefen wir unter Maschine English Harbour an. Sergeant King war abgelöst worden.

Martinique steuerten wir unter Großsegel und Klüver 2 bei stürmischem Passat an. Das Licht der aufgehenden Sonne warf Grün und Gold durch die Brechergischt der hochlaufenden See. Regenwolken hingen über dem Mont Pelée. Ihre hohen Oberschichten waren vereiste Schleier, vom Wind aufgetrieben. In Lee der Insel fielen Regenböen nieder. Leuchtendes Wolkeneis, schwarzer Tropenregen, Umrisse von Bergen und Tälern inmitten von Wolkendampf: das liebliche Karibische Meer konnte auch Hölle spielen. Zu Mittag ankerten wir erschöpft vor Fort de France.

Weiter Kurs Süd: laß KAIROS laufen! Union Island: es war Anfang Mai und die Bucht lag leer. Nur zwei Yachten ankerten vor Clifton Harbour.

„Wir werden ab Juni Restaurant und Bar schließen", sagte die Frau des Hotelmanagers. „Der Hotelbetrieb ist bereits eingestellt." Sie blickte ins Leere. Schnell fügte sie hinzu: „Aber im November werden wieder Gäste kommen!"

Das Gras zwischen dem Buschwerk auf den Hügeln stand trocken und braun. Stieg die Sonne zum Mittag, so flimmerte ihr Licht einen geisterhaften Hauch von Verlassenheit auf die Insel. Die Hütten an der Dorfstraße warfen bizarre Schatten.

Schweigend standen Männer unter den Wellblechdächern, hockten unter den Palmen. Einige flickten Netze oder Fischreusen. Die meisten taten nichts. Frauen tratschten. Halbnackte Kinder spielten im Sand.

Mac im Supermarkt erkannte uns nicht wieder – zu viele Gesichter während der Saison. Joseph war nicht zu sehen – keine Pakete für Dollar zu tragen. Meine kleine Kassiererin im Grand Union saß stumm – Port of Spain als Ziel großer Wünsche entfernter denn je. Die Hütte der Alten auf dem Hang stand verlassen, kein Sohn im Untergrund zu versorgen.

Die kleine Insel war in ihre Einsamkeit zurückgesunken. Ihre Bewohner konnten für sechs Monate Glanz und Demütigung des Tourismus vergessen. Wir blickten in das andere Gesicht der karibischen Inseln: Männer ohne Arbeit, Frauen zu arm für einen Herd, Kinder ohne Ziel – Insel unter der Drohung kommender Hurrikane, ausgetrocknet, ausgelaugt.

Am Abend, wenn die Feuer hinter den Hütten nicht mehr zur Bereitung des armseligen Abendmahls gebraucht wurden und verflakkerten, wenn die fünf Neonlichter über der Dorfstraße aufflammten, klang Gesang zu uns herüber. Das war geblieben. Sie lebten.

Wir hörten in den Nachrichten von Radio Antilles, daß auf Grenada acht Männer aus dem Gefängnis ausgebrochen waren. Sie hatten die Regierung stürzen wollen, weil diese den ungesetzlichen Anbau von Mohn unterbunden hatte. Am nächsten Abend kam die Meldung, daß einige der Ausbrecher auf der benachbarten Insel Carriacou nach einem Feuergefecht mit der Polizei festgenommen worden waren. Ihre Anzahl wurde nicht genannt. Da hatte mehr als nur einer gefehlt.

„Das heißt für uns", sagte ich beim Abstellen des Radiogerätes, „daß wir Carriacou und Grenada nicht anlaufen."

Endlich, am 17. Mai 1980, war der Wetterbericht gut: keine Schauerböen aus Südost, keine Gewitterstörungen über der venezolanischen Küste. Der Morgenhimmel strahlte. Im Nordostwind zogen graue, von unten rosa gefärbte Passatwolken. Die Sonne ging auf. Ich brachte den Anker aus dem Grund.

# VENEZUELA
## *Wie Pläne sich ändern*
## *Traum und Wirklichkeit*

Bis in die Nachmittagsstunden hinein glitten wir in Lee der Inseln Carriacou und Grenada südwärts. Von der Südspitze Grenadas bis zur venezolanischen Küste waren es 90 Seemeilen. Wir hatten gegen den westsetzenden Strom einen Vorhaltewinkel berechnet. Der Strom konnte stärker oder schwächer sein. Je nach Wind konnten wir größere oder kleinere Fahrt laufen. Wir wollten den Landfall ostwärts unseres Zielhafens Carúpano machen. Wir wollten nicht gegen Wind und Strom zurückkreuzen müssen.

Um 18.00 Uhr lag die Südspitze Grenadas eine Seemeile Backbord querab. Das Wetter war ruhig. Aber der Passat wehte hart um Saline Point herum. Die vor der Ostküste aufgestauten Wassermassen des Süd-Äquatorialstroms drängten in Seegang und Wirbeln um das Kap.

Ich hockte aufmerksam und unglücklich auf der Ruderbank. Der Wind heulte. Die See rauschte. Gischt trommelte. Ich hatte vergessen, wie sonst am ersten Tag auf See, meine Seekrankheitstablette zu nehmen. Das konnte eine abscheuliche Nacht werden.

Es wehte und wallte noch eine halbe Stunde. Dann ließ der Wind nach. Die See lief aus. Brecher gab es nur noch vereinzelt. Seekrankheitstablette? Der harte Seemann bedarf ihrer nicht. So'n kleiner Puster! Ich wußte, daß ich so nur bis zum nächsten Puster denken würde. Bald saß ich lässig und steuerte unseren Kurs.

Der Wind nahm weiterhin ab. Auf meiner zweiten Nachtwache machte ich voraus Lichter aus. Ich blickte durchs Glas. Die Lichtpunkte tanzten in der Linse, bis mir die Augen tränten. Fischerboote?

Es begann zu regnen: tröpfelnd, prasselnd, schließlich donnernd. Der Schauer zog ab. Voraus kamen die Lichter wieder in Sicht. Lichter an Land? Bevor Elga zur Ablösung heraufkam, bat ich sie, unseren Koppelort in die Seekarte zu setzen.

Sie kam ins Cockpit. „Es muß Land sein. Ich hab' ein neues Stromdreieck gezeichnet. Wir stehen dichter an der Küste."
„Wie dicht?"
„Acht bis zehn Meilen."
Ich brachte KAIROS auf Westkurs parallel zur Küste. „In zwei Stunden wird es hell. Dann werden wir sehen."
Ich ging zur Koje und lag schlaflos. Kaum ein Landfall hat mich je ruhig gelassen. Jeder unserer Landfälle war genau. Aber immer wieder Nervenflattern. Damals Panama mit achterlichem Wind. Gebetet hab' ich, wenn ich den Sextant rausholte. Panama kam genau. Ansteuerungspunkt Punta Manzanilla. Dabei der Wunsch, mehr von Amerika zu sehen. Süd und Nord. Hier sind wir nun. Verdammter Landfall mit Dwarsstrom.
Von meiner Koje sah ich, wie das erste Tageslicht in den Himmel kroch.
Dschungelwände im Panama Canal. Lianenvorhänge. Was liegt dahinter? Hat mir nie Ruhe gelassen. Elga auch nicht. Schnell haben wir das Mittelmeer aus dem Reiseplan gelassen. Alte Träume. Neue Pläne. Was bestimmt uns?
Plötzlich setzen wir ein Ziel. Und machen unseren Landfall. Genau.
Von meiner Koje sah ich, wie im ersten Tageslicht die letzten Nachtwolken zogen.
Vorbestimmung – freier Wille? Mit beidem leben wir. Vorfahren, Eltern, Geburt, Veranlagung, Erziehung, Ausbildung, Umwelt – festgelegtes Schicksal? Empfangen, Hineingestelltsein, Weitertragen, Annahme, Eigenkraft, Nutzung, Erkenntnis – bewegliches Schicksal! Tag für Tag haben wir Zeit zum Verstehen. Wir erfahren. Wir lernen. Wir können uns von Vorbestimmungen lösen. Aus Ergebenheit in den Raum der Freiheit. Morgen ist er anders als heute. Er bewegt sich mit uns in der Welt und ihren Einflüssen. Fordert Gestaltung. Träume, Auswahl, Pläne. Das Ziel ist nicht immer richtig. Oft nicht erreichbar. Morgen ist es anders als heute. Wie ändern sich Pläne? Nicht passiv. Wir ändern sie. Das kann nur der freie Wille. Loch im Käfig. Schöpferkraft des Menschen in den Maschen der Vorbestimmung. Kunstwerk aus Erfüllung und Verzicht.
Da war ein großer Redner im alten Athen. Er wurde es, weil er als Stotterer zur Welt gekommen war. Gegen das Donnern der Meeresbrandung hat er seinen Sprachfluß geübt. Am Mittelmeer. Wo wir

nicht hinwollen. Erst Landfall Südamerika. An Backbord jetzt acht bis zehn Seemeilen entfernt. Und ich schlief ein.

Die Küste im frühen Morgenlicht zeigte Berge mit vielen Kegelspitzen. Sonnenlicht und Wolkenschatten lagen darüber, fielen in enge Täler, auf schräge Schroffen.

Wir änderten unseren Kurs südwestwärts auf diese einförmige Küste zu. Schließlich meinten wir, Cabo Mala Pascua erkannt zu haben: ein grünbraun bewachsener Felsvorsprung neben grünbraun bewachsenen Felsvorsprüngen. Im Westen schien die Küste ebenfalls vorzuspringen. Dahinter mußte Carúpano liegen.

Vor uns kamen weiße Punkte in Sicht. Es waren Ruderboote. Jedes war von zwei oder drei mehr oder weniger braunen Burschen besetzt. Sie winkten und riefen. Ich hielt vorsichtig Abstand. Es waren mir ihrer zu viele.

Es gab zwischen Elga an den Wanten und den Fischern in ihren Booten eine gewaltige Schrei-Unterhaltung. Diese Freude! Ich verstand nur „alemán", wobei die Fischer sich vor Begeisterung fast ins Meer stürzten, und „Carúpano", wobei etwa dreißig Arme in die Luft stießen. Und wie immer in Augenblicken, da ich nicht abseits stehen mag, wuchsen meine Sprachkenntnisse.

„Este grandioso!" schrie ich. „Terra del Sul – terra fabelhaftiante!"

Sie winkten und lachten und riefen hinter uns her.

„In diesen Booten!" Elga erschrak nachträglich. „Hast du das gesehen? In diesen Booten fischen sie auf offener See! Sie müssen sehr, sehr arm sein."

Zu Mittag fiel unser Anker im Hafen von Carúpano. Der „Hafen" war eine Pier auf hohen Zementpfeilern. Östlich davon lag ein Wellenbrecher aus aufgeschütteten Steinen. Beides war in Nord-Süd-Richtung in die See hinausgebaut – frei nach Norden: das große Karibische Meer. Im Westen gab es die Andeutung einer Landzunge. Das bedeutete, daß wir jeder Dünung aus Richtungen zwischen Westnordwest und Nordost ausgeliefert waren. Zur Zeit war es ruhig.

Über die Bergkuppen hinter der kleinen Stadt zogen dunkle Wolken. Weiße und graue Wolkenfetzen lösten sich aus ihnen und krochen wie Nebel in die Täler.

Hoch und selbstbewußt stand die Kathedrale mit zwei Türmen über den niedrigen Häusern und Hütten der Stadt. Sie war im Barock der spanischen Kolonialzeit erbaut. Auf der Uferpromenade mit vielen brüchigen Stellen spielte die Fontäne eines Springbrunnens. Einige Bäume standen dort. Das Städtchen wirkte insgesamt kahl wie die trockenen Berge, unter denen es lag. Auf dem steilen Uferhang nach Osten klebten Hütten so dicht an der Böschung, daß sie bald herunterbrechen mußten. Wie Gletscher rutschten Abfälle von schmaler Kippstelle unterm Fenster zu breiter Bodenablage am Hang.

Die Glocken der Kathedrale läuteten zur Messe. Der Springbrunnen wurde zum Abend angestrahlt: rot, grün, blau und als Höhepunkt mit allen Farben auf einmal.

Wir saßen lange in der fallenden Dunkelheit – schweigsam vor der Tür dieses fremden Landes.

Am Morgen ruderten wir an Land. Wir zogen das Dingi über den Strand zu einem Drahtgitter und schlossen es dort fest. Die Riemen legten wir darunter und banden sie an. Keiner würde sie klauen: sie waren zu klein. Wir gingen in die Stadt. Wir fragten nach dem Hafenamt, der capitanía.

Sie lag merkwürdigerweise nicht am Hafen. Links und rechts der Straße standen Wand an Wand kleine Häuser. Sie waren getüncht: hellblau, rosa, hellgrün, gelb. Sie hatten kaum Fenster. Die Eingänge waren mit Perlschnüren verhängt. Der Blick hindurch zeigte Innenhöfe, die mit Pflanzen, Vogelbauern, Tisch und Stühlen überfüllt waren.

In einem dieser Häuser lag die capitanía. Ihr Innenhof war leer. In drei Ecken stand je ein Schreibtisch, in der vierten ein Bündel tropischer Gewächse in einem Erdtopf. Die Wände hatten je eine Tür. Gedämpftes Licht fiel durch ein Glasdach. Kein Mensch war zu sehen. Wir stellten uns in Ermangelung von Stühlen in die Mitte des Raumes.

„Buenos días!"

Wir fuhren herum. Der Mann war lautlos aus der Tür getreten, die wir nicht im Auge gehabt hatten. Er trug eine Khaki-Uniform.

Sie zeigte nach US-Art tadellose Bügelfalten. Sein Gesicht unter blauschwarzem Haar war rund mit hohen Backenknochen und etwas aufgedunsen. Tiefbraune, unendlich traurige Augen blickten uns an.

Er nahm unsere Papiere entgegen: die Pässe mit den Visa-Stempeln des venezolanischen Konsulats in Fort de France, die dort amtlich bestätigte Beschreibung des Schiffes, die Zollclearence von Union Island und das Schiffszertifikat. Er prüfte alles mit großer Geduld. Dann sagte er einige leise Worte zu Elga, reichte ihr die Dokumente. Dabei lächelte er schwach, aber seine Augen blieben traurig. Wir gingen hinaus. Im Eingang drehte ich mich noch einmal um. Der Raum lag still und leer.

„So haben seine Vorväter die spanischen Konquistadoren überfallen", sagte ich. „Was hat er gesagt?"

„Wir können uns als legal in Venezuela eingereist betrachten."

Wir gingen zur Uferpromenade. Die liebevollen Versuche, Blumenbeete anzulegen, waren offensichtlich vor einigen Jahren eingestellt worden. Auf der Landseite der Promenade standen einige protzige Häuser und Villen, auch ein Hotel. Ich sah an einem der Häuser das Schild: „Aduanas."

„Elga, laß uns zumindest mal fragen. Dieser Hafenmeister – ich weiß nicht!"

Auch im Zollamt wußte man nichts mit uns anzufangen. Drei Beamte verschiedener Hautfarbe und jeweils höheren Ranges befaßten sich mit unseren Papieren. Sie schickten uns fort.

Als wir die marmorgetönten Treppen hinuntergingen, kam uns eine Sekretärin nachgestürzt. Sie bremste gerade noch rechtzeitig, weil wir uns überrascht umdrehten. Sie war dunkelhaarig, trug zu starkes make-up. Ihre Parfümwolke fiel wie eine Wolke der Verheißung über mich her. Sie redete lächelnd und redete lächelnd auf mich ein. Ganz allerliebst. Ich verstand kein Wort.

„Sí", sagte ich, „sí – claro!" Und abschließend: „Muchas gracias!"

Sie entschwebte die rissigen Stufen hinauf, ihre Parfümwolke etwas langsamer.

„Na ja", sagte Elga, „dann machen wir das mal!"

„Was?"

„Dir hat sie gesagt, daß es möglicherweise ganz gut wäre, wenn du unsere Papiere und Pässe bei der extranjería vorlegen würdest."

„Claro! Auf zur – zur extratra –"
„Fremdenpolizei!" sagte Elga.

Es war ein gnädiges Geschick, daß die Sonne dieses Vormittags hinter hoher Schichtbewölkung stand. Es war sehr warm, aber nicht heiß. Wir fragten nach der extratra-Fremdenpolizei. Elga führte dann den Weg, so gut und wieweit sie die Erklärungen hilfsbereiter oder kurz angebundener oder leidenschaftlicher oder toleranter Menschen verstanden hatte. Die venezolanische Sprache ist nicht immer wie die spanische. Wir fanden die Fremdenpolizei nicht. Wir ruhten auf der Plaza de Colón auf einer Steinbank aus. Wir taten dasselbe auf einer Steinbank vor der Kathedrale, schließlich auf einer Steinbank unter dem Denkmal Mirandas und einer weiteren unter dem Denkmal Bolívars. Wir kannten nun die Temperamente des venezolanischen Volkes ebensogut wie diese Stadt.

Die Rettung kam in der Gestalt eines grauhaarigen señors. Er merkte, daß ich ihn überhaupt nicht, Elga ihn nur unvollständig verstand. Er bedeutete uns vornehm, ihm zu folgen, und führte uns über einen Weg von zwanzig Minuten Dauer zur extranjería. Wir dankten ihm wie vorm Ertrinken Gerettete: schwach und von Herzen.

Der fünfte Beamte an diesem Tag in Venezuela blickte zielstrebig in unsere Pässe. Soviel ich verstand, war er ganz erstaunt, daß wir mit einer Segelyacht gekommen waren. Nie kämen Menschen hier mit einer Segelyacht! Er sprang erregt auf und lief mit unseren Pässen aus dem Büro. Geduld, verlaß mich nicht!

Aber schon war er wieder da. Er führte uns in ein nächstes Büro. Der sechste Beamte des Tages trug einen dunklen Anzug mit Seidenkrawatte – ein hohes Tier! Wenn das so weiterging, würden wir am Abend sicher dem Staatspräsidenten vorgestellt werden. Der fünfte erklärte dem sechsten alles und verschwand diskret. Der sechste begann ein ausführliches Gespräch mit Elga. Nach dessen Verlauf holte Elga unser Portemonnaie aus ihrer Handtasche und blätterte vierzig US-Dollar auf den Schreibtisch. Der sechste zählte die Scheine sorgfältig in eine Kassette. Großzügig gab er einige Münzen zurück. Er drückte auf einen Klingelknopf. Der fünfte erschien.

Während sich die beiden laut und leidenschaftlich unterhielten, erklärte Elga mir schnell: „Weil wir hier keinen Menschen kennen und völlig ohne Beziehungen sind – und Beziehungen sind wichtig!

– wollen sie uns die Adresse eines Deutschen geben, der im Hinterland eine Cooperative leitet. Sie wissen aber seinen Namen nicht."

Wir verabschiedeten uns vom sechsten mit Handschlag. Im Büro des fünften stempelte dieser endlich unsere Pässe. Er tippte umständlich etwas auf einen Zettel. Es war keine Quittung über unseren Dollarbetrag. Es war die Adresse der Cooperative mit diesem namenlosen Deutschen – gleichsam: gibst du mir, so geb' ich dir. Wir verabschiedeten uns vom fünften mit innigem Handschlag.

Draußen zeigte Elga sich ganz gerührt über die Fürsorge der Beamten.

„Und unsere vierzig Dollar? Die haben sie doch für sich eingesteckt!"

„Ist dir Venezuela keine vierzig Dollar wert?" fragte Elga.

Es war mir vierzig Dollar wert. Claro.

Mit unseren Verpflegungskäufen saßen wir müde auf der Steinbank unter dem Denkmal Mirandas. Jetzt zur Mittagsstunde wurde es ruhig auf den Straßen. Die Menschen verschwanden in ihre getünchten Häuser, deren Jalousien geschlossen waren: stör mich nicht! Der Autoverkehr ließ nach. Der Verkehrspolizist von der Straßenkreuzung saß schlafend auf einer Haustreppe. Der Colt, nach US-Art im Halfter, baumelte über einer Stufe.

Die hohe Wolkendecke war durchsichtig geworden. Der blasse Schatten des Denkmals wanderte langsam über uns dahin. Die Schläfrigkeit der siesta erfüllte auch uns.

Was für ein Land! Am ersten Tag: Menschen aller Hautfarben – stille Armut, protziger Reichtum – freundliche Hilfsbereitschaft, freche Selbstsucht – laute Leidenschaftlichkeit, sanfte Gleichgültigkeit. In diesen Gegensätzen führte Venezuela sein tägliches Leben. Wie hielt das zusammen? Gib mir, was *ich* haben will, ich gebe dir, was *du* haben willst. Im Suchen nach solcher Beziehung – venezolanisch: palanca – schienen sich Träume und Wünsche zu einem Kreis vorteilhafter Verwirklichung zu schließen. Außer bei denen, die draußen standen. Die Konquistadoren schufen damit ein Weltreich. Spanien verlor es, ohne Schaden an seiner stolzen Seele zu nehmen. Hier lebten die Splitter ebenso.

Ich sah zum Denkmal hinauf.

„Francisco Miranda, 28. III. 1750 Caracas, 14. VI. 1816 Cádiz" war in den steinernen Sockel gemeißelt. Die Bronzefigur darauf stand in feldherrlicher Haltung, den Blick erhobenen Hauptes in die Ferne gerichtet. Miranda hat die Freiheit, die er den spanischen Kolonien in Südamerika bringen will, nie erlebt. Als Simón Bolívar diesen Kampf zu ersten Erfolgen führt, stirbt Miranda im Gefängnis bei Cádiz in Spanien. Sein Leben ist eine einzige große Reise im Namen der Freiheit gewesen. Sie führt in aller Herren Länder, um Beziehungen zu knüpfen, um Verständnis, Hilfe, Verbündete für seinen Traum zu finden: Columbia, Vereinigte Staaten Großamerikas. Ohne Rast sind Mirandas Lebensdaten.

1772. Die Familie in Caracas schickt den jungen Mann nach Spanien. Er dient als Hauptmann in einem Garderegiment, kämpft in Afrika, wird nach Cuba versetzt. In Louisiana nimmt er am spanischen Feldzug gegen die Engländer teil, wird befördert. Doch zurück in Cuba, steht er vor bösen Verdächtigungen. Seine hochfliegenden Gedanken haben ihm Feinde gemacht. Man wirft ihm Schmuggel vor. Er flieht in die USA, entgeht der spanischen Gerichtsbarkeit.

1783. Miranda wird George Washington vorgestellt. Dieser steht nach dem US-Unabhängigkeitskrieg auf der Höhe seines Ruhms. Miranda schaut voll Bewunderung zu diesem Mann auf. Jeffersons Unabhängigkeitserklärung begeistert ihn zu ersten eigenen Gedanken zur Befreiung der spanischen Kolonien. Er sucht in den USA Menschen, die seine Freiheitsideen verstehen und bestätigen. Er findet sie. Er muß weitere Unterstützung finden. Wo?

1787. Von Boston ist Miranda nach London gereist, dann zum europäischen Festland, weiter nach Rußland an den Hof der aufgeklärten Zarin Katharina. Überall spricht er. Er wirbt. Er träumt: Vorkämpfer eines Freiheitsheeres, das in seinen Gedanken große Siege erringt. Seine Zuhörer sind interessiert, begeistert, wünschen ihm Erfolg, machen unverbindliche Zusagen. Von Moskau nach Stockholm, nach Oslo, nach Kopenhagen, nach Berlin. Er knüpft Verbindungen zu den aufblühenden Freimaurerlogen. Er verkehrt in den einflußreichsten Zirkeln der Hauptstädte. Sein Charme beeindruckt Minister und Könige, verzaubert Frauen.

1788. Miranda in London. Premierminister Pitt, der Jüngere, empfängt den Reisenden. England und Spanien führen blutige Kriege um die Vorherrschaft im karibischen Raum. Aufmerksam und schweigend hört Pitt den Ausführungen Mirandas zu. Miranda entwirft das Bild seines Traums: ein großamerikanisches Reich von der Magellanstraße im Süden bis zum 45. Breitengrad im Norden mit dem Mississippi als Ostgrenze zu den USA. Er sieht nicht die zunehmende Verschlossenheit im Gesicht des Ministers. Seine Begeisterung fliegt hoch. Ein Nachkomme der Inkas soll zum Kaiser gewählt werden, Adel und Volk sollen nach britisch-demokratischem Vorbild in Oberhaus und Unterhaus vertreten sein. Dieses Reich wird ein Hort des Friedens und der Freiheit werden! Die Welt hat solches noch nicht gesehen! Pitt nickt und schweigt.

1793. Miranda in Frankreich. Die Französische Revolution hat die Menschenrechte proklamiert. Mit ungeheurem Elan hat das Land Volksarmeen aufgestellt, die alle Reaktion an den Grenzen zurücktreiben. Levée en masse! Miranda tritt als Offizier in die Armee ein.

Zum General befördert, belagert er Antwerpen und nimmt es. Volk und Soldaten jubeln ihm zu. Doch wie auf Cuba springen Schatten ihn an. Er ist der Freund eines Generals, dem Verrat vorgeworfen wird. Zwar spricht das Revolutionstribunal ihn frei, doch der Wohlfahrtsausschuß nimmt ihn wieder fest. Miranda wird zum Tode verurteilt. Wer ihm die Zelle öffnet, ist nicht der Henker: es ist der Tod Robespierres.

In den Arc de Triomphe wird Frankreich den Namen Mirandas einmeißeln lassen.

1806. Miranda ist jetzt so alt wie damals Washington auf der Höhe seines Ruhmes. Hat er noch Zeit – Zeit für die Wirklichkeit? In New York entwirft er die Fahne seines Amerika: gelb-blau-rot. Unter dieser Fahne chartert er ein Schiff und wirbt zweihundert Söldner an. Söldner für die Freiheit? Er steuert Haïti an. Der Präsident der jungen Neger-Republik hilft ihm, zwei weitere Schiffe auszurüsten. Miranda gibt dagegen sein Wort, die Sklaverei in Südamerika abzuschaffen. Bei Coro – der ehemaligen Welser-Kolonie in Venezuela – landet Miranda. Er nimmt die spanische Garnison im Überraschungsangriff. Die gesammelten spanischen Truppen schließen ihn und seine Abenteurer in Coro ein. Kein Schrei des Volkes geht über das Land. Keine levée en masse für die Sache der

Freiheit findet statt. Die Abenteurer verlassen Miranda. Er flieht nach England.

1810. In London lernt Miranda den jungen Simón Bolívar kennen. Die Sache der Unabhängigkeit, berichtet Bolívar, hat Fortschritte gemacht. Die Unabhängigkeitsbewegung in Venezuela ist im Untergrund organisiert. Bolívar nimmt Miranda mit nach Venezuela zurück. Doch die Ratsversammlung der Unabhängigkeitsbewegung wählt Miranda nicht in die Führungsspitze. Sie mißtraut dem Mann eines so wechselhaft-verdammten Lebens, der in Venezuela alle Beziehungen längst verloren hat. Man nimmt die Farben seiner Fahne, gibt ihm zögernd den Oberbefehl über die Befreiungsarmee. Der General, der einmal französische Elitetruppen ins Feld geführt hat, befehligt nun Bauern und Kuhhirten ohne Waffen.

1812. Der Aufstand endet in völliger Verwirrung. Bolívar verliert Puerto Cabello an die spanischen Regierungstruppen, damit den Nachschubhafen für Waffen und Lebensmittel aus England. Miranda, dem es an allem fehlt, sieht sich zu einem Waffenstillstand gezwungen. Waffenstillstand, nicht Kapitulation. Aber die Patrioten im Untergrund schreien: Verrat! Miranda bereitet seine Flucht vor. Da ergreifen die Patrioten ihn, allen voran Bolívar. Sie liefern Miranda den Spaniern aus.

Der Schatten des Denkmals war über uns dahingewandert. Menschen gingen über die Plaza. Der Polizist regelte den Autoverkehr. Das Leben ging, fuhr, lachte, wogte in vielfältigen Farben und Lauten vor uns dahin. Der bronzene Miranda stand darüber, den Blick erhobenen Hauptes in die Ferne gerichtet. Daß wir die Freiheit suchen können – ist das unsere Freiheit?

Der nächste Morgen sah uns früh auf der Plaza de Colón. Unsere Bemühungen, Bus und Haltestelle zu finden, zeitigten keinen rechten Erfolg. Die Cooperative mit dem namenlosen Deutschen sollte in Tunapuy liegen. Die Beamten hatten Elga gesagt, der Ort wäre mit dem Bus zu erreichen. Aber die von uns Befragten schienen das Wort Bus nicht zu kennen. Das Wort Bushaltestelle löste Streitgespräche aus. Wir waren bald von einem Ring Menschen jeglichen Geschlechts und Alters, jeder Hautfarbe umgeben. Sie redeten auf uns ein, zeigten hierhin und dorthin. Sie unterbrachen den Besserwisser, stießen ihn zur Seite. Gesonderte Gruppen entstanden. Man schrie aufeinander ein. Uralte Familienfehden schienen aufzuflammen.

Elga schwieg erschöpft. Ich hatte die Fäuste in die Hosentaschen gerammt. Unser Schweigen, unsere Bewegungslosigkeit breiteten sich aus. Bald ging ein jeder seines Weges. Wir wurden Teil eines normalen Straßenbildes.

Ein Mann sprach uns an. Er trug einen Gaucho-Hut. Auf seine braunen Beinkleider waren indianische Muster gestickt. Sein Gesicht war olivfarben. Auf der Oberlippe trug er einen schmalen Bart. Sein rotes Hemd leuchtete in der Sonne.

Elga übersetzte: „Er will uns mit seinem Auto zur Cooperative fahren."

Der Mann zeigte auf sein Auto. Er lobte es. Es hatte Vorhänge an den Scheiben und Troddeln über der Windschutzscheibe. Die ersten Neugierigen sammelten sich um uns.

Nun sind wir in fremden Ländern nicht geneigt, mit fremden Männern – auch wenn sie Oberlippenbart und Gaucho-Hut tragen, auch wenn sie Stickereien auf der Hose und Troddeln im Auto haben – ins Weite zu fahren. Elga lehnte nach Besprechung ab. Protest, Erklärungen, Preisminderung. Die Neugierigen begannen, auf uns und den Mann einzureden. Das Spiel steigerte sich schnell.

In großer Erfahrung schwiegen wir und verhielten uns bewegungslos. Der Erfolg stellte sich wie bekannt ein. Frei konnte mein Blick über die Plaza schweifen. Gegenüber im Schatten von Bäumen standen in langer Reihe Autos mit einem Schild auf den Dächern. „Collectivo", las ich. „Elga, was ist das?"

Wir gingen hinüber. Da standen sie, die Sammeltaxis! Sie trugen ihre Fahrtroute ausgeschildert und dazu den jeweiligen Preis. Wir fanden eines mit „Tunapuy". Der Fahrpreis betrug 12 Bolívares – 36 hatte der Gaucho-Hut haben wollen. Wir stiegen ein und warteten in Ruhe der Dinge, die da kommen sollten.

Es kamen ein junger Mann, eine Bäuerin und ein Junge. Das Auto war nun wirklich voll. Der Fahrer erschien. Ab ging die Fahrt.

In Serpentinen durch dichten Wald kletterte die Straße zu einem Paß hinauf. Oben hatten wir einen weiten Blick über flaches Innenland. Waren das die Llanos? Die Wolken am Himmel trieben Schattenspiele auf der Ebene. Sie verlor sich grün, braunblau im Endlosen. Die Straße kippte hangab in den Wald hinein. Der Ausblick war weg. Dschungelwände. Was hatte ich gesehen, was lag hinter diesen Bergen, Dschungeln, Ebenen?

Das Sammeltaxi hielt in einem Dorf. Hütten standen verstreut in den Wald hinein. Die Bauersfrau, die uns mit fast ängstlichem Gesichtsausdruck unablässig beobachtet hatte, bezahlte mit ein paar Münzen und stieg erleichtert aus. Nach kurzer Fahrt bergab folgten die beiden anderen Fahrgäste. Wir erreichten die Cooperative eine halbe Stunde später. Sie lag inmitten von Feldern, eine Waldwand grünte in der Ferne.

Im Büro des Verwaltungshauses erklärte ein señor in weißem Anzug uns, daß Klaus Müller nicht mehr in der Leitung der Cooperative arbeitete. Er bedauerte das wortreich. Dann erläuterte er uns Planung und Ziel des Unternehmens. Es war vor zehn Jahren mit belgischen, holländischen und deutschen Geldern gegründet worden. Die Cooperative umfaßte eintausendzweihundert Bauernfamilien, die beraten, geschult, umsorgt und deren Erzeugnisse abgesetzt wurden. Jetzt würde es möglich sein, erklärte der señor stolz, das Unternehmen gewinntragend zu machen.

„Nach zehn Jahren? Das ist eine lange Zeit!" Elga übersetzte.

Señor: „Die Cooperative ist eine landwirtschaftliche Entwicklungshilfe."

„Entwicklungshilfe für das reiche Venezuela?"

Señor: „Venezuela importiert einen großen Teil seiner Nahrungsmittel. Wenn man es als Agrarland bezeichnen will, dann trifft das nur für das Küstenland zu. Südwärts des Küstengebirges beginnen die Llanos. Sie sind Viehland – aber kein gutes. Heiß und trocken im Sommer, überschwemmt im Winter. Und noch tiefer ins Land hinein – señor, da ist Urwald!"

In der Kolonialzeit hatte es an der Küste große Plantagen gegeben. Nach den Befreiungskriegen 1820 wurden sie aufgelöst, die Sklaverei wurde verboten. Kleinbauerntum breitete sich aus. Es fehlte ihm an Wissen und Erfahrung. Es gab keine Straßen und Transportmittel. Erst einhundert Jahre später änderte sich das, als Öl im Lande entdeckt wurde. Aber die Landwirtschaft nahm am industriellen Aufschwung nicht teil. Die Hilfsmaßnahmen der Regierungen für die Landwirtschaft blieben halbherzig.

Ich sagte: „Vor nicht langer Zeit wurden die ausländischen Ölgesellschaften verstaatlicht. Da muß doch Geld sein, um für die Landwirtschaft –"

Señor: „Die Industrialisierung zog die Menschen zum schnellen Geld. Politiker sind auch Menschen."

„Sie meinen, daß von den Politikern die Gelder aus der Ölindustrie für eigene –"

Señor: „Was Sie jetzt sagen wollen, sagt man in diesem Lande nicht! Was die vorige sozialistische Regierung an Geld in ihre Regierungsprogramme gepumpt hat, erhöhte die Inflation. Was diese konservative Regierung nun an Geld zurückhält, hat die Inflationsrate nicht gebremst. Darunter leidet das Kleinbauerntum am meisten."

Ich schwieg.

Señor lächelnd: „Zehn Jahre, die Ihnen lang erscheinen mögen, sind hier nichts in einem Klima, das zwei Gesichter hat. Ein freundliches und ein feindliches."

Als wir zur Straße zurückgingen, sahen wir die bearbeiteten Felder ringsum. Bis zum fernen Wald lagen kleine Bauernhütten. Der Wald stand und wartete – eine grüne Wand.

Kaum waren wir an der Straße, hielt ein Auto. Es war ein colectivo. Wir stiegen ein. So einfach war das alles.

Am Nachmittag saßen wir an Bord. Das Wetter war ruhig. Viele Vögel flogen über unseren Ankerplatz: Pelikane, Kormorane, Möwen, Fregattvögel, sogar Schwalben.

Wir hatten Zeit, über alles nachzudenken, was uns gesagt worden war.

Vier heiße Tage ließen die Luft wabern und am Abend in Gewittern aufbrechen. Dann kam Ostwind mit Stärke 4 durch. Wir gingen ankerauf und setzten Segel. Der Himmel blieb wolkenlos. Über der Kimm lag starker Dunst. Zögernd kamen voraus die Umrisse der Insel Margarita in Sicht.

Der spanische Feldmarschall Morillo landet 1815 mit sechzig

Schiffen fünfzehntausend Soldaten auf der Insel. Er hat den Auftrag, den Kampf der Kolonien um ihre Unabhängigkeit endgültig niederzuschlagen, koste es, was es wolle. Die Insel wird kampflos genommen. Morillo setzt zum Festland über. Er zerschlägt die Rebellenhaufen, nimmt Caracas, nimmt Cartagena, nimmt fast alle Städte des Nordens. Die Regierungstruppen wüten fürchterlich unter der Bevölkerung.

Aber hinter der Walze der spanischen Truppen sammeln sich die versprengten Patrioten. Gelb-blau-rot: unter Mirandas Fahne finden sie Entschlossenheit und oft verzweifelten Mut. In Lumpen und schlecht bewaffnet ziehen sie gegen die Truppen Morillos. Bei Calabozo gelingt ihnen im Februar 1816 ein erster Sieg. Morillo muß sich zurückziehen. Hat Miranda im Kerker noch von diesem Sieg gehört? Vier Monate später stirbt er.

In der Schlacht bei Ortiz treibt Simón Bolívar den Feldmarschall Morillo in volle Flucht. Die Rebellen wüten fürchterlich in den Reihen der sich auflösenden Regimenter. Die Wende ist eingetreten. Der Sieg strahlt. In die venezolanische Geschichte reitet reingewaschen von Blut und Verrat – das eine versickert, das andere wird vergessen – die strahlende Gestalt des Libertador auf weißem Pferd. Siegreich galoppiert er über die Llanos. Ein Traum wird Wirklichkeit. Miranda ist tot, es lebe Miranda!

Heutigentags ist die Island Margarita eine Ferieninsel. Pampatar im Osten mag sich über die Jahrhunderte hin kaum geändert haben: ein baumloses, staubiges Fischerdorf unter den Wällen der Festung. Aber einige Seemeilen westwärts liegt Porlamar, die Ferienstadt mit Flugplatz, Hochhäusern, Hotels, Restaurants, Geschäften und Promenaden. Die Reede wird durch eine flache Landzunge geschützt, die zum Fähranleger ausgebaut worden ist.

Wir ankerten vor Pampatar. Es ist Einklarierungshafen. Die Bucht liegt offen. Wir waren jedem Wind und jeder Dünung südlicher als Ostnordost völlig ausgesetzt.

Ein dicker Beamter im Hafenamt erklärte uns schweißüberströmt, daß Margarita zollfreies Gebiet und deshalb unsere Meldung bei der Guardia Nacional erforderlich wäre. Schweißüberströmt machten wir uns auf den Weg.

Vor dem Büro der Guardia Nacional – militärisch ausgebildete Bundespolizei – saß der Posten bequem auf einem Stuhl. Er hatte ihn sich in den Schatten des Gebäudes gezogen, das auch Gefängnis war. Das automatische Gewehr lag quer über seinen Oberschenkeln. Seine rechte Hand umfaßte sanft den Verschluß mit lockerem Finger über dem Abzugsbügel. Seine Uniform war ordentlich und sauber, seine Stiefel geputzt. Nichts erinnerte an südamerikanische Lumpensoldaten, wie sie in Filmen gezeigt werden.

Als ich vor ihm zögerte – diese Lässigkeit in wartender Brutalität! – straffte sich seine Haltung unmerklich. Seine dunklen Augen verloren den Traum, in den sie geblickt haben mochten. Sie sahen mich aufmerksam an. Dabei blieb ihr Ausdruck gleichgültig, sein braunes Gesicht unbewegt. Ich war kein Mensch, nur eine Masse Ziel für seine schöne Waffe.

Dieses Gesicht war es, das mein Verständnis staatlicher Vollzugsgewalt in Venezuela überaus förderte. Und da waren die Gesichter, die bleich aus dem vergitterten Fenster über dem Eingang auf uns herabstarrten.

Der Hauptmann drinnen im Büro war von beispielhafter Liebenswürdigkeit. Durch ihn erfuhr ich in Elgas Übersetzung, daß die Polizei jeden Verdächtigen für acht Tage festsetzen und verhören darf. Dann muß eine gerichtliche Prüfung beantragt werden. Beantragt!

Der señor capitán in seiner adretten Uniform setzte mit Schwung seine Unterschrift auf das Dokument – ich weiß nicht mehr welches.

„Elga, frag' ihn doch mal vorsichtig und mit allem Charme, dessen du fähig bist, ob wir wegen Schmugglern an der Küste vorsichtig sein müssen."

Elga tat es nach einigem Zögern. Man weiß ja nie, wie diese Patrioten reagieren.

Wie bei seinem Posten vorm Eingang straffte sich seine Haltung kaum merkbar. Sein Lächeln wurde um einen Schatten – was? Er hätte jegliche Schmuggelei mit ihren Erscheinungen gegenüber Yachten leugnen können. Er tat es nicht. Er erzählte. Er lächelte Elga an – immer mehr. Ich hatte solches Lächeln noch nie gesehen: selbstgefällig plus siegreich gleich grausam.

Elga brauchte mir nichts zu übersetzen. Da waren in seinem Befehlsbereich nur so viele Schmuggler am Leben geblieben, wie er für richtig hielt.

Unser Ankerplatz wurde unruhig. Die vielen Fischerboote auf der Reede stampften heftig. Unsere Ankerkette ruckte. Wir kauften am nächsten Tag Frischverpflegung und zollfreie Spirituosen ein. Dann klarierten wir aus.

Am Nachmittag ankerten wir in der Bahia Guamache, 20 Seemeilen an der Südküste entlang. Über den Bergen der Insel im Nordosten und dem Festland im Süden hingen silbergraue Haufenwolken unter hoher und lichter Schichtbewölkung. Dunkelblaue Regenfälle lösten sich aus den schweren Wolken, erreichten uns aber nicht. Die Ufer der Bucht waren flach, weit geschwungen nach Norden, von Mangrovendickicht gefaßt. Westlich einer Verladepier, an der zwei Motorschiffe lagen, hockten Hunderte von Kormoranen auf der sandigen Landzunge.

Wir schwammen. Das Wasser war wunderbar kühl. Wir fühlten uns wie neu geboren. Anschließend saßen wir über den Seekarten der Küste nach Westen. Elga wäre gern zur nahen Insel Coche gesegelt. Indios sollten dort eine Muschelzucht betreiben. Aber der Ankerplatz erschien mir zu offen. Wir hatten noch keinerlei Erfahrungen mit den örtlichen Wetterverhältnissen, kannten nur die Theorie aus dem Handbuch.

Flaute und sonnenlose Hitze. Unter Maschine stieß KAIROS in ein Meer vor, das wie schillerndes Perlmutt aussah. Wolken, Inseln, Festland gaben verwirrende Spiegelbilder. Backbord voraus kam die Halbinsel de Araya in Sicht. Sie bildet den ostwärts tief eingezogenen Golfo de Cariaco. Aus Dunst wie dampfende Milch dämmerten dort in zerfließenden Farben Gebirgszüge roten und blauen Gesteins, fielen gezackt nach Westen ab. Flach sank das Land als gelber Kies vor luftgespiegelter Brandung ins Meer. Höhnisch über ihrem Spiegelbild dümpelte die schwarze Tonne vor der Untiefe. Wir zweifelten lange. Doch schließlich gaben wir unserem Schiff einen Sicherheitsabstand von einer halben Seemeile nach West und gingen auf Südkurs. Voraus lag Puerto Sucre.

Wir wollten im Fischereihafen festmachen. Er war überfüllt und stank. Wir steuerten die Wasserfront der Stadt an. Zahllose Stege standen in die See hinaus. Sie waren von Fischereifahrzeugen belegt. Schließlich ankerten wir. Ich brachte das Dingi ins ölfleckige Wasser. Elga wollte an Land unsere Papiere beim Hafenamt vorlegen. Wir hatten wenig Hoffnung, dort an diesem Sonnabend jemanden anzutreffen – immerhin.

Eine Kopfpier südwärts unseres Ankerplatzes war für Elgas Kletterkünste zu hoch. Ich ruderte zum Strand. Dort lief nur wenig Brandung auf – eine Müllhalde! Die Fischerhütten dahinter standen schief und krumm. Ich wollte abdrehen. Was ich auf den Fischerhütten sah, ließ mich innehalten: Fernsehantennen zahllos über Armut und Müll und Gestank!

Elga verstand meine Bewegungslosigkeit falsch. Sie stieg ins flache Wasser – hinein in Öl und Abfall, sehr zur Belustigung einiger Halbwüchsiger.

„Elga! Nein!"

„Es geht schon!" sagte sie beruhigend und ergriff die ausgestreckten Hände der Halbwüchsigen. Die johlten vor Vergnügen. Elga stakste durch Dosen und Gräten auf die Hütten zu. Die Halbwüchsigen jagten hinter ihr her. Elga verschwand um die Hütten herum.

Ich wollte hinter ihr her, doch hätte ich das Beiboot unbewacht am Strand lassen müssen. Auch konnte dies ein wunderbarer Trick sein, uns vom Schiff wegzulotsen. Kein Gringo-Ritter läßt seine Dulcinea im Dreck verschwinden. Alle Luken des Schiffes standen offen. Ringsum in ihren Booten paddelten viele unternehmungslustige Jünglinge. Ich ruderte zum Schiff und verbrachte eine unruhige halbe Stunde. Schließlich erschien Elga auf der Kopfpier, die für ihre Kletterversuche zu hoch gewesen war.

Ich ruderte hin.

„Wie zu erwarten –" was Elga die Pier hinauf nicht gelungen war, gelang ohne Sturz hinab „– das Hafenamt war geschlossen. Ein Beamter außer Dienst hat mir durchs Fenster gesagt, wir sollen die Papiere im nächsten Hafen vorlegen."

„Und?"

„Nichts weiter. Ihre Gesetzesstrenge scheinen sie übers Wochenende zu vergessen."

„Ich meine doch die Halbwüchsigen!"

„Aufdringlich! Der Kleinste wollte immer meinen Rock aufreißen. Der Älteste versuchte das mit meiner Bluse. Stell dir vor – diese Kinder!"

„Und?"

„Na, ich hab' den Kleinen gegen den Großen geschubst. Mit dem wäre ich nicht fertig geworden. Bis die sich in ihrer Erregung auseinandergerangelt hatten, war ich auf der Straße. Dort sind sie schreiend um mich herumgerannt. Du, die wollten mich hetzen!" Sie schüttelte ungläubig den Kopf und wiederholte: „Diese Kinder!"

Die Jünglinge in ihren Paddelbooten waren verschwunden.

Wir liefen früh aus. Die Cumuluswolken über der Halbinsel de Araya fingen das Morgenlicht in den abstrahlenden Farben der Berge unter ihnen. Gelb, braun, blau, rot leuchteten ihre Unterseiten. Es wehte kein Wind. Unter Maschine liefen wir dicht an der Küste nach West. Sie war felsig und steil. Kaps roter und blauer Klippen sprangen vor. Dazwischen lagen schwach ausgeprägte Buchten mit steinigem Strand. Ihre Täler stiegen zu den Bergen auf, die mit grau-dürrem Buschwerk bewachsen waren. Die Regenzeit hatte noch nicht ausreichend Feuchtigkeit gebracht.

Fischerhütten lagen vereinzelt oder in Klumpen über den Steinen der Strände. Durchs Glas beobachteten wir die Menschen, die dort hausten – oft verwegene Gestalten. Schon möglich, daß der señor capitán seine Schmugglerjagd rücksichtslos und grausam durchführen mußte. Nur ein toter Schmuggler läßt seine Ware. Und durchaus möglich, daß der señor capitán diesen Krieg nie ganz zu gewinnen die Absicht hat: gib mir, was *ich* haben will, ich gebe dir, was *du* haben willst.

Was für ein Land! Majestätisch zog seine Küste an uns vorbei.

Nach zwei Stunden Fahrt liefen wir in die Bucht von Mochima ein. Dieser Naturhafen bildet eine fjordähnliche Bucht, die mit vielen Seitenarmen tief ins Land führt. Mangroven wuchsen an den Ufern, Gestrüppflächen die Hänge hinauf. Die Bergkulissen des Küstengebirges schlossen nach Süden das Panorama ab.

Wir liefen in eine der östlichen Seitenbuchten ein. Sie öffnete sich vor uns wie ein Bergsee. Auf dem schwarzen Wasser mit den grünen Spiegelungen der Hänge ringsum glitten wir auf unseren Ankerplatz zu. Elga kuppelte die Maschine aus. Mit jedem Wurf des Lotes meinte ich, etwas zu zerstören, das bisher unberührt geblieben war. Die Stille war absolut. Das Fallen des Ankers zerriß Bilder und Stille. Die Bucht war tief, das Echo ihrer silberbusch-bewachsenen Hänge endlos.

Ihr Frieden war es auch. Wir schwammen. Am Nachmittag ruderten wir am Ufer entlang. Wir beobachteten Reiher. Sie standen fischend unter den Mangroven. Wir sahen Pelikane und Kormorane. Sie flogen dicht über das schwarzgrüne Wasser oder saßen bewegungslos auf abgestorbenen Baumästen, die aus dem Dickicht ragten. Hinter den Mangroven schrien Papageien. Aber wir sahen sie nicht. Durchs klare Wasser sahen wir zwischen Steinen und einigen Korallen Fische flitzen. Fern überm Hang zogen Geier ihre Flugsilhouetten. Die Bucht war groß. Klein lag KAIROS hellspiegelnd vor dem Dunkel des jenseitigen Ufers. Als Zeichen, daß dies alles wirklich war, zog ein Windhauch über uns dahin.

Es ist eine Erfahrung vieler Fahrtensegler und vieler Menschen: keine Mühe ist zu groß, kein Weg zu lang gewesen. Hier sind wir nun. Wir haben oft gezweifelt, oft verdammt. Aber nichts auf dieser Erde kann die Sekunde dieses Erlebens ungeschehen machen. Der Augenblick geht vorbei und *ist* wahr. Ich weiß, daß ich dies in einer Welt voll Machtgier, Grausamkeit und Schrecken und Angst schreibe. Darin ist das Leben von Menschen, die stille Buchten gleich welcher Art suchen, kaum mehr als ein Hauch. Trotzdem: wir atmen. Der Frieden, den wir finden, ist keine geringere Wirklichkeit als der Schrecken und wird größer, je mehr Menschen ihn suchen.

Das Abendrot versank im weißen Licht des Dreiviertel-Mondes.

Es gab keinen Tag mit durchstehendem Wind. Bevor wir morgens ankerauf gingen, starteten wir die Maschine. Nachdem abends der Anker gefallen war, stellten wir sie ab. Diese Windstillen ab Juni jeden Jahres sind üblich, wohl aber nicht immer so ausgeprägt, wie wir sie erlebten.

Wir motorten durch die Gruppe der Islas Caraca. Rosafarben

blieben sie achteraus. Voraus tauchte die Gruppe der Islas Chimana blausilbern aus dem Küstendunst. Hier gab es keinen Mangel an Buchten mit geschützten Ankerplätzen. Sie liegen in unberührter Schönheit – meist mangrovenumstanden, manchmal mit braunem Strand unter Palmen. Sie schenken Einsamkeit und Besinnung. Sie quälen mit Hitze und Moskitos. Sie geben Sicherheit vor Seegang und Gewitterböen. Sie quälen mit dampfender Feuchtigkeit. Es ist nicht nur der lange Weg, der glückliche Augenblicke schafft. Es ist ebenso der Wille.

Immer häufiger wetterleuchtete es im Süden über dem Festland mit urweltlichem Schein. Immer öfter zogen die Gewitter auch auf die See hinaus, wo sie sich in schwarzen Nächten austobten.

In Puerto La Cruz fanden wir die erste venezolanische Marina. Wir ruderten von unserem Ankerplatz auf der Reede vor der Stadt in den L-Winkel ihrer Mole. Eine Tankstelle lag dort. Dieselpreis: umgerechnet 0,08 DM per Liter, zollfrei. Etwa zwölf Motoryachten in US-Bauart und drei Segelyachten lagen vertäut.

Im Büro erkundigten wir uns nach dem Liegepreis. Er betrug umgerechnet 60 DM per Tag für unsere Größe. Auch wenn wir diesen Preis herunterhandeln konnten, er blieb zu hoch für unser Budget. Außerdem schien mir die L-Form des Hafens unzureichend. Jeder Hurrikan über dem Karibischen Meer konnte seine Dünung ungehemmt in den Hafen rollen.

Am Strand vor der Stadt reihten sich die Appartementhäuser in allen Stufen der Fertigstellung. Es waren geniale Entwürfe in der Absicht, dem Bewohner neben Meer und Strand vieles zu bieten: Bequemlichkeit, Einkauf vom Modekleid bis zum französischen Käse, Unterhaltung in Kino und Diskothek, im Schwimmbad und auf der Sonnenterrasse.

Nach der Stille unserer Ankerbuchten betrachteten wir vergnügt das Leben auf der Uferpromenade. Wir blickten aber auch nach West über die See. Es war Ende Mai. Die Hurrikanzeit begann. Nach West an der Küste entlang mußten wir einen Platz mit drei Gegebenheiten finden: Schutz, Versorgung, Schönheit.

Die Nacht war ruhig geblieben. Drohend geballt im Sonnenuntergang und wetterleuchtend durch die dunklen Stunden der Nacht, hatten Gewitterwolken über dem Festland gehangen. Kein Hauch von Wind hatte sich aufgetan. Nach Sonnenaufgang standen wir vier Seemeilen vor der Einfahrt zur Bahia de Carenero. Sie lag an der Westseite der langgezogenen Bucht zwischen El Morro de Barcelona im Osten und Cabo Codera im Westen.

Die See lief in einer kurzen Dünung aus Nord. Ihre Unruhe hatte etwas Erschreckendes: wir hatten nicht mehr als vier Meter Wasser unterm Kiel. Die Wasserfarbe war ein grünes Grau mit rosa Spiegelflächen im flachen Morgenlicht. Auf der Untiefe vor der Küstenstadt Higuerote – ohne Hafen – stand Brandung. Hinter der Stadt über den Lagunen dieses Küstenstriches hingen Nebelfetzen wie mürbe Bettlaken. Das alles sah ungesund aus: in verwischten Farben nicht erkennbar, hinter flachem Wasser unerreichbar – fühlte sich unangenehm an: in feuchter Hitze klebrig und aufdringlich.

Wie mein Hemd. Ich zog es aus. Auf dem Vorschiff machte ich den Anker klar, legte die Lotleine klar zum Laufen. Voraus im Mangrovenstrich war die Einfahrt noch nicht auszumachen: Korallen- und Muschelbänke zu beiden Seiten. Auf dem Ende des Südriffs sollte eine rote Bake stehen. Die Sonne begann, auf meinen Schultern zu brennen. Ich ging ins Cockpit und zog mein feuchtes Hemd wieder an.

„Dein Frühstück steht auf der Pantry", sagte Elga, die unbeweglich am Ruder stand, seit sie es übernommen hatte.

Ich spülte mein Frühstück mit ungeheuren Mengen kalten Kaffees in mich hinein. Das setzte den Tagesrhythmus von Schweißbildung und noch mehr trinken und noch mehr Schweiß in Gang.

„Einfahrt – ich hab' sie!" rief Elga von oben.

Ich stieg ins Cockpit, was Ströme von Schweiß zum Fließen brachte. „Wo?"

„Du siehst nördlich von dem Hochhaus einen hellen, senkrechten Strich. Das muß die Bake sein."

Ich nahm das Glas. Da stand dieser Strich vor oder in oder hinter den Mangroven. Rot-weiß? Die Bake sollte rot sein. Hitzewellen ließen den Strich zittern. Alles verschwamm.

„Weiß der Teufel, was das ist!"

„Carenero!" sagte Elga und stand unbeweglich, um Schweißbildung zu vermeiden.

Der rot-weiße Strich erwies sich bei unserer vorsichtigen Annäherung als abgebrochener Gittermast auf einem eingefallenen Schuppen hinter einer vermorschten Pier. Eine rote Bake gab es nicht. Zwei kleine Tonnen hüpften auf dem trüben Wasser vor der Einfahrt. Sie waren rostig, von Guano bekleckert.

„Was nun?" fragte Elga. „Zwischen den Tonnen doch wohl durch?"

Ich begann zu loten. Den ersten Anlauf zwischen die Tonnen mußten wir abbrechen. Die Wassertiefe nahm schnell ab. Der zweite Anlauf weiter südlich brachte uns in die Einfahrt. Über Wassertiefen von drei bis zwei Metern kamen wir langsam in die vollkommen geschlossene Bucht, die sich nach flußartigem Beginn lagunenartig weitete.

Wir hielten nach Backbord.

Am Ostufer stand das Hochhaus mit Strand davor. Hinter ihm lag ein Yachthafen. Neben dem Hochhaus befand sich ein Schwimmbecken zwischen Rasenflächen unter Palmen. Südlich der Anlage schloß sich eine Pier an. Sie lag im Schatten unter Bäumen. Mit Bugleinen zu Bojen waren dort Motoryachten und einige Segelboote festgemacht. Unser Anker fiel etwa achtzig Meter vor dieser Pier. Die gleiche Entfernung trennte uns vom Südufer. West- und Nordufer mit Mangrovenbewuchs lagen weiter ab.

Anhaltendes Rufen und Hupen klang von der Pier herüber. Gestikulierend standen Menschen dort. Galt das uns? Es sah mehr nach Frühschoppen aus. Ein Mann mit dunklem Haar und Bart kam im Schlauchboot angerudert. Es war fast ohne Luft und voll Wasser. Was nicht schadete, weil der Mann klugerweise eine Badehose trug. Er hatte nur einen Riemen. Was schadete, weil das Boot sich dauernd in Halbkreisen verirrte. Er kam ganz atemlos bei uns an.

Er sagte in deutsch: „Herzlich willkommen! Sie wissen gar nicht, was für ein Glück Sie haben, hierher gekommen zu sein. Aber Sie können hier nicht liegen bleiben – Sie stecken mit dem Kiel schon tief im Schlamm. Haben Sie uns nicht rufen gehört?"

„Wir wußten nicht, daß –"

„Wir haben geschrien und gehupt. Wissen Sie, hier geht eine Schlammbank entlang. Sehen Sie dort drüben die hohen Mangroven – fünfzig Meter davor können Sie ankern. Das Hochhaus gehört dem Club de los Piratas, auch der Yachthafen dahinter. Wir hier an der Pier sind der Yachtclub Carenero – viele deutsche Mitglieder. Ich sage ja, Sie haben großes Glück, hierher gekommen zu sein: so unter Landsleuten hält man ja zusammen. Wir nennen uns spaßeshalber das Deutsche Eck!" Er zählte nun die Schiffe an der Pier mit ihren deutschen Eignern und deren Berufen bei meist deutschen Industrieunternehmen in Caracas auf. „Kommen Sie an Land – ich stelle Sie vor. Natürlich, entschuldigen Sie – Sie wollen erst Ihr Boot verholen. Tun Sie das!" Er blickte zum Heck. „Ja, ja, die deutsche Flagge, aber irgendwie hänge ich mehr an Schwarz-Weiß-Rot." Er kniete sich in die schlappe Hülle des Schlauchbootes und paddelte in Halbkreisen ab.

„Hätte ich ihn an Bord bitten sollen?" fragte ich Elga nach einer Weile der Erholung und Sammlung.

„Er ließ dir ja keine Zeit dazu. Willst du verholen?"

Ich lotete noch einmal vom Bug und vom Heck aus. Beide Lotungen zeigten knapp unter drei Meter Wassertiefe – das Einsinken des Lotbleis im Schlamm berücksichtigt. Wir verholten. Wir taten es mehr der Mühe dieses Mannes zu Gefallen als aus Überzeugung.

Am Nachmittag ruderten wir zur Pier und machten uns mit den Landsleuten bekannt. Abseits der Männer in Badehosen saßen die Frauen in modischen Badeanzügen. Die Bäume gleich hinter der Pier spendeten Schatten – wo nicht, waren zusätzlich bunte Sonnenschirme aufgestellt. Große und kleine Kinder spielten um die Wochenend-Idylle herum. Es war recht lebhaft.

Im Kreis der Männer wurde mir viel erzählt und erklärt. Wie jeder Freundeskreis hatten sie ihren Jargon, ihre Witze, ihre Sticheleien und Meinungsverschiedenheiten, ihren unaufhörlichen Klatsch. Sie hörten sich gerne reden und hörten anderen schlecht zu. Sie boten mir als Fremden alle erdenkbare Hilfe an. An Bord bei uns war zur Zeit alles in Ordnung.

Ich bin in solchen Männerrunden ein schlechter Kumpan. Schließlich lag mir ihr eiskaltes Bier, das sie in Dosen freizügig aus den Kühlschränken ihrer Schiffe holten, wie ein Eisblock im Magen. Ich war den Feinheiten der Zivilisation entwöhnt. Schließlich verstummte ich unter der Flut ihrer deutsch-venezolanischen Gespräche. Der Genuß zweisprachigen Kulturaustausches war mir verwehrt.

Die Damen saßen abseits und plauderten. Weibliche Wesen zeigen ihre Überlegenheit beschwingter. Das teurere Parfüm tut es bereits.

Bei unserer Verabschiedung hatten Elga und ich das Empfinden, daß wir beim Deutschen Eck durchgefallen waren. Wir sahen das Glück nicht richtig, hierher gekommen zu sein.

Am Nachmittag des folgenden Freitags kamen Lotti und Günter Muthwill überraschend zu unserem Ankerplatz. Sie saßen wie Indianer in ihrem Beiboot: Lotti vorn mit Paddel an Backbord, Günter achtern mit Paddel an Steuerbord. Wir hatten sie beim Deutschen Eck kennengelernt und wenig miteinander gesprochen. Die anderen hatten das Feld beherrscht.

„Wir wollten doch mal sehen, wie es Ihnen hier geht", sagte Günter.

Wir baten sie an Bord.

„Können Sie einkaufen hier im Dorf?" fragte Lotti. „Ich hab' Eier und Brot aus Caracas mitgebracht."

Elga freute sich sehr über diese Aufmerksamkeit. Sie hatte seit zwei Tagen weder Eier noch Brot im Dorf hinter dem buschbewachsenen Hügel erhalten. Die beiden Dorfgeschäfte wurden beliefert, wie es einem unzuverlässigen Spediteur gefiel.

„Ist das oft so? Was machen Sie dann?"

Elga erzählte Lotti von unseren Verpflegungsbeständen.

Günter war am Schiff interessiert. „Ich habe meinen Motorsegler MARU dort drüben erst vor kurzem gekauft. An Rumpf und Maschine hab' ich alles repariert. Aber Segelerfahrungen hab' ich keine. Würden Sie sich die MARU mal ansehen? Wir können dann besprechen, was an der Takelage zu verbessern ist."

Ich sagte zu.

Wir saßen später auf unseren Deckstühlen unter der Sonnenpersenning des Achterdecks.

Eine leichte Brise zog durch die Hitze des Nachmittags, brachte ein wenig Kühlung.

...igua – English Harbour *(oben)*
...uia – Admiralty Bay *(unten)*

St. Barthélémy – Hafen und Reede
Im Hintergrund: St. Martin *(oben links)*

Virgin Islands – Francis Bay auf St. John
*(oben rechts)*

Montserrat – die Insel hat keine guten
Ankerbuchten *(unten links)*

Bougainvillea *(unten Mitte)*

Venezuela – in den Mangroven von Carenero
*(unten rechts)*

Venezuela – die Dschungelgrenze *(oben)*

Venezuela – Andenbewohner mit riesigen Radieschen zum Verkauf *(unten links)*

Venezuela – Dschungelfluß *(unten rechts)*

Günter erzählte von seiner Tätigkeit als Maschinenbauer im Lande. „– was ich da fand, waren die zwei Generatoren, die ich aufstellen sollte – aber fünfzig Meter von ihrem Standort entfernt, schräg im Schlamm. Am Standort war noch nicht einmal ein Fundament, das längst da sein sollte. Ich schickte meinen Helfer im Jeep zurück, um Zement und Seile zu holen. Der Ort, wo er das vielleicht kaufen konnte, lag über einhundert Kilometer zurück!"
 Er lachte. „Ich sag' ,zurück'. Es war ja eine Front, an der wir damals im Einsatz waren. Alles, was gebraucht wurde, mußte ,nach vorn' gebracht werden. Straßen? Staub oder Schlamm – über Berge, durch die Llanos, im Dschungel. Na ja, es waren da einige Indios und Mischlinge, die der Verwalter des Platzes für mich mobilisierte. Ich ließ sie Holzstämme schlagen. Daraus bauten wir Dreibeine und eine Gleitbahn für die Generatoren. Jeder wog zehn Tonnen. Als mein Helfer mit Seilen, Rollen und Zement kam, brachten wir die Maschinen aus dem Schlamm. Wir betonierten dann die Fundamente. Moniereisen lag da rum."
 „Wie wußten Sie die Tragkraft der Fundamente?"
 „So!" Günter hob den Daumen. „In einem Lande wie diesem kann man nur überleben, wenn man sich der Mentalität der Leute anschließt. Wir zogen die Generatoren mit Flaschenzügen über die Gleitbahn. Statt Tage, wie geplant, dauerte die Montage Wochen. Abends saßen wir mit dem Verwalter zusammen in dessen Hütte und tranken Bier. Ringsum Dschungel, Papageien, Moskitos, Schlangen und Orchideen. Unten im Tal der Fluß, der einen Staudamm bekommen sollte. Das waren Zeiten!"
 Ich blickte über die Bucht. Dschungel, El Dorado, Staudämme – was lag heute dort hinter den Bergen, den Ebenen?
 „Ich bin oft mitgekommen zu den Montageplätzen", sagte Lotti. „Sogar noch, als die Kinder klein waren. Als die Älteste zur Schule kam, hörte das freilich auf. Da war ich viel allein." Sie lächelte. Das Alleinsein hatte ihr Gesicht unter dem Lächeln traurig gemacht, auch ein wenig hart in langer Geduld.
 Günter mit seinem stets lachenden Gesicht unter der jungenhaften Scheitelfrisur sah unverwüstlich aus, war stets voller Unternehmungsgeist. „Haben Sie Lust", fragte er, „am Sonntag mit uns nach Caracas zu fahren? Sie können in unserem Gästezimmer schlafen. Dienstag bringen wir Sie hierher zurück – na?"
 Ich blickte Lotti an. Sie nickte.

„Wir haben uns überlegt, wie wir ins Land kommen könnten. Mit dem Bus –"

„Das ist nichts!" sagte Lotti. „Kommen Sie erst mal nach Caracas. Wir treffen uns Sonntag um zwölf auf der Pier."

Wochenendbetrieb. Alle zehn Minuten quakte der Lautsprecher des Hochhauses Nachrichten an die Clubmitglieder. Viele waren aus Caracas gekommen. Rufen, Lachen, Spritzen von Badenden klang vom Strand her. Windsurfer glitten dahin. Für Anfänger war KAIROS ein nicht zu umschiffendes Hindernis. Motorboote mit und ohne Wasserskifahrern liefen aus und zogen Kreise. Das stille Wasser der Bucht hob sich zu Kreuzseen. Wir versuchten, dem Bild den Reiz des Bunten, die Freude am Erholsamen abzugewinnen. Aber die Vögel in der Bucht – Reiher, Pelikane, Kormorane, rote Ibisse – konnten das nicht. Sie verschwanden.

Ein kleines rotes Motorboot unter den vielen, die an uns vorüberbrausten, wurde in elegantem Bogen zum Halt gebracht. „Wenn mein Boot mal so groß wie Ihres geworden ist, dann möchte ich auch lange Segelreisen machen!" rief der Fahrer auf deutsch. „Sind Sie über den Atlantik gesegelt?"

„Ja."

„Darüber möchte ich etwas hören! Mein Name ist Peter Wanner, alle nennen mich Pat. Dies ist meine Frau Christel. Weiterhin haben wir noch vorzuweisen – na, wo ist sie? Komm her, Wencke! Also hier unsere jüngere Tochter. Unsere große ist irgendwo in der näheren Umgebung der Bucht – so hoffen wir jedenfalls!"

Ich nannte unsere Namen.

„Haben Sie Lust, mit uns zum Schwimmen zu kommen? Wir fahren zu einer kleinen Bucht ein paar Meilen nördlich an der Küste."

Während Pat längsseits kam, holten wir unser Badezeug und schlossen die Luken ab. Die Fahrt an der Küste brachte kühlen Fahrtwind wie ein Geschenk. Es war schön in der kleinen Bucht. Pat hatte sein Motorboot verankert. Wir schwammen darum herum. Wencke schaffte es spielend, ihre Mutter und Elga wasserspritzend, prustend und planschend zu beschäftigen. Ich mußte Pat von der Atlantikfahrt erzählen. Er war ein großer und muskulöser Mann. Ich hatte Mühe, bei einem seiner Schwimmzüge mit zweien nachzukommen. Ich prustete bald wie Wencke, was mir ihre ungeteilte Sympathie einbrachte.

Zum Abend luden Wanners uns ins Appartement ein, das ihnen im Hochhaus gehörte.

„Zeit für Nachrichten", sagte Pat nach dem Abendessen. „Ich höre sie jeden Abend auf der Deutschen Welle. Ihr auch?"

„Nein."

„Pat hat eine anhaltende Liebe für Deutschland", erklärte Christel. „Am liebsten würde er morgen dorthin umsiedeln. Aber ich weiß nicht, ob wir nach all den Jahren in Venezuela dort hineinpassen würden."

Neben ihrem großen Mann wirkte sie klein und zierlich. Die schlimme Bein- und Hüftverletzung durch einen Autounfall vor Jahren minderte ihre Beweglichkeit nicht. Nur selten bemerkten wir ihre Anstrengung, die gebliebenen Folgen des Unfalls nicht zu zeigen, sie zu überwinden. Sie war willensstark. Ihr zartes Gesicht zeigte das ebensowenig wie ihre Zierlichkeit. Aber ihre Augen blickten entschlossen unter dem dunklen, kurzgeschnittenen Haar.

„Wir waren letztes Jahr drüben – also in Deutschland", sagte Pat. „Es hat mir außerordentlich gut gefallen. Sauberkeit, Ordnung, Zuverlässigkeit! Hier gerate ich jedesmal in Wut, wenn ich den Schmutz sehe, wenn ich täglich, stündlich auf die Unzuverlässigkeit der Venezolaner stoße, die in unserer Werkstatt arbeiten. Und die Kunden verlangen Wunder, ohne sie bezahlen zu wollen. Ich bin sofort bei jeder Argumentation am Ende meiner Widerstandskraft. Die Menschen hier sind – ach, sie sind einfach eine versaute Mischung aus Spaniern, Indios und Negern! Ich werde alles aufgeben, um wieder in Deutschland zu arbeiten."

„Tun Sie es nicht!"

In Pats großes Gesicht trat Unglaube. „Warum denn nicht?"

„Vor drei Jahren habe ich dort drüben über meinen Beruf ähnlich geschimpft. Wie Sie konnte ich ihn nicht mehr ertragen. Es herrscht Materialismus wie eine Seuche. Er hat Menschen geschaffen, die unfreundlich sind. Erfolgsmenschen zu immer höheren Stufen der Karriere, zu gerafftem Einfluß in den Firmen, zu immer größerem Einkommen – um jeden Preis."

Pats Unglaube wandelte sich zu Protest. „Jeder Mensch arbeitet, um Erfolg zu haben und mehr zu verdienen!"

„Ja, aber dieser Typ kassiert sein erfolgreiches Geld nicht, um zu leben. Er lebt, um mehr Erfolg zu haben, mehr Einfluß, mehr Besitz. Das will er vorzeigen. Er liebt nichts anderes. Nicht sich selbst und nicht seine Mitmenschen. Er gibt beides jederzeit für mehr Erfolg und mehr Besitz dahin."

„Nicht alle sind so", sagte Pat.

„Natürlich nicht. Es gibt viele brave, stille, bescheidene, geduldige Menschen. Die Minderheit der Erfolgreichen beherrscht sie. Junge Menschen stehen gegen diese legalisierte Herrschaft auf. Manipulation, Werbelüge, Konsumterror, Leistungszwang nennen sie das. Sie ziehen dagegen auf die Straße – einige mit Gewalt, die meisten in Frieden. Oder sie werden gleichgültig im großen Frust. Viele steigen aus wie wir."

„Nein", sagte Pat, „so ist Deutschland nicht! Das ist Ihre persönliche Meinung."

Christel sagte: „Pat, deine Meinung über Venezuela ist auch ganz persönlich."

„Und die Nachrichten auf der Deutschen Welle sind vorbei!" stellte Elga fest.

Pat lachte. „Das macht nichts! Um zehn kommen die nächsten."

„Was haben Sie für eine Werkstatt, Pat?"

„Mercedes-Benz."

„Unsere Freunde Ulla und Peter auf Barbados waren vor Jahren mit ihrer Yacht hier. Sie haben uns eine Adresse in Caracas gegeben: Willi Michel. Er hat auch mit Mercedes zu tun."

„O ja!" sagte Pat. „Wir sind Partner. Er ist mit seiner Frau zur Zeit in USA. Wir laden euch zusammen ein, wenn sie zurück sind."

Pat war ein hartnäckiger Mensch. Um zehn Uhr hörten wir die Nachrichten auf der Deutschen Welle. Dann bestand er darauf, uns mit Christel zum Dingi zu begleiten. Nach der kühlen Luft im klimatisierten Appartement traf die Hitze uns wie ein Faustschlag.

Pat hielt mich zurück. „Die Nachrichten haben dich nicht interessiert, das habe ich gesehen." Er war ins Du gefallen. Er fragte eindringlich: „Du fühlst dich nicht als Deutscher?"

„Nein. Nicht im Sinne von Berlin und Bonn. Aber die Geschichte der Stadt Weimar ist mein Trost."
Pat ging stumm weiter.
Es hatte geregnet. Alles dampfte in nächtlicher Feuchtigkeit.

Muthwills fuhren mit uns nach Caracas. In weitem Bogen führte die achtspurige Autobahn in das Tal hinter den Küstenbergen: vor uns lag die Hauptstadt.

Wie Bienenwaben klebten die Hütten der barrios, der Elendsbezirke, an den Hängen um die Stadt herum. Weit ging der Blick an ihnen vorbei in Tal und Seitentäler, in die hinein Caracas gebaut wurde, ständig weitergebaut wird. Stadtteile in Tälern, Stadtteile auf Hügeln. Dazwischen viele unbebaute Ländereien: grün bewachsen oder lehmig-gelb für neue Bebauung terrassiert. Hier Blöcke von Hochhäusern, dort andere. Wir konnten den Stil der Architekten gruppenweise erkennen. Das Material hatte sich den Ideen harmonisch unterworfen. Zwischen Hochhausgruppen lagen Flächen mit Gartenhäusern unter Palmen, große Parkanlagen, dahinter neue ragende Blöcke von Hochhäusern. Zur Innenstadt verdichtete sich alles zu einem Dschungel aus Stein. Autobahnen überkreuzten sich in Stockwerken. Wie Spinnenbeine griffen die Zu- und Abfahrten in die Schluchten der Stadt.

Die Luft war kühl. Nach der feuchten Hitze der Mangrovenküste atmete sie sich leicht. Caracas liegt eintausend Meter hoch.

„Großartig!" sagte Elga. „Aber diese barrios –"

Günter hob die Hände in der Gebärde venezolanischen Bedauerns. „Alle denken, daß in der Hauptstadt das Geld auf der Straße liegt. So geht's immer weiter. Ein junger Mann kommt nach Caracas, weil er hier arbeiten will. Er findet einen Platz da oben irgendwo und baut sich eine Hütte aus Brettern, aus Blech. Dann holt er seine Familie. Und die baut an. Alle Familien werden größer und bauen an."

„Und wenn er keine Arbeit findet?"

„Oh, das macht nichts! Dann lebt er von Gelegenheiten. Arbeit hier oder da. Wir haben in der Stadt jeden Tag auch mindestens einen Bankraub. Von Diebstahl wollen wir gar nicht reden. Es gibt organisierte Banden in den barrios, die übernehmen den Schutz der Einwohner und lassen sich den bezahlen. Wer nicht zahlt, wird bedroht, dann verprügelt. Er bezahlt! Nicht viel. Aber die Menge macht's."

„Und Licht und sanitäre Einrichtungen, wer kassiert das?"

„Keiner. Nicht einmal die Polizei wagt sich in die barrios. Sanitäre Einrichtungen gibt es kaum. Strom fast überall. Die Regierung legte die Leitungen aus Angst vor einer Rebellion."

Elga stöhnte.

Günter lachte. „Das ist nicht Caracas! Ich zeige euch Caracas!" Er bog von der Autobahn ab und fuhr uns durch die Altstadt. Altspanische Häuser hügelauf, hügelab. Schlagschatten in schmalen Straßen blau unter roten Ziegeldächern.

Günter blieb unverdrossen. „Das ist nicht Caracas! Ich zeige euch Caracas – die Oase der Reichen!"

Wir fuhren durch Vororte, kamen zu einem Wachhäuschen. Die Schranke stand offen. Günter winkte dem Wachposten, als wäre er der Reichste der Reichen. Wir rollten an gepflegten Häusern und Gärten vorbei. Über allem lag die Ruhe zurückgezogener Geborgenheit, wie sie sich großer Reichtum leisten kann.

Wir verließen die Oase.

Schließlich fuhr Günter eine Straße am Hang hinauf und hielt vor einem Haus mit weitem Blick.

„Dies ist nicht Caracas", zitierte ich, „dies seid ihr!"

„Ja", sagte Lotti. „Günter hat das Haus selbst gebaut einschließlich der Wohnungen dort am Hang, die wir vermieten."

Nach dem Abendessen zeigte Günter uns seine venezolanischen Dias. Hitzeflimmernde Ebenen, Ölleitungen, Dschungel, Indiodörfer, Staudämme, Schneeberge. Was für ein Land!

„Damals als Monteur bin ich durchs ganze Land gekommen! Dann habe ich mich selbständig gemacht. Aber ich bin schnell wieder davon abgekommen! Sollte ich mich verrückt machen mit der Finanzierung und all der Hetze? Ich ging zu meinem besten Kunden als technischer Berater. Nun kann ich meine Geschäftsreisen in Ruhe machen und Lotti kommt mit. Wir müssen demnächst nach Maracaibo – Kinder, ihr kommt mit! Ich zeig' euch alles! Anschließend machen wir einen Abstecher in die Anden – na?"

Elga und ich waren sprachlos – Tausendundeine Nacht: Sesam öffne dich! Ich sagte: „Aber –"
„Kein Aber! Ihr kommt mit!" sagte Lotti mit Entschiedenheit. „Günter und ich haben das längst beschlossen. Ihr könnt nicht immer auf dem Wasser rumschwabbeln – nee!"
Bis in die Nacht hinein saßen wir über Landkarten, folgten den Linien der Straßen, lasen die fremden Namen. Eine neue Wirklichkeit öffnete sich vor uns: Berge, Urwald, Ebenen.

KAIROS vor Anker lag allein in der Bucht von Carenero. Nach den lauten Wochenenden kehrten die Vögel zurück.
Unser Tag begann nach Sonnenaufgang. Die steigende Hitze weckte uns. Hatten wir vom Cockpitdach ausreichend Wasser aufgefangen, duschten wir mit Eimerdusche auf Deck. Auch ließ sich das Dingi auf dem Achterdeck als Badewanne benutzen.
Dunst lag über Wasser und Ufern. Fische sprangen. Der Pelikan, der seinen Schlafplatz auf unserem Bugkorb gewählt hatte, strich ab. Die Schwalben, die unsere Salinge bevölkerten, flogen zwitschernd ab und an.
Beim Frühstück besprachen wir den Tagesablauf. Da waren Schiffsarbeiten zu machen. Da waren Einkäufe im Dorf Carenero zu Fuß, in der Küstenstadt Higuerote mit dem collectivo zu tätigen. Oft benötigte Elga mich dabei als Packesel. Elga hatte ferner ihre Näharbeiten an neuen Kleidern oder an Shorts für mich. Ich hatte viele Briefe und erste Seiten für dieses Buch zu schreiben.
Das steigende Sonnenlicht, der Zug der Wolken veränderten das Bild der Bucht ständig. Über dem spiegelnden Wasser am Mangrovenufer hob sich das Land in Waldkulissen. Jede stand höher hinter der anderen, im feuchten Licht anders getönt. Der Morgendunst verflog. Nur ein Hauch davon blieb bis zum Abend. Er machte die Farben der Landschaft weich. Vor Pastellfarben gitterten weißgedörrte, ausgetrocknete Bäume vielfach über Ufer und Wald. Sie waren eine harte Unterbrechung, grausam im Anblick der weichen tropischen Üppigkeit. Fern standen Berge. Sie zeigten rosa

und gelbe Lichthänge, blaue und violette Schattenfälle. Wir vergaßen unsere Arbeiten oft. Wir wollten das alles sehen, aufnehmen, in uns behalten. Wir leben nur einmal und es ist so schön.

Nach dem Mittagsbrot – zu heiß, um Essen zu kochen – hielten wir auf dem Achterdeck im Schatten der Persenning siesta. Elga las. Ich versuchte es, schlief aber meist darüber ein. Der Passat, der inzwischen seine nachmittägliche Stärke 4 erreicht hatte, weckte mich.

Es gab Nachmittagskaffee. Danach beendeten wir – oder auch nicht – die Arbeiten des Vormittags. Manchmal war die Hitze so drückend, daß allein ihr Ertragen Schwerarbeit war. Dann ruderten wir in die Schatten der Ufer. Dort konnte eine Brise aufkommen. Wir versuchten, tief in das Dämmer der Mangroven vorzudringen. Was immer dort an Tierleben hausen mochte, entzog sich unseren Geräuschen und Blicken. Nichts als das Klappen der Muscheln beim Fang war zu hören. Es klang wie der Kastagnettentanz des Uralters: klick-klack und lange Stille – klack. Der Tod im Halbdämmer unter Gezweig und über Schlamm hatte ebensoviel Zeit wie die Geburt. Unsichtbar für uns geschah beides ununterbrochen.

Am späten Nachmittag schwammen wir. Das Wasser war uns weder vom Anblick noch von der Temperatur her angenehm gewesen: sauber-trübe, 28 bis 30 Grad Celsius. Unsere Erkundigung, ob es Bilharzien führen konnte, war von Clubsekretär und Bootsleuten verneint worden. Es war Salzwasser. So trieb uns die Hitze hinein. Blieben wir lange genug im Wasser, gab es uns ein wenig Erfrischung.

Zum Abend nach der Hauptmahlzeit saßen wir mit einem Glas Rum auf dem Achterschiff. Paarweise und in Scharen flogen grüne Papageien zu ihren Schlafplätzen am Nordufer. Ein Geschwader roter Ibisse zog entgegengesetzt. Unser Pelikan landete auf dem Bugkorb. Die Schwalben in der Takelage kamen zur Ruhe.

Der Passatwind wehte aus. Über den Bergen im Südwesten standen schwarzblaue Gewitterwolken. Das rote Abendlicht ließ sie erglühen. Durch ihre fallenden Regenschleier zuckten grüne Blitze. Über uns der Himmel blieb klar. Vom Blau des Tages zog er ins Gelb und Rot des Abends und fiel ins Samtdunkel der Nacht. Glühende Schleierwolken zeigten spielerische Verwehungen.

Unsere Gedanken wurden unfaßbar. Müssen wir alles verstehen? Wir empfanden Dankbarkeit.

Ein paar Lampen waren über der Pier und am Hochhaus eingeschaltet worden. Ihr Schein ließ die Mangroven gegenüber zu unbestimmbaren Grenzen werden.

So verliefen unsere Tage nicht immer. Regen versaute einen Farbanstrich. Elga kam verschwitzt ohne die erforderlichen Einkäufe zurück. Nicht alle Gewitter blieben der Bucht fern. Böen aus Süd hämmerten durch die Nacht. Oder es fiel wochenlang kein Regen. Aus der Freude des Wasserfangens wurde eine Sorge. Das Wasser an der Pier war schlecht, oft ungenießbar. Wir benutzten es nie. Es gab Abende, da Mosquitos und Stechfliegen uns um allen Frieden brachten. Dankbarkeit? Unser Ärger rann wie unser Schweiß ins Vergessen. Nicht so der wiederkehrende Schmerz in meiner linken Gesichtshälfte. Ich konnte ihn nur verkrümmt und stöhnend, aus der Nase speichelnd, ertragen. Der Arzt sagte, es wäre der Trigeminus-Nerv. Behandlung: Tabletten, Streckung der Halswirbelsäule, Operation. Für uns an Bord blieben nur die Tabletten, solange die Schmerzen nicht noch schlimmer wurden.

Wir hörten jeden Abend den Seewetterbericht von Radio Antilles. Am 1. August wurde eine tropische Wetterstörung 600 Seemeilen östlich von Barbados gemeldet. Sie war nicht die erste. Aber keine hatte sich bisher zum Hurrikan entwickelt. Diese wurde am nächsten Morgen zum tropischen Sturm, am Abend zum Hurrikan „Alan" erklärt. Er stand am Abend des 3. August 40 Seemeilen östlich von Barbados. Seine Ausdehnung betrug vom Zentrum 100 Seemeilen nach Nord, 75 Seemeilen nach Süd. Um das Zentrum herum wurden die Windstärken bis zu 125 Knoten angegeben.

Sich verstärkend, zog „Alan" über Barbados westnordwestwärts. Wir dachten in Sorge an Ulla und Peter mit der NIMANOA. Die Inseln St. Vincent im Nordteil, St. Lucia im Südteil, Martinique und Dominica wurden in Mitleidenschaft gezogen.

Über Carenero geschahen die Sonnenuntergänge jener Tage in ungewöhnlich glühenden Farben. Die Luftfeuchtigkeit sank unter normal. Wie eine unsichtbare Wolke verdrängte dann plötzlich schwüle Luft die Lufttrockenheit. Über die Mangroven an der Einfahrt zur Bucht, über die Palmen des Dorfes hörten wir schwere Brandung auf die Küste stampfen. KAIROS wiegte sich in einer Grundsee, die es bisher nicht gegeben hatte. Der Wasserstand stieg einen Meter. Kaum Wind.

Das war alles – bei uns. In Martinique wurden über fünfzig Yachten zerstört. Die Inseln St. Vincent und St. Lucia erlitten schwere Verwüstungen: glattrasierte Wälder und Felder, eingestürzte Häuser und Hütten. Barbados kam leidlich davon. In Dominica zählten die Zerstörungen doppelt schwer, weil die Schäden des Hurrikans „David" vom Vorjahr noch nicht überwunden waren. An der venezolanischen Küste zerschlug die anrollende Dünung brandend unzählige Fischerboote und Yachten in Carúpano und Puerto La Cruz.

Südlich von Jamaica geriet eine Segelyacht ins Sturmfeld von „Alan". Von einem Berufsskipper sollte sie mit drei Mann Besatzung von den Bahamas nach Panama überführt werden. Wir staunten über die Einstellung dieses Sachkundigen zur Hurrikanzeit – fanden sie aber bei vielen Berufsseglern bestätigt. Wie die Inselbewohner wünschen und denken sie, daß die Hurrikane „woanders" entlangziehen werden. Und das stimmt ja auch bis auf den einen, der trifft. So kam es hier: der Skipper hörte in den Wettermeldungen über Zugbahn und Geschwindigkeit von „Alan" und konnte nicht mehr ausweichen. Kann man das überhaupt bei der Unregelmäßigkeit dieser Monster in Kurs und Geschwindigkeit? Man kann es, sagen die Berufssegler – klar, bis auf den einen, der trifft. „Alan" traf voll. Die Yacht kenterte mehrmals durch. Der ungesicherte Ballast verrutschte. Bei Schlagseite wurde die Hauptluke eingeschlagen. Die Yacht ohne wasserdichte Schotten lief voll. Die Besatzung rettete sich in die Rettungsinsel. Die Yacht ging unter. Die Besatzung wurde in Todeserschöpfung aufgefischt – nach wenigen Tagen in der Rettungsinsel.

Den Reportern sagten die Geretteten nach der Genesung: sie wollten weiterhin segeln, aber nie wieder während der Hurrikanzeit. Einer sagte: „Unfaßbar – ich verstehe es nicht – ich fühle nur Dankbarkeit."

Wir hatten KAIROS gegen Diebstahl und Einbruch gesichert. Steuerhydraulik abgeschaltet: das Ruderrad dreht leer. Verbindungskabel der Batterien entfernt: die Maschine startet nicht, das Kurzschließen ist erschwert, da nur ein Zweiersatz die erforderlichen 24 Volt liefert. Die stählernen Decksluken verriegelt und abgeschlossen: kein Stemmeisen bringt sie auf. Das Kettenrad der Ankerwinsch abgenommen, die Ankerkette mit Tampen und Stopperstek belegt: über Hand ist Ankeraufgehen kaum möglich. Außerdem hatten wir Segel und Schoten abgeschlagen. Alle Seeventile waren geschlossen.

Trotzdem konnte KAIROS gestohlen, konnte eingebrochen werden. Aber jeder Nichtfachmann blieb ausgeschlossen. Und der Fachmann würde erhebliche Schwierigkeiten haben. Wir ruderten zur Pier. Die Sonne ging auf. Wir gingen zur Straße. Ein collectivo brachte uns zur Bushaltestelle in Higuerote.

Im Bus während der Fahrt nach Caracas starb ich an plötzlichen Magenbeschwerden. Zusammengekrümmt saß ich im Ecksitz. Elga schirmte mich gegen die Öffentlichkeit ab. Ich sterbe lieber unter Ausschluß der Öffentlichkeit. Der Fahrer fuhr wie ein Wahnsinniger. Die Stoßdämpfer bohrten sich in mein Gedärm. Das Gackern einiger Hühner im Korb traf mich wie Messerstiche. Das Schreien der Kleinkinder übergoß mich mit Übelkeit. Gerüche von Knoblauch und Schlimmerem wallten wie Giftgase.

„Elga!" stöhnte ich. „Hast du eine –"

Sie leerte eine Plastiktüte von gräßlichen Foltergeräten wie Kamera, Wanderschuhen, Socken. Pöng! – öffnete sich die Tüte. Und brraachch! – öffnete ich mich. Elga schirmte ab.

Es stimmt: Sterben ist schlimmer als Tod. Aber es stimmt nicht, daß der Tod ewig ist. Nach einer erleichterten Weile von Ewigkeit – mir träumte, daß ich meine Erfahrungen in einem Aufsehen erregenden Buch mit Millionenauflage auf den Markt würfe – begann das Sterben erneut in milliohoonenfacher Auflage.

Endlich geschah ein Halt. Leider nicht zum Besseren. Aus dem Bus torkelte ich in höllische Sonnenglut. Ich betete. Ich wußte, ich hätte zu Lebzeiten damit beginnen sollen. Ich hatte kein gutes Leben geführt: zuviel Kuchen gegessen, zu viele Zigaretten geraucht, zuviel Weib-Wein-und-Gesang geliebt.

Da stand eine schwarze Limousine. Heute fahren sie uns Sünder im Taxi durchs Inferno. Elgas Freudengestalt schwebte von irgendwo auf mich zu. Wo war ich? Rotes Sitzpolster saugte mich nieder. Die Limousine fuhr plötzlich los. In den Kurven wollten meine Gedärme neben mich aufs Polster springen. Nein! Haltet zusammen! Da krachte die Limousine zur Seite. Der Teufel am Folterrad bremste wie ein Teufel. Er hatte ja keine Ahnung, der Idiot, daß mein Inneres längst zum Teufel war. Stillstand.

Elgas Stimme aus besseren Welten: „Plattfuß. Außerdem kann er die Straße zu Muthwills nicht finden. Ich geh' telefonieren."

Vernichtet verließ ich die schwarze Limousine und setzte mich auf den Rinnstein in die Gosse. Egal.

„Ich habe mit Günter telefoniert. Er kommt gleich und holt uns", flüsterte Elga vom Himmel hernieder.

Ich schwieg – obwohl ich gern gesagt hätte, daß es unfair wäre, nun auch noch Günter in diese Geschichte hineinzuziehen. Elite muß erhalten bleiben. Egal. Er kam. Das letzte, was ich wahrnahm, waren mitleidige Gesichter und die Ecke eines Bettes, in das ich kroch.

Am nächsten Morgen hatte ich kein Fieber mehr.

„Mein stählerner Körper", erklärte ich Lotti beim Frühstück, „wird mit so was schnell fertig!"

„Das ist bei mayo immer so", sagte Lotti.

„Klar! Gesunde Lebensführung." Ich nahm ein Stück von Lottis schmackhaftem Kuchen und fragte: „Mayo?"

Lotti lachte. „Das ist eine verbreitete Mageninfektion im Mai. Sie kommt sehr heftig mit hohem Fieber und vergeht ebenso schnell."

Der Kuchen schmeckte!

„Kann unser Held denn heute im Auto sitzen?" fragte Günter. „Wir wollen nämlich los!"

„Natürlich!" sagte ich und zündete meine erste Zigarette an. Sie schmeckte! „Wenn ich nicht so krank gewesen wäre, hätte ich dir schon gestern für die hilfreiche Aufnahme gedankt, Lotti!" Ich gab ihr einen Kuß. Weib – ich war gesund! Wein und Gesang konnten bis zum Abend warten.

Wir packten unsere Sachen ins Auto und fuhren los. Westwärts. Die Autobahn spiegelte in der Nässe abziehender Regenschauer. Der Lago de Valencia lag dunstig grau, groß wie ein Binnenmeer.

Wie Zähne stießen ferne Berggipfel am jenseitigen Ufer durch den Dunst. Die heiße Sonne kam langsam durch die Wolken. Weit hingestreckt lagen Obstplantagen. Ihre Bewässerungsanlagen waren verzweigt und aufwendig. Barquisimeto mit seiner Barockkathedrale war in spanischer Kolonialzeit ein gefährdeter Außenposten am Rande des Nichts und des Heidentums gewesen. Heute liegt die Stadt weitgestreckt als Verkehrsknotenpunkt zwischen Llanos, Bergen und Küstenland. Links der Betonstraße hoben sich sanfte Hügel. Sie waren der nordöstliche Beginn der Andenkette – südwärts bis Kap Hoorn.

„Da geht's heute nachmittag rauf", sagte Günter. Er fuhr hervorragend und unermüdlich.

Im Fahren aßen wir Brot und Käse. Lotti holte aus der Eisbox zu ihren Füßen Kanne und Becher. Sie schenkte uns Zitronentee ein.

Dschungelstücke, Gestrüppflächen, grobgrasige Savanne mit verstreuten Viehherden blieben zurück. Die Straße fiel langsam in die Niederungen des Lago de Maracaibo ab. Einstöckige Häuser mit Gärten und Blütenbäumen lagen am Wege.

„Hier lebten die Nordamerikaner, bevor die Ölindustrie verstaatlicht wurde", erklärte Günter. „Die Venezolaner sind mit tausend Freuden in diese schönen Anlagen gezogen. Jetzt verkommen sie."

In Ciudad Ojeda hatte Günter im Elektrizitätswerk zu tun. Lotti, Elga und ich gingen zum Seeufer hinunter. Nach der klimatisierten Luft im Auto legte die Hitze sich wie ein Gewicht auf uns. Der auflandige Wind trieb das grüne, ölige Wasser in kleinen Brechern die Böschung herauf. Das Gras darauf war ölverschmiert und welk. Fern und nah auf der Wasserfläche standen Bohr- und Fördertürme. Riesenpontons trugen Werkstätten und technische Anlagen. Leitungsmasten in einem Gewirr von Drähten ragten aus dem flachen Wasser. Schlepper zogen und schoben verrostete Tankkähne. Wie oft hatten Elga und ich Fotografien vom Maracaibo-See gesehen: die Bohrtürme im verklärenden Licht der Sonne. Lügen waren das gewesen. Das Gitterwerk der Türme war rostig und häßlich, das Licht der Sonne erdrückend heiß. Über allem hing ein leichter, durchdringender Ölgeruch.

Das jenseitige Ufer war nicht zu sehen. Da drüben am Rande dieser ungeheuerlichen Industrie mußten irgendwo die letzten indianischen Pfahldörfer stehen. Sie lagen eingenistet in die Ufersümpfe.

Nach ihnen hatten die spanischen Konquistadoren Venezuela benannt: Kleines Venedig.

Günter fuhr uns über die Hochbrücke. Sie überspannt den schmalsten Teil des Lago de Maracaibo. Viele Tankschiffe lagen wartend und leer vor Anker auf dem Außensee. Über der dunstigen Fläche des Innensees hoben sich Wolkentürme aufsteigender Gewitter. Die Stadt Maracaibo lag ausgewuchert unter Dunst und Rauch.

Hinter der Brücke wendete Günter und hielt. Neben dem Parkplatz standen Verkaufsstände der Indios aus den Pfahldörfern. Sie schienen verlassen. Keine Reisenden, kein Indio waren zu sehen.

Unter den bastgedeckten Ständen prallte die Sonne auf handgewebte Ponchos, Decken, Jacken, Mokassins, Mützen. Die Farben leuchteten im Licht. Perlenstickereien lagen ausgebreitet. Schmuckstücke aus geschliffenen, bunten Steinen reihten sich aneinander. Halbedelsteine lagen in Silber gefaßt. Schnitzwerk von Masken und Figuren, Tieren und Menschen gruppierte sich. Es gab manchen Plunder. Aber das Schöne überwog. Es war wie ein Testament: Ausdruck, was geheimnisvolle Kulturen einst zwischen Mexico und Peru geträumt und geglaubt hatten.

Eine fremde Welt öffnete sich. Sie war bunt, verblüffend in Ornamenten und Harmonien, an Gesichtern und Gestalten. Sie war auch erschreckend in Verzerrung und Gegensatz, in Fratzen und Ungetümen. Von welchen Dschungeltiefen und Bergeshöhen war diese Kunst über Jahrhunderte hergekommen? Welch unbegreifbarer Menschengeist zeigte uns hier aus vergangener Maya-Kultur und Azteken-Blutopfern, aus verschollener Chimú-Kunst und Inka-Ordnung sein fremdes Gesicht? Welche Erfüllungen in Sinngebung, welche Erniedrigungen in Götzendienst sprachen hier ein kaum verständliches Wort? Elga und ich standen zum erstenmal vor indianischem Kunsthandwerk.

„Lesen muß ich, lesen, was es über diese Kulturen zu lesen gibt!"

„Ich bringe dich zur Deutschen Bücherei in Caracas", sagte Günter, der es gehört hatte.

Elga zeigte auf einen gewebten Wandbehang. „Schau, diese Farben! Das Muster – schön und fremd! Wo haben die Indianer das her?"

Plötzlich stand ein Indio da. Sie kommen wohl immer wie aus

dem Hinterhalt. Ich mußte an den Hafenkapitän in Carúpano denken. Dieser trug Jeans und T-shirt, hatte tätowierte Narben im Gesicht und verarbeitete, rillige Hände. Günter und Lotti handelten mit ihm um den gewebten Wandvorhang. Sein Gesicht zeigte keinen Ausdruck. Seine Augen drückten aus, was ich nicht verstand. Traurigkeit würde ich es nennen – tief nach innen in die Seele. Oder lagen hinter dieser Maske Ahnung und Selbstbewußtsein des Künstlers? Er nahm das Geld, gab den Wandvorhang.
Lotti und Günter schenkten die bunte Webarbeit Elga.
Ich stand am Geländer der modernen Brücke – der zweitlängsten auf der Erde. Ihre Pfeiler zitterten in der flimmernden Hitze. Sie führte an den Ständen der indianischen Kunst vorbei – wohin? Nach Maracaibo hier, nach Caracas dort? Kein Auto fuhr. Der Indio war verschwunden, lautlos wie er gekommen war – wohin? In welche Gedanken, Hoffnungen, Nöte?
Die Fragen zerrissen, weil der Autoverkehr wieder einsetzte: laut von Maracaibo nach Caracas hier und umgekehrt dort. Auf dieser großen Brücke!
Wir fuhren weiter. Aus den Niederungen ging es südostwärts die Hügel hinauf. Sie wurden höher, ihre Baumbestände dichter. Die Grenze zwischen Wald und Dschungel floß ineinander. Dahinter kamen blau-nackte Bergzüge in Sicht. Ihre Gipfel lagen unter Wolken. Die Straße wand sich ihnen in Tälern entgegen. Hinter Valera – bergumschlossen eine häßliche Stadt – stieg die Straße steil an. Es wurde kühl. Günter stellte die Klimaanlage ab. Venezuelas Klimaunterschiede liegen horizontal. Je höher wir in diese kühlen Berge vorstießen, desto mehr wurde jedes Tal eine in sich geschlossene Welt. Die Straße hatte Mühe, sie mit ihrem dünnen Band zu verbinden.
Vor dem Bergdorf La Puerta, der Pforte in die Hochanden hinein, aßen wir in einem Gasthaus zu Abend. Es lag neben der Straße am steilen Hang des Tals. Wir saßen auf der strohgedeckten Terrasse neben dem Lehmhaus. Aus der Felswand hinter uns rieselte Feuchtigkeit. Durch dichte Bäume mit verworren hängenden Luftwurzeln sickerte die Stille der Bergwelt. Der enge Himmel über uns leuchtete mit abendlichem Rosa in unsere grüne Dunkelheit.
Bei Einbruch der Dunkelheit kamen wir in La Puerta an. Eng aneinander lagen die getünchten Häuser. Das Hotel stand am Dorfrand in einem Heckengarten, der von altmodischen Kugellampen

erhellt wurde. Wir bezogen unsere Zimmer. Doppelbett, Tisch und Stuhl, eine Duschecke. Alles war sauber. Einige cucarachas ließen sich mühelos entfernen. Ich habe darin internationale Erfahrungen.

Jedes Tal, das wir am folgenden Tag durchfuhren, lag höher als das vorherige. Jede Bergkette kam den Wolken näher. Die Menschen in ihren Dörfern und auf ihren Feldern lebten in Einsamkeit. Die Felder waren fruchtbar, wohlbestellt: Gemüse und Mais. Im nächsten Tal: Kartoffeln und Blumen. Nelken schienen den Anbau zu lohnen. Im höheren Teil: Wurzeln und Kohl. Hatten die Kirchen im Tiefland ihre Dörfer wie Schutzburgen überragt, hier waren sie klein. Die Unwegsamkeit und die Armut der Gläubigen hatten das Heranschaffen von Baumaterial erschwert. Die Häuser waren aus Holzgerippen errichtet, deren Wände mit graubraunem Lehm verbunden.

Ich bat Günter zu halten. Wir stiegen aus. Da pflügte ein Bauer. Langsam zogen die Ochsen den Pflug – kein Eisen, er war aus Holz. Der Bauer stemmte die ehemalige Baumgabel in die Erde, kratzte mit seinem Gespann eine Furche den Hang hinauf. Die Bemühung schien winzig vor den gewaltigen Hängen der Berge. Wolken da oben. Es war kalt. Der Wind pfiff und trieb Regentropfen in unsere Gesichter. Das Spanische Moos an den Bäumen über uns wehte in zottigen Bärten.

„Na?" fragte Günter. „Was ist da so interessant?"

„Weiß nicht. Diese Mühe und Ausdauer."

Vor mehr als dreihundert Jahren waren Spanier und Deutsche in diese Täler gekommen. Alles wollten sie gewinnen mit einem einzigen Schwertstreich – Gold, Ruhm, Lebenssinn, Erfüllung und mehr: ewige Seligkeit durch die Bekehrung der Indios. Sie zogen in Hölle und Tod. Dies ist geblieben: ein Nachfahre mit hölzernem Pflug.

„Komm", sagte Günter. „Wir wollen weiter!"

Um das Auto hatten sich Kinder aus einer nahen Lehmhütte gesammelt. Lotti verteilte Süßigkeiten. Es herrschte große Aufregung.

„Wir nehmen immer Bonbons für die Kinder mit", erklärte Lotti. Ein kleiner Junge mit roten Backen, wie sie alle Bewohner der Hochanden zeigen, hatte seine Angst verloren. Er plapperte auf Lotti ein. Er trug eine viel zu große Jacke mit ausgefransten Ärmeln. In die zerlöcherten Gummistiefel paßten seine mageren Beine viermal hinein.

Lotti strich ihm über das Struwwelhaar. „Er hat mich gebeten, wenn ich wiederkomme, ihm ein kleines Spielauto mitzubringen, wie es sie in den Städten zu kaufen gibt."

Alles hatten seine Ahnen gewinnen wollen.

Über die Bergketten hin wurden Baumbewuchs und Gras spärlich. Verkrüppelte Kiefern stemmten sich gegen den Wind. Flechten überzogen die Felsen. Zahlreich auf den Geröllhalden wuchsen Frailejones. Sie sind eine verbreitete Pflanze der Hochanden. Das Weißgelb ihrer plüschartigen Blätter fügte sich sanft in die harte Landschaft. Auch sie blieben zurück. Die Täler lagen so kahl wie die Berge. Das Asphaltband der Straße blieb die letzte menschliche Spur.

Schließlich standen wir auf dem Paso del Aguila – Adlerpaß. Über die steinerne Bergwelt ringsum trieb der Wind Regenschauer. Wir blickten auf schwarz drohende Berge, auf blau stürzende Schründe, gelb zu Tal führende Geröllgletscher. Verdeckten dort Regenvorhänge die Bühne, hier tat sich eine neue auf mit neuen gewaltigen Kulissen. Das Schauspiel war ohne Ende. Es hieß: Unerbittlichkeit. Kahlheit, Steilheit, Gezacktheit, Wind, Kälte waren seine Szenen. Die Begleitmusik war in kreisende Noten gefaßt: Geier.

Es stand da eine Hütte mit Restaurationsbetrieb auf steinigem Sand. Das Thermometer neben der Tür zeigte etwas über null Grad Celsius – es war Juni. Wir gingen hinein und bestellten heißen Kaffee. Elga zögerte.

„Na?" fragte Günter. „Nimm lieber heiße Schokolade! Die haben sie hier. Sie kennen die Nöte der Leute aus dem Flachland."

Elgas Hände zitterten.

Viertausendeinhundert Meter Höhe und dreißig Grad Celsius trennten uns von KAIROS – die achthundert Kilometer Entfernung in der Luftlinie zählten da kaum.

Elga stützte den Kopf in die Hände. Auch mein Kopf war schwer.

Die Getränke kamen. Wir umfaßten die heißen Becher mit beiden Händen.

Ich sank in ein kälteumschlossenes Weißnichtwas. Ich sah durch das Fenster in die endlose Unerbittlichkeit draußen. Bauern trieben ihre beladenen Maultiere über den Paß. In der anbrausenden Regenbö trieften ihre Ponchos und Hüte glänzend naß. Sie gingen gebeugt hinter ihren Tieren – eine Schattenlinie im grau wehenden Nichts. Sie treiben ihre Maultiere an – sie schleppen sich über Bergketten durch heulenden Wind – wanken über Ebenen in gleißender Sonne – ihrem Traum nach – El Dorado.

Hernando Cortes hat das Aztekenreich erobert, Gold, Edelsteine und Ruhm gesammelt – im Jahre 1521. Francisco Pizarro hat das Inkareich erobert, ungeheure Mengen an Gold, Silber, Schmuck und Edelsteinen zusammengerafft – im Jahre 1533. Die erbeuteten Schätze werden nach Spanien gebracht. Der Ruhm der Eroberer fliegt über die spanischen Besitzungen im Karibischen Meer. Das Unbekannte in sagenhaftem Reichtum zieht neue Eroberer an wie ein Magnet. In seiner zitternden Kraft knistern Verheißungen, Ahnungen, Vorstellungen.

In Santa Marta an der columbianischen Küste ist zu jener Zeit Gonzalo Jiménez de Quesada angekommen, ein Jurist aus Grenada. Er hört von einer Goldenen Stadt jenseits der Dschungel in den Bergen.

Auf den Bergen der Anden hat zu jener Zeit Sebastián de Belalcázar, ein Viehhirt aus Spanien, die Stadt Quito gegründet. Als Statthalter Pizarros verwaltet er die Nordprovinz des eroberten Reiches. Er hört Gerüchte über einen Häuptling, dessen Kleidung aus reinem Gold sein soll. Er nennt ihn El Dorado.

In Coro, der deutsch-spanischen Siedlung an der venezolanischen Küste, ist zu jener Zeit Nikolaus Federmann von Ulm eingetroffen, Hauptmann der Welser-Handelsgesellschaft. Er hört von einem Goldenen Reich in den Bergen jenseits der Llanos.

Nichts wissen diese drei Männer voneinander, bis sie sich unter merkwürdigen Umständen treffen.

Quesada in Santa Marta erhält den Befehl, das Quellgebiet des Magdalena-Flusses zu erkunden. Mit sechshundert Mann, einigen Berittenen und Indioträgern bricht er im April 1536 auf. Ein Geschwader von sechs Schiffen mit Verstärkung und Lebensmitteln hat am gleichen Tag den Hafen verlassen, um über See den Magdalena-Fluß anzusteuern und hinaufzusegeln. Der Treffpunkt soll Tamalameque sein. Das Indiodorf am Ufer des Flusses ist ein Handelsplatz an der Grenze zum Unbekannten. Quesadas Weg ist mühsam über Sümpfe und durch Dschungel. Überfälle von Indios werden an der Spitze der Kolonne abgeschlagen. Aber an ihrem Ende töten die Indios alle Erschöpften und Fieberkranken. Nach vier Monaten und einem Marsch von vierhundert Kilometern erreicht Quesada mit seinem zerrütteten Haufen Tamalameque. Läuse und Mosquitos sorgen für weitere Krankheiten und Tod.

Die Flotte kommt erst nach monatelangem Warten. Von den sechs Schiffen haben nur zwei die Fahrt überstanden. Die Soldaten meutern. Quesada schickt die Unzufriedenen auf den beiden Schiffen zurück. Zweihundert bleiben. Quesada verhört gefangene Indios. Sie sagen: „Chibcha – woher Salz kommt, dahin geht Gold." Quesada hat eine Spur. Zum Teufel mit dem Quellgebiet des Magdalena! Quesada findet einen Pfad. Der Pfad führt zu den hohen Anden hinauf. Es ist Winter. Zum Fiebertod gesellt sich der Kältetod. In den Dörfern am Pfad findet Quesada Salztiegel. Die Bewohner tragen wollene Umhänge, bunt in den Farben, verblüffend in den Ornamenten. Quesadas Soldaten reißen sie an sich und kleiden sich damit. Weiter!

Sie erreichen eine Hochebene mit vielen Dörfern. „Chibcha", sagen die Dolmetscher. Die Soldaten finden Smaragde neben Salztiegeln. Die Dörfer werden durchstöbert und gehen in Flammen auf. Weiter! Sie stoßen auf Bleche gehämmerten Goldes neben Salztiegeln. Keine Chibchaverschanzung, kein Aufgebot von Kriegern kann den Spaniern nun widerstehen. Kein Hinterhalt entmutigt sie. Sie hacken sich durch. Sie brennen, sie morden, sie raffen Goldbleche und Edelsteine und lassen die Salztiegel liegen.

Sie kommen nach Tunja. Es ist die durch Palisaden geschützte Hauptstadt der Chibcha. An den Giebeln der Häuser aus Holz und Lehm hängen gehämmerte Goldbleche in Massen. Sie schwingen im Wind und leuchten in der Sonne. Die Goldene Stadt! Quesada dringt mit seinen Berittenen ein. Er ergreift im Palast aus Holz und Lehm den Häuptling als Geisel. Die spanischen Fußsoldaten schlagen den Widerstand in der Stadt nieder. Sie töten alle, die im Wege stehen. Sie sammeln Stapel von Goldblech, Haufen von Edelsteinen. Sie reißen die Mumien aus den Kammern und nehmen die Smaragde aus Augen und Nasenhöhlen. Die Häuser brennen.

Quesada starrt in die Flammen. Ist das alles? Goldblech und eine hölzerne Stadt? Wo sind die Tempel, die Altäre mit ihren Schätzen? Er verläßt wortlos den Balkenpalast, in dem der entsetzte Häuptling verbrennt.

Ein gepreßter Führer führt Quesadas Haufen in die Berge über dreitausend Meter hinauf. Da liegt ein See. „Gold", sagt der verängstigte Führer und weist auf das Wasser im Sonnenlicht. Quesada übergibt den Ältesten des nächsten Dorfes der Folter. Der alte Mann sagt aus.

Vor unendlichen Zeiten ist ein Goldener Gott vom Himmel feurig in die Erde gefahren. Und die Erde hat gebebt. Und der Gott schuf den See, die Pflanzen, die Tiere und die Menschen rundum. Jeder neu gewählte Häuptling geht zum See, um mit dem Gott zu spre-

chen. Und die Priester begleiten ihn. Und das Volk schmückt sich zu Ehren des Gottes. Und der Häuptling entkleidet sich und wird von den Priestern gesalbt. Und auf die Salbe wird Goldstaub aus Rohren geblasen. Und auf einem Floß fährt der Häuptling zur Mitte des Sees, wo er sich den Goldstaub abwäscht und betet. Und opfernd wirft das Volk an den Ufern seinen Goldschmuck in den See.

„Wo, verdammt, findet ihr das Gold?" ruft Quesada. „Wo ist die Goldene Stadt?"

„Wir haben keine Goldene Stadt", stöhnt der Alte.

Quesada glaubt das nicht. Er beschließt, hier am Guatavita-See zu warten. Auf was? Quesada weiß nicht, daß er das Volk der Chibcha zersprengt, seine Ordnung vernichtet hat.

Belalcázar verläßt Quito im Sommer 1536 – etwas später als Quesada Santa Marta. Er läßt Herden von Ziegen und Schweinen zusammentreiben. Er wählt zweihundert Soldaten aus, Indioträger und einige Frauen. Über seine Absichten sagt er nichts. Er marschiert mit seinem Vieh- und Heerhaufen über Nacht ab. Zum Teufel mit der Verwaltung dieser Provinz!

Belalcázar folgt der alten Inkastraße nach Norden. Er marschiert in Muße. Das ändert sich, als die Hochstraße endet. Im Tal des oberen Cauca-Flusses überdecken Indios seine Soldaten mit Krieg und Giftpfeilen. Mit seinen gesunden Soldaten bricht Belalcázar eine Bresche durch Widerstand und Dschungel. Dann folgt der Troß.

Patrouillen bringen Gefangene ein. Sie bestätigen gefoltert, was Belalcázar über El Dorado hören will. Er gründet die Stadt Popayán. Hinter einer Palisade bleiben kranke Soldaten, ein paar Frauen, einige Indioträger und ein paar Stück Vieh zurück. So auch gründet er die Stadt Cali. Er braucht Stützpunkte in dem Reich, das er dem Goldenen Mann abzwingen will. Er überwintert in dieser Stadtgründung.

Er umgeht das Gebirgsmassiv der Sierra Nevada im Juli 1538 –

Quesada wartet um diese Zeit am Guatavita-See. Belalcázar durchzieht das Quellgebiet des Magdalena-Flusses. Der stolze Zug beginnt, Lücken zu zeigen. Menschen und Vieh sterben. Die Harnische werden rostig, die Fahnen mürbe. Sie erreichen Neiva, einen Handelsplatz für viele Indiostämme. Hier hört Belalcázar von bärtigen Kriegern, die das Chibchavolk besiegt, seinen Handel zerstört haben. Vorsichtig marschiert er weiter. Dann stößt Belalcázars Vorhut auf eine Patrouille Quesadas. Auf beiden Seiten ist das Erstaunen grenzenlos. Die Patrouillen trennen sich und erstatten Bericht. Die Generäle sind nicht minder erstaunt.

Quesada am See hält Musterung über seine Truppe: einhundertsechsundsechzig Mann, nicht gut bewaffnet. Er läßt Schanzen bauen.

Belalcázar rückt an und schlägt in einiger Entfernung ein verschanztes Lager auf. Er mustert seine Mannschaft: einhundertsechzig Mann, gut bewaffnet.

Die Generäle treffen sich. Sie erzählen sich alles andere als die Wahrheit.

Federmann in Coro wartet im Dezember 1536 – Quesada schickt

seine meuternden Soldaten zurück. Belalcázar marschiert nach Norden vor – ungeduldig auf die Rückkehr seines Gouverneurs. Dieser ist ins Land gezogen und Federmann fürchtet, der Gouverneur werde ihm mit der Eroberung aller Goldländer zuvorkommen.

Noch vor Jahreswechsel sammelt Federmann seine Truppe. Er marschiert auf eigenen Befehl ab. Zum Teufel mit diesem Gouverneur! In Barquisimeto hören er und seine Soldaten die Messe. Dann führt er sie nach Süden in die Llanos. Zu seiner Rechten leuchten in Sonne und durch Dunst die Schneegipfel der Andenkette. Durch diese Berge gibt es einen Paß zu unvorstellbarem Reichtum.

Sie stoßen auf Gräber und verrostete Waffen. Spuren des Gouverneurs. Federmann achtet ihrer nicht. Weiter! Regen und Schlamm, Sonne und Staub. Federmann schickt Erkundungstrupps in die Berge. Kein Paß. Sein Zug zeichnet bald die gleichen Spuren wie sie alle: Gräber und liegengebliebene Ausrüstung. Die Kleidung der Soldaten hängt in Fetzen. Der Hunger greift nach ihnen. Sie kleiden sich in die Häute ihrer notgeschlachteten Pferde. Sie sind am Ende ihrer Kraft. Federmann richtet die Spitze seines Schwertes auf sie und treibt sie voran. Woche um Woche, Monat um Monat. Nach vierzehn Monaten und einem Marsch von fast eintausendfünfhundert Kilometern erreicht Federmann den Ariari-Fluß. In Wasserfällen und Stromschnellen stürzt der Fluß vom Gebirge herab. Federmann hat bisher noch keinen Paß ins Gebirge gefunden. Er weiß, daß hier seine letzte Hoffnung liegt: der Weg in die Berge zum Goldenen Reich.

Er zwingt sich und seine Soldaten das Flußtal in die Berge hinauf. Sie finden einen Pfad. Das Atmen wird immer mühseliger. Steil steigt der Pfad an tosendem Wasser hinauf in Nebel, Kälte, winddurchtobte Höhenluft. Die Männer keuchen am Tage einige hundert Meter in die Höhe. Unter Felsvorsprüngen suchen sie frierend und erfrierend Schutz für die Nacht. Es ist Februar.

Auf der Hochebene bleiben viele Soldaten morgens einfach liegen. Sind sie nicht tot, so sind sie es bald. Die Überlebenden kauen Sattelleder und Baumrinde und wanken weiter. Sie finden ein niedergebranntes Dorf mit einigen verstörten Indios. Soweit sie verstehen, haben bärtige Kriegsgötter Tod und Vernichtung gebracht. Federmanns letzte Hoffnung wankt. Er treibt seine Soldaten weiter und schlägt in einiger Entfernung von Quesadas und Belalcázars

Schanzen sein Lager auf. Federmann hält keine Musterung über seine fellbekleideten Skelette ab. Sie sind zu erschöpft. Er blickt zu den spanischen Schanzen hinüber – auch er zu erschöpft, um erstaunt zu sein. Er ist zu spät gekommen. Es ist alles umsonst gewesen. Langsam wachsen seine Trauer und Erbitterung ins Grenzenlose.

Quesada werden Federmanns Soldaten in einer Stärke von einhundertsechzig Mann gemeldet – alle in jämmerlichem Zustand. Er schickt ihnen Nahrungsmittel. An Federmann persönlich sendet er ein Schreiben mit einigem Gold und ein paar Edelsteinen.

Federmann liest Quesadas Nachricht. Sie gibt ihm keine Hoffnung. Er will kein Bündnis. Alles oder nichts ist seine Devise, und das Nichts ist Sieger geblieben. Aber er tritt zu seinen Soldaten und stellt ihnen anheim, in den Sold Quesadas zu treten. Zu seinem Erstaunen verlassen ihn nur wenige.

Die Konquistadoren verhandeln.

Der Jurist Quesada erkennt, daß er das Recht seiner Ersteroberung trotz Federmanns Überläufern nicht durchsetzen kann. Der unbewegliche Belalcázar hinter seinen Schanzen wird kämpfen. Der enttäuschte Federmann ist nicht zuverlässig.

Dem Viehhirten Belalcázar dämmert, daß seine Überlegenheit in Waffen und Nahrungsmitteln nicht ausreicht. Er kann Federmann in die Llanos zurücktreiben. Dann sitzt Quesada ihm im Nacken.

Der Soldat Federmann begreift, daß sie alle drei Verlierer sind. Sie sind ihrer Pflichten abtrünnig geworden – jenseits der Dschungel, der Gebirge, der Ebenen, die sie mühevoll durchzogen haben. Wo ist ein Erfolg, um das zu rechtfertigen? Quesadas Beute? Zu gering. Belalcázars Stadtgründungen? Zu fadenscheinig.

Sie setzen eine Urkunde auf. Darin wird im Stil der spanischen Amtssprache gepriesen, was ein jeder von ihnen für seinen Gouverneur und zum Nutzen der spanischen Krone erobert hat. Die Urkunde weist auf den Reichtum der eroberten Ländereien hin. Die drei Männer beschließen, gemeinsam nach Spanien zurückzukehren und dem Indienrat, der hohen Behörde, die Urkunde zur Entscheidung vorzulegen.

Und jeder hofft, daß er wiederkommen und weiter nach dem sagenhaften Reichtum suchen wird.

Um ihrer Einigung einen würdigen Abschluß zu geben, gründen sie in aller Form des damaligen Zeremoniells eine Stadt und tragen das in die Urkunde ein. Quesada vollzieht die Handlung, Belalcázar läßt seine mürben Fahnen flattern, Federmann senkt das schartige Schwert. „Im Namen Karls des Fünften, König von Spanien –"

Da stehen die Konquistadoren. Ahnen sie, daß sie das Weltreich, dem sie dienen sollen, längst verloren haben wie das Traumreich, das sie finden wollen? Sie haben ihre Hoffnung auf die Spitze ihrer gewaltsamen Schwerter gelegt, sind dieser Hoffnung mit der Unerschöpflichkeit ihres Willens, mit der Hartnäckigkeit all ihrer Fähigkeiten gefolgt und haben dabei die Wirklichkeit zerbrochen. Über Dschungeln, Gebirgen, Ebenen, über Gräbern und verkohlten Dörfern kreisen Geier. Sie nennen die Stadtgründung Bogotá, nach dem ansässigen Häuptling, den ihre Priester zum Christentum gezwungen haben. Es ist der 29. April 1539.

Sie ziehen mit ihren Heerhaufen ins Tal des Magdalena-Flusses, dem sie abwärts folgen. Gräber und verrostetes Metall bleiben auch hier ihre Spuren. Sie erreichen Cartagena, wo sie ihre Truppen entlassen. Sie schiffen sich nach Spanien ein.

Dort versinken Traum und Wirklichkeit, Recht und Unrecht, Legende und Wahrheit, versinkt alles, was Konquistadoren hoffen und leiden, erreichen und verlieren können, im Staub der Akten. Ihre Gestalten entschwinden in Vernehmungszimmern, Aktengängen, Gefängnissen und Gerichtssälen wie in Nebel: eine graue Schattenlinie im grauen Nichts der Bürokratie, die weder hofft noch leidet, nichts erreicht und niemals verliert.

Günter sagte plötzlich: „Wir wollen hier nicht einschlafen! Wir wollen weiter!"

Wir zwangen uns hoch. Als ich Elgas Schokolade und meinen Kaffee bezahlte, konnte ich die Münzen kaum greifen. Meine Finger waren kalt und schwach. „Günter, hast du auch Heizung im Auto?"

„Ja. Los jetzt! Nach Mérida sind's nur dreißig Kilometer."

„Und bergab!"

„Ja, zweitausendfünfhundert Meter."

Wir fuhren bergab. Unsere Ohren knackten wie die Muscheln in den Mangroven von Carenero.

Am nächsten Morgen um acht Uhr setzte sich die Drahtseilbahn hinauf zum Pico Espejo in Bewegung. Sie ist aufgrund ihrer Länge und ihres Höhenunterschiedes in vier Sektionen gebaut. Auf den Zwischenstationen mußten wir in andere Gondeln umsteigen. Das gab Zeit, uns an die Höhenluft zu gewöhnen. Unsere zahlreichen venezolanischen Mitreisenden hatten sich wie zu einer Nordpol-Expedition vermummt.

Die Station La Montaña lag zweitausendvierhundert Meter hoch. Die Stadt Mérida schimmerte weiß im Tal. Die jenseitigen Berge hoben sich violett. Wolken darüber ballten sich von Silbergrau bis Schwarzblau. La Aguada, dreitausendfünfhundert Meter hoch, ließ Mérida im Dunst verschwimmen. Die jenseitigen Berge standen dunkelviolett bis zur Wolkengrenze. Überirdisch strahlte Sonnenlicht über die Wolken hin. Loma Redonda, viertausend Meter hoch, brachte windgetriebene Nebelfetzen, die auf uns niederfielen. Zur letzten Station nahe dem unsichtbaren Gipfel, viertausendsiebenhundert Meter hoch, schwebten wir in Wolkennebeln. Es begann zu schneien. Still fielen die Flocken. Doch wurden sie von wilden Windstößen immer wieder aufgewirbelt. Was auftauchte, konnten wir kaum erkennen: blaue Bergseen, Adern grüner Wasserfälle, Geröll, Felsgrate. Mit leichtem Ruck kam die Gondel zum Halt. Wir gingen mühsam und schwer atmend die kurze Strecke zum Gipfel hinauf. Wir standen in Nebel und Schnee.

Der unverwüstliche Günter begann eine Schneeballschlacht. „Kein Mensch wird euch glauben, daß ihr acht Breitengrade nördlich vom Äquator mit Schneebällen beworfen worden seid!" keuchte er.

Wir gaben auf und schlidderten zur Station zurück. Dort warteten wir frierend und mit blauen Lippen auf die Abfahrt.

Von Mérida im Tal, wo unsere Lebensgeister mächtig aufpulsten, fuhren wir durch strömenden Regen nach Valera, von dort nach Nordosten die Gebirgshöhen hinab. Am Abend fanden wir ein Hotel in Trujillo. Es war uns zu teuer. Aber wir waren müde. Wir gaben uns genußreich dem Luxus hin. Er ist selten in den Hotels des Hinterlandes zu finden.

Wir gingen nach dem Abendessen bald zu Bett. Das Fenster war geöffnet. Milde Luft strömte ins Zimmer. Mondschein fiel durch abziehende Wolken. Hinter den schattenhaften alten Bäumen im Park stand die nachtblaue Silhouette der windübertobten, erbarmungslosen Andenkette als ferner Zauber. Wie nach einer Märchenerzählung lösten sich unsere Gedanken von Gewaltigkeit und Grenzenlosigkeit und von Höhe und Tiefe, fielen zurück zu uns, die wir das alles erinnernd durchleuchten und verstehen wollen. Wir fielen in tiefen Schlaf. Er war wie eine Erlösung.

Spät in der Nacht des nächsten Tages erreichten wir Caracas mit seinen Millionen Lichtern. Wir saßen noch lange zusammen: Lotti, Günter, Elga und ich – die Reise hatte uns verbunden. Wir feierten ein Fest: Musik und Tanz, Erinnerungen und neue Reisepläne.

Hitze über Mangrovenufern, mittäglicher Passat von der See zu den fernen Bergen, zuckende Gewitter zwischen Abend und Morgen: das Leben in der Bucht von Carenero nahm uns wieder auf. Hin und wieder holten Muthwills oder Wanners uns nach Caracas und seine Bergeskühle. Bei Wanners lernten wir Brigitte und Willi Michel kennen. Sie hatten einen Wochenend-Bungalow über der Einfahrt zur Bucht. Gegenseitige Besuche erfolgten in steigendem Maß. Ich half Günter, die Maschine der MARU auszubauen. Sie bedurfte einer Reparatur an der Ölwanne. Eines Tages erschienen Lotti und Günter überraschend an der Pier. „KAIROS!" rief Günter. „Wenn ihr mit uns zum Orinoco fahren wollt, packt euren Seesack! In einer Stunde geht's los!"

Wir fuhren ostwärts an der Küste entlang. Ab Puerto La Cruz folgte Günter der Straße nach Süden. Aus der reichen Vegetation des Küstenlandes mit Bananen- und Kaffeeanbau kamen wir in Strauch- und Kakteenland. Kilometer um Kilometer zog die Straße in schnurgerader Linie über langgezogene Hügel dahin. Rechts und links ihrer Asphaltbahn folgten Rohrleitungen für Erdöl den endlosen Bodenwellen. Ihre rostigen Röhren gaben der Straße eine trostlose Einrahmung bis zum Horizont.

Wie unermüdlich pickende Roboterküken standen Ölpumpen im flachen Land. Auf und ab gingen ihre Hebelhälse, auf und ab, um Venezuelas Reichtum zu fördern. Es schien, als wollten sie den Erdball leerpumpen. Wo wird unser Fortschritt enden?

Flach lag das Land unter der steigenden Nacht. Wir überfuhren die Hängebrücke des Río Orinoco. Die Lichter der Stadt Ciudad Bolívar spiegelten sich in dunklem Wasser. Mehr war vom Fluß nicht zu sehen. Wir mußten unsere Neugier zügeln.

Günter hielt vorm Grand Hotel. Er wußte um unser Budget. „Es gibt kein anderes Hotel", sagte er.

Wir gingen in die prachtvoll verstaubte Halle rottenden Plüschs und blätternden Goldes. Günter handelte die Zimmerpreise auf ein erträgliches Maß herunter.

Vorm Einschlafen las ich im trüben Schein der Bettlampe noch ein paar Seiten in „Südamerikanische Reise" von Alexander von Humboldt – über den Orinoco: „– so weit das Auge reichte, dehnte sich eine ungeheure Wasserfläche, einem See gleich, vor uns aus – der Horizont war von einem Waldgürtel begrenzt, aber nirgends traten die Wälder bis zum Strombett vor – breite, beständig der Sonnenglut ausgesetzte Ufer, kahl und dürr wie Meeresstrand, glichen infolge der Luftspiegelungen Lachen stehenden Wassers – sie verwischten die Grenzen des Stromes, statt sie für das Auge festzustellen – das Spiel der Strahlenbrechung rückte die Ufer bald nahe heran, bald wieder weit weg –"

Im Brausen der Klimaanlage schlief ich ein.

Da war der Orinoco! Der gewaltige Fluß lag unter einer rosaflächigen Wolkendecke im frühen Morgenlicht. Seine Strömung war mächtig. Sie fing das zarte Licht des Himmels und nahm es mit sich – ebenso wie Bäume mit ganzen Laubkronen, Wurzelstämme und Geäst, Gras- und Laubinseln. Oberhalb und unterhalb der Stadt war der Fluß unermeßlich breit zwischen seinen Uferstrichen. An der Böschung der Uferpromenade riß das Wasser mit Gewalt an den Steinen. Das jenseitige Ufer zeigte dunkelgrünen Urwald. Humboldts sandige Ufer in ihren Luftspiegelungen waren nicht zu sehen. Der Fluß führte Hochwasser. Es konnte bis zu zehn Meter am Ende der Regenzeit steigen und schwere Verwüstungen verursachen. Sonnenlicht brach durch die Wolken. Das Urwaldgrün am jenseitigen Ufer leuchtete auf. Unter brennender Sonne lag der gewaltige Strom – ungebändigt mit seinen fortgerissenen Bäumen und Dschungelspuren. An diesem Eindruck konnte auch das Motorschiff nichts ändern, das unterhalb der Stadt ankerte. Der Strom ließ es schwoien, spielte mit ihm.

Wir fuhren durch das neu entstehende Industriegebiet Venezuelas, das in endloser Ausdehnung im Landdreieck zwischen den Flüssen Orinoco und Caroní liegt. Aus unserer asphaltierten Straße wurde eine sechsspurige Betonpiste. Erzlastwagen, Öltankwagen, Massengutkipper zogen in ununterbrochener Kette. Schwer dunsteten die Dieselabgase.

Die Industrieanlagen lagen weit auseinander. Sie wirkten wie Spielzeug. Eisenhütten, Aluminiumhütten, Walzwerke, Gießereien. Über ihnen wehten grauer Rauch, roter Rauch, weißer Rauch. Daraus fielen Vorhänge feinrieselnder Verschmutzung auf riesige Parkplätze mit abgestellten Lastwagen, Bulldozern, Raupenkränen. Überall standen Einheitswohnwagen, Hochhausgruppen im Bau, Hochhausgruppen fertiggestellt, Tankanlagen in silbernen Reihen, Aluminiumkugeln als Wasserbehälter auf Stahlstützen dazwischen, Hochspannungsleitungen kreuz und quer auf nacktem Sand und Kies. Darin Straßenspuren. Darauf Menschen in ihren Geräten – immer in schnellstmöglicher Bewegung. Wurde ihnen nicht schlecht? Sie lebten in ihrer Gewohnheit.

Hinter allem ragte ein Rest von Urwald. Vor der Industriebarrikade lagen Baumleichen wie auf einem Schlachtfeld, das aufzuräumen es keine Zeit gibt. Daß Bäume Lebewesen sind, werden wir erst spüren, wenn wir sie alle umgebracht haben. Vor dreihundert Jahren zogen Konquistadoren in diesem Land nach Gold aus. Jetzt ziehen andere die Produktion auf. Unsere Zivilisation braucht ihre Industrien. Kein Zweifel daran – aber so? Computer weinen nicht. Wir werden weinen – vielleicht. Unsere Kinder bestimmt.

„Wenn das einmal fertig ist –" sagte Günter. Selbst dieser unermüdliche Optimist konnte den Satz nicht vollenden.

Nach Norden ging die Fahrt am nächsten Tag.
Die Uferwälder des Orinoco, das Buschland und die Kandelaberkakteen der Savanne mit ihrem hohen Graswuchs blieben zurück. Flächen steinigen Sandes in roten und braunen Farben lagen zwischen Ebenen gelb-trockenen, kurzen Grases. In den Bodensenken der Flußläufe standen undurchdringliche Wälder, auch Palmengruppen im Sumpf. Langgedehnte Trockenflächen folgten. Aber wo das Regenwasser keinen Abfluß fand, dehnten sich Flachwasserseen.

Über dem kreisrunden, hitzewabernden Horizont wölbte sich ein riesiger Himmel mit Gewitterwolken. Wir hatten die Llanos erreicht.

Nur einmal wurden ihre hitze-welligen Weiten unterbrochen. Die Regierung hatte Kiefernwälder anpflanzen lassen; die Bevölkerung war zu Spenden aufgerufen worden und hatte geholfen. Es tat gut, über die grünen Pflanzungen zu schauen.

„Uns gehören auch ein paar Bäume!" sagte Lotti fröhlich.

Die Wälder blieben zurück.

Singend fraßen die Reifen Straße und Zeit ohne Ende. Schwarze Flimmerpunkte in der Unermeßlichkeit: wir erkannten schließlich die Pumpen eines Ölfeldes. Weiße Flimmerpunkte in der Ferne: wir sahen schließlich, daß es eine verstreute Rinderherde war. Ein Ballon löste sich aus der Erde, blähte sich schwankend: es war der Wasserbehälter einer Hazienda, als wir näherkamen.

Ohne Ende führte die Straße in die Ebene zum flimmernden Horizont. Manchmal schien sie in Hitzespiegelungen aufgelöst. Dann wieder war sie wie ein Beilhieb des Himmels in die Erde hinein: hellblauer Spalt bis vor die singenden Reifen.

Ein Gewittersturm brachte Günters Fahrt auf Schrittgeschwindigkeit. Der Regen verflog in eine explodierende Sonne. Dampfende Stille, über der Geier kreisten.

Nördlich der Stadt Maturín, wo wir Brot und Käse kauften, stieg die Straße in die Küstengebirge auf. Grüne Täler, saubere Bergdörfer, freundliche Menschen an Verkaufsständen mit Gemüse und Obst.

Eine kühle Brise wehte.

Der Paß durch die Küstenberge lag in Wolken. Als wir durch sie hindurch abwärts fuhren, traten aus ihren Schleiern die Formen der Halbinsel de Araya hervor. In den Pastellfarben des späten Nachmittags schimmerten ihre roten und blauen Berge. Windbewegt und dunkelblau lag dahinter das Meer.

Willi Michel brachte seinen Außenbordflitzer längsseits KAIROS. Er war ein stämmiger Mann mit ruhigen Bewegungen, hatte blondes Haar und trug einen kurzgestutzten Vollbart. Er sah wie ein Kapitän aus Joseph Conrads Erzählungen aus. Aber nicht das Meer, die Fliegerei war seine Liebe.

Elga schloß die Kajütluken ab. Ich hing die Ankerlaterne ins Vorstag. Wir stiegen in Willis Motorboot und fuhren über die Bucht zur kleinen Pier der Bungalowsiedlung am Nordufer. Im Jeep holperten wir an den Gartenhäusern unter Palmen und Blüten vorbei den Hügel hinauf. Von der Terrasse des Bungalows hatten wir einen weiten Blick über Küste und Bucht. Brigitte stellte uns ihrer Mutter vor. Sie war eine alte Dame mit dem Herz auf dem rechten Fleck – als Berlinerin auf den Lippen also.

„Wir trinken Cuba Libre", sagte Brigitte. „Ihr auch?"

Wir saßen auf der überdachten Terrasse und tranken Cuba Libre und schauten über Meer und Bucht. Die Sonne sank.

„Der letzte Regen hat wieder mal alle Abflußrohre in Caracas verstopft", erzählte Willi. „Ganze Stadtteile standen unter Wasser. Viele Hütten der barrios rutschten die Hänge hinunter. Es gab Tote und Verletzte. Es war fast so schlimm wie beim Erdbeben von 1967. Da gab es zweihundert Tote."

Die Sonne ging unter. Die roten Wolken wurden schwer. Der Himmel über uns vertiefte sich blau.

„Ich hab' hier auf der Post davon gehört", sagte Elga.

„Gibt's in Carenero eine Post?" fragte Brigitte.

„Ja. In einer Hütte. Ich hab' lange gebraucht, um das herauszufinden. In der Poststube sitzt ein Papagei im Ring und schreit, manchmal maunzen die Katzen mit. Die Großmutter in der Familie ist postalisch zuständig. Sie kann kaum Briefmarken zusammenzählen."

„Oh", sagte Brigitte, „das können die in Caracas auch nicht!"
Die Sonne war untergegangen. Die Wolken ballten sich zu Ungeheuern. Über den Küstenniederungen bildeten sich weiße Nebelfetzen. Erste Sterne begannen zu flimmern.

„Gelbfieber und Malaria", sagte Willi auf meine Frage, „nein, nicht mehr. Da hat die Regierung scharf durchgegriffen. Schon wegen ihrer Reputation im Ausland. Die Guardia Nacional baute Straßensperren. Wer dem Aufruf zur Impfung nicht gefolgt war und keinen Impfpaß hatte, wurde gleich in einem Zelt hinter der Straßensperre geimpft. Dann konnte er mit einem ausgestellten Impfpaß weiterfahren. Und wenn in einem Gebiet das Fieber wieder aufflakkerte, dann wurde der Vorgang dort wiederholt. Die Guardia Nacional ist rigoros. Das ist nicht anders möglich in diesem Lande."

Unsere Gespräche verstummten. Im ersten Nachtdunkel glühten zum Greifen nah einige Sterne. Im Busch hatten die Baumfrösche zu singen begonnen.

Einer von den Hunden sprang plötzlich auf und lief in die Dunkelheit, wo er knurrte.

Ein tiefes Schnarchen klang aus der Dachrinne am Ende der Terrasse.

„Das ist unser Ochsenfrosch! Ich dachte, er wäre abgewandert", erklärte Willi.

„Na denn!" meinte Brigitte. „Mich beißen die Mosquitos. Du solltest die Ventilatoren anstellen, Willi, und Licht machen."

Ich half ihm, die Ventilatoren zu holen und anzuschließen. Dabei sah ich, daß im Schlafzimmer eine neue Decke eingezogen wurde. „Ich helfe dir dabei", sagte ich.

„Oh, nicht nötig."

„Hol' mich mit deinem Flitzer ab – morgen um zehn."

Die Frauen hatten das Abendessen fertig. Danach saßen wir und erzählten. Die Nacht stand dunkel vor der Terrasse. Hin und wieder sprang einer der Hunde in sie hinein und knurrte. Hin und wieder schnarchte der Ochsenfrosch auf. Wir erzählten von der Fliegerei und vom Segeln, vom Urwald und vom Meer. Willi und ich konnten nicht genug erzählen von Wegen und Kursen in den großen Räumen, die es gibt, immer geben wird – Mann, in deiner Großen Freiheit. Wir tranken Cuba Libre und blickten in die geheimnisvolle Tropennacht.

Willi fuhr uns zur KAIROS zurück. Wir sprachen immer noch über Urwald und Meer. Willi holte mich zur Arbeit an der Zimmerdecke, und wir maßen und sägten und hämmerten und sprachen über Urwald und Meer und, Mann, von unserer Großen Freiheit, und Willi lud uns zu einem Flug in den Urwald ein, ins Territorio Amazonas, und ich hämmerte mir zum viertenmal auf den Daumen und jaulte vor Freude.

Brigitte und Oma Haase eilten erschrocken herbei. Ich sprang von der Leiter und umarmte beide.

„Wir fliegen in den Urwald! Er hat's gesagt!"

Brigitte lachte und Oma Haase sagte heiter: „Freude, mein Junge, ist eine große Gottesgabe. Genießen Sie sie, solange Sie können!"

Freundesfreunde aus Caracas besuchten uns an Bord. Wir erzählten von Willis Einladung. Sie boten an, uns am Abend mit nach Caracas zu nehmen.

„Michels erwarten uns erst morgen abend", antwortete ich, „vielen Dank! Wir werden morgen mit dem Bus fahren."

„In der Nachmittagshitze? Mit Gepäck? Nein! Wir haben in der Wohnung keinen Platz für euch. Aber Wanners! Wir setzen euch da ab."

„Einfach so?"

„Ja. Die freuen sich!"

So standen wir am Abend mit Sack und Pack am Pförtnerhaus der urbanización, in der Wanners ihr Haus hatten.

Ich wählte die Telefonnummer. „Also – hallo, wir sind's –"

Christels Stimme: „Ihr! Wo seid ihr? Beim Pförtner? Prima! Pat holt euch gleich."

Pat strahlte, als er aus dem Auto stieg. „Mensch, ich freu' mich, daß ihr gekommen seid! Jetzt habt ihr uns gezeigt, daß wir richtige Freunde sind! Wir werden ein Grillfeuer machen für Steaks, und den Wein dazu könnt ihr euch aus dem Keller holen – Mosel, Pfalz, Rhein, aus allen deutschen Gauen."

Es wurde ein fröhlicher Abend. Pat schwärmte von Deutschland. Er war so ehrlich: würde ihm das helfen da drüben? Er war ein guter Mensch und darum so verletzbar.

Brigitte und Willi holten uns vor Sonnenaufgang ab. Wir fuhren südwärts nach Ocumare del Tuy. Auf dem Sportflugplatz stand Willis Flugzeug. Wir luden Gepäck und Verpflegung in die einmotorige Cessna, schoben die Maschine aus dem Schuppen und stiegen ein. Willi rollte vor die Piste. Der Tower gab den Start frei. Das Flugfeld raste unter uns davon. Ein letzter Stoß des Bodens, die Erde riß ab, alles Schwere blieb zurück. Oberhalb der Wolken fingen uns Turbulenzen. Die Maschine vibrierte. Willi zog sie höher. Sichtbar zwischen den Wolken kippten unten die Bergkuppen weg. Willi ging auf Kurs und stellte die automatische Steuerung ein.

„Gutes Wetter!" sagte er. „Ich hoffe, es bleibt."

Wir flogen südwärts über die Llanos. In den Wolkenlücken sahen wir die endlos graugrüne Ebene. Haziendas lagen hier oder dort. Sie waren von Wasserlöchern für das Vieh umgeben, eingekreist von gelben Wegen, die sich im Einerlei verloren. Dann lag das Land weit, leer und wie vergessen. Ein paar Flußläufe irrten dahin, eingefaßt von dunklem Wald. Nichts hier oben von Hitze und Mühsal. Licht über Licht, das sich an den Scheiben des Cockpits brach. Der Orinoco schon da unten, silbern im Licht, braun und blau in Wolkenschatten.

Auf dem Flugplatz von Caicara de Orinoco machte Willi eine Zwischenlandung, um nachzutanken. Ich half, so gut ich konnte. Die Sonne brannte erbarmungslos.

Wir starteten. Der winzige Flugplatz, das schäbige Dorf am Ufer des leuchtenden Flusses blieben zurück. Die Wolken wurden schwerer. Sie ließen noch gute Sicht. Unten lag Urwald, Urwald, endlos, eintönig, Baumkuppen, so weit das Auge reichte. Das Asphaltband einer Straße starb darin. Es wand sich wie in Krämpfen, versuchte vergeblich, der bereits gehackten Schneise zu folgen. Dann gewann es noch einmal Klarheit, raffte sich zu bleicher Sand-

bahn und verkam in den Auswürfen, die von Bulldozern hinterlassen worden waren. Urwald ohne Anfang, ohne Ende.
Da waren Flußläufe. Wie braune Schlangen wanden sie sich durch das knuppelige Grün.
„Sie sind die einzigen Verkehrswege", sagte Willi. „Ich bin da unten im Einbaum gefahren. Im Camp hatte der Verwalter mein Benzin weggegeben. Ich mußte Brigitte und Mitreisende dortlassen. Im Einbaum mit einem Mischling bin ich zur nächsten Mission gefahren, wo ich Benzin in Kanistern erhalten konnte. Das waren drei Tagesreisen. Ja, drei feuchte Nächte am Flußufer so gut wie ohne Schlaf. Zum Glück hielt der Außenbordmotor durch."
„Und du?" fragte Elga Brigitte.
„Es war Regenzeit. Alles weichte auf. Die Männer wurden ungeduldig. Wir Frauen mußten sie beruhigen, weil sie heldenhaft Willi zu Hilfe kommen wollten. Das wäre das Verkehrteste gewesen, was hätte geschehen können. Ich habe mir schwere Sorgen um Willi gemacht. Er kam schließlich wieder – Himmel! Wie ein Gespenst! Aber mit Benzin!"

Voraus kamen Berge in Sicht. Ihre Hänge stießen brutal aus dem Pelz des Dschungels hervor. Willi umflog den ersten Berg. Ein Tal öffnete sich. Da lag eine Piste, kam näher, wurde Lehm und Gras. Dem sanften Anflug folgte Schütteln auf der Landebahn. Willi rollte zum Ende der Piste. Vor uns lag eine in den Dschungel geschlagene Lichtung. Einige stehengelassene Bäume warfen Schlagschatten auf mageres Gras und Lehmpfützen. Fünf Strohdachhäuser standen im Dreieck auf der Lichtung. Ihre Mauern waren aus unverputztem Zement errichtet. Ein Langhaus lag abseits, wo der Dschungel über abgestelltes Gerät zu wuchern begann.

Die Maschine kam zum Halt. Wir kletterten hinaus. Wir waren in Yutajé angekommen.

Der Dschungel überwucherte auch den Maschendraht eines unordentlichen Gemüsegartens. Ein Indio schlug die Triebe zurück – hisch-zack. Über seinen geschmeidigen Bewegungen leuchtete die Klinge der Machete im Sonnenlicht auf.

Eine Gruppe brauner Kinder in zerrissenen Hosen und Hemden drängte sich zusammen. Sie starrten uns an. Neben ihnen bellten zwei scheckige Hunde. Ein großer, unrasierter Mann in kurzen Hosen und fleckigem Hemd trat aus dem Schatten des Langhauses. Einige Mischlinge in verbeulten Hosen folgten ihm mit Abstand. Der große Mann kam uns mit schlappenden Gummistiefeln ohne Rücksicht auf die Lehmpfützen entgegen.

Der Mann hieß José. Ihm gehörte das Camp. Er hatte mit Hilfe von Indios vor Jahren Piste und Lichtung gerodet, die Hütten gebaut. Nun hielt er die Piste glatt, so gut das ging. Er hielt den Dschungel von Hütten und Gemüsegarten zurück, so gut das ging. Er vermietete die Hütten an Sport- und Urwaldflieger. Er führte Buch über deren Treibstoffreserven, die er lagerte. Er jagte im Dschungel. Salz, Werkzeug, Munition, Gerät mußte er über den Fluß heranbringen.

Das erklärte Willi uns, nachdem er José vorgestellt hatte. „Er spricht auch etwas Englisch", fügte Willi für mich hinzu.

Die Eingeborenen standen mit unbewegten Gesichtern um uns herum.

Wir trugen unsere Siebensachen in eine der Hütten. Sie umfaßte zwei Räume mit einem kleinen Waschraum dazwischen. Zwei Matratzen waren die einzige Einrichtung im Raum. Ich breitete unser Bettzeug darauf aus. Alles andere hängte ich an Nägel, die aus den Wänden ragten.

Elga kam fast weinend hereingelaufen. „Wespen! Gleich zwei – und riesengroß!" Sie hatte einen Stich im Daumen, der zu schwellen begann. Ein weiterer saß im Schulterblatt. Auch dort begann die Schwellung. Willi kam mit Salbe. Ich rieb die Stiche ein.

Willi suchte das Wespennest. „Hier unterm Vordach. Wir können nichts machen. Die werden uns morden, wenn wir das Nest zerstören."

Elga lehnte einen Umzug in die nächste Hütte ab.

Willi tröstete sie: „Mosquitos gibt's hier merkwürdigerweise keine!"

Unterm Vordach auf der Seite ohne Wespennest aßen wir ein wenig kalte Verpflegung im Stehen. Elga kam bald auf schwachen Beinen. Sie setzte sich auf die Zementstufe. Heiß stand die sonnengläserne Luft über der Lichtung. Kein Geräusch außer dem Hischzack des Indios im Gemüsegarten war zu hören.

„Ich geh' zum Fluß runter und seh' nach den Booten", sagte Willi. „Brigitte, bring' bitte nachher unser Badezeug mit. Elga, du legst dich für eine halbe Stunde hin. Und du", er zeigte mir einen der Kartons, „gibst José das Bier. Ich hab's ihm beim letzten Besuch versprochen."

Er nahm seine Machete und trat aus dem Schatten der Hütte. Das Sonnenlicht packte ihn wie mit einer Faust. Er ging über die Lichtung und verschwand in der Wand des Dschungels.

Ich setzte mich mit dem Rücken an die schattige Hüttenwand und zog die Beine an, damit sie nicht in der Sonne blieben. José kam und setzte sich neben mich.

„You German?" fragte er.

„Yes."

„Ich Italia."

„Wann bist du nach Venezuela gekommen?"

„Vor mehr als zwanzig Jahren, vorher in Erzminen gearbeitet, ich meine, bevor hier."

Ich schiebe ihm den Karton hin. „Von Willi."

„Bueno!" Er nimmt eine Dose, gibt mir auch eine.

Hisch-zack vom Gemüsegarten.

„Hier jetzt fünf Jahre. Besser als in den Minen. Ruhe hier, Frieden. Du kannst jagen. Da hab' ich Gemüse. Hab' alles, was ich brauche. Der Mensch braucht wenig, wenn zufrieden."

„Und Wasser?"

Er blickt bewegungslos auf die Wand des Dschungels, der mir plötzlich sprungbereit erscheint. Es geschieht dort vollkommen nichts. Oder?

Hisch-zack.

José nimmt einen bedächtigen Schluck aus der Dose wie ein Mann, der lange kein Bier getrunken hat, aber sehr zufrieden ist und Zeit hat. Sein breites Gesicht unter dunklem Haar und Stoppelbart ist völlig gelöst. „Wasser", sagt er schließlich, „hm-hm – vom Fluß – pumpe es in Behälter." Er macht eine Kopfbewegung irgendwohin und nimmt einen langen Schluck aus der Dose.

„Was jagst du?"

Wir blicken bewegungslos auf die Wand des Dschungels.

Endlich: „Wildschweine. Tapire. Lapa, so'ne Art Hase."

Hisch-zack.

„Warst du im Wald – vorher mal?" fragt er.

„Nein."

„Hm – paß auf."

„Willi weiß Bescheid."

„Willi – sehr gut, sehr vorsichtig. Zu ihm ist der Wald freundlich." Er reißt seinen Blick von der Dschungelwand los und sieht mich an. Sein Blick sagt mir, daß er mich besser kennt, als ich mich jemals kennen werde. „Paß auf", wiederholt er, „geh langsam. Du bist zu nervös."

Brigitte und Elga kamen aus der Hütte. Elga hatte große Schmerzen. Ich blickte zum Wespennest hinüber. Die Biester waren drei Zentimeter lang.

Hisch-zack.

Wir gingen durch den Sonnenflimmer auf den Urwald zu. José blieb sitzen und öffnete eine zweite Dose Bier.

Wo Willi verschwunden war, fanden wir einen ausgetretenen Pfad zum Flußufer. Dort lagen drei Einbäume. Willi saß über einen Außenbordmotor gebeugt. Er riß an der Leine. Der Motor stotterte und lief dann ruhig in die Umdrehungen des Leerlaufs hinein. Es war schattig hier, aber nicht kühl. Die Baumäste wuchsen über dem schmalen Fluß zusammen. Ein grüner Tunnel, durch den dunkles Wasser floß, braun vom Tanningehalt der Baumwurzeln.

Wir stiegen ein. Ich stieß mit einem Paddel ab, das die Form eines breiten Speeres hatte. Willi kuppelte ein und steuerte flußauf.

Ich saß im Bug. Das braune Wasser schoß gurgelnd vorbei. Die Verschlungenheit der Ufer teilte sich vor uns: steigende Stämme, hängende Luftwurzeln, Blätterfächer, Blütenpunkte, Blätterwolken. Gefallene Bäume lagen weiß und schwarz ins Wasser hinein, kahl und nackt oder morsch und moosüberwuchert. Papageien flogen. Uferzweige schlugen zusammen – ein Tier. Löcher im Blattwerk starrten uns nach.

Rechts lag eine Fläche, wo der Dschungel in Sumpf niedergesunken war. Die Sonne prallte dort mit ihrem Licht auf den Urzustand der Erde. Fäulnis, Wärme, Wasser, Leben, Bewegung, Tod, Fäulnis, Wärme, Wasser – Traum – Wirklichkeit. Es gibt Augenblicke im Leben, da werden Träume im Brennglas der Wirklichkeit überirdisch: es werde Licht und du verstehst es.

Wieder tauchten wir lange ins Dämmer des Flußtunnels. Dann riß der Dschungel auf. Über Felsen hoch fiel das braune Wasser schäumend vor uns nieder. Auf glattgewaschenen Steinen unter dem Wasserfall, wo die Strömung sie nicht wegziehen konnte, lagen zwei Einbäume halb aus dem Wasser gezogen.

Ich blickte über das fallende, springende Wasser die Felsen hinauf. Da oben stand eine braune Gestalt, sah aufmerksam zu uns herunter.

Venezuela 1980
„da oben stand eine braune Gestalt."

Willi lenkte auf die glattgewaschenen Steine zu.
Ich zeigte zum Felsen hinauf – da! Aber die Gestalt, eben noch geduldig auf den Bogen für die langen Pfeile gestützt, war verschwunden.
„Halt ab! Mach schon!" rief Willi.
Ich sprang auf die Steine und stemmte mich gegen die auslaufende Fahrt des Einbaums. Ich nahm die zerfledderte Leine, die am Bug befestigt war, und legte sie um einen Stein. Das Wasser rauschte. Der Dschungel schwieg. Ich blickte zum Felsen hoch – langsam jetzt, als könnte mein Blick etwas verscheuchen. Nichts.
Willi sprang an Land – „Wartet!" – stieg über die Felsabsätze nach oben. Die Lederschlaufe seiner Machete hatte er ums Handgelenk gelegt. Wir warteten. Die Sonne brannte. Wir versuchten, in den Schatten unserer Hüte zu kriechen.
Willi kam zurück. „Es ist alles wie früher, Brigitte. Einige Indiokinder fischen dort oben."
Wir nahmen unser Badezeug und folgten Willi über die Steine. Oben teilte sich der Wasserfall. Ein Nebenarm stürzte dort über verschiedene Stufen wilden Gerölls in einen Teich. Der Teich war tief. Er hatte die Form eines halben Mondes. Die Innenseite bildete eine glatte Quaderplattform, auf der wir standen. Eine Felswand über uns gab Schatten. Das Wasser des Teiches lief durch einen in den Stein gewaschenen Engpaß einige Meter hinab in einen kleineren Teich. Dort fischten die Indiokinder.
Brigitte, Willi und Elga sprangen ins Wasser. Die Strömung vor unserer Quaderplattform war gering. Ich beobachtete die Kinder. Ihre Bekleidung bestand aus rein nichts. Ihre kleinen Gesichter blieben wie bei allen Indios ganz unbewegt. Ich lächelte. In ihre Augen trat zu großer Scheu dunkle Angst. Ich sprach sie leise an. Sie sprangen auf und liefen um einen Felsvorsprung.
Nach dem Schwimmen kletterten Willi und ich über die Felsen den Neben-Wasserfall hinauf. Willi hält mich zu leisem Auftreten an. Er will möglicherweise vorhandene Tiere nicht verscheuchen. Langsam geht er voraus.
Ich gleite aus. Das Wasser reißt mich fort. Meine Hände finden keinen Halt. Das Wasser reißt mich weiter. Ich suche Halt am nächsten Felsen, versuche, mich mit Schwimmbewegungen hinaufzuschnellen. Ich gleite ab. Nur zwei Finger meiner rechten Hand finden einen Riß. Ich ziehe mich keuchend und mit strampelnden Bei-

nen hoch. Als Willi kommt, sitze ich auf meinem Felsen und betrachte den Riß darin.

„Das hätte schlecht ausgehen können!" sagte er und zeigte auf den Fall des Wassers gleich unterhalb.

„Ja", keuchte ich, „sehr schlecht – wie entsteht nur – ein – ein solcher Riß im glatten Felsen – hier?"

Wir untersuchten den Riß. Wir sind keine Geologen.

Beim Abstieg meinte Willi: „Wir fahren morgen früh flußab. Dort im Tal wird der Fluß breit. Vielleicht sehen wir dort Tiere. Krokodile, Affen, vielleicht Schlangen. Schwer zu sagen. Viele Vögel bestimmt."

„Wir werden paddeln, Willi, der Motorlärm verscheucht alles."

Auf der Quaderplattform sahen wir Brigitte und Elga auf ihren Badetüchern liegen. Ein friedliches Bild. Neben uns toste das Wasser. Es hätte mich fast vor ihre Füße geschleudert.

Zum Abendessen saßen wir im Langhaus. Elektrisches Licht gab es nicht. Kerzen brannten auf leeren Flaschen. José hatte Pökelfleisch mit Chicorée geschmort und einen italienischen Salat dazu gemacht. Wir aßen mit großem Appetit und tranken viel Wein, denn das Fleisch war salzig.

Hinterher saßen wir mit dem Rücken an der Wand unserer Hütte und tranken Cuba Libre. Es wetterleuchtete. Die Baumfrösche sangen ununterbrochen. Erst Willi, dann Brigitte, schließlich Elga gingen zu Bett. Ich konnte mich von der Nacht nicht trennen.

Außer dem Singen der Baumfrösche – so monoton, daß ich es nicht mehr wahrnahm – war es totenstill. Ich hatte gedacht, daß der nächtliche Dschungel voller Geräusche und Tierstimmen wäre. Hier nicht.

Das Wetterleuchten wurde von Augenblick zu Augenblick stärker. Das geisternde Licht sprang über Hütten und Bäume, prallte auf die Wand des Urwalds. Donner war nicht zu hören.

Ich schlief an der Hüttenwand ein – wachte auf. In den Blitzen zuckten Bilder wie aus der Urzeit auf. Gerodete Lichtung, ein paar

Bäume zum Schutz, darunter geduckte Hütten, vorsichtige Menschen darin, das alles inmitten von Urwald, Urwald ausgedehnt wie nur noch das Meer unter dem zuckenden Himmel. Ich schlief ein – wachte auf – sah die Bilder – die Antibilder.

Jahrzehntausende haben wir als Jäger und Sammler gelebt, ein paar Jahrhunderte als Suchende und Künstler, wenige Jahrzehnte als Rechnende und Konstrukteure. In ungeheuerlichem Aufschwung rollen wir auf Rädern, ziehen Drähte, fliegen über die Erde, lassen Maschinen arbeiten, um für weitere Konstruktionen Zeit zu finden. Haben wir Zeit?

Die lautlosen Gewitter flackerten ununterbrochen. Die lichtlosen Pausen wurden kürzer als die blauen Flammen.

Rastlos haben wir immer weniger Kirchen gebaut, weniger Musik komponiert, weniger Dichtungen geschrieben, weniger Gemälde gemalt, weniger Bildwerke geschaffen – dafür Wunderkonstruktionen errichtet, die unsere Umwelt zerstören. Haben wir ein Ziel?

Ein vorfabrizierter Turmbau ist keine Kirche, bandgespeichertes Heulen keine Musik, sensationeller Report keine Dichtung, gespritzte Farbenkleckse kein Gemälde, gebogenes Blech kein Bildwerk – zerstörte Umwelt kein Lebenssinn. Haben wir außer Zeit und Ziel auch unser Ich verloren? Die Muße zur Selbstbesinnung. In sich ruhend.

Pausenlos griff das Wetterleuchten ineinander. Alles wurde von blauem Licht zitternd in die Wirklichkeit gestoßen.

Ohne Zeit, Ziel, Selbstbesinnung leben wir in größerer Angst als Jäger und Sammler, Suchender und Künstler. Fürchteten sie sich vor Blitz, Erde und Wasser, vor Molekül, Atom und Allmacht, wir fürchten uns vor der Selbstzerstörung. Wir haben alles ohne Ehrfurcht machbar gemacht. In schlimmsten Lastern wird Atlantis untergehen – unbewiesen das alles.

Der Urwald stand vor mir in blauem Licht unbeweglich, unberührt – sprungbereit.

Wir mißverstehen ihn, wir mißachten, zerhacken, besudeln, verseuchen ihn – vielleicht mit dem letzten Blitz, dem menschgemachten, in einer solchen Nacht wie dieser. Vernichten können wir ihn nicht. Er wird unsere Leichen überwuchern. In ihm ist das ständige Wachstum. In ihm ist die Kraft für Jahrmilliarden, solange die Sonne aufgeht. Er produziert den Sauerstoff als Lebensatem neuer Hoffnungen, die aus Legenden weiterleben werden: Unsterblichkeit über Atlantis und wankende Erdteile hinweg, über unser jämmerliches Zeitalter hinweg.

Das Wetterleuchten ließ nach. Regen setzte ein. Ich lauschte dem Prasseln. Dann ging ich in die Hütte und kroch zu Elga aufs Lager. Ich mochte nicht allein sein. Frau und Mann, wie es war, ist und sein wird, wir sind körperlich nicht allein und im Geist niemals verloren. Bis in die frühen Morgenstunden fiel sintflutartiger Regen.

Willi schlug beim Frühstück vor, die Fahrt flußab zu unterlassen. „Es klart jetzt auf", sagte er, „aber das Wetter scheint mir unsicher. Wir fliegen zurück." Er sah uns mit seinen ruhigen, blauen Augen an. „Als Segler wißt ihr es auch. Jedes Unternehmen hat seine Grenzen. Darin liegt sein Glück."

So kam es, daß wir im Urwald waren, ohne ein einziges seiner Tiere gesehen zu haben. Wir erreichten Ocumare del Tuy rechtzeitig, bevor Berge und Tal in Wolken und Regenschauern verschwanden.

Es wurde Oktober, wurde November. Die Hurrikanzeit war vorbei. KAIROS erhielt eine Überholung vom Kiel bis zum Masttopp.

Unsere Freunde holten uns oft für ein Wochenende oder für ein paar Wochentage nach Caracas in die Kühle des Bergklimas, in die Herzlichkeit ihrer Freundschaft.

Günter freute sich jedesmal, wenn er uns Briefe aus seinem Postfach geben konnte. Er hatte uns dessen Benutzung freigestellt.

Pat überlegte sich Überraschungen für unsere Besuche: einen Abend am Grill, eine Fahrt in die Umgebung der Stadt, einen Besuch im typisch venezolanischen Restaurant.

Willi brachte vom Bungalow seine Leiter herüber. Auf der Werft, wo KAIROS für zwei Wochen stand, waren weder Böcke noch Bretter aufzutreiben. Ich konnte die Bordwände nicht schleifen und malen. Jetzt ging's.

Christel nahm unsere Wäsche zum Waschen in ihrer Maschine mit.

Lotti brachte Elga Gemüse, mir meinen Lieblingskuchen.

Brigitte schenkte uns Bücher. „Später könnt ihr beim Lesen an uns Zurückgebliebene denken."

Eberhard vom Deutschen Eck gab mir eine Dose Epoxy-Spachtel.

Die Werft war Hölle: keine Hilfe von Besitzern und Arbeitern, verschmutzte sanitäre Anlagen, Sonne und Hitze ohne Schatten, nach jedem Regenschauer ein Schlammfeld unterm Kiel. Zusätzliche Malarbeiten bis in die Stahlkonservierung hinein waren durch unsachgemäße Führung des Portalkrans erforderlich. Als wir zu Wasser gebracht werden sollten, ließen die Besitzer KAIROS für drei Stunden im Kran hängen. Sie wollten den Preis erhöhen. Günter hatte diesen ausgehandelt. Wir hatten entsprechend bezahlt. Günter erreichte mit Sturheit und überschäumenden Argumenten die Freigabe.

Im Deutschen Eck ging von Stund an der wildeste Klatsch hinsichtlich unserer angeblichen Zahlungsunwilligkeit um. Das Ehepaar einer anderen Yacht, die gerade eingelaufen war, trug ihn weiter. Wir hörten davon, als wir 2000 Seemeilen weiter nördlich segelten und vierundzwanzig Monate älter geworden waren. Das ist Küstenklatsch.

Zurück in der Bucht, schlugen wir die Segel an.

Am Mittag des 6. Dezember 1980 saßen Elga und ich im Cockpit beim Mittagsbrot. KAIROS lag seeklar. Unsere Gedanken wandern voraus.

Günter ruft von der Pier. Wir rudern hin. Willi, erzählt er, hat einen Flugunfall gehabt. Wir telefonieren mit Brigitte in ihrer Wohnung: es war eine Notlandung – mit Willi im Krankenhaus: komplizierter Bruch des Fußgelenkes.

Es geschah auf einem Flug zu den Islas Los Roques mit Chartergästen. Der Propeller brach. Willi hatte ausreichend Höhe über See, so daß er zum Flugplatz an der Küste zurückschweben konnte. Er hatte ausreichend Nervenkraft, das durchzuhalten. Die Notwasserung gähnte gierig als blaues Meer unter ihm. Aber er schaffte es – beinah. Der Flugplatz beantwortete verspätet seinen Notruf. Eine Landebahn wurde nicht rechtzeitig freigegeben. Willi verlor in einer zusätzlichen Schwebeschleife seine letzte Höhe. Die Maschine glitt zehn Meter vor der Landebahn zu Boden. Sie überschlug sich langsam. Die Mitreisenden blieben unverletzt. Willis Fußgelenk ging in Splitter. Die Maschine: Totalschaden.

„Willi!" ruft Elga ins Telefon – auf meine wilden Fragen hin mit Händen und Füßen – „Willi! Wirst du weiter fliegen?"
„Klar!" ruft er so laut, daß es aus dem Telefonhörer bis zu mir klingt. „Was sonst!"
Alles klar! Wir laufen aus. Was sonst! Carenero verschwindet so schnell hinter der flachen Landzunge, daß nicht einmal Zeit für ein Schlucken bleibt. Venezuelas Küste versinkt im Dunst. Unsere Gedanken versuchen, die Küste zu halten, das Erlebte, die Freunde.

Es weht kein Wind. Wir laufen unter Maschine. Der Bug setzt rauschend ein in die Dünung aus Nordost. Die Bugsee fängt das Sonnenlicht. Unser Kurs liegt an, die Sonne sinkt. Kurs liegt an, die Sonne steigt. Und Freundschaft bleibt.

# USA UND CANADA
## Wie wir aus Seemeilen Kilometer machen
## Unverwüstlichkeit und Hoffnung

Unsere Seefahrt von Venezuela nach Martinique blieb schwachwindig. In Lee der Isla de Margarita warteten wir zwei Tage auf Wind. Bei Ost Stärke 3 liefen wir aus. Der Wind ließ bald bis unter Stärke 2 nach. Wir starteten die Maschine.

Kein Wind unter der Sonne des nächsten Tages. Zu Mittag kamen die Berge Grenadas Steuerbord voraus in Sicht. Wir hatten den Weststrom überschätzt und änderten den Kurs entsprechend. Die Nacht fiel mit Regenschauern. Immer noch kein Wind. Die Maschine brummte, die automatische Steuerung klickte. Der Wachgänger träumte Bilder in seine Aufmerksamkeit hinein. Wir passierten die Inseln St. Vincent und St. Lucia.

Der Morgen brachte Schauer mit heftigen Böen aus Südost. Wind! Aber drei Seemeilen voraus lag Martinique und Segelsetzen lohnte nicht mehr. Wir klarierten in Fort de France ein, ankerten dann in der Anse Mitan, die bei Südostwind geschützter ist als die überfüllte Reede vor der Stadt.

Noch nie waren wir 55 Stunden unter Maschine gelaufen. Ich schloß das Logbuch ab. Bei 1250 U/min hatte unsere Geschwindigkeit bei 5,6 Knoten gelegen. Wir hatten 350 Liter Diesel verbraucht und noch 450 Liter im Tank.

Elga stand im Badeanzug auf Deck und rief: „Komm, komm!"

Wir sprangen ins Wasser, in dieses klare, herrliche Wasser. Über seinen grünblauen Glanz leuchtete der Strand herüber. Als die Sonne durch die Wolken kam, zeichneten die Palmen ihre gefächerten Schatten darauf.

Am letzten Tag des Jahres 1980 ankerten wir vor St. Anne im Süden von Martinique. Ein Spaziergang am späten Nachmittag führte uns durch dichtes Unterholz über Hügel. Der Tropenwald gab uns plötzlich frei. Da lag eine Wiese zur Kuppe des Berges hin. Grasendes Vieh zog Schritt für Schritt der jenseitigen Waldkulisse zu. Zierliche weiße Reiher standen zwischen den Tieren. Im Busch neben uns schwirrten grünschwarz schillernde Kolibris. Die Wiese lag in blauen Schatten, ein wenig Licht noch hier und da im Grün. Über den Himmel wehten rote Wolken im unsichtbaren Sonnenuntergang hinterm Wald. Ein Regenbogen rahmte das Paradies.

Nach dem Essen an Bord hörten wir ein Brandenburgisches Konzert. Dann tanzten wir zu Seemannsliedern. Schließlich saßen wir über der Seekarte und legten die Kurse für das neue Jahr fest.

Elga zeigte über die Inselkette. „Ich möchte mal wieder zu den Isles des Saintes, dann zum Ostteil von Guadeloupe. Dann weg von den Charteryachten, hier, Montserrat, Nevis, St. Christopher."

„Offene Ankerplätze, wenig ausgeprägte Buchten."

„Nicht bei den Isles des Saintes und bei Pointe-à-Pitre auf Guadeloupe. Auf den anderen Inseln: ja – deshalb keine Überfüllung."

„Einverstanden."

„Dann laufen wir Charlotte Amalie, St. Thomas, zur Versorgung an und", Elgas Zeigefinger machte einen Bogen östlich um die Bahamas herum, „hier zur US-Küste, Morehead City."

„Jedenfalls lassen wir die Bahamas und ihre Schmuggelgeschichten aus."

Wir starrten auf das weiße Blatt mit seinen Inseln, Küstenlinien und Tiefenangaben.

„Das Bermuda-Dreieck", fragte Elga plötzlich, „wer hat das erfunden?"

„Weiß nicht. Das Buch von Mister Berlitz war ein großer Erfolg."

Wir hatten es vor Jahren gelesen. Den Hypothesen vom spurlosen Verschwinden von Schiffen und Flugzeugen hatten wir nicht folgen können.

Drei Monate segelten wir von Insel zu Insel, folgten den Linien, die Elgas Zeigefinger auf der Seekarte gezogen hatte. Im April ankerten wir in der Ensenada Honda auf der Insel Culebra, die östlich von Puerto Rico liegt.

Am 21. April 1980 liefen wir mit Nordkurs aus. Da lag der Atlantik! Das erste Etmal brachte 135 Seemeilen, das zweite und dritte jeweils 113 Seemeilen. Dann starb der Passat. Wir trieben für eine Nacht in vollkommener Flaute zwischen langen Bündelreihen von Sargassokraut. Es kam Wind aus Nordost, zunehmend bis Stärke 4.

Östlich der Bahamas fließt der Antillenstrom nach Nordwest, vereinigt sich weiter nördlich mit dem starken Golfstrom. Nördliche Winde werfen in diesem Seegebiet eine unruhige See auf. Unsere Winde blieben nördlich in wechselnder Stärke. KAIROS stampfte für Stunden in rauschender Fahrt, stampfte für Stunden in träger Langsamkeit. Mit ständigen Segelmanövern arbeiteten wir uns nordwestwärts. Das Leben an Bord wurde mühselig.

Frank Caspar – Pasito Blanco: für mich wird eine letzte See kommen und dann werde ich verstehen, daß mein Leben Gnade war – er hatte hier beides gefunden, die letzte See und das letzte Verstehen. Die Wrackteile seiner Yacht wurden auf Bermuda angetrieben. Von Frank fehlte jede Spur.

Inmitten dieser ruppigen See mußte ich oft an ihn denken – und an die Geschichten über das Bermuda-Dreieck. Schiffe, Flugzeuge, ganze Flugzeuggeschwader sind hier spurlos verschwunden. Verwirrte Funkmeldungen geisterten durch den Äther. Sie wurden zu letzten, unverständlichen Mitteilungen. Das sind Fakten. Weniger faktisch sind viele nachträgliche Erklärungen und Behauptungen. Übernatürliche Kräfte aus dem Weltraum, nukleare Strahlungen einer versunkenen Zivilisation sollen wirken. Ufos vom Himmel, Atlantis aus der Tiefe kommen ins Spiel.

Legende und Behauptung haben gewundene Wege zum Glauben ebenso wie zum Aberglauben. Das mag jeder für sich entscheiden. Das Seehandbuch über dieses Seegebiet gibt in seinen Kapiteln ausreichend Erklärungen, die keiner sensationellen Ergänzung bedürfen.

Eine der stärksten Strömungen warmen Wassers stößt hier nordwärts in kaltes Wasser vor. Darüber liegt die wechselnde Grenze des Passatwindes mit Böen und Regenschauern. Die Fronten nördlicher Tiefdrucksysteme keilen in dieses Gebiet hinein. Kalte Nordwinde treffen auf warme Südwinde. Kalte Luft und warmes Wasser, warme Luft und kaltes Wasser bringen ständige Unruhe. Gewitter brechen nieder, Wasserhosen wirbeln. Eine grobe See läuft auf. Auch Südwinde können gefährlichen Seegang bringen, wenn Strom in Randwirbeln Süd steht. Dieses unwägbare Geschehen erschwert die Wettervorhersage. Während der Hurrikanzeit von Mai bis November ziehen Orkane nach Norden.

KAIROS boxte gegen die See, schäumte mit der See. Drohende Wolkenbänke zogen, klare Himmel leuchteten. KAIROS lag schlingernd in Nächten ohne Hauch, segelte mit dichtgeholten Schoten durch Tage voller aufspringender Böen, weiß und brutal aus klarem Himmel. Wir waren sehr aufmerksam.

Örtliche magnetische Störungen sind möglich in diesem Seegebiet. Sie beeinflussen Kompaß und Funkverkehr. Ob sie auf einen ins Meer gestürzten Planetoiden oder auf Strahlungen einer versunkenen Zivilisation zurückzuführen sind, ist beides unbewiesen. Es gibt sie auch in anderen Seegebieten.

Weiterhin ist die Festlandküste westwärts des Golfstroms flach. Sie liegt häufig unter Dunst. Ihre Sandbänke reichen weit ins Meer: die Frying Pan Shoals vorm Cape Fear, die Diamond Shoals vorm Cape Hatteras. Beide sind mit Wracks gespickt, die in den Sand gehämmert wurden.

Strömungen, Seegang und Sturmsee, Böen, örtliche Gewitter und Wetterfronten, Orkane, magnetische Störungen und schlechte Sicht können sich teilweise oder insgesamt, örtlich oder umfassend summieren. Solche Summierungen können Katastrophen sein: plötzlich und unentrinnbar, erst später erklärbar oder auch nicht. Menschen und ihr Gerät können darin spurlos verschwinden.

Und unzählige Schiffe aller Art durchfahren dieses Gebiet, unzählige Flugzeuge überfliegen es. Sie erreichen sicher ihr Ziel.

Elga und ich haben ähnliche Seegebiete durchsegelt: die Tuamotus im Großen Ozean, die Torres Straße nördlich Australiens, die Gewässer vor der Ostküste Südafrikas. Über ihr chaotisches Geschehen wird selten berichtet. Sie liegen fern.

Am 30. April standen wir 65 Seemeilen nordöstlich von Great Abaco Island, der nordöstlichsten Insel in der Bahamagruppe. Wir waren auf Backbordbug geblieben, um den starken Golfstrom zu erreichen. Der Wind ging auf Süd und starb. Dann kam er mit Stärke 4 aus Südwest. Die Luft wurde häsig. Der Horizont verschwand. Die Sonne hing wie eine Messingscheibe im Raum. Blutrot sank sie in Gewitterwolken. Der Wind versiegte abermals. Der Tag fiel in eine Nacht wie Watte. In der Watte zuckte Wetterleuchten. Es flammte von Süd über West nach Nord.

Bis auf das Großsegel machte ich alles Tuch fest. Wir gingen unsere Wachen. Ruder im Schiff hatten wir nicht.
Die Bö erreichte uns in den Morgenstunden während meiner Freiwache. Meine Koje fiel nach Lee. Draußen heulte ein Chor von Teufeln. Dort mußte der Himmel niederstürzen.
„Elga!" schrie ich, arbeitete mich aus Alptraum und Koje heraus. Ich fiel hin, zog meine Last den Niedergang hinauf. „Elga! Wo bist du? Was ist?"
Elga saß in die Ruderbank gelehnt. Ein herrliches Bild: ruhig. Es befähigte mich, meiner Angst Herr zu werden.
Das Bild rundum war weniger ruhig. Blitze überall. Regen trieb waagerecht, Gischt auch. Es war hell, elektrisch hell. Die Blitze fielen pausenlos. Sie standen wie weißglühende Sekunden-Drähte zwischen Wolken und See. Die Kimm – wo immer sie sein mochte – leuchtete gespenstisch in Gischtschleiern. Die Wolken trieben wie eine tiefhängende Last. Windheulen, Prasseln von Regen und Gischt. Ihr Lärm verschluckte den Donner.
„Warum hast du mich nicht vorher geweckt?" Meine Frage ging im Lärm unter. Ich wiederholte sie brüllend.
„Du schliefst – gut – mußte ja kommen – wußten – seit gestern abend – Schiff vorbereitet!"
Ich blickte übers Schiff. Es trieb windgepreßt in blauem Licht.
„Ruder liegt zu Luv!" schrie Elga. „Gut so!"
Ich setzte mich neben sie. Rundum sah es aus, als sollte der umgestülpte Teller des zuckenden Himmels auf den Teller des rasenden Meeres geschweißt werden, wir mittendrin. Ich brachte meine Gedanken in Gang: Wind von Backbord voraus, Großsegel mittschiffs, Ruder zu Luv, Drift – ich sah den Kompaß, schätzte den Wind auf Stärke 10 aus West. Drift also nach Ost mit etwa zwei Knoten. Die See lief noch nicht hoch. Die niedergeholten Segel waren ordentlich festgemacht, alle Luken verriegelt. Das hatte ich am Vorabend gemacht. Auch die Antennenverbindung in die Kajüte war ausgeschaltet. Wir lagen beigedreht. Vorläufig war nichts zu tun.
Die Zeiger meiner Uhr zeigten 05.00 Uhr. Ich stieg in die Kajüte und machte die Logbucheintragung. Danach saßen wir zusammen auf der Ruderbank. Die Krängung preßte uns gegeneinander. Das Sturmbild drückte wie mit einer Faust Angst aus unseren Seelen. Tomatensaft in eine Glasschale. Sie mußte halten.

Der Seegang nahm zu. Das Meer dampfte blau, wehte, zerstäubte.

„Ablösung!" schrie ich und zeigte auf meine Uhr.

Elga nickte tapfer. Vorsichtig stieg sie den Niedergang hinab, um sich in ihrer Koje zu verkeilen. Unser Beieinander war zerrissen. Der Riß schmerzte. Aber die Bordroutine lief. Läßt die Bö noch nicht nach? Jetzt liegt Elga in der Koje, sie wird nicht schlafen, wird es versuchen, schon Niederlegen gibt Kraft, das Schließen der Augen Entspannung. Läßt die Bö noch nicht nach?

Sie ließ um 06.00 Uhr nach. Mit Stärke 7 drehte der Wind auf Nordwest. Die Blitze wurden weniger, verzuckten nach Osten hin. Eine fahle Blässe durchfilterte die Wolken. KAIROS lag gut, arbeitete jetzt heftig in der rollenden See. Ich sah mir das an. Die Driftwirbel in Luv schützten das Schiff ausreichend gegen Brecher. Sie brachen darin zusammen.

Ich kletterte zur Pantry, fand dort den Topf mit dem Rest des Abendessens, griff mir Topf und Löffel. Hunger. Bleib ruhig, verdammt. Ich klemmte den Topf in die Halterung des Kochers zurück, angelte mir aus dem Fach einen Teller und füllte, so ruhig ich konnte, das Essen darauf, setzte mich an den Tisch, aß langsam. Der Tisch im schlingernden Schiff war nutzlos. Daß ich in Ruhe an ihm sitzen konnte, machte ihn wertvoll. Das Essen schmeckte mir besser als warm am Vorabend. Elga lag in ihrer Koje. Ich konnte nicht erkennen, ob sie schlief. Sie hielt die Augen geschlossen. Draußen wurde das graue Licht des Tages hell.

Wir blieben siebenundzwanzig Stunden beigedreht. Der Nordwestwind ließ nach. Die See blieb grob. Die Sonne kam durch ziehende Wolken. Wir machten unser Mittagsbesteck. Elga wollte weitersegeln. Mir stand das Barometer zu tief, und der Himmel sah danach aus, daß es sehr schnell steigen würde. Viel Wind also. Wir benutzten die Pause, KAIROS von Steuerbordbug auf Backbordbug zu legen. Die Wetterfront war durch. Bei drehendem Wind sollte unsere Drift westlich sein. Die Küste lag dort in 150 Seemeilen Entfernung, keine Bahamas davor, Platz genug.

Eine Stunde später wehte es aus Nord mit Stärke 8. Der Seegang wurde gefährlich. Er schlug wie mit hohlen Händen zu. Langsam drehte der Wind auf Nordost. Er ließ nach. Nicht so der Seegang. Am nächsten Morgen setzten wir bei Wind aus Ostzunord Stärke 5 zum Großsegel den Klüver 2, später den Besan. Wir preschten

Atlantik 1981
„Wir preschten schäumend, schneidend, hämmernd in das
Dunkelblaue Wasser des Golfstroms hinein."

schäumend, schneidend, hämmernd in das dunkelblaue Wasser des Golfstroms hinein.

Elga zeichnete ein Stromdreieck. Der Wind sprang auf Nordost zurück. Bei dieser Windrichtung konnten wir Charleston in South Carolina anliegen. Also los! Aber am Abend ließ der Wind nach und brauchte Stunden, um hin und her springend sich auf Ost Stärke 2 einzupendeln. Elga zeichnete ein neues Stromdreick.

Das Mittagsbesteck des folgenden Tages zeigte, daß der Golfstrom nicht geflossen war. Wir hatten nicht viel Zeit, uns darüber zu wundern. Es wehte Nordnordost Stärke 7. Der Besan mußte weg. Der Seegang war so, daß wir um die Masten fürchteten. Eine Stunde später hätte Elga ein weiteres Stromdreieck zeichnen können. Der Wind wehte aus Nordwest mit Stärke 2. Als er am Versiegen war, starteten wir die Maschine. Charleston lag 105 Seemeilen in Nord.

Elga bat mich am Nachmittag um eine zusätzliche Sonnenhöhe. Nach der Auswertung versetzte sie unseren Standort mit Versegelung um acht Seemeilen nach West. Wir änderten den Kurs auf die Ansteuerungstonne von Charleston entsprechend. Die Maschine brummte. Die automatische Steuerung summte und klickte. Zum Abendessen war der Tisch gedeckt. Was auf ihm stand, blieb stehen. Der Seegang hatte sich schnell verlaufen. Zum Nachtisch setzten wir uns ins Cockpit. Wir waren versucht, zum Kaffee einen Likör zu trinken. Auf See müssen wir die Feste nehmen, wie sie fallen. KAIROS rollte in eine friedliche Sternennacht hinein.

Die Sonne ging auf. Dunst lag schwer über der Kimm. Wind wehte keiner. Von der Küste war nichts zu sehen. Die Wassertiefe betrug zehn Meter. Grün schimmerte das Wasser. Kurz vor 08.00 Uhr sichteten wir voraus die Ansteuerungstonne.

Elga machte einen Freudentanz. „Meine acht Seemeilen!"

Ohne etwas von der Küste zu sehen, änderten wir den Kurs in die Baggerrinne zum Hafen hinein. Nur zögernd schärften sich ihre Fahrwassertonnen voraus im Dunst.

Dann endlich die flache Küstenlinie im schwachen Schimmer der Sonne! Die Buhnen der Einfahrt nahmen uns auf. Sie reichen zwei Seemeilen weit in die See hinaus. Sie sind auch bei Niedrigwasser teilweise überspült. Der letzte Ebbstrom lief stark. Ein Motorschiff überholte uns. Wir überholen einen langsam fahrenden Saugbagger.

Ich holte den Hafenplan ins Cockpit. „Nach Backbord hinter Fort Sumter geht's in den Ashley River. Dort liegt die städtische Marina. Wir werden gleich bunkern."

„Wollen wir in der Marina festmachen, wenn nicht zu teuer? Du, das wär' was! Ohne Beiboot mit einem Schritt an Land!"

„Wir können die Maschine durchsehen lassen – lange fällig!"

„Sieh mal, die Ufer sehen wie Elbufer aus! Schlick, Schilf, Wiesen."

„Man kann die Stadt jetzt erkennen! Alles Villen, Gärten und Bäume!"

„Das sehen wir uns an! Und dann laufen wir im Intra Coastal Waterway weiter nach Norden – mitten durchs Land – ohne diesen verrückten Golfstrom."

„Und suchen uns einen guten Liegeplatz für den Sommer –"

„Albemarle Sound oder Chesapeake Bay –"

„Und besuchen von da deine Schwester –"

„Und kaufen einen Campingwagen –"

„Fahren durchs Land –"

„Sind im Winter in California –"

„Und vorher werden wir in Canada am Lagerfeuer sitzen –"

Wir folgten den Seezeichen nach Nordwesten in den Ashley River. Wir passierten die Uferstraße der Stadt. Hinter ihr lag ein Park mit Rasenflächen und Bäumen, dann eine Straße mit Gartenhäusern. Charleston strahlte in Anmut. Auf der Uferstraße fuhr eine Pferdedroschke.

Während unserer zweiwöchigen Liegezeit in der Marina von Charleston hatten wir oft Yachten längsseits. Maßlos erstaunt waren wir, daß deren Besatzungen unser Deck reinigten, wenn sie es schmutzbringend begangen hatten.

Bill, der unsere Maschine überholte, brachte uns einen Zeitungsartikel. Überschrift: „Bluff rettet Yacht vor Entführung!"

Da war eine 15-Meter-Ketsch 50 Seemeilen östlich Fort Pierce, Florida, während der Abenddämmerung von einem schnellen Motorboot aus beschossen worden. Der Skipper der Yacht holte sein Gewehr. Er erwiderte das Feuer. Das Motorboot hielt daraufhin Abstand. Es folgte weiterhin. Über UKW bat der Skipper die Coast Guard um Hilfe. Die fünfköpfige Besatzung sichtete zwei weitere Motorboote. Sie blieben mit dem ersten außerhalb der Schußweite. Der Skipper teilte der Coast Guard die Verstärkung der Schmuggler mit. Er fügte hinzu: „Wir können sie uns erst mal vom Leibe halten. Außer unseren fünf Gewehren haben wir ein Thompson-Schnellfeuergewehr mit soviel Munition, daß wir einen richtigen Krieg starten können!"

Wie er vermutet hatte: die drei Motorboote drehten ab. Sie fegten nach Südwest in die sinkende Dunkelheit hinein. Wer immer ihre Besatzungen waren, sie hatten die Gespräche mitgehört. Außer dem einen Gewehr des Skippers befand sich keine weitere Waffe an Bord.

Zur Zeit dieses Geschehens segelte KAIROS 65 Seemeilen nordöstlich von Great Abaco Island auf Backbordbug hoch am Wind weitab in Luv auf offener See. Ich zeigte es Bill auf der Seekarte.

Wie alle es tun, fragte er: „Habt ihr Waffen an Bord?"

Ich antwortete todernst: „Zwei Gewehre und ein Thompson-Schnellfeuergewehr – that we can start a real war."

Erstaunt sah er mich an. Dann nickte er. Er war Maat bei der US-Navy gewesen. Dort lernt man nicht die Vermeidung von Gefahren, was Frieden bedeutet.

Wir kauften beim Yachtausrüster neben dem Hafen die Karten für den Intra Coastal Waterway nordwärts. Dann wanderten wir in die Stadt. Die Straßen waren rechtwinklig angelegt. Außer in der Innenstadt am Hafen lagen sie im Schatten von Bäumen. Die Rasen ohne Zäune zwischen den Villen waren makellos gemäht. In den Gärten grünten Büsche. Blumen blühten. Vögel sangen. Neben den schmucken Häusern gab es viele, die verwahrlost in verwucherten Gärten leer standen. Die Häuser waren oft aus Holz mit einer Säulenveranda gebaut. Große Backsteinvillen hatten steinerne Säulen –

Marmor? Jedenfalls sahen sie sehr vornehm aus. Es war der Baustil aus den Glanztagen der nordamerikanischen Südstaaten. Baumwolle, Tabak, Zuckerrohr wurden auf großen Plantagen mit Sklavenarbeit angebaut. Hier in Charleston und anderen Häfen exportierten Kaufleute die Erzeugnisse ins Ausland. Wohlhabenheit herrschte in der Stadt wie auf dem Lande. Sie führte zu freier Überzeugung und eigener Lebensart. Das Sommerhaus auf dem Lande, das Stadthaus für den Winter – Veranstaltungen, Theater, Kunstausstellungen, Bälle. Es muß eine Freude gewesen sein, zu jener Zeit in den Südstaaten gelebt zu haben.

Wir waren an einen viereckig angelegten Stadtteich gekommen. Ein Weg durch Rasenflächen führte um ihn herum. Oleanderbüsche und Palmettobäume spiegelten sich im Wasser. Wir setzten uns auf eine Bank. Wie in den Tagen der großen Plantagen gingen schwarze Kindermädchen mit ihren weißen Zöglingen spazieren.

Gewiß, nicht alle Familien jener Tage verfügen über großen Landbesitz, nicht alle Familienväter sind Handelsherren. Es gibt viele kleine Farmer, die schwer für ihr Leben arbeiten; viele Handwerker, deren Kunst nicht immer goldener Boden ist. Allen gemeinsam ist die Abneigung gegen die Yankees im Norden. Die leben in Großstädten, frönen der Hast und kochen Stahl. Die bauen Maschinen und gießen Kanonen. Was für eine ungefällige Lebensweise!

Wir gingen weiter, kamen in enge Straßen mit Kopfsteinpflaster. Die Häuser mochten aus dem 17. und 18. Jahrhundert stammen. Sie waren freundlich gemalt, die Messingklopfer und Namensschilder auf Hochglanz poliert. Kaum Autoverkehr. Wir begegneten einigen Pferdedroschken. Die Reisenden winkten. Die Kutscher nickten mit den Köpfen.

Wir kamen zum ehemaligen Sklavenmarkt. Kein Baum, kein Garten hier. Die Pflastersteine führten um ein langes Gebäude. Es hatte plattformartige Abteilungen unterm vorgezogenen Dach. Die Sonne knallte wie mit Hammerschlägen schräge Schatten in die Holzverschläge hinein. In der Stille hörte ich die Fliegen hinter den Holzlatten summen.

„Und hier, ladies und gentlemen, die Krone des heutigen Angebotes! Gesund! Kräftig! Noch ungezähmt, aber das wird sich ja machen lassen. Zeig deine Zähne, Nigger! Zeig deine Arme, du Muskelprotz, du Goldstück meines Angebotes! Im besten Alter –"

Habe ich von der Freude gesprochen, in den Südstaaten jener

Tage zu leben? Mit den Überzeugungen ihrer Zeit sind Menschen für die Sklaverei ebenso eingetreten wie für ihre Abschaffung. Merkwürdig: als Präsident Lincoln während des Bürgerkrieges alle Sklaven in Nord und Süd für frei erklärt, erheben sich die schwarzen Sklaven nicht im Aufstand gegen ihre weißen Herren und die wenigen Neger im Norden eilen nicht freiwillig zu den Waffen, um ihre Brüder im Süden zu befreien. Schwarze Menschen sind geduldig, überstürzen nichts, sind vor allem nicht ehrgeizig.

Wir kamen in das Negerviertel von Charleston. Die Häuser waren schäbiger, die Vorgärten nicht so reich bepflanzt. Auf der Straße spielten Kinder. Frauen standen in Gruppen. Auf den Veranden saßen Männer. Alle blickten uns nach. Sie waren es nicht gewohnt, daß Weiße durch ihr Viertel gingen.

Eine Mauer versperrte unseren Weg. Vor ihr standen einige schwarze Jünglinge im Gespräch. Sie unterbrachen es. Sie lehnten sich gegen die Mauer und sahen uns an: unbeweglich, die Daumen in die Hosengürtel gehakt. Sie blickten mißtrauisch, einige herausfordernd. Nichts geschah, als daß die fünf Meter zwischen ihnen und uns unüberwindbar zu werden schienen. Erbe des Ku-Klux-Klan. Wir kehrten um. Ihre Blicke brannten in unserem Rücken. Später im Supermarkt lächelte die schwarze Kassiererin uns freundlich an. Ich dachte an meine kleine Freundin auf Union Island und machte einen Witz. Die weiße Dame hinter uns schaute mich vorwurfsvoll an.

Durch den Park der Uferpromenade gingen wir zum Yachthafen. Über den Fluß hinweg auf James Island sahen wir dunkel Fort Sumter liegen. Neben uns auf dem Rasen standen die Kanonen, die das Fort beschossen hatten. 1861 und hier begann der nordamerikanische Bürgerkrieg. Weit entfernt in Hamburg schiffte mein Urgroßvater sich ein. Er wollte helfen, die Sklaven zu befreien. In New York City erhielt er eine blaue Kavallerieuniform, weil er reiten konnte.

Die Südstaaten hatten ihren Austritt aus der Union der Vereinigten Staaten erklärt, weil die wirtschaftlichen Unterschiede zum industriellen Norden zu ständigen Streitereien führten. Ein Streitpunkt ist die Sklavenhaltung gewesen. Die Landwirtschaft des Südens ist von ihr abhängig.

Die Südstaaten gründen eine Konföderation, wählen ihren eigenen Präsidenten. Einige Forts im Süden bleiben von Unionsstruppen besetzt. So Fort Sumter da drüben. Der Kommandant weigert sich, das Fort zu räumen. Die konföderierte Artillerie eröffnet das Feuer.

Ich blickte in die Mündung einer dieser Kanonen. Verstaubt die schwarze Tiefe, einige trockene Blätter darin. Das bleibt vom Ruhm im Winde verweht. Plantagenbesitzer und Handelsherren, Farmer und Handwerker ziehen aus, den Yankees das Fürchten zu lehren. Eine Lebensüberzeugung steht auf, um für ihr Daseinsrecht einzutreten: wie viele Gebete! Siegreich kämpfen die Männer in den grauen Uniformen unter der Fahne mit dem diagonalen Sternenkreuz des Südens: wie viele Hoffnungen! Aber der Pulverdampf legt sich schwer auf die Toten in den grauen Uniformen – bei Gettysburg, bei Shiloh und bei Vicksburg. Die Stahlkocher aus dem Norden quetschen den Süden mit Kanonen und Eisenbahnen zusammen. Der ausgepumpte Süden wird verwüstet.

Die Geschichtsbücher schreiben, daß Präsident Lincoln mit seinem Sieg die Vereinigten Staaten von Amerika gerettet hat. Aber der Riß, der die Menschen in Süd und Nord bis in das Verständnis ihrer Lebens- und Staatsverfassung hinein trennte, wurde nur gekittet. Das bleibt vom Ruhm in Kanonen gegossen. Im Süden flattert noch immer das diagonale Sternenkreuz, und Menschen träumen unter ihm von einem besseren Amerika, einer besseren Sklavenbefreiung, was immer sie darunter verstehen.

Auf der Pier wartete Bill auf uns. Er teilte mit, daß die bestellten Ersatzteile für unsere Maschine falsch geliefert worden wären.

„Ich hab' sofort reklamiert", sagte er. „Die richtigen sollen nun übermorgen eintreffen. Hoffen wir es!" Er schien die Zuverlässigkeit seines Lieferanten zu bezweifeln. Mit Recht, denn die Ersatzteile kamen nie – jedenfalls nicht in der Zeit, da wir in Charleston waren.

Da sprang eines Tages ein großer Mann an Bord. Er hatte ein breites Gesicht, gutmütige Augen und braunes Haar im Bürstenschnitt. Er setzte sich und erzählte uns begeistert, daß seine Eltern Deutsche gewesen wären, und erzählte, wie er im Pazifik und in Korea gekämpft hätte, und erzählte, wie er nun Kleinflugzeuge verkaufte und reparierte, und erzählte, wie schön sein Haus wäre und daß er uns dahin einladen wollte.

Sein Redestrom hatte mich in einer Viertelstunde außer Gefecht gesetzt. Ich konnte nicht einmal mehr mit dem Kopf nicken. Elga holte aus dem Maschinenraum die Aluminiumplatte mit dem korrodierten Stutzen. Der Ersatz war immer noch nicht bei Bill angekommen.

Unser Freund sah sich die Sache an. „Mach ich!" sagte er und ließ die Platte in seiner beuligen Hosentasche verschwinden und erzählte –

Am Abend kam er wieder. Er zeigte uns die tadellos reparierte Platte mit Stutzen und erzählte, wie – und erzählte, daß – und lud uns wieder aus, weil seine Frau – und knallte die Platte mit einer ganzen Reihe von Geschenken auf den Cockpittisch, der wackelte wie ein japanischer Inselbunker unter Beschuß. Isolierband, neue Pufferstutzen für das Aggregat, eine breite Rolle Aluminiumband, für Elga Gemüse aus seinem Garten: das alles holte er aus einem alten Kartoffelsack und erzählte – und soff unsere Whiskeyflasche leer. Plötzlich nahm er Abschied. Er schied in US-Stil, der kundgibt, was wir doch alle für famose Menschen sind, unschlagbar in Fröhlichkeit, Zuversicht, Unverwüstlichkeit und Hoffnung – just great – dschast gruät – ganz groß!

„Großartig seid ihr Leute!" Wieso wußte er das? „Nett, euch getroffen zu haben!" Hatte ich was Nettes gesagt? „Sehen uns bald wieder!" Hatte er uns nicht gerade ausgeladen? „Ruft an, wenn ihr wiederkommt!" Wußten wir seinen Namen?

Er nahm die Pier. So mußte er feindliche Bunker geknackt haben. Sein Sack flog als geballte Ladung voraus. Er wartete geduckt für Sekunden. Bruuchch! stemmte er sich hoch. Da stand er, etwas schwankend in seiner Whiskeywolke – siegreich, unverwüstlich und voll Hoffnung. Ich sah im Geiste „Stars and Stripes" über ihm flattern. Auf zu neuen Taten!

Am 19. Mai verließen wir unter Maschine den Yachthafen von Charleston nordwärts. Am Vortage hatte Bill die reparierte Aluminiumplatte eingesetzt. Wir hatten die Maschine zur Probe laufen lassen. Die neuen Packungen, die überholte Wasserpumpe waren dicht.

Die Küstenlandschaft, weites grünes Land mit Flüssen, Bächen, Inseln, Marschen, Sümpfen und Wäldern, nahm uns auf. Oft trennten uns meilenweite Wildnis vom Atlantik, oft nur schmale Sanddünen. Scharen von Vögeln flogen im Himmel oder hockten auf den Uferbänken, stelzten über Sände und belebten die Sumpfflächen.

Der Intra Coastal Waterway ist eine Baggerrinne durch diese Wasserlandschaft. Wo die Gewässer keine Verbindung hatten, sind Kanäle gelegt worden. Außer festen Brücken mit 19,5 Metern Durchfahrtshöhe gibt es Klappbrücken und Drehbrücken. Sie werden mit wenigen Ausnahmen in Städten auf Signal sofort geöffnet.

Am Nachmittag steuerten wir vorsichtig in einen namenlosen Creek. Er kam aus nordwestlicher Sumpfweite. Über die Mündungsbarre loteten wir in die Außenseite der Flußbiegung und ankerten.

Wir setzten uns aufs Achterschiff. In der Fläche des schilfartigen Grases auf Sumpfinseln standen Gebüschgruppen bis zum Horizont. Blaue Waldbänder begrenzten ihn. Die Sonne im Dunst sank, hing sich wie eine rote Laterne zeitweise in die Zweige eines kahlen Baumes. Jenseits des Kanals schimmerten violette Flächen aufgespülten Sandes. Darüber zackte eine Reihe schiefgewehter Kiefern. Stille. Vögel flogen zu ihren Schlafplätzen. Nacht. Ungestörter Schlaf in Frieden.

Im South Santee River überfiel uns ein heftiges Gewitter. Wir mußten uns an die Brutalität des Wettergeschehens in diesem Lande erst gewöhnen. Nach lastender Hitze wurde der nächste Tag kalt mit Temperaturen unter 12 Grad Celsius. Ein starker Nordwind wehte. Das braune Wasser der Winyah Bay war weißgescheckt. Wir liefen an Georgetown vorbei. Die Marina dort lag überfüllt und war teuer. Alle Marinas im Intra Coastal Waterway waren teuer.

Wir hatten unsere Ankerplätze im voraus in Flußläufen, ihren Seitenarmen, in Flußmündungen geplant.

Im Waccamaw River gaben uns die Waldufer vollkommene Windabdeckung. Die Sonne kam durch Wolken. Den abendlichen

Ankerplatz wählten wir einige Seemeilen südlich des ursprünglich geplanten. Nach Steuerbord öffnete sich der Prince Creek.

„Elga, wir wollten immer schon mal mitten im Wald ankern!"
Elga drosselte die Maschine. Ich lief zum Loten nach vorn. Zehn Minuten später lagen wir in vollkommener Stille zwischen laubgrünen und tannenblauen Ufern. Steuerbord breitete sich ein Seerosenfeld. Auf den niedergebrochenen Stämmen dahinter sonnten sich grüne Schildkröten. Über uns in einer kahlen Astgabel lag das Nest eines Fischadlerpaares. Die großen Vögel flogen an und ab, um ihre Jungen zu füttern.

Ein Schiebezug – Schieber wie ein Bulle, Lastkähne davor wie kleine Häuser – dröhnte südwärts vorbei. Das Hauptfahrwasser konnten wir gerade noch einsehen. Einige Motoryachten fegten nach Norden. Sie nahmen ihre Fahrt rechtzeitig herunter, um uns nicht mit ihren Wellen zu stören. Trotzdem schlug der Seegang große Schlammfetzen vom Ufer.

Der Lärm verebbte. Stille. Frieden.

Während all der Tage unserer Fahrt fanden wir ein Nordamerika abseits des allgemein bekannten. Den sumpfigen Ebenen folgten meilenlange Kanäle zwischen sandigen Ufern mit Kiefern, folgten Flußlandschaften mit Wiesen, Häusern und Dörfern. Städte dehnten sich mit ihren Häfen, Feriensiedlungen. Wir ankerten vor Zedernwäldern, die bis ins Wasser hineinstanden. Wir ankerten hinter Sanddünen leuchtend wie Gold, über die das Rollen der Atlantikbrandung zu hören war. Wir fuhren durch Lagunen, in deren Flachwasser Menschen gleich neben den Baken der Baggerrinne knieten und Muscheln pflückten.

Wir blieben zwei Wochen in Beaufort bei Morehead City. Es zeigte sich, daß dies nicht der Platz war, um KAIROS bei unseren Landreisen zurückzulassen. Das Städtchen war eine reizvolle Mischung von altem Seeräubernest, Fischerhafen und modernem Badeort. Aber die Marina war zu teuer, die Gezeitenreede im kleinen Fluß zu unruhig. Auch lagen wir hier küstennah zu dicht an den sommerlichen Zugbahnen möglicher Hurrikane draußen auf See. Wir mußten weiter nach Norden, weiter ins Land hinein.

Ankerauf. Während der folgenden Tage ankerten wir mehrmals mit nur einem halben Meter Wasser unterm Kiel. Der Tidenhub war in den verzweigten Binnengewässern gering geworden. Der Wasserstand war windabhängig. Aber gerade das machte ein mögliches

Festsitzen in Zeitpunkt und Dauer unvorhersehbar. Wir navigierten sehr behutsam.

Belhaven gefiel uns. Es war eine kleine Stadt am Fluß, eingerahmt von Wiesen und Wäldern. Die Werft – sehr sauber und gut geleitet – ließ Eigenarbeit am Schiff nicht zu. Also weiter: den Pungo River hinauf, durch den Kanal zum Alligator River. Es war heiß und feucht geworden. Auf unserem Ankerplatz wurden große Stechfliegen zur Plage. Wie die längst ausgerotteten Alligatoren schienen auch sie vom Menschenfraß zu leben.

Geringe Wassertiefen, Hitze, Mosquitos und Stechfliegen, Land in Einsamkeit mit Wäldern und Sümpfen. Wohin steuerten wir unser Schiff? Es war für eine frische Brise über blauer See gebaut worden. Hier nun diese Muddschipperei! Aber weiter: der Albemarle Sound sah uns dunstverhangen den Kurs nach Kompaß und spät sichtbaren Baken steuern.

Am Nachmittag liefen wir in die breite Mündung des Pasquotank River ein. Hinter der Flußbiegung kam Elizabeth City in Sicht. Hinter dem stolzen Namen verbarg sich eine Kleinstadt von sechzehntausend Einwohnern. Die Waldufer engten sich ein. Hinter einer flachen Uferbefestigung lagen Rasenflächen. Dahinter hob sich ein graues Bürohaus mit neun Stockwerken über zweistöckige rote und weißgetünchte Backsteinhäuser, von denen einige direkt am Wasser standen. Ein stählerner Wasserbehälter auf Stelzbeinen thronte häßlich über allem. Vor der Stadt machte der Fluß eine scharfe Biegung nach Nord. Hinter ihr mußte die Klappbrücke liegen. Sie öffnete sich für Schiffe, die in den Dismal Swamp Canal nordwärts weiterfahren wollten.

Wir nicht. Hier oder nie! Ich lotete Elga auf einen Ankerplatz außerhalb der Fahrrinne und ließ den Anker fallen. Am Südufer standen etwa zehn Stege in den Fluß hinein. Es lagen kaum Schiffe an ihnen.

„Sieh, Elga! Da ist die Marina. Wir werden uns morgen dort erkundigen. Der Fluß ist schmal und gewunden, überall Wald rundum. Der Platz bietet den Schutz, den wir brauchen. Wie findest du es hier?"

„Ja", sagte sie. Wenn Elga das ohne Begeisterung sagt, bedeutet es, daß sie sich an den neuen Platz gewöhnen wird.

Das Wasser des Flusses zog träge am Schiff vorbei. Es war dunkelbraun. Ich pützte es auf. Es war klar wie Coca-Cola. Feurig ging die Sonne unter. Die Uferwälder wurden dunkel. Scharf stand die Silhouette des Städtchens mit Häusergiebeln und Wasserturm gegen den gelb-roten Himmel. Es war ein Bild, das uns unendlich vertraut werden sollte, wenn der Abendfrieden kam.

Nach dem Frühstück ruderten wir zur Marina hinüber. Wir klommen auf die zementierte Ufermauer. Von ihr führten die Stege zur Fahrrinne des Flusses hinaus. Sie hatten viele morsche Pfähle, waren zum Teil eingesunken. Einige kleine Segelyachten und Motorboote waren festgemacht, ebenso ein paar Fahrzeuge, die so rottig wie die Pfähle waren. Landseitig der Ufermauer lag ein Rasen, hinter einem Gitter die Uferstraße mit Parkplatz, dahinter eine kleine, hölzerne Kirche mit bunten Fenstern. Kirche und weitere Häuser standen im Schatten von Lindenbäumen, Kiefern und Zedern. Die Marina wurde durch ein zweistöckiges Haus von der Werft getrennt. Da ragten einige alte Kräne und ein Wellblechschuppen mit Roststellen.

Ein junger Mann in Arbeitsjeans kam uns entgegen. „Hey!" sagte er.

„Hey!" sagten wir und erklärten ihm unser Anliegen.

Er führte uns zum Haus ins Büro. Es lag hinter einem großen Materialraum. Überall standen Farbtöpfe, lagen Werkzeuge, spiralten Schläuche, häuften sich Schrauben. Im Büro sah es ähnlich aus. Der junge Mann machte zwei verstaubte Stühle für uns frei. Er setzte sich hinter einen der beiden verstaubten Schreibtische, die quer am trüben Fenster standen. „Meine Mutter kommt gleich", sagte er.

Wir warteten. Es wurde warm. Unsere Hemden begannen zu kleben. Der junge Mann schwieg beharrlich. Er spielte mit den Staubfusseln auf dem Schreibtisch. Irgend jemand hatte uns erzählt, die Einwohner von North Carolina wären in den USA das, was die Ostfriesen in Deutschland wären.

„Wir können erst einkaufen gehen", sagte Elga zu dem jungen Mann.

„Ja", sagte er. Er hatte drei Staubfussel zu einem Dreieck gelegt und versuchte nun, sie in Kreisform zu legen.
„Wir kommen auf dem Rückweg wieder", sagte ich.
„Ja", sagte der junge Mann.
Endlich kam Mary Hadley, die Inhaberin der Marina. Sie war unbestimmbaren Alters, schlank und sehnig. Sie hatte aufmerksame, blau-harte Augen unter kurzgeschnittenem Haar staubiger Färbung. Sie trug farbbekleckste kurze Hosen und ein ebensolches Männerhemd, farbbekleckste Segelschuhe. Sie hatte gerade mit blauer Unterwasserfarbe gearbeitet und schien alles zu hassen, was ihre Erscheinung fraulich-angenehm hätte machen können. Ihre Stimme war heiser und laut – wie sonst?
Mutter und Sohn sprachen miteinander. Wir verstanden kein Wort. Es mußte Ostfriesisch oder ein verwandter Dialekt sein. Dann sprach Mary Hadley mit uns. Wir verstanden kein Wort. Wir fragten zurück. Sie bemühte sich daraufhin in amerikanisch. Sie tat es lustlos.
„Ja, ihr Leute, wir könna Geschäft komm'. Ich seh' da kein' Schwierigkeiten. For drei Monate Liegezeit zahlta for fuffzig Fuß Schiff fuffundsiebzig Piepen jed'n Monat, klar? Dann wollta Landstrom ham. Das sin' nochmals zehn Piepen. Habt ihrs? Wir passen aufs Schiff uff, wenn ihr weg seid. Un' das Hochnehm' mit dem travellift: hunnertfuffzig Piepen plus erste Woche fuffundzwanzig Piepen, zweite Woche fuffzig Piepen. Was ihr am Schiff rummalt, is' uns egal. Na?"
Ich zog es vor, alles auf einem Zettel nachzurechnen. Ich zeigte das Ergebnis Elga. Es war billiger als alles Bisherige.
„Nu' macht schon!" sagte Mary Hadley, während Elga und ich die Abstimmung in unserem eigenen Dialekt vornahmen.
Wir stimmten zu. Eine Gruppe Männer kam ins Büro. Mary Hadley stellte uns ihren Mann vor, dann die anderen Kumpels. Mr. „Doc" Griffin war Zahnarzt. Er war ein schmaler, vorgeneigt stehender Mann mit wenig Haar auf dem runden Kopf, mit aufgeworfener Nase und kleinem Mund. Seine farblosen Augen blickten unstet. War er nicht in seiner Praxis, fuhrwerkte er mit den rostigen Kränen auf dem Werftgelände herum, wie wir später feststellten.
„War auch in Germ'ny", sagte Doc Griffin und fügte bissig hinzu: „Bremerhaven, furchtbare Stadt!"
Ich dachte an die Selbstbehauptung in diesem Land durch Un-

verwüstlichkeit und allzeitige Hoffnung. „Seh'n Sie, Doc – uns wird Elizabeth City gefallen, auch wenn's kleiner ist als Bremerhaven! Nette, kleine Stadt! Freundliche, aufgeschlossene Menschen! Dschast gruät!"

Wir stolperten aus dem Büro.

Am Nachmittag brachten wir KAIROS zur Bunkerstation und füllten Treibstoff nach. Dann verholten wir an den uns zugewiesenen Platz. Wenn auch ein paar Pfähle fehlten, war er dennoch in leidlichem Zustand. Wir schlossen Wasserschlauch und Elektroleitung an, beides war intakt. Diese Marina war gewiß keine Erste-Klasse-Angelegenheit, aber sie bot guten Schutz. Vor uns am Steg lag die Sloop SOMEDAY, lagen die Motoryachten RAGNAR und REBEL YELL. Sie sahen ordentlich aus und ließen auf freundliche Eigner schließen.

„Jetzt kommen die Fahrräder raus!" rief Elga.

Ich holte sie unter den Bodenbrettern aus dem Kiel hervor, wo sie gut eingefettet drei Jahre zusammengeklappt gelegen hatten. Zunächst radelten wir durch den Villenort. Er lag mit Rasen und Blumengärten zwischen den Häusern in den Wald hinein. Da jäteten alte Damen ihre Beete. Mit ruhigem Strich malte ein Mann die Fensterläden seines Hauses. Ein Bus brachte Kinder aus der Schule.

Das Städtchen „down-town" war weitgestreckt in der üblichen Zersiedelung, die rücksichtslos ins Land wuchert. Es zeigte wenig Schönheit. Aber später sahen wir weitaus häßlichere Städte, so daß wir immer Freude fühlten, wenn wir nach Elizabeth City zurückkamen. Es gab viele Supermärkte für Elgas Verpflegungseinkäufe. Und nicht immer gegeben in USA: sie lagen in Fußgänger-Entfernung.

Wir waren bereit, das Leben in der Marina und auf der Werft so zu nehmen, wie es sich bot. Da schallten die heiseren Arbeitsrufe von Mary Hadley und ihren Kumpeln, da stachen die groben Bemerkungen von Doc Griffin. Alle arbeiteten unverdrossen, um die heruntergewirtschaftete Werft und Marina hochzubringen. Mary Had-

ṅezuela – die Andenkette bei Mérida *(oben)*

antik – Kurs Nordwest in den Golfstrom hinein *(unten)*

Canada – die Urwaldgrenze *(links oben)*

USA Ostküste – Drehbrücke
im Intra Coastal Waterway *(links unten)*

USA – Grand Canyon in Arizona *(oben rechts)*

USA – Campingplatz in Indiana *(unten Mitte)*

USA – Überquerung der Rocky Mountains *(unten rechts)*

USA – Gila-Wüste in Arizona *(oben)*

USA – Lake Elsinore in California *(unten)*

ley hatte sie zusammen mit der Nachbarwerft gekauft. Mary Hadley beherrschte die Wasserfront. Von Booten verstand sie ebensowenig wie ihr Mann. Aber das Ziel war klar: konkurrenzlos Geld, viel Geld zu machen.

Wir versuchten, durch Gespräche gegenseitige Aufgeschlossenheit zu wecken. Doch dabei machten wir den Fehler, aus unserer seemännischen Erfahrung Ratschläge zu geben. Wir merkten den Fehler zu spät. Mit ihrem Southern Drawl – dem Dialekt der Südstaaten, den zu mildern sie sich nicht die Mühe gaben – schoben sie unsere Kontaktversuche zur Seite. „Getta outa way!" War das Dünkel, Selbstbehauptung, Stolz? War das von ihren Vorfahren auf sie gekommen, die hier den Urwald gerodet, mit den Indianern gekämpft, ihre Sklaven zur Arbeit getrieben hatten? Damals war auch ein Ziel in Sicht gekommen: jenseits der Sümpfe, der Urwaldhügel, der Ebenen, der Steingebirge.

Ich saß auf dem Steg neben KAIROS und blickte über den Fluß in die Wälder.

1526 gründen an dieser sumpfigen Küste fünfhundert Spanier eine erste Siedlung. Die Wildnis braucht weniger als ein Jahr, um sie zu verschlingen. Vierzig Jahre später wagt ein spanischer Seefahrer den erneuten Versuch in Florida. St. Augustin überlebt. Die Spanier breiten sich in Florida aus.

Französische Hugenotten landen 1562 an der Küste des heutigen South Carolina. Sie können den Spaniern, dem Fieber, den Indianern nicht widerstehen. Sie werden ausgerottet. Erfolgreich sind die Franzosen jedoch im Norden. Am St. Lawrence River gründet Samuel de Champlain 1608 Quebec. In den folgenden Jahren dringen die Franzosen von dort nach Südwesten vor, schaffen an den Großen Seen entlang eine Verbindung zu ihren südlichen Besitzungen New Orleans und Louisiana. Die Coureurs du Bois, Waldläufer, Entdecker und Händler zugleich, ziehen an den Ufern des Ohio und Mississippi einsame Pfade, gründen Handelsplätze.

Nach einem ersten gescheiterten Versuch auf der Insel Roanoke am Ausgang des Albemarle Sound gründen Engländer 1607 eine Siedlung am James River in Virginia. Sie überleben. Die Indianer helfen ihnen dabei. Später kommt es trotzdem zu Feindseligkeiten. Die weißen Siedler brauchen mehr Land. Sie sind nun stark genug, es sich von den Indianern zu nehmen. Sie schließen Verträge, die den Indianern das weitere Land im Westen zusprechen. Kann man zusprechen, was dem anderen bereits gehört? Welch Dünkel. Die Nachkommen halten die Verträge nicht. Sie brauchen noch mehr Land. Der Anbau und Export von Tabak werden ein glänzendes Geschäft.

Im Nordwesten des Kontinents, in Alaska, gründen Russen 1784 eine Siedlung auf Kodiak Island. Ihre Jäger und Pelzhändler ziehen die Westküste nach Süden hinab.

Von Mexico aus haben sich Spanier in California angesiedelt. Sie beobachten den russischen Vorstoß mißtrauisch.

So ist zu Beginn des nordamerikanischen Dramas die Bühne gesetzt: aus allen Himmelsrichtungen kriechen weiße Männer aus ihren Segelschiffen aufs Land, richten sich erstaunt auf, sehen den unerforschten Reichtum. Ihre Hände beginnen zu greifen, ihre Füße zu marschieren. Sie scheuen keine Mühe und keinen Schweiß. Sie scheuen auch kein Blut. Aus Holzhütten werden Dörfer, aus Dörfern feste Plätze, aus Festungen Städte. Neue weiße Männer kommen, machen aus Wildpfaden Trampelpfade, Wagenspuren, Schotterwege, Straßen. Weiter! Ein reiches Land! Ein freies Land! Unser Land!

Dreihundert Jahre später sagt ein letzter Oglala-Sioux, der ein letztes Blutbad überlebt hat: „Wieviel ging zugrunde! Wenn ich jetzt vom Berge meines Alters hinabblicke, dann sehe ich die gemordeten Frauen und Kinder noch so, wie meine jungen Augen sie gesehen haben. Und ich sehe, daß dort im roten Schlamm noch mehr starb. Unsere Kraft wurde gebrochen und zerstreut. Es gibt keinen Mittelpunkt mehr."

Der Irrtum des Columbus, der Indien gefunden zu haben meint, gibt den Urbewohnern einen falschen Namen. Amerikaner sind niemals ausgerottet worden – nur Indianer. Jahrzehntausende vor dem Weißen Mann sind sie aus Asien gekommen. Die Behring-Straße soll damals eine Landbrücke gewesen sein. Sie sind Eiszeitjäger. Sie folgen dem Wild. In Zeiträumen, die unsere Moderne wie einen Todessprung erscheinen läßt, breiten sie sich aus: zur Atlantikküste, nach California und Mexico. Sie dringen in die Dschungel Südamerikas ein, wo ich einen der letzten über dem Wasserfall sah. Sie erreichen Patagonien und Feuerland.

Das Bild dieser Völkerwanderung ist für mich eines der schönsten der Menschengeschichte. Menschen wandern. Menschen entwickeln ihre Lebensart. Aus den eiszeitlichen Jägern werden Bauern. Sie bauen Hütten, bauen Dörfer. Sie lernen, Mais, Squash, Tabak, Kartoffel, Tomate und Kakao anzubauen. Ihre Handwerkskunst gewinnt Fertigkeit. Sie bestatten ihre Toten und beginnen, Tempel zu bauen. Sie halten Gottesdienst und Ratsversammlung. Ihre Lebensart erreicht Höhepunkte im bescheidenen Überleben in Wüste und Dschungel, in der Pueblogemeinschaft, im freien Nomadenzug der Jagd, in der Ordnung des Inkareiches wie im Kalender der Maya-Kultur.

Sie fallen in Niedergänge mit den Blutopfern der Azteken, mit der Unfähigkeit zur Einigung über den Stammesverband hinaus, mit ihren ständigen Kleinkriegen und Diebesscharmützeln. Aber sie zerstören nicht. Gold und Erz sind ihnen nichts wert außer zum Schmuck und für einige Gerätschaften. Sie führen keinen Krieg darum. Sie führen Krieg ohne Vernichtungsabsicht. Es gibt Flucht aus den Jagdgründen aufgrund kriegerischer Ereignisse. Es gibt Stämme, die anderen ihre Vormacht aufzwingen. Es gibt die Folter, um zu sehen, wie tapfer der gefangene Feind ist. Sie leben in keinem Paradies. Aber sie bleiben am Leben.

Die Aussicht, im Krieg vernichtet zu werden, bringt der Weiße Mann. Er bringt außerdem den Begriff des Landbesitzes. Mit Perlen, Tuch, Äxten, mit Musketen und Schnaps erwerben die Weißen Land und schreiben darüber Verträge aus. Die Indianer kennen keinen Landbesitz. Ihre Jagdgründe gehören dem Stamm, dem Dorf, dem Wind, der über allem weht. Die Indianer verstehen Verträge über Besitz nicht. Nur langsam lernen sie, was die schwarzen Zeichen auf dem Papier des Weißen Mannes bedeuten.

Und was bedeuten sie? Nichts. Die Zeichen auf Papier verschwinden. Die Gier des Weißen Mannes nach immer mehr Land bleibt. Er betrügt mit Absicht und er weiß es. Er nimmt, was er will, und liefert Musketen so schlecht wie Pusterohre und Schnaps so schlecht wie Gift. Die Indianer wehren sich mit Pfeil und Bogen und den schlechten Musketen. Die Weißen greifen zu ihren guten Musketen. Sie sind nicht gekommen, um hier sterbend unterzugehen. Es geht um Selbstbehauptung.

Die Weißen sind aus einem Europa gekommen, das im 16. und 17. Jahrhundert überkocht. Die Reformation hat den Glauben gespalten und zu einer Gewissensfrage gemacht. Bauernaufstände in Deutschland, in Ungarn, in der Schweiz, die protestantischen Niederlande in Rebellion gegen katholisch-spanische Herrschaft, die

Hugenottenkriege in Frankreich. Die Gegenreformation ist nicht weniger blutig. Spanien unterdrückt immer wieder den Kampf der Holländer, die Hugenotten werden brutal aus Frankreich verjagt, Spanien schickt die Armada gegen die englischen Ketzer, die protestantische Erhebung in Prag führt zum Dreißigjährigen Krieg. Ausgekocht liegt Europa für eine Weile.

Das geschieht zu Lebzeiten Palestrinas, El Grecos, Shakespeares, Rubens', Rembrandt, Spinozas. Und kann das geistige Schaffen den Lärm der Waffen nicht zum Schweigen bringen, so läßt es sich auch nicht übertönen. Es gibt Hoffnung. Es gibt Ziele. Auf der Suche nach Freiheit wandern die Menschen aus. Amerika! Hier können sie neu beginnen. Hier können sie glauben, was sie wollen, und beten, wie sie wollen. Hier finden sie neuen Mut – außerdem Reichtum.

Die Polypenarme der Großmächte folgen ihnen in die Neue Welt. Die Regierungen in Europa erklären Siedlungen zu Kolonien, Gebiete zu Territorien, Ansprüche zu Einflußsphären. Sie lenken, verwalten, geben Unternehmern und Adligen Konzessionen und Rechtsansprüche. Sie schicken Menschen, immer mehr Menschen – politische Gegner ebenso wie Verbrecher aus überfüllten Zuchthäusern.

Da steht der Weiße Mann in Nordamerika: die Wildnis vor sich, im Rücken das Meer. Immer mehr kommen und stoßen ihn westwärts. Verwaltung, Staatsinteressen, Verbrechen folgen. Ob er will oder nicht, er muß die Wildnis überwinden und darin den Indianer. Und der Indianer muß seinen Lebensraum halten, der seine Wildnis ist.

Da stehen sich unüberwindbare Gegensätze gegenüber. Anerkennen wir, was unser Computerzeitalter so leicht vergißt: Tragik ist die unberechenbare menschliche Verstrickung auf Leben und Tod – und fügen wir hinzu: ohne Sieger und Besiegte. Die Überlebenden werden schuldig sein.

Im 18. Jahrhundert kämpfen England und Frankreich offen um die Vorherrschaft in Nordamerika. Spanien schlägt sich auf die französische Seite. Die Engländer nennen diesen Krieg den „Franzosen- und Indianerkrieg". Jede Seite kämpft gegen die Indianerstämme, die von den fernen Regierungen durch Agenten aufgehetzt werden. Europäische Offiziere zeigen den Rothäuten, was ein wirklicher Krieg ist. Da werden die Huronen und Irokesen zu Bluthunden. Dörfer brennen und es stinkt nach verbrannten Frauen und Kindern. Das Grauen kriecht in die Herzen der Weißen. Was richten diese Wilden an! Und sie ziehen gegen die Dörfer der Indianer und schlagen tot und brennen nieder. Im Frieden von Paris 1763 muß Frankreich im Norden Canada, im Süden Louisiana an England abtreten. Spanien verliert Florida an die Engländer, erhält aber Teile Louisianas, die westlich des Mississippi liegen. Da wird um Ländereien gefeilscht, deren Grenzen im Ungewissen bleiben.

Nach den Indianern fragt keiner. Die englischen Kolonien dehnen sich weiter westwärts aus. Die Vorfahren von Mary Hadley und Doc Griffin beginnen, sich Amerikaner zu nennen. Welch Stolz. Sie wollen Besseres schaffen als ein Leben in kolonialer Abhängigkeit. Der zweite Akt des nordamerikanischen Dramas zeichnet sich ab.

Ich saß auf dem Steg neben KAIROS und blickte über den Fluß. Die Sonne schien heiß. Die Luft zitterte über dem braunen Wasser, das vor den Waldufern blau den Himmel spiegelte. Es war eine ruhige, friedliche Landschaft, so recht zum Träumen. Da ich meine Badehose anhatte und mir meine Träume nicht gefielen, ließ ich mich kopfüber ins Wasser fallen. Es war angenehm weich auf der Haut.

Als ich auf den Steg kletterte, stand ein Schatten über mir. Es war Doc Griffin. Er stand vorgeneigt. Seine farblosen Augen wischten über mich hin. „Wir hamma Bestimmungen bei der Haftpflicht", sagte er leise und ohne Verbindlichkeit, „wir sehns nicht gern, wenn vomma Steg gebadet wird."

„Es ist verboten?"

„Verboten is' deutsch. Wir sehn's nicht gern. Sie könn' jederzeit von Ihr'm Boot aus schwimm'." Er ging kleinen Schritts zur Werft. Sein Kran tuckerte dort im Leerlauf. Er wollte seine zahnärztliche Mittagspause nutzen.

Als ich an der SOMEDAY vorbeiging, tauchte Susans Kopf aus der Luke auf. Sie und ihr Mann Michael lebten mit ihrer fidelen Katze Jollie an Bord. Michael war Leutnant bei der Coast Guard. Susan arbeitete dort auch. Fast ganz Elisabeth City verdiente seinen Lebensunterhalt auf der nahen Coast-Guard-Flugbasis.

„Doc Griffin hat Ihnen das Schwimmen vom Steg aus verboten?" fragte Susan.

„Ja, so ungefähr."
„Ich fürchte, daran bin ich schuld."
„Schuld?"
„Ja. Vor Tagen wollt' ich eine Bekannte hier zum Schwimmen überreden. Sie kann aber nicht schwimmen. Da holte ich einen großen Autoreifen und blies ihn auf. Mit dem sprang sie dann ins Wasser. Wir hatten riesigen Spaß! Hinterher kam Mary Hadley und machte böse Bemerkungen. Am Abend kam Doc Griffin und sagte, er sähe das nicht gern."
„Es ist wegen der Haftpflicht."
„Haftpflicht?" Susan schüttelte ihr blondes Haar. „Ich meine, es ist – also, meine Bekannte ist Schwarze. Mary Hadley haßt Schwarze."

Mason Peters von der Motoryacht RAGNAR war Journalist.
Er sagte: „Nennt mich nie Journalist. Ich bin Nachrichtenmann. Ich suche, sichte, schreibe und verkaufe Nachrichten. Dieses Geschäft bricht dir das Herz. Du begreifst es oder du begreifst es nie. Es ist eine Berufung, eine Art Priestertum – und ebenso vergeblich."
Er war 66 Jahre alt. Er hatte blaue, sehr aufmerksame Augen, ein gutes Gesicht mit einem sensiblen Mund. Sein schütteres, blondes Haar trug er kurzgeschnitten. Er bevorzugte Khakikleidung. So wirkte er wie eine Mischung von Seemann, Soldat und – Nachrichtenmann. Er witterte eine story bei uns. Er schrieb als freier Mitarbeiter für die Zeitungen an der Küste. Er merkte, daß wir Zeitungsleuten gegenüber mißtrauisch sind, und stellte keine Fragen. Er erzählte aus seinem Leben. Wir auch. Und damit hatte er, was er wollte.
Auch sein Vater war Journalist gewesen, Redakteur großer Zeitungen. Er schickte das Kind Mason in die Schweiz zur besten Internatsschule. Im Alter von 15 Jahren ließ er Mason zur See fahren: als Schiffsjungen auf einem griechischen Trampdampfer. Mason biß die Zähne zusammen und hielt durch. Der Trampdampfer

brachte ihn zur Türkei, zum Libanon, in den Fernen Osten, um die Erde. In Canada belegte Vater Peters einen Studienplatz. Nach Abschluß des Studiums als Elektroingenieur verschaffte der Alte dem Jungen eine Anstellung bei einer Washingtoner Großzeitung. Masons Weg führte steil bergauf: vom Polizeireporter zum Redakteur. Der Krieg kam. Als Artillerieoffizier auf einem Zerstörer zickzackte Mason durch die Inselschlachten im Pazifik.

Die Besitzerin der Zeitung vermachte nach ihrem Tod Mason und einigen Kollegen die Zeitung. Die Erben wurden uneins und verkauften. Masons Anteil betrug weit über eine halbe Million. Er ließ sich von seiner dritten Frau scheiden. Er kaufte die Ketsch WINDWARD STAR. Er segelte fünfmal über den Atlantik, dann um die Erde. In fernen Häfen verfiel er dem Alkohol und den Drogen. Zurück in USA gewann Mason diese Schlacht. Mason dazu: „Was für ein Narr war ich! Plötzlich war ich über die Grenze hinweg. Ich wollte zurück. Man kommt zurück. Aber nur ganz radikal."

Mason mußte die WINDWARD STAR verkaufen. Er arbeitete als Elektroingenieur und verdiente gut. Aber das Nachrichtengeschäft ließ ihn nicht. Für einen Redakteurposten war er zu alt geworden. Er schrieb als freier Mitarbeiter. Und er verdiente nicht gut. Gleichgewichtsstörungen brachten ihn zur Einsicht, daß seine große Zeit auf großer Yacht vorbei war. Er kaufte die Motoryacht RAGNAR. Er sagte: „Aber mein Herz hängt an Segelyachten."

Mason wurde unser Freund. In langen Gesprächen saßen wir zusammen. Sein Wissen war groß – als Seemann, der Stürme überlebt hatte, als Soldat, der Schlachten geschlagen hatte, als Mensch, der sich überwunden und gewonnen hatte. Über die USA sagte er: „Lies Benjamin Franklin, Jefferson, Emerson. Hör die Musik von MacDowell, Ives und Gershwin. Die Schwarzen schufen Gospel und improvisierten Jazz. Bei aller Verschiedenheit der Einwanderer haben wir politisch und kulturell vermocht, die vereinigten Staaten eines Halbkontinents zu werden. Wir sind die logische Fortsetzung europäischer Anstrengungen: in Uabhängigkeit, Verfassung, Einheit, Stärke, Kultur – lacht nicht, ich weiß, daß unsere musicals kitschig sind und unsere Filme moralisch rosarot triefen. Bisher haben wir noch keine Zeit gehabt, uns einen Shakespeare zu leisten. Wir werden wahrscheinlich für solche Männer nie Zeit haben. Wie 1944 am D-Day, wie in Korea und selbst noch in Vietnam –"

„Krieg gibt keine Lösung, Mason."

„Mag sein, daß die Nervenbelastung der Atomwaffen uns zu dieser Einsicht führt – uns und die anderen. Hoffentlich rechtzeitig. Lest über die Friedensbewegungen, die es auch im Ostblock gibt. Du hast in Rußland gekämpft?"

Ich erzählte ihm über Rußland. Die Daten und Armeekorps kannte er besser als ich. Zu meinen Begegnungen mit russischen Menschen, die mir halfen, nickte er bestätigend.

Am nächsten Tag brachte er Elga eine Rose und sagte: „Wir haben viel über Politik und Krieg gesprochen – keine Themen für dich. Wie hat euer Goethe gesagt? ‚Das Ewig-Weibliche zieht uns hinan'."

Mir gab er ein Heft mit dem Text der US-Unabhängigkeitserklärung. „Über mich kannst du in deinem Buch schreiben, was du willst. Wenn ich Glück habe, stellst du mich nicht nur als alten Gecken dar, der auf seinem Motorboot sitzt und kluge Sprüche drischt. Aber über das, mein Junge, was du in diesem Heft liest, schreib die Wahrheit! So gut du kannst, so eindringlich du kannst!"

Mit dieser Unabhängigkeitserklärung beginnt der zweite Akt des nordamerikanischen Dramas. Die englischen Kolonien erheben sich gegen das Mutterland. Der Grund sind Steuern und wirtschaftliche Bevormundung durch die Regierung in London. 1774 gründen Abgeordnete der Kolonien den Continental Congress. Er beschließt die Veröffentlichung der Unabhängigkeitserklärung, die Jefferson entworfen hat.

„– daß alle Menschen gleichgeboren sind; daß sie vom Schöpfer mit unveräußerlichen Rechten versehen sind; daß zu diesen Rechten das Leben, die Freiheit, das Streben zum Glück gehören."

„– daß Regierungen ihre gerechte Macht von der Zustimmung der Regierten herleiten."

„– daß es das Recht des Volkes ist, jede Regierung zu ändern oder abzuschaffen, die gegen diese Ziele verstößt, und eine neue einzusetzen."

Diese Worte erreichen am 4. Juli 1776 die Öffentlichkeit. Sie verfehlen in den nordamerikanischen Kolonien damals, über die Erde hin bis zum heutigen Tag ihre Wirkung nicht. Aus der Kolonistenrebellion wegen ungerechter Steuern wird ein Kampf um eine neue Freiheit.

Gemäß den Regeln und Überlieferungen jener Zeit ist das Mittel für diesen Kampf wiederum Krieg. George Washington, ein Pflanzer und Milizoberst aus dem Franzosen- und Indianerkrieg, wird zum General und Oberbefehlshaber der US-Truppen ernannt. Es fehlt ihm an allem. Seine größte Sorge ist die Disziplin der Soldaten. Nach jedem Gefecht – und Washington verliert sie fast alle – meinen sie, es sei nun genug gekämpft worden, und kehren zu ihren Farmen zurück. Die gedrillten englischen Truppen sind unbeweglich. Unentschlossen sind ihre Generäle. Mit gekauften deutschen Regimentern versucht England, die Last des Krieges von seinen Truppen fernzuhalten. Die Deutschen wissen gar nicht, wofür sie sterben sollen.

Der Krieg dröhnt, stöhnt, röchelt sechseinhalb Jahre lang. Die Hilfe Frankreichs entscheidet ihn zugunsten der Kolonien. Durch eingetroffene französische Truppen wird eine Hauptmacht der Engländer nach Yorktown an der Chesapeake Bay abgedrängt. Eine französische Flotte vor der Chesapeake Bay zwingt eine englische Versorgungsflotte zum Abdrehen. Die Engländer in Yorktown kapitulieren. England anerkennt die Unabhängigkeit seiner dreizehn Kolonien.

Die USA geben sich eine Verfassung. General Washington wird ihr erster Präsident.

In Masons Heft betrachtete ich das Bild Washingtons. Aus einem verschlossenen Gesicht blickten seine Augen mich kühl und unergründlich an. Ohne sein Durchhaltevermögen hätten die USA die Unabhängigkeit nicht gewonnen. Und die Freiheit?

Es hat zweihundert Jahre bedurft, um in den USA eine Bürgerrechtsbewegung lebendig werden zu lassen, die überzeugt und ohne Gewalt die Minderheiten vertritt, „daß alle Menschen gleichgeboren sind" – die schwarzen wie die weißen wie die roten. Dieser Weg ist immer noch ein Anfang. Aber er ist die einzige Hoffnung, daß die Glorie großer Männer und die Wahrheit großer Worte keine sinnlosen Größen bleiben.

Ich las den Zettel, den ich als Lesezeichen im Heft benutzt hatte. Besucher hatten ihn bei unserer Abwesenheit ins Cockpit gelegt. „Mein Mann und ich heißen Sie beide herzlich in Elizabeth City willkommen! Wir hoffen, daß Sie Ihren Aufenthalt in unserem großen und schönen Land genießen und daß Sie Menschen treffen werden, die Ihnen helfen. Wir sind alt und nicht mehr sehr beweglich. Deswegen haben wir besonders aufmerksam gelesen, was Ma-

son Peters über Sie in der Zeitung geschrieben hat. Weiterhin gute Fahrt! Gott schütze Sie!"
Was, wenn wir unsere Freiheit in schwarzer Haut erleben müßten? Ich legte den Zettel auf Washingtons Bild und schloß das Heft.

Eine Frau kam schnellen Schrittes den Steg entlang. Sie hatte fröhliche Gesichtszüge und kurzes, blondes Haar. Ihre Augen strahlten. Obwohl ich kaum der Grund dazu sein konnte, erhob ich mich.
 Sie sagte, sie hieße Ursula Tolson. „Ich hab' in der Zeitung über Sie gelesen! Ich bin in Heidelberg geboren, verheiratet mit einem englischen Arzt. Wir leben seit sieben Jahren hier."
 Wir baten unsere Besucherin an Bord. Sie war wie ein Wirbelwind. Sie erzählte von ihren vier Kindern zwischen zehn und achtzehn Jahren, von der Arztpraxis, in der sie ihrem Mann half. Mit ihm hatte sie in Ghana, Nigeria und Canada gelebt.
 „Ich weiß was!" rief sie. „Sie kommen heute abend zum Essen! Ich lade außerdem Wassinks ein. Er ist auch Arzt, Holländer, verheiratet mit Katherine aus Virginia. Lustige Leute! Ich mache Schweinebraten mit Rotkohl, aufgepeppt mit amerikanischen Zutaten. Ja? Gut, um sechs!" Sie beschrieb den Weg zu ihrem Haus. „So – ich muß los, Abrechnung in der Praxis! Bis dann!"
 Das Haus lag im Wald. Es war aus Backstein gebaut. Zwei große Hunde umsprangen uns bellend. Der jüngste Sohn umsprang uns bald auch. „Hey, ich bin Byron!" Er beschoß uns mit seiner Wasserpistole. Ursula erschien und glättete den Aufruhr. Sie führte uns ins Haus.
 Bücher und Bilder an den Wänden. Wandlampen verbreiteten warmes Licht. Wir saßen an der Bar. Roger Tolson erzählte von seinem Urlaub auf Martinique, Bill Wassink von seinen Reisen als Schiffsarzt, Katherine von ihrer Tätigkeit als Malerin. Ursula bat zu Tisch. Wir waren eine lebhafte Tafelrunde. Wir saßen bis spät in die Nacht. Gedanken sprangen auf, wurden diskutiert, ergänzten sich.
 Schweigend gingen wir durch die Nacht zur Marina. Die Luft

war still und warm. Der Mond goß weißes Licht über Kiefern, Linden und Magnolien. Leuchtkäfer flogen. Hier und da fiel Licht aus Fenstern. Es warf gelbe Rechtecke auf blaue Rasenflächen, ließ Blüten in dunklen Gebüschen glühen.

Zu Elgas Geburtstag kam ihre jüngere Schwester Gesa aus Roanoke, Virginia. Sie hatte eine Freundin mitgebracht. Wir fuhren zum Baden an die Atlantikküste. Während die beiden Mädchen mit bewunderungswürdiger Ausdauer in der Sonne lagen, fanden Elga und ich Schatten unter der hölzernen Plattform eines alten Beobachtungsturmes. Es war heiß und windstill. Eine müde Brandung rollte auf den gleißenden Sand. In ihren Gischtschleiern zerrann die Küste nordwärts und südwärts meilenlang. Als bunte Punkte lagen, wanderten, liefen Menschen im fließenden Licht. In den Dünenhügeln standen Wochenendhäuser. Weit entfernt die Hotels von Kitty Hawk zitterten als weiße Kuben unwirklich in Hitze und Gischtschleiern.

„Ich geh' mal zu den Mädchen runter – schwimmen", sagte Elga.

Ich hörte ihre Schritte im Sand fortknirschen, wälzte mich auf die andere Seite und blinzelte. In meinem Blickfeld stand eine schiefe Krüppelkiefer. In ihrem Schatten lag ein verrosteter Anker. Er war von der Salzluft zernagt, das Holz des Ankerstocks knochenweiß und brüchig.

„Geh zum alten Anker unter der Krüppelkiefer. Stell dich neben den Anker, daß deine linke Hand die aufrechte Flunke berührt. Tu sieben Schritte nach Süd und sieben nach West. Dort grab sieben Fuß tief. Du wirst die Kiste finden. Die sie vergruben, leben nicht mehr. Was du findest, ist dein."

So steht's auf den alten Seeräuberpergamenten. Vielleicht stimmt's. Dann liege ich hier über Blackbeards Schatzkiste.

Er nannte sich Edward Teach, als er von den Bahamas nach North Carolina kam. Er kleidete sich sorgfältig. Sein schwarzer Bart lag gepflegt auf der Brokatweste. Er gab sich als Kaufmann aus, nachdem er in Bath am Pamlico River eingesegelt war. Er kaufte dort ein Haus. Seine preiswerten Waren belebten den Handel. Es waren Dinge, die in den englischen Kolonien der Jahre 1717/18 hochgefragt waren. Die Kolonisten rechneten und dachten sich ihren Teil. Wo waren Zoll und Steuer in diesen Preisen?

Oft segelte Squire Teach mit unbekanntem Ziel aus dem Hafen. Nach Wochen kam er wieder. Der Handel blühte. Der Gouverneur von North Carolina erhielt großzügige Geschenke. Der Richter von Bath wurde ebenfalls nicht vergessen.

Die Schiffahrt vor der Küste kam zu jener Zeit durch Piraterie zum Erliegen.

Wenn Teach den Hafen von Bath am Pamlico River verlassen hatte, unterzog er sich einer Verwandlung. Der schwarze Bart wurde zu wilden Zöpfen geflochten. Rock und Weste aus Samt und Brokat wichen dem Waffenrock. Wenn Steuermann und Mannschaft einen Handelsfahrer enterten, schrien sie: „Hier kommen Blackbeard und der Teufel!" Blackbeard stand auf seinem Achterschiff. Ins Haar hatte er sich brennende Lunten gesteckt: der Teufel persönlich in Höllendampf.

Blackbeard wußte, was sein teuflischer Ruf wert war. Er ließ blutrünstige Geschichten über sich verbreiten. Sie krochen von Haus zu Haus, hüpften durch die Hafenkneipen. Auf See ließ die Erinnerung an das Gehörte jeden Widerstand erlahmen, wenn der riesige Mann mit schwarzem Bart und rauchendem Kopf aufkreuzte. Blackbeard verstand sein Geschäft.

Squire Teach in Bath hielt um die Hand eines schönen Mädchens an. Er heiratete es in allen Ehren und mit großem Pomp. Ging er nicht seinen Geschäften nach, führte er einen großzügigen Haushalt, verwöhnte seine junge Frau und gab rauschende Festlichkeiten.

Der Gouverneur von Virginia im Norden glaubte nicht an den personifizierten Teufel auf See. Er ließ zwei Kutter ausrüsten und bemannen. Den Befehl über die Schiffe erhielt der Marineleutnant Meynard. Als Fischer die Meldung brachten, daß Blackbeard in Lee von Ocracoke Island vor Anker läge, lief Meynard aus.

Blackbeard saß am Vorabend des Gefechts mit seinem Halsabschneider-Steuermann in der Kajüte. Sie tranken Rum. Auch die Besatzung hatte ihren Teil bekommen. „Fünfzehn Mann bei des Toten Kist' – heyooh! – und 'ne Buddel, Buddel Rum!" Die Stimmung auf Deck war großartig.

„Käptn", sagte der Steuermann in der Kajüte, „du hast eine hübsche, junge Frau. Wenn –"
„Das hab' ich!" rief Blackbeard. „Und sie ist die beste aus dem ganzen Haufen, den ich an Weibern gehabt habe."
„Käptn", sagte der Steuermann, „zwei Schiffe aus Virginia hat der Ausguck am Hatteras Inlet gemeldet. Sie werden morgen hier sein. Wenn –"
„Das werden sie!" schrie Blackbeard. „Und wir schießen sie zusammen, daß die Planken fliegen!"
„Käptn", sagte der Steuermann, „ohne persönlich werden zu wollen: weiß denn wenigstens deine junge, hübsche Frau, wo du deine Reichtümer vergraben hast? Wenn –"
„Kein Mensch weiß das!" brüllte Blackbeard. Er sprang auf und riß den Steuermann am Kragen hoch. „Du verdammte, schlaue Ratte! Nur ich und der Teufel wissen wo! Wer länger lebt, ich oder er, der soll alles haben!"
Kein Mensch hat je erfahren, ob der vergrabene Schatz Blackbeards ein ebensolches Märchen war wie der Großteil seiner Grausamkeiten.
Meynard brachte seine Kutter am nächsten Tag in Schußweite. Das Gefecht war kurz und blutig. Blackbeard starb. Die Piraten ergaben sich. Meynard segelte im Triumph nach Virginia zurück: den Kopf des Piraten am Bugspriet. So endete das Unwesen der Piraterie im Atlantik. Die letzten wurden einschließlich des schlauen Steuermanns gehängt.
Ich blinzelte zum alten Anker hin. „Heh! Wie war's wirklich?"
„Es war wirklich schön!" sagte Elga. „Wir haben in der Brandung geschwommen!" Sie atmete heftig und begann sich abzutrocknen.
„Raff dich, Junge! Wir wollen nach Elizabeth City zurück. Ich hab' die Mädchen zum Pizza-Essen eingeladen."
Die Brandung rollte auf den gleißenden Sand. In den Gischtschleiern zerrann die meilenlange Küste mit all ihren Geheimnissen.

Das Haus stand auf einem Hügel im Wald. Es war aus Holz mit vielen Giebeln gebaut. Gesa fuhr mit Schwung die Straße hinauf und darauf zu. Wir sahen es wie das Märchenhaus in den Sieben Bergen liegen. Gesas Mann Jim begrüßte uns herzlich und ruhig. Tochter Irina war seit ihrem letzten Besuch in Hamburg eine kleine Dame geworden. Das Haus wurde für die nächsten drei Wochen unser Heim.

In der Zeitung lasen wir die Anzeige zum Verkauf eines VW-Campingwagens. Gesa fuhr uns zum Platz des Angebotes. Das Wunderding war neu gespritzt: beige mit weißen Stoßstangen. Die Reifen waren neu. Das Fahrzeug war neun Jahre alt mit einer Fahrleistung von 115 200 Kilometern. Die Inneneinrichtung war gut erhalten.

Ich weiß nicht, wie andere Leute gebrauchte Autos kaufen. Ich machte ein ernstes Gesicht und ging um die Kiste herum, kniete mich vor die Reifen, beugte mich unters Fahrgestell, öffnete den Motorkasten und betrachtete sinnend, was ich nicht verstand. Ich stieg ein, klopfte auf die Polster, öffnete einige Fächer, setzte mich auf den Fahrersitz, trat Kupplung und Bremse und war so schlau wie zuvor. Der junge Mann, der die Kiste verkaufen wollte, hatte eine Autowerkstatt. Er konnte alles für die ersten 200 Kilometer prächtig hergerichtet haben. Er fragte mich, ob ich nicht endlich zur Probefahrt ansetzen wollte.

Ich hatte seit drei Jahren kein Auto gefahren. Ich war froh, daß die Kiste nicht in einer Großstadt zum Verkauf stand. Dies war ein idyllisches Dorf in den Blue Ridge Mountains – hey, von den blauen Bergen kommen wir! Der Motor lief müde, aber gleichmäßig klappernd. Die Gänge rasteten dort ein, wo ich meinte, sie einlegen zu sollen. Etwas sperrig war der zweite: klick! Alle Lichter brannten und blinkten und erloschen wie erforderlich. Und der junge Mann hatte blaue Augen.

So erklärte ich Elga und Gesa und dem jungen Mann nach der Probefahrt: „Wir kaufen! Die Kiste wird's schon machen!"

Nach dem Ausfüllen von Kaufvertrag und Quittung stieg Elga bei Gesa ein. Sie wollte ihre Schwester nicht allein zurückfahren lassen – sagte sie und betrachtete die Kiste argwöhnisch.

Auf der Autobahn hatte ich alle Mühe, Anschluß an Gesas Auto zu halten. „Los, Kiste! Lauf! Du stinkst erbärmlich nach Benzin! Los, bergauf, dritter Gang! Und weiter, zweiter Gang!" Klick! „Los,

gleich sind wir oben – siehste!" Ich merkte beglückt, daß mit Zureden die Kiste alles machen würde.
Wir kamen etwas erschöpft vorm Haus an. Elga und Gesa warteten dort bereits. Wie ließen es uns nicht nehmen, in elegantem Bogen auszulaufen und weich zum Halt zu kommen. Plöschk! feuerte eine Nachzündung.
„Was war das?" fragte Elga erschrocken.
„Ach, Kind", sagte ich in erwachtem Besitzerstolz, „wenn ich dir das alles erklären soll! Das Beste ist, du gewöhnst dich daran, daß Autofahren nicht so geräuschlos und geruchlos wie Segeln ist."
„Wie fährt er?" fragte Gesa.
„Er? Sie – die 'Kiste'!" sagte ich. „Sie fährt traumhaft!"
„Du wirst das Auto zur Durchsicht in eine Werkstatt geben?" fragte Gesa besorgt.
„Ach, lieber nicht. Die 'Kiste' und ich sind nicht mehr ganz jung. Wenn wir zum Doktor gehen, findet der immer was: an der Pumpe, im Getriebe, am Kreislauf, auch wenn wir prächtig laufen können. Außerdem: was ich nicht weiß, macht mich nicht heiß!"
„Laß uns also in Hoffnung beginnen!" sagte Elga. „Heute nachmittag ist Generalreinigung."
Als wir damit fertig waren, setzten wir uns auf einen Baumstamm, der vor Jims Hügelwald lag, und betrachteten unsere Erwerbung. Elga hatte sie nun auch in ihr Herz geschlossen – die „Kiste".
Die „Kiste" mußte beim Department of Motorvehicles angemeldet werden. Dazu mußte der Besitzer eine Versicherungspolice vorlegen. Jim, im Versicherungsgeschäft tätig, bemühte sich redlich und tagelang. Keine Gesellschaft wollte einen Fremden mit deutschem Führerschein versichern.
„Hier", sagte Jim eines Abends. „Ich hab' dir dies Heft mitgebracht. Da steht alles drin, was du für die Prüfung zum hiesigen Führerschein wissen mußt."
„Prüfung?" schrie ich entsetzt. Ich blätterte durchs Heft. Es hatte 120 eng gedruckte Seiten mit vielen Abbildungen. Seit 58 Jahren auf dieser Erde, habe ich mich wegen Lampenfiebers vor Prüfungen möglichst gedrückt. Verdammt! Ich setzte mich mit den 120 Seiten und vielen Abbildungen auf unser Zimmer. Die Familie sah mich nur noch zu den Essenszeiten. Abends ließ ich mich von Elga abfragen.
Elga und Gesa kamen mit zum Department of Motorvehicles.

Elga zur moralischen Unterstützung, Gesa zur Hilfe beim Ausfüllen der amtlichen Formulare.

Ein freundlicher Beamter gab mir einen Fragebogen, sah meinen Zustand und lächelte sanft. Trotzdem sperrte er mich in einen Kasten, wo ich die fünfundzwanzig Fragen auf dem Bogen mit Kreuzchen beantworten mußte. Dann ließ er sich von mir in der „Kiste" um den Block fahren. Die „Kiste" benahm sich prüfungsfreundlich.

„Fein!" sagte der Beamte. „Bestanden!"

Wir schrieben nun nach Milwaukee, wo Freunde wohnten, und nach Minneapolis, wo weitere Freunde wohnten. Wir bekamen schnelle Antwort: „Kommt!"

Wir planten unsere Route mit Straßenkarten und einem Campingbuch, das die Einzelheiten aller Campingplätze auf 500 Seiten beschrieb. Die Adressen unserer Freunde waren dabei wie ferne Inseln, die uns einen sicheren Ankerplatz versprachen. Schließlich lag der Plan vor uns: 2600 Kilometer nach Minneapolis, durchschnittliche Tagesfahrt 370 Kilometer. Wir wollten in Ruhe reisen.

„Wir werden sehen, wie das uns und der 'Kiste' bekommt." Ich fuhr mit der Hand über die Karte des südlichen Canada. „Wenn ja – dann fahren wir um die Großen Seen nordwärts herum."

„Ein langer Weg!" Elga betrachtete die Karte. „Alles Wald und Seen."

„Ja. Kilometer statt Seemeilen."

Zurück in Elizabeth City, brachte Elga alles Erforderliche in die „Kiste": Schlafzeug, Kleidung, Geschirr, Verpflegung. Ich machte KAIROS für die Liegezeit klar. Mason erklärte sich bereit, die Batterien zu überwachen. Michael von der SOMEDAY wollte im Falle eines Sturms Zusatzleinen und Anker ausbringen. Ich legte das im Cockpit bereit.

Am Morgen des dritten Tages nach all der Arbeit startete ich die „Kiste". Elga stieg ein. Ich warf einen Blick über KAIROS in der frühen Morgensonne. Einsam und verlassen fühlten wir uns plötzlich. Ich lenkte die „Kiste" auf die Straße.

Auch Elga blickte noch einmal zurück. „Leb wohl, Schiff!" sagte sie entschlossen.
Ich küßte sie schnell, bevor wir auf die Autobahn einbogen. Wir fuhren. Es war der 17. Juli 1981. Am Nachmittag kurvten wir die Höhenzüge des Appalachian-Gebirges hinauf und hinab. Unseren Campingplatz fanden wir nach Karte an einem See. Obwohl er überfüllt war, sahen wir kein Auto und keinen Menschen. Wir parkten zwischen Büschen unter Bäumen. Ein Wiesenhang lag als Waldlichtung vor uns.
Wir aßen ein kaltes Abendessen. Unser Platz hatte keinen Elektroanschluß. Elga konnte ohne Strom in der „Kiste" nicht kochen. Als die Mosquitos kamen und wir von eingesammeltem Holz ein Feuer zu ihrer Verscheuchung in der zementierten Feuerstelle machten, kam die Erleuchtung.
„Elga! Wir hätten auf dem Feuer –"
„Ja, ein Abendessen mit vier Gängen –"
„Eintopf hätt's ja auch getan!"
Wir waren noch rechte Anfänger. Elga hatte einige Flaschen KAIROS-Rum in die „Kiste" umgeladen. Wir tranken davon und sangen „Man lernt nie aus in diesem Leidenstal!" und wurden recht lustig. Die Mosquitos summten und die Nacht war tief mit einem romantischen Mond, und wir verstummten plötzlich und fragten uns erschrocken, ob wir mit unserem deutschen Gesang den Frieden der Nacht und unsere US-Nachbarn störten. Aber vom entfernten Nachbarplatz schimmerte das Licht vieler bunter Lampions herüber und es klang treu-amerikanisch: „– saints are marching in!" Sie freuten sich des Lebens wie wir. So einfach war das alles.
Wir tranken nicht Elgas ganzen Rumvorrat aus. Wir tranken nur soviel, daß wir am nächsten Morgen etwas später als vorgesehen unsere Fahrt fortsetzen konnten. Es gab vorher ein kräftiges Frühstück mit heißem Kaffee. Das Wasser dafür hatte ich auf der Glut des vorabendlichen Feuers erhitzt. Uralte Instinkte wurden wach. Big Bad George – diesen Namen hatte mir Irina in Roanoke verliehen – trat in die Geschichte der nordamerikanischen Waldläufer ein.
Highway 64 – Kentucky. Steile Hügel geringen Umfangs mit Wäldern darauf, in den Tälern Maisfelder und Tabakanbau, Wiesen mit Vieh und Pferden. Alle Holzzäune waren weiß gestrichen und gaben der Landschaft freundliche Unterbrechungen. Wir umfuhren Lexington. Es zieht uns nichts in die Städte.

Der abendliche Campingplatz lag an einem Bach mit Wiesenufern, die von Niederwald gesäumt wurden. Meine großen Absichten hinsichtlich eines guten Kochfeuers zerrannen in einem gewittrigen Wolkenbruch. So nahmen wir dankbar die Wunder der Zivilisation in Anspruch und steckten unser Zuleitungskabel in die Steckdose des Platzes. Wir krochen in die „Kiste", stellten das Klappdach auf Stehhöhe. Elga suchte irgendwo im winzigen Kleiderschrank nach Zwiebeln, ich unterm Beifahrersitz nach unseren Tagebüchern. Mußten wir aneinander vorbei, gab es stets eine Planbesprechung, wie das Manöver zu bewerkstelligen wäre. Derweil dampfte das Süppchen auf der Herdplatte und schlug sich an Fenstern und Wänden nieder.

Wir überfuhren am nächsten Tag auf weitgespannter Brücke den Ohio River. Der Fluß zog zwischen Sumpfwiesen und Feldern durch das breite Urstromtal. Zum Ausgang der Eiszeit wälzten sich hier die Wassermassen schmelzenden Eises südwestwärts zum Mississippi, dem Vater aller Gewässer in diesem Lande.

In Indiana überfiel uns Wind. Er stürmte übers flache Land, als wollte er die Kornfelder flachlegen. Ich drückte den Gashebel durch. Ich stand auf ihm und die „Kiste" machte für Stunden nicht mehr als 45 Kilometer in der Stunde. Wir wurden gebeutelt wie auf See. Nur an Beidrehen war nicht zu denken. Die sechsachsigen Lastwagen brummten an uns vorbei. Ihre Luftwellen im Sturm brachten das geschlossene Klappdach in seinen Scharnieren zum Stöhnen. Prröölch-ruack! Es war ein beunruhigender Laut. Wir mußten uns an ihn gewöhnen. Mit Gegenruder hing ich am Steuerrad.

Die Bö mit Wolkenwalze überrollte uns. Jetzt kam der Verkehr zum Erliegen. Ich fuhr auf den Haltestreifen rechts ran. Noch mehr Wind. Der schmeißt uns mit der „Kiste" um! Blitzezucken, Donnerschwall, Staub, endlich Regen. Dann war der Spuk vorbei. Hoffentlich kommen wir nie in Wetter mit Tornadobildung.

Ich stieg aus und prüfte den Ölstand. Nach vier Stunden Gegenwind: halbleer! Ich füllte nach und redete der „Kiste" gut zu. Der Verkehr kam wieder in Gang. Wir auch. Die Sonne schien. Schwalben flogen. Klick! machte der zweite Gang.

Zu Mittag bogen wir ins Dorf Tippecanoe ein. Es lag am gleichnamigen Fluß. Die Häuser sahen wie in der Lüneburger Heide aus, sie hatten aber kein Fachwerk. Wir kamen zum Eichenhain. Wir stiegen aus und gingen auf das Denkmal zu. Auf steinernem Sockel stand die bronzene Figur General Harrisons. Er gewann die Schlacht. Für den Indianerhäuptling Tecumseh vom Stamme der Shawnee war kein Denkmal gesetzt. Er verlor die Schlacht.

Es ist möglich, daß er nicht anwesend war. Die Quellen sind unsicher. Aber seine Idee ging hier unter. Es war die Idee einer rettenden indianischen Konföderation.

„Wo sind die Stämme unseres Volkes geblieben? Sie sind vor der Gier und Gewalt des Weißen Mannes dahingeschmolzen wie Schnee in der Sommersonne. Sollen wir vernichtet werden? Sollen wir unsere Wigwams aufgeben, unsere Jagdgründe, die uns vom Großen Geist gegeben worden sind – die Gräber unserer Toten, alles, was uns lieb und heilig ist? Ich weiß, daß ihr mit mir ruft: niemals!"

So Tecumseh zu den Ältesten seines Stammes, zu den Häuptlingen der anderen Stämme. Er sieht die Indianer als Volk. Kein Roter Mann hat bisher so gedacht. Seine Idee ist die Vereinigung der Stämme zu einem Stammesbund, zu einer Konföderation mit politischer und kriegerischer Kraft. Keine Scharmützel mehr um Diebereien untereinander, keine örtlichen Aufstände gegen die Weißen. Tecumseh will die gemeinsame Anstrengung aller Stämme gegen die Eindringlinge. Er weiß, daß er die Weißen nicht ins Meer zurückwerfen kann. Er denkt an eine Grenze, die den Appalachian Mountains folgt. Sie ist zu verteidigen und verständlich zu erklären, wenn Verhandlungen zu führen sind.

Tecumseh will Politik, eine geschlossene Übereinstimmung der Ratsversammlungen aller Stämme. Er will den Weißen in Krieg und Frieden eine ebenbürtige Stärke zeigen. Er weiß, daß die USA die Unabhängigkeit von einem fernen Häuptling jenseits des Großen Wassers errungen haben. Unabhängigkeit! Weiß er, was in der Unabhängigkeitserklärung der USA steht?

Daß alle Menschen gleichgeboren sind: wie ein Bolívar der roten Rasse reitet er über die Ebenen, schon zu Lebzeiten eine Legende. Er spricht mit den Stämmen in Canada wie mit denen in Florida. „Wir werden einig sein, wir werden keinen Krieg mit tanzenden Füßen führen, sondern einen mit wachem Geist. Der Weiße Mann ist nicht unbesiegbar, er wird unsere Stärke sehen, wir werden verhandeln."

In Washington nimmt die US-Regierung Tecumsehs Absichten

ernst. Schon kleinere Indianeraufstände haben riesige Gebiete von Weißen, die sich jetzt Amerikaner nennen, leergefegt. Aufstände sind unbotmäßiger Aufruhr. In anderer Schlußfolgerung kann die Regierung das Verhalten der Indianer nicht sehen. Reguläre Truppen gibt es kaum in den westlichen, grenzenlosen Gebieten. Die Miliz der Siedler muß sich bewähren. Kein ziviler Beamter, ein General wird geschickt, um die Bedrohung zu beseitigen.

General Harrison verhandelt mit Tecumseh. Beide Männer brauchen Zeit, um militärische Macht zu sammeln, die ihre Argumente stärken soll. Killer-Strategie. Und so sind es die Radikalen, die den Gang der Entwicklung bestimmen. Die weißen Radikalen zünden eines ihrer Häuser an: „Da brennt unser Eigentum! Nichts ist diesen blutigen Wilden heilig!" Die roten Radikalen werden von Tecumsehs Bruder, der ihr Medizinmann und Prophet ist, zum Großen Kriegstanz gedrängt.

Hier im Eichenhaim hat Harrison Milizsoldaten und ein paar Kompanien regulärer Truppen zusammengezogen. Dort, jenseits des Tippecanoe, dröhnen die Indianertrommeln eine ganze Nacht. Tecumseh? Trommeln und Kriegstanz sind das, was er nicht will. Er wird nicht gesehen in dieser Nacht. Die Indianer greifen an, als die Truppen am Morgen aufbrechen, um ihrerseits anzugreifen. Unten am Fluß töten die Indianer alle Weißen. Hier zum Eichenhain herauf aber hüpfen sie in die Musketensalven der Weißen. Sie kämpfen tanzend und sterben wie die Fliegen. Tecumsehs Führung fehlt. Indianische Schützen können mit ihren Bögen Pfeile weit schneller schießen als Soldaten Bleikugeln aus ihren Vorderladern. Aber sie tanzen. Und sie fallen zu Haufen tot ins Gras.

Ich setzte mich neben Elga unter die Eichen ins Gras. Die Sonne schien. Die Wolken der Sturmbö sanken fern im Osten hinter den Horizont. Eine kühle Brise ließ die Blätter über uns knistern und das Gras neben uns wippen.

Liegt im Wesen der Indianer ihr Untergang so sicher beschlossen, daß nichts ihn aufhalten kann? Es berührt, daß jeder Indianer zu Lebzeiten schon sein Sterbelied dichtete. Nach General Harrisons Sieg ist Tecumsehs Idee tot. Tecumseh verbündet sich 1812 mit den Engländern, die gegen die USA Krieg führen. Er stirbt in einem Gefecht. Der Sieger ist wiederum General Harrison. Dreißig Jahre später wird der General Präsident der USA. Nach vier Wochen im Amt stirbt er.

Ich sah den Wolken nach, die verwehten.
„Wollen wir hier zu Mittag essen?" fragte Elga.
„Wir suchen uns einen anderen Platz – ohne Denkmal."

Wir umfuhren die Stadt Chicago. Unsere Freunde Margitt und Eberhard begrüßten uns am Abend in ihrem Haus nahe Milwaukee.
„Ihr ohne KAIROS!" rief Eberhard. „Man kann von der Ostküste durch den Intra Coastal Waterway und Kanäle hier in die Großen Seen kommen und auf dem Mississippi zurück ins Karibische Meer."
„Wir wollen über Land reisen", sagte Elga, „weil es interessanter ist."
Unsere Freunde meinten, wir müßten zumindest eine Großstadt in den USA sehen. Sie fuhren mit uns nach Chicago. Zu Mittag kamen wir an. Sie luden uns zum Mittagessen im Restaurant eines Wolkenkratzers ein. 350 Meter hoch saßen wir über der Erde. Es war ein wolkiger Tag mit starkem Dunst über dem Michigansee. Wie Pfeiler ohne Brücke ragten die Hausriesen aus dem Wasserdampf. Anschließend gingen wir durch die Straßenschluchten. Erdrückt von den Hausriesen standen noch einige kleine Häuser: Bilder einer zerquetschten Erinnerung, aus der niemand gelernt hatte.
Großstädte bedrücken Elga und mich. Größenwahn, Verschwendung, Anfälligkeit bei Katastrophen. Was sie an Annehmlichkeiten bieten – Theater, Kunst, kulturelles Leben – wiegt unsere Bedrückung nicht auf. Wolkenkratzer: ununterbrochen starrte ich hinauf, wo ein Spalt Himmel zu sehen war. Die Mayas in Mittelamerika verließen ihre Städte und der Dschungel überwucherte die Bauten. Katastrophe? Warum?
Wir kamen an die Straßengrenzen, hinter denen Liebe und Tod käuflich wurden. Auch diese Schluchten waren sauber. Hinter den Fassaden waren Prostitution und Verbrechen ebenso gut organisiert wie die Müllabfuhr davor. Al Capone – ein Schatten, den nur die Großstadt gebären und erhalten kann.
Schön war der große Uferpark zum See hin.
Wir brachten die „Kiste" in Milwaukee zu einer VW-Werkstatt. Der Ölverlust mußte abgestellt werden. Schon am nächsten Tag

leckte die „Kiste" wieder. Eberhard wollte Himmel und Hölle in Bewegung setzen. Ich winkte ab. Die „Kiste" war alt. Sie fuhr. Ich wollte dem Kaufpreis nicht laufende Reparaturkosten nachwerfen.
Wir sagten unseren Freunden Dank und fuhren weiter. Mit uns fuhren ihre unzähligen Ratschläge, die nicht unsichere Empfehlungen blieben.

Wir kreuzten den Mississippi bei Red Wings, einem Indianerreservat, und fuhren nach Minnesota ein. Das Tal des großen Stroms war von bewaldeten Hügeln begrenzt. Aus ihrem Grün leuchteten weißgelbe Klippen. Nordwärts hoben und senkten sich sanfte Wiesenhügel meilenweit. Dazwischen lagen blaue Seen und Felder mit Getreide und Flachs. Laubwälder dehnten sich.

Das Haus unserer Freunde Trudel und Günther lag an einem dieser Seen im Wald. Wir hatten uns drei Jahre lang nicht gesehen. Entsprechend lang waren unsere Gespräche über unsere jeweiligen Erlebnisse. Wir blieben für drei Tage und saßen bis tief in jede Nacht hinein.

Wir kauften Sraßenkarten. Wir planten die Route nach Canada um die Großen Seen.

Nach Norden weiter änderte sich die Landschaft in herber Weise. Niederlassungen mit ihren Menschen, Farmen mit ihren bestellten Feldern wurden selten. Dann gab es sie nicht mehr. Die Wälder wuchsen zusammen. Sie schlossen die Straße ein mit dunklen Tannen und hellen Birken. Schnurgerade fuhren wir unter grauem Himmel. Es begann zu regnen. Wir passierten die Stadt Duluth am Lake Superior. Ihre Hafenanlagen verschwammen in Regenschleiern. Grau und groß wie ein Meer lag dahinter der See.

Wenn wir nicht durch Wald fuhren, sahen wir den See zu unserer Rechten. Er zeigte viele Bilder: nebelverhangen, wie Gespenster zogen die Schwaden aus seinem kalten Wasser herauf; leuchtend unterm Sonnenhimmel, die Wolken wie Träume; dunstverzaubert mit geheimnisvollen Inseln in der Ferne.

Zu unserer Linken nordwärts lagen Wälder, Wälder und Seen. Jede Straßenkurve brachte eine neue Überraschung. Wie in Venezuela empfanden wir plötzlich die Gewaltigkeit unserer Erde, die immer noch unberührt geblieben ist. Ich schielte auf die Karte, die Elga hielt. Eine letzte Straße vom Ottawa River zum Lake Nipigon, dann die Große Grenze des Urwaldes. Fast jeder Fluß, den wir ostwärts kreuzten, hatte seinen Wasserfall.

An den Abenden saßen wir an unserem Feuer. Es war vollkommen still, abgesehen vom plötzlichen Knacken der brennenden Holzscheite. Kühl war es und es roch nach Kiefernnadeln. Die silberne Fläche des Sees leuchtete im letzten Tageslicht. Ein Hauch von Rosa hing im Himmel. Der zunehmende Mond und der Abendstern gewannen Leuchtkraft.

Elga rührte hin und wieder in ihrem Topf auf der Glut des Feuers. „Stew", sagte sie, „wie üblich. Gemüse vom Einkauf in Thunder Bay, Rindfleisch aus einer Dose noch von Hamburg." Sie füllte das Essen in unsere Schalen. Ich zog die Scheite über die Glut. Knallend sprangen die Flammen auf und übergossen uns mit Wärme. Wir aßen schweigend, hungrig nach der Fahrt des Tages.

Dieser kleine See hatte keinen Namen. Nordwärts nach einer Schotterstraße gab es nur noch Kleinflugplätze – wie in Venezuela waldumschlossene Außenposten in Einsamkeit. Zwischen den Dschungeln im Süden und den Urwäldern des Nordens lagen 43 Breitengrade. Wir hatten sie mit KAIROS und der „Kiste" durchsegelt und durchfahren. 2700 Seemeilen unter Segeln, 3500 Kilometer auf Rädern: Flaute und Sturm, Landschaft und Menschen, alte Spuren und neue Wege. Waren erst zehn Monate vergangen, seitdem wir im Dschungel geschwitzt hatten? Zeit und Raum sind wandelbare Größen.

Wir holten unsere Pullover. Ich legte neues Holz aufs Feuer. Wir saßen auf unseren Klappstühlen und starrten in die springenden Flammen. Ihr Schein huschte über die Undurchdringlichkeit des Urwaldes wie damals das Wetterleuchten über die Wand des Dschungels. Auch hier wartete die Urzeit – nur 43 Breitengrade dazwischen, mehr nicht.

Der Mond ging unter. Ein feiner Rotschimmer hing für Minuten im Dunst über dem See. Hindurch zog die Silhouette eines Kanus mit einem einsamen Jäger. „Ich bin müde", sagte Elga.

„Ich auch."

Aber wir konnten uns nicht entschließen, die kühle Schönheit der Nacht zu verlassen. Als wir schließlich zu Bett gegangen waren, begannen die Waschbären zu rumoren.

Canada 1981
„Nordwärts gab es nur noch waldumschlossene Einsamkeit."

Die Tannenwälder wichen Ahornwäldern, als wir nach Südosten fuhren. Wir erreichten das Tal des Ottawa River und folgten ihm. Es ist die geologische Bruchstelle des Canadischen Schildes, der sich hob, als die Eismassen der Eiszeit abtauten. Granitklippen und steile Felswände standen waldbewachsen am nordöstlichen Ufer des Flusses.

Regnerische Tage kosteten uns den letzten Vorrat trockenen Holzes, den wir in der „Kiste" mitführten. Big Bad George machte jetzt bei jedem Wetter Feuer und kochte, was Elga im Topf zusammengerührt hatte. Wir aßen noch einfacher als an Bord. Da kniete er und rührte er, der große Waldläufer, nicht das Gewehr, aber den Regenschirm in der Hand, mit dem er zielsicher Wasser vom Feuer abwehrte und Wasser im Süppchen verhinderte.

Wir kamen an den St. Lawrence River. Tausend Inseln lagen im Strom. Die größte verdeckte mit ihren Bäumen den Massengutfrachter auf Auslaufkurs, die kleinste war gerade groß genug, ein Wochenendhaus und zwei Tannen zu tragen. Wir überfuhren die Brücken von Canada über die Flußinsel in die USA. Wir kampierten ein letztes Mal an einem Seeufer, am Lake Ontario. Die Campingplätze weiter südwärts hatten nun wieder Häuser mit Verwaltungsbüro, Spülklos und Müllzerhackern. Feuerholz mußte gekauft werden.

Bei Harrisburg überfuhren wir den Susquehanna River. Zu Mittag kamen wir ins Städtchen Gettysburg. Es lag inmitten von Apfel- und Pfirsichplantagen. Wir standen bald auf der Plattform des Aussichtsturmes und blickten über Städtchen, Plantagen und Schlachtfeld. Die Schlacht dauerte drei Tage zu Beginn des Monats Juli 1863. Sie entschied den nordamerikanischen Bürgerkrieg, dessen erster Schuß bei Charleston gefallen war. Der letzte Schuß dieses Krieges fiel hier nicht. Der Südstaatengeneral Lee hielt den Krieg für verloren, der sich blutig weiterschleppte. Für meinen Urgroßvater Johann, der mit den siegreichen Truppen der Nordstaaten kämpfte, fiel hier der letzte Schuß. Er wurde schwer am Unterkiefer verwundet, der danach ganz oder halb fehlte. Mein Großvater erwähnte das nicht so genau, wenn er mir von diesem unglücklichen

Mann erzählte. Es gab auch kein einziges Bild von ihm nach der Verwundung, was auf sein schreckliches Aussehen schließen ließ. Vielleicht war er gar nicht so unglücklich. Aufgrund der chirurgischen Möglichkeiten jener Zeit wurden Männer mit Kopfverletzungen liegengelassen oder ins Sterbezelt getragen. Urgroßvater Johann war jedoch geheilt worden. Die Krankenschwester Julia hatte sich seiner angenommen. Sie brachte den Schwerverletzten durch. Er genas und konnte die USA nach Hamburg verlassen, wo er heiratete. Warum er die Schwester Julia nicht heiratete, hat mein Großvater nicht erzählt. Aus der Kriegsgeschichte wäre eine Romanze geworden.

Da Johann bei der US-Kavallerie diente, nehme ich an, er wurde am ersten Tag verwundet. Da lieferte die Kavallerie der Vorhut des General Lee erste Scharmützel. Das blieb aber kein Reiterspiel, denn die Vorhut General Lees war stark und drängte vor und die Kavalleristen mußten absitzen und Schützenlinie bilden. Da wird es Johann erwischt haben. Und das ist der Grund zu seiner Rettung gewesen.

Am zweiten und dritten Tag wurden die Verluste auf beiden Seiten so hoch, die Hektik auf den Verbandsplätzen so groß, daß er sterbend liegengeblieben wäre.

Elga und ich verließen das Schlachtfeld und saßen am Abend einige Kilometer weiter südlich am Feuer. Ich trank Rum mit Wasser verdünnt. In den Flammen schwankten Schatten, Gestalten. Die Südstaatler griffen ununterbrochen an, und die Artillerie der Nordstaatler auf den Hügeln feuerte in die grauen Linien. Hätte Julia Johann nicht durchgebracht, ich säße nicht hier. Er muß schrecklich mit seinem verstümmelten Gesicht ausgesehen haben. Kein Bild von ihm. Die grauen Linien werden zerfetzt, die blauen Linien wanken. Nacht. Warum hat meine Urgroßmutter Catharina ihn geheiratet? Sie ist für mich ein ebensolcher Schatten wie er. Sammeln, sammeln und greift an. Trompeter, das Signal. Und die Artillerie. Liebte sie ihn? Heiratete sie ihn aus Fürsorge, aus Mitleid gar? Schlagt sie tot, brecht durch. Und die Artillerie. Ihren ersten Sohn, meinen Großvater, nannten sie im Gedenken an die Lebensretterin John Julia.

Das Feuer brannte nieder. Mein Glas war leer. Die Kälte kroch mir in die Glieder. Zum Teufel, Johann, was haben du und ich in Nordamerika verloren! Sklaven zu befreien und Indianergeschichten zu erzählen sind Träume für verlorene Idealisten. Ich mischte mir einen neuen Rum mit Wasser. Und die Artillerie. General Lee brach die Schlacht ab. Er sah ein, daß er sie nicht gewinnen konnte. Jeder seiner gefallenen Soldaten befahl ihm das. Sein gesenktes Gesicht soll totenbleich gewesen sein, als er zu den Überlebenden sagte: „Es war alles mein Fehler. Nicht ihr, ich habe diese Schlacht verloren. Und ihr müßt mir nun helfen, so gut ihr noch könnt." Er gab den Befehl zum Rückzug.

Über mir blinkten kalte Sterne. Ich goß mir noch einen Rum ein, einen letzten ohne Wasser. Wir ziehen in den Krieg, wo uns die Kinnlade weggeschossen wird. Wir erzählen Geschichten, deren Leid nicht mehr zu ändern ist. Warum?

Johann war ausgezogen. Die Schlacht spuckte ihn aus. Er hatte Frau und Kinder. „Ihr müßt mir nun helfen, so gut ihr könnt." Über Schlachtfelder hinweg, über Jahrhunderte und Jahrtausende, über Leid hinweg bauen wir eine Brücke.

In Elizabeth City fanden wir KAIROS wohlbehalten vor. Wir brachten die „Kiste" in eine Werkstatt, die Mason uns empfohlen hatte. Ihr Ölverlust mußte gestoppt, ihre Heizungsklappen zum Winter entrostet, ihr Auspuff ausgewechselt werden. Wir machten uns inzwischen an die Instandhaltung des Schiffes. Mit Tolsons und Wassinks verbrachten wir fröhliche Abende an Bord und in ihren Häusern. Tagsüber schwitzten wir bei der Arbeit. Die Temperaturen des Monats August kletterten bis 35 Grad im Schatten.

Zwei Hurrikane zogen draußen auf See vorbei. Sie blieben der Küste fern. Nicht ihre Sturmwinde, ihre Regenmassen belästigten uns tagelang.

Zu unserer großen Freude besuchten uns auf ihrer Nordamerikareise unsere Freunde Inge und Nixi aus Hamburg. Da wir grundverschieden reisten, gab es eine Menge zu vergleichen und zu ergänzen. Nixi verwaltete mit bewunderungswürdiger Gründlichkeit unsere Banksachen. Er berichtete genau. Ich hörte nicht so genau zu. Meine Aufmerksamkeit war aller geschäftlichen Konzentration entwöhnt.

„Interessiert dich das überhaupt?" fragte Nixi schließlich.

„Nixi! Der Dank, den wir dir schulden, beschäftigt uns viel mehr als diese Zahlen. Versteh das bitte!"
Er sah mich mit seinen hellen Augen nachdenklich an.
Als sie schieden, war uns schwer ums Herz. Ein paar bunte Postkarten kamen, zeigten ihren weiteren Reiseweg. Dann kehrten Nixi und ich zu der regelmäßigen Korrespondenz zurück, die so überaus genau zu führen wir seit Jahren gewohnt sind.

Am 4. Oktober 1981 lag KAIROS überholt, gesichert und verschlossen. Wieder packte uns Nervosität. Wir konnten die Blicke von unserem besten Stück nicht losreißen. Ich startete und lenkte die „Kiste" auf die Straße. Sie trug alles, was wir für die nächsten Monate brauchten. Die Fahrt nach Norden schien vergleichsweise nur eine Probefahrt gewesen zu sein. Ursula, Mason und Susan, letztere mit der fidelen Katze Jollie auf dem Arm, winkten uns Farewell.

Die Bergwälder Virginias, West-Virginias und Kentuckys leuchteten in Herbstfarben. Der flache Sonnenschein warf lange, blaue Schatten. Die Luft wehte frisch. Bei Lexington bogen wir diesmal nicht nach Norden. Wir folgten nun den Straßen nach Westen. Bei Louisville überfuhren wir den Ohio, folgten dem Flußtal mit seinen fruchtbaren Äckern und fuhren nach Illinois hinein.

1837 führte ein Dorfschmied den eisernen Pflug ein. Der harte Prärieboden konnte gebrochen werden. Wenig später wurde eine Mähmaschine entwickelt, die das Zehnfache einer Handsense schnitt. Die Mechanisierung der Landwirtschaft leitete zusammen mit dem Bau von Eisenbahnlinien die Entwicklung des Mittelwestens ein: Kornfelder bis zum Horizont, Überbeanspruchung des Bodens. Und immer mehr Siedler kamen.

Bei St. Louis überfuhren wir den Mississippi. Von der Höhe der Autobahnbrücke sahen wir die Stadt in ihrer grenzenlosen Häßlichkeit, das Flußtal in seiner unbegrenzten Schönheit.

Land in Gegensätzen und Spannungen, zwischen Polarnacht und Tropensonne, zwischen Küste und Küste so groß, daß ein jeder in Übermaß finden kann, was er sucht. Seine Menschen leben zwischen Nächstenliebe und Rassenhaß, Einwanderung und Eingliederung. Sie haben den Mut, sich zu engagieren, die Freisinnigkeit, es unbeschränkt zu tun. Sie sind durch nichts vorbelastet, ihre Tradition ist kurz – gerade so lang, um ihnen Stolz zu geben. Mag ihre Unverwüstlichkeit zum Teil Schau, ihre Hoffnungsfreudigkeit manchmal oberflächlich, ihre persönliche Hilfsbereitschaft schließlich zurückweichend sein (don't fence me in): es gibt keine Menschen auf dieser Erde, die Fremden gegenüber zunächst einmal so aufgeschlossen sind, kein Land auf dieser Erde, das so vielen Fremden Aufnahme gewährt. Wer persönliche Freiheit sucht, er wird sie hier finden. Er muß seinen guten Willen einbringen und Unverwüstlichkeit, Hoffnung, Hilfsbereitschaft so nehmen, wie sie ihm dargebracht werden. Wer's tut, wird sich einen Himmel öffnen: immer noch das Land der tausend Möglichkeiten – wer's nicht tut, eine Hölle: immer wieder das Land der maßlosen Rücksichtslosigkeit. Jetzt, da wir weit entfernt sind, fühlen wir etwas Sehnsucht nach diesem großen Land und seinen Menschen.

Die Stadtautobahnen verlangten Aufmerksamkeit. Je nachdem, wie der Konstrukteur Unter- oder Überführungen geplant hatte, gab es Einfahrten und Ausfahrten mal rechts, mal links. Alles war gut ausgeschildert. Aber der Verkehr war dicht und schnell – zumindest für die „Kiste".

„Übernächste Abfahrt!" sagte Elga.

„Rechts oder links?"

„Ist nicht aus der Karte ersichtlich."

Ich hielt „Mitte Fahrwasser" mit gutem Abstand vom Vorfahrer und dicht gefolgt vom Nachfahrer. Die „Kiste" war langsam.

„Da! Wir müssen nach links!" rief Elga.

Ich betätigte den Winker, trat das Gaspedal durch. Die „Kiste" klapperte und stöhnte. Links kam ein Laster. Sechs Achsen donnerten an uns vorbei. Prröölch-ruack! stöhnte das Klappdach in den Luftwellen.

„Links!" sagte Elga furchtbar eindringlich.

Ich hatte die „Kiste" nun in gleicher Geschwindigkeit mit dem Verkehr links von uns. Ich bog nach links und schnell noch mehr: Die Ausfahrt war schon da. Einordnen nennt man das – amerikanisch: to merge, sprich mördsch.

Die US-Bürger fuhren höflich und tolerant. Wäre es nicht so, wir würden heute noch unsere Mittelfahrbahn auf den Stadtautobahnen halten. Sie gaben uns immer eine Chance zu mördschen, wenn auch stets sehr knapp. Sie selbst mördschten lässig. Da, hielt der junge Mann seine Freundin liebevoll im Arm. Sie saß vertrauensvoll an seine Brust gelehnt, hielt einen eisgekühlten Saft im Pappbecher vor sich her. So mördschten sie. Der smarte Fahrer ließ es sich nicht nehmen, uns freundlich zuzuwinken.

Für jeden Nachmittag hatte Elga mit Hilfe des Campingbuches einen Lagerplatz bestimmt, einen weiteren nicht zu fern als Reserve. Wir bevorzugten Plätze in Naturschutzgebieten, den National Parks. Sie waren großzügig in die Landschaft einer unzerstörten Natur gelegt. Ihre Campingplätze waren preiswerter als die privat geführten.

Gefiel uns der Platz, blieben wir. Ich fuhr die „Kiste" auf den uns von der Verwaltung zugewiesenen Platz. Die „Kiste" mußte gerade stehen. Wir führten Bretter mit, die wir in schlechtem Gelände unter die Reifen legen konnten. Manchmal mußte ich mit dem Spaten Ausgleich schaffen. Wir sammelten Holz, zerkleinerten es mit Hand und Beil. Wir stapelten es neben der Feuerstelle. Hin und wieder war Holzsammeln nicht erlaubt, um Humusbildung nicht zu stören; dann gab es Scheite am Empfang.

Nach einem Spaziergang zur Erkundung unserer Umgebung schrieben wir unsere Tagebücher. Zum Abend zündete ich das Feuer an. Das Wetter war meist trocken und warm – noch war Indian Summer. Aber die Nächte wurden kühler mit jedem Tag. Wir trafen immer weniger Menschen auf den Campingplätzen. Die Reisezeit ging zu Ende.

Wir durchfuhren den Bundesstaat Missouri, erreichten Kansas. Im Osten lagen kleine Farmen zwischen Waldstücken. Je weiter wir nach Westen kamen, desto seltener wurde beides. Ohne Baum lag die Ebene in langen Bodenwellen. Endlose Felder zeigten grüne Linien sprießender Wintersaat. Dürre Weiden mit gelbem Trockengras dehnten sich endlos. Punkte darin bis zum Horizont waren verstreute Viehherden. Über den wenigen Großfarmen standen Getreidesilos wie Kirchtürme. Über den Siedlungen hoben sich Großsilos wie Festungen.

Kansas wurde lange Zeit für unbewohnbar gehalten. Sein regenarmes Klima, sein dürrer Boden, den der Wind zu Staubstürmen und Tornados hebt, reizte nur wenige Siedler. Schwärme von Heuschrecken zerstörten die Ernten, Schwärme von Prärie-Indianern die Farmen. Entmutigte Siedler zogen weiter nach Westen, wo die Hoffnung nie unterging. In California war 1848 Gold gefunden worden, 1860 auch in Colorado, dann 1861 Silber in Arizona.

Eine Eisenbahnlinie wurde durch Kansas gelegt. Cowboys trieben Vieh aus Texas herauf, das hier verladen wurde. Aber noch lange blieb Kansas ein Land der wandernden Bisonherden, der streifenden Indianer, der Cowboys, der Viehdiebe und Gesetzlosen. Wyatt Earp, Wild Bill Hickock: das Recht lag im Lauf des schnellgezogenen Revolvers. Erst als die Regierung nach dem Bürgerkrieg Freiland an Veteranen abgab, erst als russische Emigranten diesen das Säen einer Wintersaat zeigten, wurde Kansas zum Getreideland. Die Prärie war dahin mit Bison und Indianer.

Wir zuckelten über den Highway dahin. Rastplätze, Informationsbüros, Tankstellen, Werkstätten, Restaurants, Hotels, Supermärkte: es war an alles gedacht. Es war viel mehr im Angebot, als wir und andere brauchten. Highway – Hoher Weg.

Die frühen Pioniere hatten nichts davon gehabt. Die abendliche Wagenburg war ein oft fragwürdiger Schutz, der verteidigt werden mußte. Seine Einsamkeit im endlosen Land gab letzten Mut: dem Mann, der angreifende Indianer niederschoß; der Frau, die den Ladestock in die Muskete rammte; dem Kind, das Pulver und Blei reichte. Überlebten sie, so nahmen sie Besitz von diesem Land. So gewonnenes Land gibt man nicht wieder auf. Jeder Sieg hat sein Recht und seine Tragik.

Die geknickten Halme, die Jagdpfade, die Spuren der Wagenkolonnen kamen unter den eisernen Pflug. Die Felder wurden immer größer. Der Boden laugte aus. Der Grundwasserspiegel sank, sinkt noch immer. Der Wind trägt den trockenen Boden in Staubfahnen davon, den Bisons und den Indianern nach ins Nichts.

Verlassene Farmen. Da standen Geisterhäuser und Gespensterscheunen. Die sonnengebleichten Giebel brachen langsam zusammen. Im Hof rosteten Gigantenmäher. Autoskelette klapperten im Wind. Wer hatte hier gewohnt, gearbeitet, geschuftet, bis er alles verzweifelt stehen und liegen ließ? Im Westen wartet kein jungfräuliches Land mehr.

Die Siedlungen in der Ebene waren Ansammlungen von einstöckigen Häusern. Die zweistöckigen an der Hauptstraße trugen eine stufenförmige Frontfassade, die ihre Schäbigkeit verdecken sollte. Sonst standen Buden, Geschäfte, Bars, Werkstätten, Tankstellen in nackter Zweckmäßigkeit an überbreiten Straßen. Diese waren für eine Zukunft gebaut, die es nie geben wird. Dazwischen lagen Parkplätze, Schrottplätze, Kinderspielplätze. Alles wurde vom Gewirr hochstelziger Reklameschilder überragt, durchstoßen von hölzernen Leitungsmasten und stählernen Bogenlampen. Über die grellen Reklameschilder hinaus reckten sich neue silbrige oder alte rostige

Wasserbehälter auf Eisengerüsten, überragt wiederum von den Zementsäulen eines Getreidesilos. Die rostigen, grasüberwucherten Gleise davor wurden nur einmal im Jahr blank, wenn die Southern Pacific die Getreideernte abfuhr.

Was war das? Siedlung, Kleinstadt, Gemeinde, Großstadt? Was brachte die Bewohner dazu, in diesem Provisorium zu arbeiten und zu leben? Der Wilde Westen war längst erobert. Die Bewohner konnten zur Ruhe kommen.

Wir fuhren durch die Wohnviertel am Rande ihrer Siedlungen. Liebevoll waren Bäume vor die Häuser gepflanzt, mühevoll Rasen gesetzt worden. Er verdorrte schon wieder. In den Gärten standen bunte Steine, verwitterte Wurzelknollen, lustige Gartenzwerge und skurrile Gipstiere – verstaubt wie eine vergebliche Ablenkung. Draußen lag die Ebene – trotz Getreide, Mais und Vieh leer, leer und endlos. Wir hörten die Radios aus den Fenstern, sahen die Fernseher flimmern. Die Bewohner wurden unterhalten und informiert. Aber keine Postkutsche mit dampfenden Pferden rollte durch flimmernden Staub und brachte eine wirkliche Nachricht, einen wichtigen Besucher. Kein Streifzug wurde vom Sheriff aufgerufen, um Banditen zu stellen. Kein einsamer Reiter kam galoppiert und meldete neuen Reichtum im Westen.

Wir sprachen mit ihnen im Supermarkt, an der Tankstelle, auf der Straße. Sie zeigten ständige Freundlichkeit und Hilfsbereitschaft. Sie mühten sich, uns immer zum Highway zu leiten, der an ihren Siedlungen vorbeiführte.

Elga fragte einen Farmer nach Klapperschlangen. Bei unserem Leben im Freien wollten wir über diese Tiere und ihre Gefährlichkeit Bescheid wissen. Der Farmer schob seinen Stetson in den Nakken und erzählte uns über Klapperschlangen. Zum Schluß fragte er: „Wo kommta her? My Gawd – Germany! Schätze, ihr habta langen Weg gehabt –" Jetzt kratzte er sich nachdenklich am Nacken, wodurch der Stetson ihm knapp über die Augen rutschte. „Wieso habta in Germany keine Klapperschlangen?"

Wir versuchten, das zu erklären. Er hörte unbewegten Gesichts zu.

Ringsum abgeerntete Getreidefelder bis zum Horizont. Dann gelbes Weideland bis zum Horizont, Punkte von Vieh. Ringsum grüne Wintersaat bis zum Horizont. Die Flußläufe waren ausgetrocknet. In ihren Bodensenken standen verkrüppelte Bäume mit Wurzeln wie Krallen. Ein Bretterschild: Smoky Hill River. Die Sonne sank in den Nachmittag. Der Westwind trieb tiefe Wolken über die Ebene. Aus den treibenden Wolken fielen Strahlenbündel schräg zur Erde. Wo sie die Erde erreichten, sah es aus, als ob die Hügel rauchten.
„Elga, wie weit zum Camp?"
„Etwa vierzig Kilometer. Ich kann's nur schätzen. Bei den Nebenstraßen sind keine Entfernungen angegeben."
„Klar, wer fährt hier schon."
Es rollten trockene Dornbüsche wie Kugeln über die Straße. Nur der Wind wußte, wo sie losgerissen worden waren. Ich hielt, um die Dornen anzusehen. Sie waren nicht lang genug, um den Reifen gefährlich zu werden. Wir tranken eine Tasse Kaffee im Stehen. Da waren wir, die Straße, der Wind. Kein Verkehr. Eine Eisenbahnstrecke lag neben der Straße. Ihre Leitungsmasten führten schnurgerade immer kleiner in den wolkendunstigen Horizont hinein, wo sie verschwanden.
„Präriegras", sagte Elga und zeigte nach Norden. „Die Regierung versucht, es wieder heimisch zu machen. Es hat große, seidige Rispen. Ich hab's irgendwo gelesen."
Wir sahen im Sonnenlicht weite rosa Flächen. Sie wurden von Wolkenschatten überzogen. Das Rosa fleckte in tiefes Violett. Hell und dunkel wellte sich das Bild in blaue Fernen, die nur zu ahnen waren. Ein seidiger Schimmer hing über allem.
Wir fuhren weiter und stießen am späten Nachmittag auf die Überreste von Fort Wallace auf einem Hügel. Da standen ein Blockhaus aus schweren Stämmen mit dicker Tür und kleinen Fenstern, ein windschiefes Bretterhaus mit blätternder rot-gelber Farbe, die Postkutschenstation. Es gab Fundamentreste noch anderer Gebäude. Eine Feldkanone drohte hilflos in die Ebene hinaus. In halbhohen Krüppelkiefern und Wacholderbüschen winselte der Wind. Ihre Schatten griffen lang den Hügel hinab in die Ebene. Die Sonnenwärme ließ nach. Wir stemmten uns gegen den Wind und fröstelten.
Fort Wallace ist ein Stützpunkt der US-Armee gewesen: die Armee hat die Wege nach Westen zu schützen. In der zweiten Hälfte

des 19. Jahrhunderts sind aus den Entdeckungspfaden Nachschubwege geworden. Da müssen Menschen versorgt werden, die Land besitzen, Werkzeug und Kleidung brauchen und Ernten absetzen wollen. Die Abwehr der Indianer ist ständiger Kleinkrieg.

Der dritte Akt des nordamerikanischen Dramas beginnt. Sein Schauplatz streckt sich vom Little Big Horn River im Norden über die Weiten der Prärie bis nach Arizona im Süden. Die Sioux-Häuptlinge Sitting Bull und Crazy Horse besiegen den Oberst Custer mit dem berüchtigten 7. Kavallerieregiment am Little Big Horn. Custer bezahlt sein Draufgängertum mit dem Leben. Der Apachen-Häuptling Geronimo räubert und sengt in Arizona, wo weiße Siedler Fuß zu fassen suchen. General Crook kann ihn nicht stellen, versucht zu verhandeln. Er bezahlt seine Vorsicht mit der Entlassung aus der Armee. Cheyennes und Kiowas, Utes und Navajos kämpfen in der Prärie, auf den Bergen und in der Wüste. Alle Stämme kämpfen, bis ihre Widerstandskraft zerbricht. Die Elendsmärsche der Überlebenden in die Reservate beginnen.

Ich sah die Kugelspuren in den Balken der Blockhütte, hörte im Wind die Stimme eines Bekannten, der mir in Elizabeth City seine großkalibrige Schrotflinte zeigte: „Hiermit puste ich glatt fünf Männer in Stücke – point blank!"

Was hätten wir getan, Elga und ich, hätte uns ein anderes Schicksal in die Prärie zu Bison und Indianer geführt? Es ist leicht, sich über alles zu erheben, wenn man unberührt hindurchfährt. Wir blickten über das riesige, unbarmherzige Land. Es hatte uns berührt. Wir fuhren weiter, immer weiter hinein.

Wir fanden das Camp am Bach. Die „Kiste" wirbelte eine lange Staubwolke auf. Sie verwehte rot im Licht der untergehenden Sonne, als wir auf dem Gras unter den Pappeln hielten. In den Baumkronen rauschte der Wind. Im Windschutz der „Kiste" brannte bald unser Feuer. Es brannte unruhig. In Stößen wirbelte der Wind.

Wir waren allein. Wir aßen unseren Eintopf.

Die Nacht wurde kalt. Der fast volle Mond schien auf die kahlen Grashügel ringsum. Sie strahlten in einer seltsamen, weißgelben Farbe, die schattenlos blieb. Elga ging bald mit allen warmen Sachen, die sie finden konnte, ins Bett. Ich saß noch für eine Weile in meine Wolldecke gehüllt am Feuer. Es flackerte wild und wärmte wenig. Wolken zogen über den Mond. Das Geisterlicht auf den Hügeln verschwand. Dunkelheit lastete. Vereinzelte Regentropfen begannen zu fallen – hörten auf.

Gestern im Camp hatten wir Coyoten heulen hören: jüp-jüp-jüp-jüjüjüiihh – oft und immer wieder. Heute blieb es still. Nur der Wind oben in den Zweigen heulte.

Im Feuer lag ein Scheit und glühte wie ein Totempfahl: unter flammenden Kriegsfedern schweifende Augen und ein bitterer Mund. Ich hatte ihre Bilder in den Büchern gesehen. Red Cloud von den Sioux, Cochise von den Navajos, Chief Joseph von den Nez Percés, Dull Knife und Little Wolf von den Cheyennes, Big Foot erschossen im Schnee bei Wounded Knee. Bitter und ernst waren ihre Gesichter, angespannt im Willen, bei aller Hoffnungslosigkeit Würde zu bewahren. Konnten Indianer lachen? Sie kannten lustige Spiele mit Kugeln und Bällen – vielleicht in diesem Pappelgrund gespielt?

Später an diesem Bach haben die Cheyennes den verfolgenden Soldaten Widerstand geleistet. Sie sind eine Bande von weniger als dreihundert Überlebenden – Greise, Frauen, Kinder. Die einhundertzwanzig Männer haben kaum Waffen in ausreichender Zahl. Es ist September 1878. Die Regierung in Washington meint, die Indianerfrage durch die Anlage von Reservaten der Endlösung zugeführt zu haben.

Diese Bande der Nördlichen Cheyennes ist aus dem Reservat in Oklahoma ausgebrochen. Sie haben dort nicht gefunden, was ihnen im Norden ein Offizier versprochen hat: Jagd, Nahrung, Wigwams. Sie haben statt dessen Hunger, Seuchen, Tod gefunden. In solchem Fall hat ihnen der Offizier die Erlaubnis zur Rückkehr an den Yellowstone River im Norden versprochen.

Auf dieses Versprechen weisen die Häuptlinge Dull Knife und Little Wolf bei der Reservatsverwaltung hin. Vergeblich. Nach dem dritten Palaver – vergeblich – brechen sie mit den Überlebenden aus. Sie wissen, daß sie keine große Chance haben. Es ist Herbst. Der Weg ist lang – etwa 2400 Kilometer durch Gebiete mit Eisenbahnlinien, auf denen Soldaten herangefahren werden können. Überall im Lande siedeln Weiße.

Die Überraschung bei der Reservatsverwaltung ist ungeheuer. Sofort wird Kavallerie ausgeschickt. Wenn dieser Ausbruch Schule macht, ist das ganze System der Reservate gefährdet. Den Kavalleristen erscheint die Aufgabe leicht. Sie wollen diesen Haufen schon zusammentreiben! Doch Pfadfinder – Indianer eines anderen Stammes, die für Nahrung und ein Gewehr diesen Dienst tun: besser als im Reservat krank werden – kommen zur Kolonne zurück. Großes Halt im Staubgewirl. Die Spuren der fliehenden Cheyennes sind nicht mehr zu lesen. Sie haben sich einzeln oder in kleinen Gruppen über die Prärie verteilt. Der Offizier ruft Befehle. In breiter Front können seine Reiter die Indianer nicht verfehlen. Sie poltern dahin, den Karabiner auf dem Schenkel, den Säbel rasselnd im Gehenk. Staubwolken wehen rot im Abendlicht. Sie sehen nichts. Sie hören nichts. Als es dunkel wird, läßt der Offizier umkehren.

Die verstreuten Cheyennes sind um ihr Leben gelaufen. Manche haben sich in Erdfalten oder hinter Grasbüscheln versteckt. Sie sammeln sich und ziehen weiter. Es steht nicht gut um sie. Die Alten sind erschöpft. Viele Kranke haben die Hetzjagd nicht überlebt. Die Männer sind wild und aufsässig. Weglaufen sind sie nicht gewohnt. Erste Streitereien um die wenigen Waffen setzen ein. Alle haben Hunger.

Dull Knife und Little Wolf teilen Jäger ein. Sie geben die Pferde an die Alten und Kranken. Sie befehlen die kräftigsten Männer zur Nachhut.

Mehr Soldaten kommen während der nächsten Tage. Die Häuptlinge schicken Frauen und Kinder, Kranke und Alte mit den Pferden voraus. Ihre Krieger legen sie in den Hinterhalt hier am Bach.

Trotz Warnung der Pfadfinder reiten die Soldaten in den Hinterhalt hinein. Der kommandierende Offizier will nicht wie sein Vorgänger umkehren. Er stirbt bei den ersten Schüssen. Die Verwirrung ist groß. Ohne sie hätten die Cheyennes den Tag nicht überlebt.

Sie ziehen weiter, vorbei an den stinkenden Kadavern der Bisons, die von weißen Jägern niedergeschossen und gehäutet worden sind. Anderes Wild gibt es nur wenig. Ihr Hunger wird unerträglich. Sie stehlen Vieh vom Weideland der Weißen und schlachten es. Es kommt zu Schießereien mit Cowboys. Dann geht eine Farm in

Flammen auf. Die Eltern und drei Kinder kommen dabei ums Leben.

Die Zeitungen im Osten berichten. Aus einer fliehenden Indianerbande wird ein Indianeraufstand. Was die Zeitungen übertreiben, wird bald Wirklichkeit. Es bleibt nicht bei einer überfallenen Farm und fünf Toten. Jetzt haben die Cheyennes Waffen und Pferde. Die Armee kommt regimenterweise von Süden, von Osten, von Norden. Freiwillige werden aufgerufen. Cowboys, Büffeljäger, Farmer, Dörfler: „Hiermit puste ich fünf Rothäute in Stücke – point blank!"

Die Armee ist ungeschickt. Ihre Abteilungen poltern ins Leere. Die Freiwilligen sind rachsüchtig. Sie schießen viel zu wütig. Die Cheyennes entkommen jeder Umstellung. Sie schleichen sich immer wieder aus der Umklammerung heraus. Sie sterben unter Geschützfeuer und an Erschöpfung. Sie opfern sich beim Legen falscher Spuren. Sie singen ihre Totenklagen wispernd, um das Versteck nicht zu verraten. Sie singen ihre Sterbelieder laut, um letzten Mut zu finden. Immer näher kommen sie der Heimat am Yellowstone River.

Dann sind sie am Ende ihrer Kraft. Und sie sind uneins. Dull Knife schlägt vor, sich im Reservat der Sioux zu stellen. Dort muß jener Offizier sein, der ihnen Rückkehr und Aufnahme versprochen hat. Das Reservat liegt nicht weit entfernt: ein paar hundert Meilen. Little Wolf ist mißtrauisch. Der Rat aus Verhungernden und Sterbenden kommt zu keinem Entschluß. Die Häuptlinge trennen sich.

Der erste Blizzard des Jahres fegt von den Rocky Mountains herab. Mit Eis und Schnee deckt er Ebenen, Canyons, Verstecke und Biwaks zu. Er zerreißt den Ring der Verfolger. Die Cheyennes verschwinden spurlos.

Die Gruppe von Little Wolf bleibt verschwunden. Die Gruppe von Dull Knife wankt ins Reservat. Die Verwaltung setzt den Gespensterzug gefangen. Drei Monate müssen die Indianer warten. Dann teilt ein unbekannter Offizier ihnen mit, daß sie als Rebellen

nach Oklahoma zurücktransportiert werden. Die Rädelsführer sollen vor Gericht gestellt werden.

Die Cheyennes brechen aus. In eisiger Nacht überwältigen die letzten kampffähigen Männer die Wachtposten. Alarm bei den Soldaten. Die Cheyennes laufen ins Freie. Ihr Fluchtweg wird zur Blutspur im Schnee, gesäumt von Erschossenen und Erschlagenen. Die Spur führt nach dreizehn mörderischen Tagen zu einer Höhle am Berg. Sie wird von den letzten erreicht. Sie verschanzen die Höhle. Die Soldaten sammeln sich und feuern drei Salven in die Höhle. Stille.

Drei blutende, lehmverschmierte Cheyennes springen aus der Höhle, laufen singend und schreiend auf die Soldaten zu. Sie fallen unter den Schüssen der Soldaten. Sie singen, bis sie tot sind nach dem letzten Fangschuß. Erst sehr viel später wagen die Soldaten sich in die Höhle. Unter den Toten finden sie sieben Lebende – Frauen und Kinder, alle verwundet.

Dull Knife wird halberfroren in einer anderen Höhle gefunden, in die der alte Mann sich mit Verwundeten gerettet hat.

Er kommt ins Reservat der Sioux. Für den Rest seines Lebens bleibt er schweigsam, ernst und würdig. Gebrochene Seelen lachen nicht.

Little Wolf gelingt es, seine Gruppe während des Winters in einem Canyon unentdeckt zu halten. Im Licht des Frühlings führt er die letzten der letzten nach Norden zum Yellowstone River. Sie grüßen ihre Heimat.

Es liegt kein Triumph in diesem Wiedersehen. Von einer Klippe blicken sie in ihre Vergangenheit: die unberührten Wälder, Berge, Täler, durch die der Fluß in Kaskaden schäumt. Nie wieder werden sie ihre Sitten, Gebräuche und Überlieferungen leben können.

Unten im Tal warten in langer Reihe die Soldaten.

Die Cheyennes bereiten die Klippe zur Verteidigung vor. Little Wolf steigt zu den Soldaten hinab. Er hebt die waffenlose Hand. Er geht auf den Offizier zu, den er um das Leben der Frauen und Kinder bitten will. Mögen sie am Fluß leben dürfen. Erschüttert streckt der Offizier ihm die Hand entgegen. Es ist derselbe, der den Cheyennes vor zwei Jahren Rückkehr und Aufnahme zugesagt hat. Zögernd nimmt Little Wolf die dargebotene Hand.

So erfahren die letzten Cheyennes endlich ein gehaltenes Versprechen. Sie werden nicht nach Süden abtransportiert. Sie erhalten ein eigenes Reservat in ihrer Heimat. Nicht in die Freiheit, in die Unsterblichkeit ziehen sie ein.

Little Wolf lebt noch fünfundzwanzig Jahre im Reservat. Mit Schnaps betäubt er Schmach und Langeweile. Er versteht nicht, was das Reservatsleben aus ihm und den Gefährten besserer Zeit macht. Er erschießt den Liebhaber seiner Tochter, der die überlieferten Regeln der Werbung nicht einhält. Nach dem Mord trinkt er nicht mehr. Er bleibt schweigsam, ernst und unnahbar. Die seine guten Taten erinnern, begraben ihn nach seinem Tod auf jener Klippe über den nun aufgeforsteten Wäldern, den beackerten Tälern und dem gestauten Fluß.

Die heutigen offiziellen Berichte über die Indianerreservate sind voll Hoffnung. Während der letzten Jahrzehnte hat sich die Bevölkerungszahl auf eine Million verdoppelt. Das Schulwesen ist lückenlos. Die berufliche Ausbildung wird vorangetrieben. Die Regierung schießt viel Geld ein. Weiße Bürger meinen hin und wieder, die roten Bürger seien faul und dumm.

Geistliche aller Konfessionen haben viele Indianer zu ihren kunsthandwerklichen Fähigkeiten zurückgeführt. Es werden für Schmuck, Webereien, Flechtwerk und Töpfereien hohe Preise gezahlt. Weiße Bürger meinen hin und wieder, die roten Bürger schüfen Firlefanz, der sein Geld nicht wert sei – na schön: für Sammler und Museen.

Die Stämme versuchen, ihr Ratswesen wieder einzuführen. Sie haben Rechtsvertretungen, die gebrochene Landverträge vor Gericht bringen. Hohe Entschädigungssummen sind vom Staat gezahlt worden. Weiße Bürger meinen hin und wieder, das sei doch alles verjährt und nur durch besondere Rechtsänderung möglich gemacht worden.

Offiziell geht es den Indianern gut. Es wird ihnen immer besser gehen. Wir sind durch ihre Ländereien gefahren: arm. Mit Armut können Indianer fertig werden. Wir haben gesehen, wie sie in europäischer Kleidung am Wegesrand stehen. Sie sehen so unbeholfen darin aus. Wie immer habe ich mit ihnen sprechen wollen. Wie immer habe ich es nicht getan. Scham hielt meinen Fuß vom Bremshebel weg. In den Museen, wo sie erklärten und ihr Kunsthandwerk verkauften – wie auf der Brücke in Venezuela – wirkten sie fremd: verdammt, aus Vergangenheit und Gegenwart klingenden Nutzen zu schlagen. Oft vor den Spirituosengeschäften saßen die unglück-

seligen Trinker. Wie Vogelscheuchen hockten sie im Schatten und warteten auf die Stunde des Vergessens. Natürlich waren das die Ausnahmen. Es gibt indianische Rechtsanwälte, Facharbeiter, die Statistik –
Ich stand auf. Kein Coyote hatte geheult. Der Wind rauschte in den Bäumen über mir. Ich lauschte ins Dunkel. Unsterblichkeit, hin und wieder verjährt. Ich schaufelte das Feuer zu – den glühenden Scheit mit dem bitteren Mund im ernsten Gesicht. Sie hatten gesungen, wenn ihre letzte Stunde kam. Wissen wir, wann es zu singen gilt? Das Feuer war aus, kein Funke konnte ins trockene Gras wehen. Und ich wünschte mir nichts sehnlicher, als daß die Sonne endlich aufginge.

Highway Nr. 70 westwärts. Wir sahen die Gebirgskette der Rocky Mountains aus 90 Kilometer Entfernung. Weißblaue Schneespitzen leuchteten über die braune und gelbe Ebene. Immer höher wurden sie, bis sie den ganzen westlichen Horizont eingrenzten.

Im Bundesstaat Colorado heben sich die höchsten Berge der USA bis 4400 Meter. Spanische Entdecker gaben dem Lande den Namen. Gefärbt – Colorado nannten sie den Fluß, der südwestwärts durch den roten Sandstein von Utah und Arizona wäscht. Das Land birgt reiche Uranvorkommen. Es gibt viel Holzwirtschaft in den Bergen und einige Stahlindustrie in den Städten. Große Kohlemengen warten unter der Erde.

Wir durchfuhren die Stadt Denver. Die Kette der Berge lag nun wie ein Wall vor uns.

Die Autobahn begann, in langer Linkskurve zu steigen, bis sie oben nach rechts zwischen den Bergen verschwand. Mein Fuß stand auf dem Gaspedal. Die „Kiste" wurde immer langsamer. Schließlich kroch sie – klick – im zweiten Gang auf der Kriechspur. Selbst da blieb sie ein schleichendes Hindernis für ihre Freunde, die Laster.

Wir hatten geplant, im Falle schlechten Wetters die Rocky Mountains südwärts zu umfahren. Der Wetterbericht am Morgen war gut gewesen. Der Wetterbericht, den wir jetzt hörten, war schlecht. Ein Schneesturm entwickelte sich westwärts des Gebirges. Sein Durchzug wurde für die frühen Morgenstunden erwartet. Der Radiosprecher gab Warnungen für Autofahrer. Er erinnerte an den ersten Blizzard des Vorjahres, wie viele Menschen im Hubschrauber abgeborgen werden mußten, nachdem die Autos steckengeblieben waren. Einige waren in ihren Autos erfroren.

Die „Kiste" quälte sich die Steigung hinauf. Die Berghänge waren mit Tannen bewachsen. Sie standen bis zu den dunklen Felsschroffen hinauf. Helle Hangwiesen lagen dazwischen. Der blaue Himmel strahlte über Schnee und Wolken. Wir überwanden die Steigung. Laut klappernd machte die „Kiste" uns auf den ersten liegengebliebenen Wagen aufmerksam. Er stand mit kochendem Kühlwasser.

Siehste, das kann uns nicht passieren!

Ich bog auf einen Parkplatz. Er lag 2000 Meter hoch mit einem klaren Ausblick auf eine Gruppe schneeiger Viertausender. Zögernd rissen wir uns von ihrem Bild los und blickten auf die Karte. Südlich um die Rocky Mountains herum? Wir waren ja schon mittendrin.

„Wir kehren nicht um, Elga."

„Wir können einschneien."

„Wir fahren weiter, bis wir ein Motel finden."

„Da können wir auch einschneien."

„Aber nicht erfrieren. Eine so wichtige Autobahn wie diese wird freigemacht und freigehalten."

Die Sonne sank hinter die Schneegipfel, badete die Klippen in Gold. Lange, blaue Schatten krochen in die Täler.

„Also weiter – einverstanden", sagte Elga.

Ich blubberte mit der „Kiste" weiter. Die Autobahn schwang sich höher. Die liegengebliebenen Autos häuften sich. Wir zählten fünf bis Idaho Springs. Die Siedlung lag 2500 Meter hoch in einem engen Tal mit Fluß und tannenbestandenen Hängen. Ich bog rechts ein und hielt vor dem Zimmer Nr. 13 eines Motels.

„Frag mal, was die für die Nacht haben wollen. Es sieht sauber aus."

Elga kam bald zurück. „18 Dollar – schon bezahlt!"

Wir brachten unsere Siebensachen in das winzige Zimmer, die elektrische Kochplatte und die Lebensmittel, die frostempfindlich waren, ebenfalls. Es wurde kalt. Wir stellten die Gasheizung an. Nach dem Essen vergnügten wir uns mit Fernsehen. Der Wetterbericht war weniger dramatisch als der im Radio. Wir fanden heraus, daß es für jeden Sendebereich einen Kanal ohne die üblichen eingeblendeten Reklamesendungen gab. Er zeigte gute Filme, kulturelle Sendungen, Berichte aus Wissenschaft und Forschung.

Am nächsten Morgen kein Schnee! Während des Frühstücks hörten wir den Wetterbericht. Der Schneesturm zog nordöstlich an uns vorbei. Dort waren die Straßen zu und die ersten Menschen in Not. Dieses kontinentale Wettergeschehen war brutal.

Trotz Nachttemperaturen unter dem Gefrierpunkt startete die „Kiste" gut. Auf der Tankstelle erfuhren wir, daß die Autobahn schneefrei und meist trocken wäre.

Also los! In 3300 Meter Höhe führte uns ein Tunnel neonbeleuchtet unter der Wasserscheide des Kontinents hindurch. Über uns lag der Loveland-Paß in fast 4000 Meter Höhe. Wie die Kanonenkugel Münchhausens schoß die „Kiste" aus dem Tunnel. Schneeüberstäubte Tannen standen die Hänge hinauf in Sonnenlicht und Schlagschatten. Wilde Wolken tosten um steile Grate. Die „Kiste" klapperte nun bergab. Obwohl ich mit dem dritten oder zweiten Gang die Fahrt bremste, begannen die Bremsen zu stinken. Ich fuhr langsam, lauschte in das Klappern, roch in das Stinken hinein. Bergauf, bergab. Der Verkehr brauste an uns vorbei. Prröölchruack! stöhnte das Klappdach in den Windwellen der Laster.

Auf jedem Rastplatz gaben wir der „Kiste" eine Pause. Wir hatten nun schon den zwölften liegengebliebenen Wagen gezählt. Ich füllte bei der „Kiste" Öl und bei mir Kaffee nach. Ich bewunderte mit Elga das Hochgebirge und strickte heimlich meine ausgeleierten Nerven zusammen – eins schlicht, zwei kraus.

Westlich des Winterkurortes Gypsum wurde die Autobahn schmal mit Gegenfahrbahn. Sie folgte dem Colorado River, der hier einen ersten Canyon in den Fels gewaschen hatte. Da war nicht mehr Platz in der Tiefe als für Fluß, Straße und eine einspurige Eisenbahnstrecke. Es war ein grauer, düsterer Canyon. Wieder mit zwei Fahrbahnen führte die Autobahn ins Grand Valley. Wir hatten die Rocky Mountains hinter uns. Wir sangen Lieder.

Mit der Wasserscheide hatten wir eine Klimagrenze überquert.

Das Tal war trocken. Grobes Gras stand in Büscheln. Nur am Ufer des Colorado River wuchsen Bäume – Pappeln meist mit gelben Herbstblättern. Die Felder hatten weitgestreckte Bewässerungsanlagen, die aus dem Fluß gespeist wurden. Hier und dort lagen Zitrusplantagen.

Die Landschaft änderte Formen und Farben dramatisch. Die Berge zeigten tafelförmige Gestalt. Steil ragten die schroffen Felswände aus Geröllhalden uralten Verwitterungsschuttes. Über dem Massiv der Grand Mesa im Süden tobten graugelbe Regenböen. Die abfallenden Hänge im Norden glühten, wenn die Sonne durch Wolken brach, gelb, rosa und blau.

Die Stadt Grand Junction war ein hoffnungsloses Provisorium aus einstöckigen Behausungen unter Reklameschildern, Leitungsmasten und Bogenlampen. Wir fanden ein Motel am Stadtrand. Der Wetterbericht hatte Kälte, Sturm mit Regen angesagt. Diesmal war unser Zimmer schäbig. Wir mußten Kakerlaken jagen, gaben bald auf und legten uns schlafen. Elga hatte die Betten mit unserem Bettzeug bezogen. Das vorgefundene war grau – na ja.

Auf schmaler Straße mit langen Schotterstrecken fuhren wir nach Utah ein. Sie führte in die Weite einer Dornbuschwüste. Fern voraus lag der schneebedeckte Bergklotz des Mount Sal. Davor stemmten sich klotzige Tafelberge in rot-schwarzen Blöcken auf. Nach den Schauern der Nacht war die Luft trocken und klar. Ein Schild am Straßenrand: „Achtung – Sturzfluten möglich!"

Ich überlegte, ob die nächtlichen Schauer für Sturzfluten aus den Bergen ausreichend gewesen sein konnten. „Elga, ist diese Straße richtig?"

„Ja, am Fluß entlang nach Moab. Eberhard in Milwaukee hat sie genannt wegen eines großartigen Canyons irgendwo."

Der Straßendamm voraus führte über eine Bodenwelle. Dahinter war die Straße in voller Breite aufgerissen. Steine und Sand. Ehe ich bremsen konnte, rollte die „Kiste" in die Senkung. Im ersten Gang brachte ich sie hindurch und hinauf.

„Wollen wir umkehren?" fragte Elga erschrocken.

„Wir sind ja gerade durch!"

Es kamen noch zwei weitere Stellen, wo strömendes Wasser den Straßendamm weggespült hatte. An der letzten arbeiteten drei Männer mit einem Bulldozer. Wir winkten den Freunden in der Einsamkeit.

Die Straße führte an den Colorado River heran – hier etwa einhundert Meter breites, schnellströmendes Wasser – und mit ihm durch die Tafelberge. Im Gegenlicht der mittäglichen Sonne öffnete sich vor uns ein großes Tal. Ich hielt erstaunt an.

Vor den Schneegipfeln des Mount Sal in schimmerndem Blau hoben sich Felstürme wie Ritterburgen, wie Kathedralen. Ihre Farben tönten von dunklem Rot zu Lila. Schweiften unsere Blicke mit dem Sonnenlicht, so sahen sie weitere Felstürme, Säulen, Klötze, Steilwände. Hier explodierten die Farben aus leuchtendem Rot in weiß strahlendes Gelb.

Das unerwartete Bild machte uns reglos. Wir saßen und wußten nicht wie lange.

Später fanden wir eine kleine Ausbuchtung am Straßenrand zur Mittagsrast. Vom Straßendamm abzufahren verbot die Gefahr von Flug- und Schwemmsand. Da lag die Landschaft mit ihren Türmen und Burgen, ihren rot-gelben und schwarz-violetten Farben. Die Stille war unergründlich. Hauchte Wind? Rieselte Sand? Wusch Wasser? Wir blickten in das Gesicht unserer Erde, geformt von den Kräften ihres Inneren, gebildet von Wind und Wasser, Sand und Staub, von Hitze und Kälte in Äonen. Wir standen davor, darin, sahen es, fühlten es, glaubten es. Die Fragen aller Philosophie, ob die Allmacht eingebildet oder wirklich ist, sind eitel. Der Mensch hat die Verbindung zum Wesen aller Dinge. Hör nur: es ist hier.

Die Vegetation war spärlich, vertrocknet. Die Gewaltigkeit der Landschaft wurde dadurch vollkommen: hier ist kein Raum für Leben von jetzt bis gleich.

Und doch lag eine Ranch am Fluß. Bäume gaben dem Wohnhaus und den Wirtschaftsgebäuden Schatten. Grüner Rasen leuchtete. Die Gatter der Viehgehege waren weiß gestrichen. Vor dem Wohnhaus lag ein Blumengarten, hinter den Wirtschaftsgebäuden ein Gemüsegarten. Das hatten Mormonen geschaffen. Glaubensfest und eigenbrötlerisch hatten sie sich in der Wildnis Lebensraum erarbeitet, wie es ihr Glaube heischt.

Zusammen mit dem Fluß führte die Straße in Felswände hinein. Rot-braun-gelb an den Sonnenseiten, blau-violett-rosa an den

Schattenseiten, nahm uns der Canyon auf. Der Fluß wurde oft zu Kaskaden zusammengepreßt, dann strömte er wieder in glatten Strudeln. Das Wasser zeigte im mitgeführten braunen Schlamm eine merkwürdige grüne Färbung, in der sich das Rot und Blau der Sandsteinwände spiegelte – Colorado.

In den Nebencanyons wurden die Farbspiele geheimnisvoll durch abstrahlendes Licht bereichert, das in dunkle Schatten fiel.

Wir hielten oft. Elga fotografierte. Ich versuchte, unsere Halts dort zu machen, wo keine Gefahr niederbrechender Steine zu bestehen schien. Es brach nichts nieder. Trotzdem blieb die Angst. Hinzu kam, daß Elga für ihre Aufnahmen wilde Kletterpartien am Ufer unternahm.

„Elga! Paß auf! Fall nicht in den Colorado!" – horado – orado – äffte das Echo.

Nach mehr als 50 Kilometern endete der Canyon ebenso plötzlich, wie er begonnen hatte. Da lag Moab, das Mormonenstädtchen, unter bescheidenem Baumbewuchs in einem sanften Tal. Frost war für die Nacht angesagt. Wir fanden ein sauberes Motel.

Während der folgenden Tage auf unserem Weg nach Süden wurde die Landschaft des aufgebrochenen Rotsandsteins weitläufiger. Dornbuschwüste dehnte sich in langen Strecken. Wir fühlten uns einsam in dem unermeßlichen Land, wo uns kaum ein Mensch begegnete. Über dem Valley of the Gods hingen schwere Gewitter. Ihre niedertobenden Wassermassen hielten uns ab, in das Tal hineinzufahren.

Ein Schild: „Watch out – this is big country!" Wir übersetzten es frei: dieses Land ist größer, als du denkst. Es konnte mit Geröll zuschlagen, mit Wasserfluten ersäufen, in Flugsand begraben. Ganz plötzlich. Möglich, daß wir Gefahren sahen, wo keine waren. Das Fahren mit der „Kiste" durch das große Land empfand ich zunehmend als Anstrengung. Wer sollte uns wann und wo finden, wenn es plötzlich zu groß für uns geworden war? Paß auf!

Wir übernachteten weiterhin in Motels. Die Temperaturunterschiede zwischen Tag und Nacht betrugen im Durchschnitt 30 Grad.

Wir erreichten den Grand Canyon im Norden Arizonas. Im Feriendorf an seinem Südrand bekamen wir das letzte Hotelzimmer. Für den Grand Canyon gibt es keine Reisezeit: Jedermann besucht ihn jederzeit.
Am späten Nachmittag machten wir einen Gang am Canyon entlang. Wartende Menschen standen in Reihen, um einen Platz fürs Erinnerungsfoto zu gewinnen. Die gewaltige Landschaft, diese Schlucht wie ein negatives Gebirge in die Erde hinein, war das Warten wert. Aber es ist die Tragik des Tourismus, daß er zerstört, was die Menschen suchen: das selbst gewonnene Erleben außerhalb des einförmigen Alltags. Die Verwaltung des Grand Canyon National Park tut einerseits alles, um die Natur zu schützen. Andererseits ermöglichen ihre Einrichtungen, sich dem Naturwunder ganz alltäglich zu nahen. Es gibt alles, was der Reisende erwartet: Wege, Treppen, Wanderwege, Campingplätze, Zeltplätze, Feuerstellen, Hotels, Parkplätze für Personenwagen, Parkplätze für Busse, Elektrizitätswerk, Fernheizungsanlage, Flugplatz. Dahinter liegt der Grand Canyon irgendwo – kein Erlebnis, vielbestauntes Panorama nach gutem Schlaf und reichhaltigem Frühstück wie immer.

Südwärts fuhren wir weiter. Langsam senkte sich das Colorado Plateau. Die Kiefernwälder wurden dünn, ihre Bäume kleiner. Wacholder und Trockengestrüpp traten an ihre Stelle. Auch sie wuchsen schließlich nur vereinzelt und verschwanden. Flächen aus grobem Sand mit Dornbusch und Kakteen dehnten sich. Arizonas Halbwüste tat sich auf.

Wie alle Gebiete des nordamerikanischen Südwestens wurde Arizona von Spaniern entdeckt, die von Mexico kommend Gold suchten. Das war 1539. Dreihundert Jahre blieb Arizona danach von Weißen fast unberührt. Das Land war zu heiß im Sommer, zu kalt in den Winternächten, zu trocken, zu staubig. Erst in der Mitte des 19. Jahrhunderts wanderten Mormonen ein. Sie lernten von den friedlichen Hopi- und Papagos-Indianern, daß die staubige Erde fruchtbar war, wenn sie bewässert wurde. Sie bauten wie die Indianer Bewässerungsanlagen. Heute durchziehen viertausend Kanäle das Land und machen große Teile Arizonas zu Farmland. Um jede Siedlung liegen Felder mit Baumwolle und Hafer, Plantagen mit Zitrusfrüchten.

Der wachsende Wasserbedarf machte den Bau von Staudämmen erforderlich. Elektrizitätswerke entstanden. Mit ihrem Strom konnte Kleinindustrie aufgebaut werden, die eine stark zunehmende Bevölkerung ernährte. Die Staudämme sammeln und verteilen heute so viel Wasser an die Landwirtschaft, die eine nimmersatte Bevölkerung ernährt, daß Wasser knapp wird.

Unser Blick voraus wurde durch nichts aufgehalten. Je weiter wir bergab fuhren, desto heißer wurde der Sonnenschein. Ein wolkenloser Himmel strahlte. Wie gestochen lagen ferne Berginseln in der Wüste. Die großen Flächen zwischen den Bergzügen dehnten sich nicht horizontal. In endlosen schiefen Ebenen stiegen sie leicht an, fielen sie sanft ab, neigten sie sich seitwärts. Auf ihnen standen Kandelaberkakteen und Stachelbüsche. Sie stachen wie Silhouetten in den sengenden Himmel.

So langsam die Sonne über den Himmel zu ziehen schien, so langsam schienen wir uns den Gebirgsinseln zu nähern. Die Entfernungen waren nicht schätzbar. Plötzlich hob sich die Straße in die Wildheit dieser Gebirgszüge. Das Auge fand Anhaltspunkte. Aufwärts: Geröllmassen lagen verstreut, ein heißer Wind fegte um den sonnenglühenden Grat. Abwärts: Ebene hinter Ebene streckte sich die Halbwüste, spiegelte in Luftschichten, zitterte in Trugbildern.

Am Nachmittag erreichten wir unseren Campingplatz. Er unterschied sich durch nichts vom umliegenden Land. Da war ein Schild. Ich fuhr die „Kiste" vorsichtig unter zwei magere Bäume auf einer Bodenwelle. Waschendes Wasser konnte sie nicht erreichen. Zwischen Kakteen und Buschwerk lagen Stücke knorrigen Holzes, irgendwann von einer Regenflut hergeschwemmt. Ich trug sie zu unserem Platz und zerkleinerte sie mit dem Beil. Es war wie Eisen auf Eisen.

Elga hatte inzwischen Tisch und Stühle in den Schatten der beiden mageren Bäume gestellt. Sie wusch unsere Hemden und hängte sie zum Trocknen in den Baum. Unser Lagerplatz auf Sand und Stein, umgeben von Busch und Dorn, sah nun richtig menschlich aus. Ich ging mit einem Stock die Umgebung langsam nach Klapperschlangen ab. Kein Laut, kein Mensch, kein Tier, kein Hauch.

Ein Kilometer westwärts lag ein hoher Höhenzug im Gegenlicht der späten Sonne. Vor einem Felsabbruch mit einem eingesunkenen Bergwerksstollen standen eine Hütte und rostiges Gerät. Ostwärts ragte ein anderer Höhenzug in acht Kilometer Abstand auf – oder waren es dreißig? Das Sonnenlicht badete ihn in Rot und Braun. Im

Sonnenuntergang begann er zu glühen, als läge Feuer im Berg. Dann kam die Nacht. Die Sterne blitzten. Unser Feuer brannte. Im Norden sahen wir einige Lichter auf der Ebene. Das war Quartzsite, ein Goldsucherort an der Autobahn nach California.
„Bist du müde?" fragte Elga.
„Ja."
„Ich meine nicht vom heutigen Fahren – allgemein?"
„Ja."
„Da ist ein Campingplatz in den Buckskin Mountains, an einer Biegung des Colorado. Er wird im Campingbuch gut beurteilt."
„Du meinst, wir sollten dort für eine Weile bleiben?"
„Eine Siedlung ist nahebei für unsere Versorgung. Parker heißt sie."

Auf dem Campingplatz an der Biegung des Colorado River blieben wir über zwei Wochen. Er war eine Oase. Ein Wiesenhang führte zum Fluß hinunter, in dem wir schwimmen konnten. Bis auf die Wochenenden, wenn Familien aus Los Angeles mit Campingwagen und Bootstrailern kamen, war der Platz wenig besucht.

Ich schlief viel. Die Nächte waren nach den heißen Tagen angenehm kühl – zwischen 13 und 18 Grad. Meine Nervenschmerzen in der linken Gesichtshälfte ließen nach. Sie hatten mich fast jede Nacht gequält. Ich begann, das Kapitel über Venezuela zu schreiben.

Wir hatten uns mit dem Verwalter des Platzes angefreundet. Er war ein kleiner, stämmiger Sherifftyp in Khaki mit Stetsonhut. Er brachte uns eines Tages das Anzeigenblatt aus der Siedlung Parker. Es gab viele Häuser in der Umgebung billig zu mieten.

„Die Leute hier bessern damit ihr Einkommen auf", sagte unser Sherifftyp und griff übers Schlüsselbund, wo früher der Colt gehangen hatte. „Sie vermieten an ‚snow birds' – so nennen wir diejenigen, die während des Winters von Norden herkommen. Versucht's mal. Wir werden ab 1. November mit den Preisen raufgehen. Die verdammten Leute aus Los Angeles machen zuviel Bruch. Ihr kommt mit einer Miete billiger weg."

Wir sahen uns während der folgenden Tage drei mobile homes

an. Elga hatte die Termine telefonisch verabredet. Das dritte gefiel uns. Es lag auf der kalifornischen Seite des Colorado River auf einem Hügel mitten in der Wüste. Das Gebiet war in Parzellen zum Verkauf eingeteilt. Viele standen leer. Hier und dort hoben sich andere mobile homes, auch Festhäuser und Buden in weiten Abständen, von Palmen und Pappeln umgeben. Von unserem kleinen Hügel sahen wir über alles hinweg in die Ebenen mit ihren Gebirgsklötzen.

Mobile homes sind transportable Häuser aus Aluminium in Kubenform mit flachem Dach. Sie sind etwa 18 Meter lang und 3,60 Meter breit. Spezialfirmen haben entsprechende Tieflader, auf denen das Haus hinter einem Sattelschlepper zu seinem Bestimmungsort gefahren werden kann. Der Besitzer braucht nur einen Platz mit Wasser- und Elektroanschluß. Saisonarbeiter, Bauingenieure und anderes mobiles Volk benutzten die Häuser zu Hunderten. Unseres war voll möbliert. Es hatte einen Wohnraum mit großer Kochecke und Eisschrank, zwei Schlafzimmer, zwei Duschräume und einige Abstellkammern. Das Vermieterehepaar bat, die Pappeln zu begießen, die das Grundstück rahmten – kassierte die Monatsmiete von 210 Dollar und fuhr ab. Sie wohnten in einem mobile home, das in einiger Entfernung lag.

Unser Einsiedlerleben in der Wüste begann. Vormittags schrieb ich. Elga legte einen Steingarten mit kleinen Kakteen und Wüstenpflanzen an – ob unser winziger Drachenbaum auf dem Wüstenkap von Pasito Blanco noch wuchs? Sie befreite Rankgewächse am Haus von alten Trieben. Sie harkte und häufelte auf, was wir mit etwas Liebe Beete nennen konnten. Sie begoß Pappeln, kleine Palmen und ihre Neupflanzungen mit Schlauch und Kanne. Nachmittags wanderten wir zum Fluß hinunter. Die Straße war halb vom Sand verweht. Oder wir gingen vorsichtig in die Wüste hinein. Es war erstaunlich, was da alles lebte: Präriehunde, Skunks, Erdhörnchen, Hasen, Wachteln, kibitzartige Vögel, die lange Strecken rannten, bevor sie aufflogen; Tausendfüßler, Klapperschlangen, Korallenschlangen. Die letzteren wie auch Stinktiere, die Skunks, waren mit Vorsicht zu umgehen.

Die Tiere waren äußerst scheu. Wir sahen nicht viel von ihnen. Aber daß sie da waren und wir in seltenen Fällen mit ihnen vertraut werden konnten, wenn wir uns richtig verhielten, war eine spannungsreiche Freude. Coyoten warfen nachts manchmal die Mülltonne hinterm Haus um, wenn sie Freßbares darin witterten. Nachts hielten wir Fenster und Türen verschlossen, die tagsüber durch feinmaschige Drahtrahmen geschützt waren. Nach draußen gingen wir niemals ohne festes Schuhwerk.

Einmal in der Woche fuhren wir nach Parker zum Einkauf, zu Leihbücherei und Postamt. Die Siedlung lag zehn Kilometer entfernt, war nicht mehr als eine Straßenkreuzung mit Verkehrsampel und wenigen Behausungen unter glühender Sonne und rieselndem Staub. Rundum lagen einige Felder unter künstlicher Bewässerung.

Nachbarn besuchten uns. Wie wir waren sie dem Winter im Norden ausgewichen. Wir machten Gegenbesuche – dschast gruät! Aber hier wollten wir gar keine Menschen treffen. Wir wollten uns und unsere Gemeinsamkeit. Wir wollten die Wüste und ihre Einsamkeit.

Nach den vielen Reiseeindrücken tat es gut, Tag auf Tag in Ruhe zu sitzen und zu sprechen, zu erinnern und zu planen. Wir altern. Das gemeinsame Altern, wenn Vergangenes, Gegenwärtiges und eine letzte Zukunft mit dem vertrauten Partner endliche Erfüllung finden: eine kleine Weisheit, die den Drang der Jugend ergänzt, ablöst und klärt – gerade das macht den Sinn des Lebens aus, wenn die Partnerschaft über alle Wege, Reisen und Stürme hin gehalten hat. Es sind die eingelösten Versprechen, die der Liebe immer ein neues Gesicht geben.

Der Sonnenaufgang vergoldete Tag auf Tag die Wüste, schuf Schatten in den fernen Gebirgszügen. Ruhe herrschte wie Balsam. Die Luft war frisch und regte zur Arbeit an. Zur Mittagszeit lastete Sonnenglast auf den Ebenen und ließ die schattenlos gewordenen Gebirge in Hitzewellen zittern. Heiß und trocken war die Luft, rechtfertigte eine Arbeitspause. Während des Nachmittags entstand Bewegung in Farben und Schatten, sie wurden dunkel und lang. Die Luft kühlte in einem Wind, der Gedanken weckte. Am Abend, wenn wir an der Westseite des Hauses saßen, vereinten sich Himmel und Erde in Symphonien letzten Tageslichts. Es wurde kalt. Im dunklen Himmel schließlich zogen Gestirne einem neuen Tag entgegen. Und im Sonnenaufgang zeigte die Wüste immer ein neues Gesicht.

Wir fanden, was wir gesucht hatten, nahmen voraus, wohin uns der Weg führen würde: Zufriedenheit. Der Mensch braucht wenig, um glücklich zu sein. Ich brauche dazu eine Schreibmaschine.

In unseren Frieden hinein brach die Hebelübertragung der Taste „n". Ein Sandsturm hätte uns nicht heftiger treffen können. Ich versuchte eine Reparatur. Es ging nicht. Ich versuchte, statt „n" das „r" zu schreiben und die Seite anschließend zu korrigieren. Hoffnungslos. Ich brachte die Schreibmaschine zu unseren canadischen Nachbarn. Der Mann war Fachmann. Aber er konnte nicht helfen. Umkehren? An Bord der KAIROS hatte ich eine Reservemaschine. War dies ein Grund zum Umkehren – zum Aufgeben? Also mit dem Schreiben warten? Ein Mensch, der schreibt und nicht weiterschreiben kann, ist wie ein Motor im Leerlauf. Die Zündkerzen verrußen.
„Unsere Mietzeit läuft ab", sagte Elga.
„Ja."
„Wollen wir zurück?"
„Nein."
„Wollen wir bleiben?"
„Nein."
Wir packten und fuhren weiter nach Westen.

In den Bodensenken der Wüste leuchtete grell getrocknetes Salz. Auf den Höhenrücken strahlten Geröllbrocken Hitze in die Hitze zurück. Verlassene Hütten standen gebrochen am Wegesrand, die unvermeidlichen Autoleichen davor. Manchmal verdichteten sich die verlassenen Bruchbuden zu bewohnten Siedlungen. Im Schatten standen Männer an die Hauswände gelehnt – Mexicaner, Indianer, Weiße – und sahen uns nach. Da gab es ein paar supermoderne Restaurants und Hotels, ein paar schäbige Snackbars, einige verfilzte Motels im nackten Land. Auf ihren Dächern lag grauer Staub. Grau hingen die Palmwedel darüber von faltigen Stämmen herab. Die Namen der Ortschaften waren wie Funde in der Wüste: Twentynine Palms, Joshua Tree, Yucca.
Der Tankstellenmann lachte. „Einsam? Uhh-uhh! Am Wochenende kommen Leute von der Küste in Scharen. Die Wüste is' 'n dikkes Geschäft!"
Die Nachrichten meldeten den Fund von fünfzehn in der Wüste verdorrten Mexicanern. Sie waren illegal über die Grenze gekommen, um Arbeit zu finden. Sie hatten sich verirrt und waren verdur-

stet. Nun mußten ihre Familien in Mexico weiterhungern. Beim nächsten Halt, um Öl nachzufüllen, prüfte ich unsere Reservekanister mit Wasser und Benzin. In Ordnung waren sie, aber ich war unruhig und nervös.

Bei heftigen Gesichtsschmerzen nahm ich Tabletten und fuhr im Tanz der Schmerzen weiter. Dadurch verpaßten wir die Zufahrt zur Autobahn. Wir folgten staubigen Straßen, irrten über löcherige Wege durch ein Gebiet mit unzähligen Joshuabäumen. Ich sah sie verwischt wie eine Mischung von Palme und Kaktus. Unsere Karte zeigte die kleinen Wege nicht. Wir mußten nach Süden und nichts führte nach Süden.

Ich fuhr rechts ran und hielt. Der Staub verwehte. Reiß dich zusammen, Junge – aber damit verkrampfte ich mich nur mehr. Elga machte mir einen starken Kaffee. Ich trank ihn. Elgas Gesicht war sorgenvoll. Sie saß unbeweglich. Ich versuchte, mich zu entspannen. Ganz leicht, von hier an die Westküste zu kommen – schieb ihn zur Seite, diesen Zwerg, der das Auge von hinten rausschraubt – die Autobahn liegt im Süden, die Sonne steht im Südwesten – wisch ihn weg, diesen Wicht, der da im Oberkiefer bohrt – alles ist zu finden – spuck ihn aus, den Schleim im Hals, dies ist nur Migräne, hat der letzte Doktor gesagt, nur Migräne – ich wimmerte – alle Muskeln locker, locker – nach Süden jetzt, nach Süden. Also weiter. Warum? Was wollten wir an der Küste dort?

Wir fanden die Autobahn, dann ein Motel in Beaumont. Es lag neben der Autobahn. Der Verkehr raste, die Luft stank, der Boden zitterte. Los Angeles lag nicht weit im Westen. Ich kroch ins Bett und erklärte: „Morgen an die Küste – ja. Nach Los Angeles – nie." Am nächsten Morgen fühlte ich mich gut. Elga atmete auf.

California! In Landschaft und Bauwerken spiegelte sich die spanische Vergangenheit. Nach all dem Siedlungsmischmasch über den Halbkontinent hinweg sahen wir Häuser mit weißen Mauern und roten Dächern, Kirchen mit Barocktürmen. Die alten Missionsgebäude in ihren blühenden Gärten waren Zeugen einer Kultur, die in Überlieferung gewachsen war. Viele moderne Villen an den Hängen zeigten übernommenen spanisch-mexicanischen Stil. Zitrusplantagen breiteten sich in sonnigen Tälern. Wälder deckten die Hügel. Schnee lag auf den Bergen. Alte Gärten und neue Plantagen, Barock und Neuzeit suchten einen Zusammenschluß.

Im 16. Jahrhundert kommen Mönche des Franziskanerordens

von Mexico herauf. Sie gründen Missionen, die jeweils eine Tagesreise auseinanderliegen. Ihr Besitz wächst, ihr Reichtum wird groß. Die Mönche bekehren Indianer, die hier nicht widerstreben. Die Indianer werden in Landwirtschaft und Handwerk unterwiesen.

Aus Norden von Alaska kommen russische Robbenschläger und Pelzjäger gezogen. Sie gründen nördlich von San Francisco den Handelsplatz Rossiya, heute Fort Ross genannt. Spanier und Russen leben in mißtrauischem Frieden nebeneinander.

Es sind die Russen, die ihren Abzug selbst verursachen. Sie haben bald alles Pelzgetier ausgerottet. Sie versuchen es mit Landwirtschaft. Gegen den Wettbewerb der emsigen Mönche können sie ihre Erzeugnisse nicht absetzen. Sie geben auf, ziehen nach Alaska zurück. Auch dort werden sie bald aufgeben.

Zur Mitte des 19. Jahrhunderts formt sich das heutige staatliche Aussehen Nordamerikas. Das spanische Mexico hat gegen das Mutterland revoltiert und mit den spanischen Besitzungen in Nordamerika die Unabhängigkeit gewonnen. Das schafft Spannungen zwischen dem neuen Staat und den sich südwestwärts ausdehnenden USA. 1845 läßt Texas sich von den USA annektieren, nachdem die US-Siedler dort gegen das mexicanische Militär gekämpft haben. Mexico muß 1848 nach einem bitteren Krieg seine nordamerikanischen Provinzen an die USA abtreten: California, Arizona, New Mexico, Nevada, Utah, Teile von Colorado. Obwohl Mexico keinen Zweifel daran gelassen hat, daß es diese Gebiete als spanisches Erbe beansprucht, sind hoffnungsfroh und unverwüstlich immer mehr US-Siedler eingewandert – illegal? Aber wo ist eine Grenze gewesen? Sie wird nun von den USA endgültig am Rio Grande festgelegt. 1867 kaufen die USA der russischen Regierung Alaska ab. Die Opposition in Washington schreit: „Wahnsinn!" Die US-Bürger würden heute weniger ruhig schlafen, wäre Alaska russisch geblieben. Im gleichen Jahr entläßt England die Kolonie Canada in den Rechtszustand eines Dominion.

Der Vorhang zum nordamerikanischen Drama fällt mit dem Schwinden überseeischen Einflusses auf den Kontinent. Die Flutwelle läuft aus. Sie brandet zurück in großmächtigem Schwall. Das 20. Jahrhundert beginnt, ein neues Drama zu schreiben.

Und unsere Reise ging zu Ende. Längst hatten wir ihren nordatlantischen Ursprung verlassen. Wir überfuhren die Küstenberge westwärts, kamen nach San Juan Capistrano, der alten Mission.

Das Meer erreichten wir bei San Clemente. Die Küste fiel in grauen Sandsteinklippen zum Strand. In gewaltiger Brandung rollte der Große Ozean heran. Die Nachmittagssonne ließ das Wasser leuchten, durchglänzte die überkämmenden Wellenberge. Starker Dunst verhüllte den Horizont. Wir hielten in einem Uferpark und setzten uns auf seine Mauer. Da draußen im Südwesten unter der Sonne – lang ist's her und weit entfernt! – waren wir mit der Sloop KAIROS gesegelt: Marquesas, Tuamotus, Tahiti, Moorea, Huahine. Bilder sprangen in den Dunst, rollten mit der Brandung heran und schwemmten spiegelnd vor unsere Füße. Unsere Gedanken kamen nur langsam in die Gegenwart zurück.

„Elga, wir kennen jetzt etwas von Nordamerika. Wo möchtest du leben?"

Sie überlegte lange. „Wenn später, dann in Elizabeth City."

„Elga, wenn wir nach Elizabeth City zurückkommen –"

„– werden wir während des Sommers dort bleiben. Wir werden in aller Ruhe auf KAIROS leben – nach all den Eindrücken!"

„Dann ist nach der Hurrikanzeit nur ein Kurs im Winter möglich – nach Süd."

„Ja", sagte sie, „nach Martinique."

Für zwei Tage blieben wir auf einem Campingplatz an der Küste. Wir gingen stundenlang am Strand entlang. Zum Baden war das Wasser zu kalt. Dann kam Nebel und blieb. Der Campingplatz war eng, der Verkehr der nahen Autobahn laut, die Luft verschmutzt. Wir fuhren über die Küstenberge ins nächste Tal zum Lake Elsinore. Der stille See, in dem sich Schneeberge und Uferhöhen spiegelten, wo Reiher ungestört fischten und Völker von Enten lebten, gefiel uns. Elga holte das Anzeigenblatt aus einem Supermarkt und telefonierte geeignete Adressen an. Sie kam mit vier Verabredungen zurück. „Los!" sagte sie. „Um den See herum."

Bei näherer Betrachtung erwiesen sich die Ansiedlungen am schönen See als schäbig. Da gab es Bruch und Autoleichen. Die Zimmer hatten zersprungene Fensterscheiben und beutelige Tapeten, hinter denen Kakerlaken wohnten. Als wir vor dem Haus der letzten Adresse standen, wollte Elga umkehren. In den Fensterrahmen hingen Spinnweben. Farbe blätterte von den Brettern der Holzwände. In einem Seitenschuppen häufte sich Gerümpel. Das Haus lag am Ufer. Der stille See dahinter gab das getreue Spiegelbild des jenseitigen Ufers wider: gelbe Hügel mit Kiefern und dunklen Lebensbäumen, Waldstücke in blauen Kulissen, darüber die Berge mit ihren Schneefinnen rot im Abendlicht.

„Wenn das unsere Aussicht vom Zimmer ist, Elga! Wem gehört der Schuppen?"

„Einer Frau. Sie vermietet ein Zimmer mit Waschgelegenheit und Küchenbenutzung. Sie sagte, sie wäre Journalistin."

„Journalistin?" Schwer legte sich mein Finger auf den Klingelknopf.

Drinnen begann ein Hund piepsend zu bellen. Eine Frauenstimme dröhnte: „Warten Sie, komme schon, bin gleich da!"

Die Tür ruckte klemmend auf. Eine etwa 60jährige Frau stand da auf ihren Stock gestützt. Ihre Gestalt in schwarzer Hose und ebensolcher Bluse – beides war fleckig – rundete sich ebenso hoch wie breit. Sie hatte kümmerliches, blondgefärbtes Lockenhaar. Ihre wäßrigen Augen blickten flink über eine Stupsnase hinweg. Das piepsende Bellen tönte jetzt zwischen meinen Beinen. Es war ein fetter Zwergpudel, der große Teile seines Fells verloren hatte. Oder war das ein fettes Zwergschwein, dem große Teile Fell gewachsen waren?

Die Frau sagte mit Dröhnestimme: „Japsie, sei ruhig! Das sind unsere neuen Mieter!" Sie gab den Weg durch die Tür frei.

Kaum im Zimmer, zuckte ich zurück. Auf dem Sockel neben dem Eingang stand ein blecherner Ritter, lebensgroß, das Schwert erhoben. Ich gab Elga Flankenschutz, aber sie erschrak sich auch. Die Frau folgte. Sie verschloß die Tür, als wären wir Hänsel und Gretel zum Mästen.

An allen Wänden waren Borde angebracht – hier mit Porzellanfigürchen, dort mit Glasvögelchen, darüber mit Messingkrüglein, darunter mit Muschelschälchen, alles tief verstaubt. Hinten im Zimmer hingen zwei gewaltige Bilder in vergoldeten Schnörkelrahmen. Das eine zeigte Herbstwald mit Hirsch, das andere Schneelandschaft mit Wildsau. Ausgestopfte Vögel und anderes Getier gab es an den Wänden zwischen den Fenstern: Falken, Eulen, Marder, Wiesel – Ratten nicht. Die gab es sicher lebend unterm Haus.

Inzwischen hatte die Frau uns Plätze auf Sesseln mit knirschenden Plastikschutzbezügen angeboten. Ihre feuchten Augen überflogen uns prüfend. „Ich bin Bonnie Irene Prey. Nennen Sie mich Bonnie!" dröhnte sie.

Ich nannte unsere Namen. Wie immer hierzulande machte der

meine Schwierigkeiten. Als ich ihr mit George – Dschordsch – aushalf, leuchteten ihre Augen auf. Pudelschweinchen, der neben ihr auf dem Sofa saß, begann zu piepsen.

„Also, Dschordsch, wir werden uns prächtig verstehen, sicher, sicher! Das Zimmer liegt hier drüber mit Aussicht auf den See. Na ja, Dschordsch, Sie werden vor dem Fenster Ihren Kopf ein bißchen einziehen müssen. Dies ist ein altes Haus, steht unter Denkmalschutz, wurde 1923 gebaut. Ist was?"

Ich hatte mich verschluckt bei dem, was ich hörte, und als ich dabei Elga ansah.

„Also, Dschordsch", fuhr Bonnie gutgelaunt fort, „die geringe Höhe vor dem Fenster wird Sie nicht stören. Sie können da in Sesseln sitzen. Im hinteren Teil ist das Zimmer höher. Das Dach ist verrutscht. Das Doppelbett im Mittelteil des Zimmers – queen size, Königinnen-Größe, liebe Elga! – stammt aus dem 19. Jahrhundert, geschnitzte und vergoldete Pfosten!"

Sie winkte einem Mann mittleren Alters zu, der eingetreten war. Er hatte ein rundes Gesicht unter dunklem Haar und müde, blaue Augen. Er trug eine schwarze Hose mit Flecken und ein rosa T-shirt mit Löchern. Der Bauch darin wellte bequem über den Hosenbund.

„Dies ist mein Vetter Archibald", sagte Bonnie und nannte ihm unsere Namen.

„Nett, Sie zu sehen!" sagte er.

„Also, Dschordsch, ich bin sehr krank", sagte Bonnie nun traurig. „Archi pflegt mich. Ich habe Multiple Sklerose und einen fortgeschrittenen Leberschaden. Mein Blut ist schlecht – und – und meine Tochter –" sie begann zu weinen.

Archibald sprang ein. „Ich zeige Ihnen mal das Zimmer." Er ging voraus.

Ich suchte schnell das Wohnzimmer in den Ecken ab. Nichts. Bevor wir eine weißgetünchte Treppe hinaufstiegen, fiel mein Blick in Bonnies Schlafzimmer: rote Tapete mit goldenen Blumen, kreisrundes Bett mit Plüschkissen, Ruhesofa mit rosa Samtpolstern. In einer Ecke brannte eine Stehlampe mit rotem Licht, das sich in zahllosen Spiegeln verirrte. Ich ging furchtlos hinein und suchte. Nichts.

„Kommen Sie nur!" rief Archibald von der Treppe herunter.

Das Zimmer oben war groß und entsprach Bonnies optimistischer Schilderung. Da stand noch eine Kommode neben der Mauerlücke zum winzigen Waschraum.

Elga flüsterte: „Nein!"

Durch ein Zimmer, das Archibald „Studio" nannte, führte er uns zur Küche. Sie wurde von allen Hausbewohnern benutzt. Hinter der Küche lebte der Mieter Jim in einem weiteren Zimmer. Archibald teilte mit, daß Jim Buchhalter, ruhig und fromm wäre.

Elga blickte durch die Küche und flüsterte: „Nein!"

Beim Rückweg durchs Studio – neben anderer Überladung ein Sofa zwischen Figurinen-Lampenpaar: Matador und spanische Tänzerin, olé! – fragte ich Archibald, wer im Bett gegenüber des Sofas schlafe – er? Ich ging herum und suchte das Zimmer ab.

„Nein", sagte Archibald. „Ich schlafe unten bei Bonnie, also, sie braucht ja jede Nacht meine Hilfe – Medizin und Sauerstoff-Flasche und –"

Wie immer das mit Bonnie und Archibald sein mochte, hinter der einen Stehlampe fand ich sie in der Ecke. Neben Bücherstapeln stand eine wohlerhaltene Schreibmaschine. Ein siebter Sinn hatte uns in dieses unappetitliche Märchenhaus à la Alfred Hitchcock getrieben.

„Schreibt Bonnie viel damit?" fragte ich Archibald. „Ich meine, als Journalistin –"

„Och nöö", sagte Archibald. „In letzter Zeit schreibt Bonnie nur Gedichte – so philosophische. Sie schreibt die mit der Hand. Ich muß sie dann ins reine tippen. Ich tippe auf meiner eigenen Schreibmaschine. Tippen Sie auch?"

„Ja!" Ich beherrschte mich mühsam. „Meine Schreibmaschine hat ein gebrochenes ‚n' – na ja."

Zu Elgas Entsetzen erklärte ich vor Ritter, Bonnie und Archibald: „Wir nehmen das Zimmer!"

Archibald entwich ins rote Schlafzimmer, um dort den Mietvertrag zu tippen. Pudelschweinchen piepste aufgeregt.

Bonnie nahm den Köter liebevoll auf den Arm und sagte: „Also, Dschordsch, alter Herzensjunge, wir werden –"

Ich unterbrach sie strahlend mit angelernter US-Herzlichkeit: „Ja, wir werden eine gute Zeit haben, Bonnie-Darling! Dieser Blick auf Ihren schönen See! Dschast gruät! In einem Haus unter Denkmalschutz haben Elga und ich noch nie gewohnt. Dazu mußten wir erst in die USA kommen! Oh, yes – oh, yeah! Es war ein langer Weg. Bedenken Sie, Bonnie, die stürmische See, die hohen Rocky Mountains, die leere Wüste! Wir haben es oft schwer gehabt. Wir sind ja nur zu zweit. Wenn einer krank wird! Es ist nicht auszudenken!" Ich hob die Hand vor die Augen. Zwischen den Fingern sah ich schamlos zu Bonnie hinüber. Sie schniefte und bekam Tränen in die Augen.

„Auch jetzt habe ich Sorgen", fuhr ich unerbittlich fort. „Meine kleine Reiseschreibmaschine ist zerbrochen. Vielleicht kann sie ja repariert werden. Kann ich inzwischen Ihre Schreibmaschine benutzen, Bonnie-Honey? Die da oben im Studio!"

Bonnie schniefte und dachte nach. Na?

Elga hatte gemerkt, wohin der Kurs führte. Mit fliegenden Fahnen steuerte sie ins Gefecht. Ich hätte sie umarmen mögen!

Sie feuerte die entscheidende Breitseite ab: „Ach, Bonnie, Dschordsch wird nervös und schrecklich krank, wenn er nicht schreiben kann – ganz miserabel!"

„Also, Dschordsch", sagte Bonnie endlich, „es wäre entsetzlich, zwei kranke Menschen im Haus zu haben. Sie müssen die Maschine sehr behutsam behandeln."

„Ja! Ich werde ganz, ganz langsam t-i-p-p-e-n. Vielen Dank, Bonnie!"

Aus dem Schlafzimmer tauchte Archibald mit dem Mietvertrag auf. Elga und ich unterschrieben und bezahlten die 160 Dollar Miete für vier Wochen. Wir kamen uns wie Schmierenschauspieler vor.

Am nächsten Morgen reinigte Elga Zimmer, Waschlücke und Küche. Ich nahm den löcherigen Gartenschlauch, den ich am Haus fand, und spülte die Fenster von außen ab. Mit einer Konstruktion aus Schaufelstiel und Lappenknäuel wischte ich die Scheiben trocken.

Bonnie, gebückt am Stock, kam mit Pudelschweinchen aus dem Haus. „Jahh – Dschordschy-Schatz, wie fabelhaft! Reinigen Sie meine Fenster auch gleich mit? Es ist so gut, Sie im Haus zu haben!"

Ich tat's. Ich konnte dabei Pudelschweinchen, der leichtsinnig draußen geblieben war, ab und zu einen Wasserstrahl verpassen. Ich hätte das auch gern mit Archibald getan. Er war mit einigen Tüten vom Einkaufen gekommen und sah mir staunend zu. Ich tat's nicht. Nasse T-shirts riechen so.

Wir vergaßen die Unzulänglichkeit unseres Quartiers. Ich schrieb und schrieb. Elga machte Besuche in der Nachbarschaft. Da lebten freundliche, alte Damen, mit denen sie über den Gartenzaun ins Gespräch gekommen war. Sie wunderten sich, warum wir ausgerechnet bei Bonnie und ihrem Archibald eingezogen waren.

Wir kamen mit Bonnie und ihrem Archibald ganz gut zurecht. Stets zögernd folgten wir ihren Abendeinladungen. Aber wir stiegen die weißgetünchte Treppe hinunter. Neben Ritter, Nippes und Schnörkelbildern hauste Einsamkeit. Über Staub, Spinnweb und Teppichlöchern lag Tragik. Wie immer Bonnie, die dichtende Journalistin, ihr Leben gelebt hatte; was immer Archibald, der schmierige Schnorrer, bei ihr suchte – wir konnten ihnen für ein paar Stunden Abwechslung bringen, die sie suchten.

Oben in unserem Zimmer war der Blick durch die Fenster unendlich schön – besonders an stillen Wintertagen, wenn die Sonne langsam durch den Dunst brach, ohne ihn ganz zu besiegen. Sanfte Melancholie: unsere Reise war getan, wir haben gesehen, gehört und erlebt. Was bleibt?

Wir fuhren zum Mount Palomar und besichtigten die Sternwarte mit ihrem Riesenteleskop. Vom Besucherraum hinter einer Glasscheibe blickten wir zu der Konstruktion auf, deren Umrisse sich im Halbdämmer der Halle unterm Kuppeldach verloren. Mit diesem Fernrohr blicken die Astronomen eine Milliarde Lichtjahre in den Weltraum hinein. In Kilometern ist diese Entfernung die Zahl 96 mit zwanzig Nullen. Die Astronomie hat bisher 100 Millionen Sternsysteme wie das unsere entdeckt, das wir in Teilen als Milchstraße sehen.

Wir gingen durch die Galerie mit fotografischen Aufnahmen Millionen Lichtjahre in den Weltraum hinein. Anschließend saßen wir nachdenklich unter den Kiefern, die um das Kuppelgebäude der Sternwarte wuchsen. Durch die Bäume wehte ein kalter Wind. Die Sonne schien und wärmte. Unsere Gedanken zogen durch Raum und Zeit in die Unendlichkeit. Der Weltraum nach letzten Vorstellungen ist nicht unendlich. Er ist in sich gekrümmt. Was bleibt? Mir fielen alte Verse ein:

„Materie ist Energie und Energie versprüht,
die Ewigkeit ist Sinnestrug, das Weltenall verglüht.
Wir löschen Gottes Antlitz aus, in Formeln zählt es nicht –
dahinter wieder wunderbar ruht sein Gesicht."

Die ersten Astronauten sangen Lieder, als sie unseren Blauen Planeten im Raum schweben sahen. Wir kennen die Bilder. Auf diesem Planeten reisen wir alle. Wir haben ihn erforscht, umkämpft, ausgebeutet. Wir lieben ihn und versuchen, ihn zu erhalten. Wird uns das gelingen inmitten des Unheils von Krieg, Überbevölkerung und Verschmutzung, das weiterhin geschieht?

Junge Menschen versuchen neue Lebensweisen. In Frieden suchen sie harmonische Gemeinschaften, menschliche Wohnstile, sinnvolle Arbeit, gesunde Ernährung. Sie meinen, daß Arbeit für Sauberkeit und Frieden gewinnbringender ist als für Krieg und Elend. In Ost und West verwehren sie Dienst und Leistung nach den althergebrachten Vorstellungen. Sie wollen sich nicht verdammen lassen, nach der Manie glücklich zu sein, die ins Chaos geführt hat.

Sie segeln mit einer Yacht unter die Atomtestbombe am Fesselballon, um die Zündung zu vereiteln. Sie fahren in Schlauchbooten unter Frachtschiffe, um die Versenkung des Giftmülls zu verhindern. Sie lassen Luftballons und Friedenstauben den Raketenstrategen um die Ohren fliegen. Sie demonstrieren und sprechen für das, was sie tun wollen (und die Regierungen nicht).

„Utopien!" sagen die Polit-Realisten.

Die Freiheit in Irland war Utopie. Die Sklavenbefreiung, das Überleben der Sklaven und die Lösung von den Kolonialmächten waren Utopien, die Beseitigung der Seeräuberei auch. Lebensrealitäten, Wirtschaftssysteme, Gedankengänge, Überlieferungen brachen bei der Verwirklichung gegen den Willen der Machthaber zusammen. Das Streben nach Glück als unveräußerliches Recht des Menschen war Utopie – ist es noch wie die verblutete Fähigkeit der Indianer: ohne Vernichtungsabsicht zu leben. Ohne Vernichtungsabsicht zu leben, das wird heute immer mehr verstanden.

Von Frieden spricht die Jugend in Ost und West. Diese Hoffnung wird mit sogenannter politischer Realität erdrückt. Die Jugend entzieht sich diesem Blockdenken, dem Killerinstinkt, unserem Fortschritt. Sie verwehrt sich dem Gleichgewicht des Schreckens. Ein Zwerg kriecht durch die Maschen unseres Käfigs und ruft zum anderen hinüber, der aus seinem Käfig kriecht – befreit, glücklich zu sein. Sie wollen den Planeten schützen. Sie hoffen, ihn bewohnbar zu machen wie Haus und Garten, brauchbar wie Flugzeug oder Schiff. Laßt uns doch zufrieden! Sie sehen eine andere Realität, haben neue Bezugspunkte. Wir verstehen sie nicht. Sie sind faul, leistungsunwillig, Pazifisten, pfui, Idealisten ohne Erfahrung.

Unsere erarbeiteten Systeme aus Material und Angst bröckeln und brechen – zuviel, eine graue Masse, unorganisierbar. Unsere alten Politiker reden ins Leere, siechen dahin. Mit dem Willen zum Frieden im vornherein schaffen die Zwerge eine völlig neue Situation. Mühevoll, mutig.

Weißschimmernd lag die Sternwarte unter ihrem Himmel. Was ihr Teleskop sichtbar macht, ist in Raum und Zeit längst geschehen. Die Astronomen erfahren es und beziehen es auf Sternbilder, die kommen werden. Wir sind Reisende auf solchem Kurs: durch die Historie zu Bildern, die wir in unseren Raum und in unsere Zeit stellen. In ständigem Wandel verwirklichen wir Hoffnungen. Unsere Zukunft hat den Wert, den wir der Gegenwart geben. In Unverwüstlichkeit –

Wir brauchten sie auf unserer Fahrt nach Elsinore. Die Höhenluft auf dem Mount Palomar war der „Kiste" nicht bekommen. Holpernd und kraftlos fuhr sie an den stillen See zurück. Ein grinsender Automechaniker in seiner Werkstatt stellte fest, daß nur noch zwei Zylinder intakt waren.

Am 4. Januar 1982 verließen wir Lake Elsinore. Im Norden Californias hatten schwere Regenstürme Verwüstungen angerichtet. Teile von Städten standen unter Wasser. Berghänge waren mit Häusern und Menschen abgerutscht. Wir wollten die Golfküste in Texas gewinnen, wo wir sanfteres Wetter für den Rest des Winters erhofften.

Durch die Gilawüste karrten wir ostwärts. Die „Kiste" schnurrte. Zwei Tage brannte die Sonne heiß auf unsere Straßen. Vor den kalten Nächten schützten wir uns in geheizten Motels. Dann holte das schlechte Wetter uns ein. Texas lag in Regen, Sturm und Frost. Die Straßen vereisten während der Nächte, tauten tagsüber aber frei. Noch kamen wir voran.

Wir durchfuhren Louisiana. Am Straßenrand standen vereiste Gräser in erstarrten Formen. Wir machten einen Versuch, nordöstlich vorzustoßen. Durch Kälte und Eis wollten wir jetzt zum Schiff, nach Hause! Aber in einer neuen Schlechtwetterfront kam der Verkehr zum Erliegen. Wir hockten im Motelzimmer und lasen. Pensacola, Florida, am Golf von Mexiko. Das Brackwasser der Lagunen war übereist. Unsere Freunde Margitt und Eberhard – von Milwaukee in den Süden gezogen – beherbergten uns in ihrer Wohnung an der Bucht, dann in Atlanta in ihrem Haus. Der Verkehr kam nur stockend wieder ins Rollen. Jeder Tankstellenmann versicherte uns, daß es solches Wetter seit Generationen nicht gegeben hätte.

In zwei Gewaltfahrten über schneefreie Straßen inmitten vereister Felder erreichten wir Elizabeth City. Da lagen die Wälder, das Städtchen, der Fluß! Wir sprangen aus der „Kiste" und liefen auf den Steg. KAIROS. Auf dem Deck hatte Frost Farbe aufspringen lassen. Sonst war alles in Ordnung.

Im Büro umarmte Mary Hadley uns. Es war kaum zu glauben. „Hey, wokommtadennher?"

Wir erzählten, während wir unsere Hände am Petrolcumofen wärmten. Das Telefon läutete. Mary Hadley reichte mir den Hörer.

Ursulas Stimme: „Herzlich willkommen zu Hause! Katherine und Bill sind hier. Wenn ihr gleich kommt, könnt ihr ganz heißen Tee bekommen! Wieso ich weiß? Die Kinder haben die ‚Kiste' gesehen. Kommt!"

Wir kamen. Wir saßen mit den Freunden in dem gemütlichen Zimmer mit seinen Bildern und Büchern. Wir mußten erzählen.

Ursula sagte schließlich: „Ihr könnt bei dieser Kälte nicht an Bord schlafen!"

„Doch, wir haben Heizung!" Ich sehnte mich nach KAIROS. Sie ist der Mittelpunkt unseres Lebens. Jeder Gedanke und jeder Weg führen zu ihr hin. Nach all den gewundenen Straßen: das Schiff, unser Schiff für gerade Kurse!

Ursula sprang auf und lief vor uns zum Gästezimmer. „Na, mögt ihr hier wohnen?"

Elga sagte zu Ursula: „Vielleicht kann ich im Haushalt helfen –"

„Und ob! Im März wollen Roger und ich verreisen. Dann versorgst du die Kinder."

„Im März?" fragte ich entgeistert. Es war Ende Januar.

„Ja, im März. Wie lange, meinst du, wird dieser verrückte Winter noch dauern? Das kann April werden!"

Meine Gedanken begannen zu wandern – ich sagte: „Wenn wir

bei euch wohnen, kann ich mit den Instandsetzungsarbeiten am Schiff schon beginnen."

Das Sandpapier schliff – der Pinsel schlappte – der Sommer kam, die „Kiste" wurde verkauft – der Herbst kam und der Abschied – ich sagte: „Vielen Dank, Ursula!" – die Segel ziehen – Gischt knallt übers Deck – halt fest, Elga! – Kurs liegt an – im Atlantik liegen viele Inseln.

Über die erste Segelreise, die Ernst-Jürgen und Elga Koch zusammen machten – sie führte um die ganze Erde – schrieb der segelnde Autor das Buch „Hundeleben in Herrlichkeit". Es kostet DM 24,–. Sie bekommen es in jeder Buchhandlung.

**VIRGIN ISLANDS**
1 Culebra
2 St. Thomas
  a) Charlotte Amalie
3 St. John
4 Jost van Dyke

**VENEZUELA**
1 Carúpano
2 Isla de Margarita
  a) Pampatar
  b) Bahia Guamache
3 Isla Coche
4 Halbinsel de Araya
5 Golfo de Cariaco
6 Puerto Sucre
7 Mochima
8 Islas Caraca
9 Islas Chimana
10 Puerto La Cruz
11 Carenero
12 El Morro de Barcelona
13 Cabo Codera
14 Higuerote
15 Caracas

# KARIBISCHES

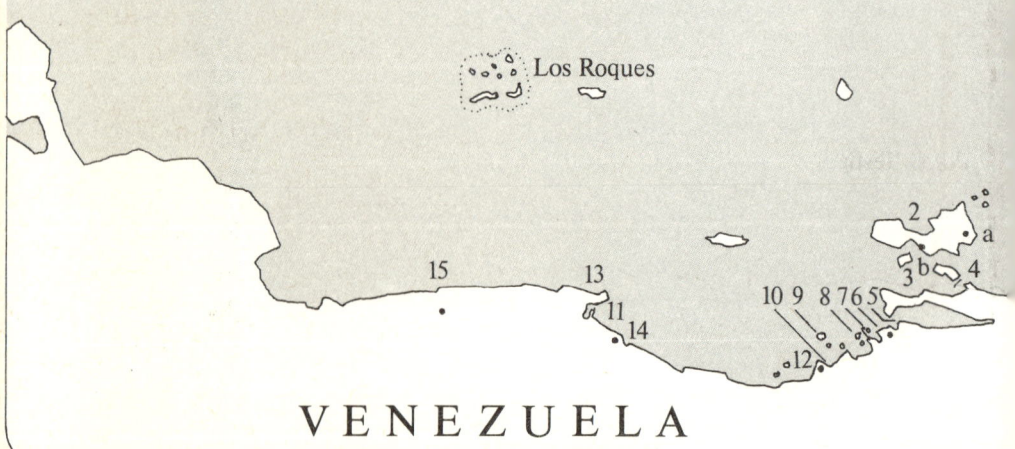